LE GUIDE TERRE VIVANTE de la parentalité au naturel

Terre vivante a réalisé en 2010 la première analyse du cycle de vie (ACV) d'un livre en France. Cette étude nous a permis d'identifier les impacts de la fabrication d'un livre sur l'environnement, dans l'objectif de les limiter. *Fabriquer des livres, quels impacts sur l'environnement ?* sur www.terrevivante.org

Livre éco-conçu

Le papier choisi pour cet ouvrage est issu de pâte vierge produite écologiquement en Europe à partir de forêts gérées durablement. Il ne provient pas de pâte à papier fabriquée aux quatre coins du monde ! Ce livre est imprimé en Espagne par un imprimeur soucieux de préserver l'environnement à travers des actions d'économies d'énergie, de valorisation des déchets, d'utilisation de produits moins nocifs pour la santé des travailleurs...

Depuis 1979, la Scop Terre vivante vous fait partager ses expériences en matière d'écologie pratique : jardinage bio, habitat écologique, alimentation saine et bien-être... à travers :
- **l'édition de livres pratiques,**
- **le magazine *4 saisons*,**
- **des jardins écologiques** proposant des **stages pratiques,**
- un portail Internet : **www.terrevivante.org**

Le catalogue des ouvrages publiés par Terre vivante est disponible sur simple demande et sur internet.

Terre vivante, 169 chemin Raud, 38710 Mens
Tél. : 04 76 34 80 80. Email : info@terrevivante.org
www.terrevivante.org

Direction éditoriale : **Brigitte Michaud**
Coordination éditoriale : **Fabienne Vaslet**
Suivi de projet : **Isabelle Delatour Nicloux**
Conception graphique et réalisation : **Hugues Vollant**
Correction : **Inès Hubert**

Photographies : **Gaelle Bizeul**
Illustrations **Marie Hervelin-Letort** : couverture, pages 43 à 45, 136, 228 à 232, 275.
Illustrations **Roxane Marcouiller** : pages 67 à 69, 73, 92, 126.
Photogravure : **C'Limage**

ISBN : 978-2-36098-659-0

Noëlie Cotteaux
Aurélie Landemaine

LE GUIDE TERRE VIVANTE de la parentalité au naturel

Prendre soin de bébé de 0 à 3 ans

terre vivante

À Lou, ma toute douce, l'initiatrice de ce projet
de recherche,
À Kevin, mon soutien de tous les jours,
À ma sœur, Tiphanie, mon ancrage familial,
À mes ami·e·s,
À toutes les personnes rencontrées de près ou de loin
sur la route de ce projet.

Aurélie

À mes deux amours pour l'éternité : Léa, ma plumette
et mon soleil, et Eli, mon héros et ma lumière,
À Julien, mon roc, mon âme sœur, mon soutien de toujours,
À mes amies qui se reconnaîtront par leur présence
indéfectible dans les bons moments comme dans
les instants plus durs,
À toute ma famille,
À toutes celles et ceux qui m'ont soutenue jusqu'à
l'accouchement de ce beau livre.

Noëlie

À tous les parents et à leur famille,
ainsi qu'à tou·te·s les professionnel·le·s travaillant
au contact de jeunes enfants.

Avertissement

Les conseils prodigués dans ce livre ne remplacent en aucun cas un suivi et un avis médical, ce dernier permettant de poser un diagnostic sur une éventuelle pathologie chez l'enfant ou la mère, et d'en évaluer la gravité et/ou l'urgence.
Les autrices et l'éditeur ne sauraient être tenus pour responsables quant aux conséquences provenant d'un emploi, abusif ou non, de l'ensemble des informations contenues dans ce livre.

SOMMAIRE

AVANT-PROPOS

L'arrivée d'un enfant au sein du foyer est un véritable bouleversement qui permet souvent aux futurs parents de prendre conscience de leurs réels besoins et des envies projetées autour de cette nouvelle aventure. Et quelle aventure ! Une naissance chamboule tout : notre quotidien, notre structure familiale, notre impact environnemental, notre vision du monde... et même notre propre personne.

La naissance est en général associée à une recherche intense d'informations et il n'est toujours aisé de faire la part des choses tant les sources sont multiples. Les parents peuvent bien sûr compter sur leur propre vécu et sur celui de leurs familles, mais les pratiques de conduite parentale ont beaucoup évolué le temps d'une génération et ne sont plus toujours adaptées... Bien que les études menées sur la relation parents-enfant datent des années 1960, c'est l'avènement des neurosciences affectives qui a permis un véritable changement dans nos comportements d'adultes envers les enfants. Et l'on ne peut que s'en réjouir ! Mais faut-il encore trouver une information fiable et pertinente qui correspond aux valeurs humaines et écologiques que l'on souhaite transmettre à notre progéniture...

Pourquoi ce guide ?

Notre principale ambition est de proposer un guide sur le parentage proximal, offrant des « solutions » mais aussi des éclairages sur le fonctionnement physiologique sous-jacent, depuis la conception jusqu'aux trois ans de l'enfant. Nous sommes convaincues que c'est en comprenant les étapes clés de développement et des principales fonctions physiologiques que nous pouvons agir de façon éclairée et reprendre le pouvoir sur nos choix de parentalité.

Dans ce livre, nous avons réuni nos expériences personnelles et nos « connaissances » liées à nos approches professionnelles respectives, enrichies de nombreuses informations issues de rencontres avec des professionnel·le·s[1] de l'accompagnement des parents et des bébés. Ce guide propose également des solutions naturelles ainsi qu'un « voyage intérieur » pour les parents ou pour tous les adultes en contact de près ou de loin avec de jeunes enfants.

Nous souhaitons montrer que la parentalité est une aventure émotionnelle positive et qu'il existe des solutions physiologiques et respectueuses pour l'enfant, les parents et l'environnement à chaque étape de développement.

C'est avec une profonde empathie et beaucoup d'humilité que nous avons rédigé cet ouvrage, dans une optique de « messagères » et non de « sachantes ». Convaincues qu'il n'y a pas de « bonne » parentalité ou de « meilleure façon de faire », mais simplement des parents qui font au mieux pour accompagner leurs enfants ! Dans le même esprit, nous avons fait le choix d'une approche la plus inclusive possible[2], conscientes que celle proposée est issue de nos réflexions personnelles, de notre expérience et du milieu social auquel nous appartenons. Considérez ce livre comme une boîte à outils dans laquelle chercher et piocher des conseils.

Le chemin parcouru...

Derrière le « nous » employé tout au long de ce livre se cachent trois femmes, chacune maman d'un ou de plusieurs enfants : Aurélie Landemaine et Noëlie Cotteaux pour l'écriture, ainsi que Gaelle Bizeul pour la mise en image. Notre rencontre s'est faite autour de ce projet d'écriture en 2019. Aurélie est venue à la rencontre de Noëlie avec l'envie de proposer un ouvrage autour du soin naturel pour le bébé avec une approche bienveillante et minimaliste. Rapidement, Gaelle, qui avait déjà collaboré avec Noëlie sur

1 Voir les remerciements en annexe.
2 Dans la mesure du possible, nous avons d'ailleurs utilisé l'écriture inclusive tout au long de ce guide.

d'autres projets éditoriaux, les a rejointes pour la réalisation des photos.
On dit qu'il faut neuf mois pour faire un bébé... et c'est à peu près ce temps qu'il nous a fallu pour faire évoluer ce beau projet, puis le livre n'a cessé de s'étoffer pour devenir ce qu'il est aujourd'hui. Dans cette merveilleuse aventure, chacune a apporté ses compétences. De par sa formation de docteure en biologie, Aurélie a partagé sa vision scientifique et physiologique. Formée à l'école d'herboristerie et dorénavant fabricante de produits d'hygiène et de soins naturels au sein de *La Fabrik'à Bulles* près de Rennes, en Ille-et-Vilaine, elle propose de nombreuses alternatives naturelles concernant l'hygiène et les soins quotidiens. Noëlie, quant à elle, est naturopathe spécialisée en alimentation, phytothérapie (plantes médicinales) et aromathérapie (huiles essentielles) ainsi que professeure de yoga et autrice. Elle a partagé toutes ses connaissances sur l'accompagnement des parents, de la femme et du bébé sur les aspects de la santé au naturel, de l'alimentation, de la gestion des émotions, afin de tendre vers le bien-être en général. Enfin, pour mettre tout cela en mouvement, Gaelle, photographe passionnée, a réalisé de pétillantes photos avec un œil expert et bienveillant.

Voici donc entre vos mains la synthèse de nos recherches, issue d'un travail pluridisciplinaire, accompagnée de témoignages et de notre humble expérience, afin de vous accompagner, nous l'espérons, dans la grande aventure du parentage proximal... Nous vous souhaitons de belles découvertes à travers la lecture de ce livre qui se veut militant pour que chacun·e puisse reprendre le pouvoir sur sa parentalité !

La parentalité

Le terme de « parentalité », apparu à la fin du XXe siècle, définit **la fonction d'être parent**. Encadrée juridiquement par l'ensemble des droits et des devoirs liés au rôle parental, la parentalité possède également des visions affective et pratique dans l'exercice de sa fonction quotidienne.

PARTIE 1

En attendant **la naissance**

LA COMMUNICATION : UNE BASE SAINE AVANT L'ARRIVÉE DU BÉBÉ

L'arrivée d'un enfant est souvent source de joie, de bonheur, mais aussi de tensions dans le couple, au sein de la famille ou de la fratrie. Une bonne communication participe à maintenir les liens et peut même les renforcer !

Le couple

Si vous vivez votre grossesse en couple, ce projet de naissance est votre projet à tous les deux ! Votre binôme de vie sera LA personne qui vous accompagnera et vous soutiendra tout au long de cette aventure. Bien souvent, c'est elle qui vous connaît par cœur, au travers de votre quotidien, de vos émotions, vos peurs, vos faiblesses… Il paraît donc important que cette personne soit intégrée au projet et prenne part de façon active à l'ensemble des événements relatifs à la grossesse.

L'arrivée d'un enfant perturbe l'équilibre du couple déjà formé, entraîne des changements individuels, de nouvelles réflexions, etc. Il existe aussi un écart de perception entre la personne qui porte le bébé et celle qui accompagne cette grossesse mais qui ne ressent rien physiquement. Il est donc important pour cette dernière d'assister aux rendez-vous médicaux et de suivi afin d'appréhender cet enfant qui est là, bien présent.

C'est aussi le moment de construire des temps d'échange au sein de son couple afin que chacun·e trouve l'occasion d'exprimer sa vision de la parentalité, ses souhaits liés à l'arrivée de l'enfant, ses propres craintes, puisse faire le point sur sa propre histoire et sur les changements à venir… C'est peut-être l'occasion de mettre en place un « pacte » de futurs parents (Tillon, 2019)* et de mettre à plat les valeurs que l'on souhaite transmettre à cet enfant, de réfléchir à un mode d'organisation pour la vie quotidienne, les vacances, etc. Toutes ces discussions permettront de construire un nouvel équilibre au sein du couple, de sentir l'investissement personnel de chacun dans cette aventure, d'anticiper de possibles visions opposées et de chercher des solutions ensemble… bref, de renforcer la complicité entre les futurs parents !

L'arrivée d'un petit être dans un couple, dans une famille, chamboule tout : le quotidien, les habitudes, les croyances, les désirs, les souhaits, les attentes, le sommeil, la fatigue, etc. Sans compter que vous aurez besoin de vous remettre physiquement de votre accouchement, et aussi de trouver (ou retrouver) non seulement votre place de maman mais aussi celle de femme et de conjointe, tout comme votre partenaire devra trouver la sienne dans ce nouveau schéma familial. Plus vous aurez instauré en amont une communication sereine, plus la transition sera aisée pour vous et votre couple, mais également avec le reste de la famille.

La fratrie

Si vous avez déjà un ou plusieurs enfants, l'étape de rédaction du projet de naissance est un excellent moyen de les intégrer, de les faire participer et donc de les aider à mieux se préparer à l'arrivée de leur petit frère ou petite sœur (voir p. 76). Ce moment de partage peut aussi être l'occasion de répondre à leurs

* Les références entre parenthèses renvoient à la bibliographie en annexe.

La Communication NonViolente

Afin d'établir une communication saine et sereine, nous vous recommandons vivement de vous intéresser de près à la Communication NonViolente (CNV). Ce processus de communication donne des clés de compréhension sur notre propre fonctionnement en tant qu'être humain. Grâce à des outils concrets (voir p. 289), la CNV nous permet d'être nous-même tout en étant en lien avec les autres, ce qui n'est pas chose aisée dans notre quotidien, dans nos vies personnelles, professionnelles et familiales. La capacité à échanger avec les autres sur ce qui est important pour nous mais également de les écouter de façon pleinement empathique peut être largement amplifiée par la CNV.

Commencer à pratiquer la CNV dans le couple avant la naissance du bébé permet une meilleure compréhension de ses besoins propres ainsi que ceux du ou de la conjoint·e. Les échanges s'en trouveront ainsi facilités, les tensions apaisées, l'estime de soi et la confiance en soi nourries. Cela vous aidera à retrouver plus de sérénité et de confiance mutuelle dans votre relation de couple (et familiale) dans des moments qui peuvent parfois être plus tendus du fait de la fatigue et du chamboulement engendré par l'arrivée du bébé.

questions, à leurs doutes, leurs peurs, de les rassurer sur la manière dont les choses vont se passer, d'instaurer un lieu d'échanges. Discutez de ce que vous avez noté dans votre projet de naissance pour que l'arrivée du bébé leur semble moins abstraite. Bien sûr, vous donnerez plus ou moins de détails et choisirez les mots selon l'âge des enfants (ils peuvent imaginer des choses parfois inquiétantes lorsqu'elles ne sont pas exprimées).

> Écoutez leurs angoisses, leurs questions. Par exemple, vous pouvez les rassurer sur la ou les personnes qui prendront le relais à la maison pendant votre absence, sur la façon dont chacun·e aimerait que se passe la première rencontre (faire un « peau à peau » avec le bébé, le prendre dans les bras ou juste le regarder…), sur le fait que vous continuerez à avoir des temps rien qu'avec chacun de vos enfants en tête à tête, sur l'amour que vous leur portez, etc.

> Décidez ensemble de les intégrer en fonction des souhaits de chacun (faire ensemble le premier bain à la maison, choisir la tenue de naissance et/ou le doudou, choisir la décoration de la chambre, préparer la chambre ensemble, etc.). Comme rien n'est figé, n'oubliez pas de réévaluer leurs envies le jour J !

Bien entendu, vous n'allez pas transmettre toutes ces informations à l'équipe médicale ; il est en revanche très judicieux de les noter dans une version augmentée de votre projet de naissance, réservée à la famille. Vous pourrez ainsi y revenir, vous y référer, le modifier, l'augmenter en fonction de l'évolution et des souhaits de chacun.

La grossesse monoparentale

Si vous êtes seule à vivre votre grossesse, le plus important est d'être entourée par un bon réseau familial et/ou amical bienveillant et disponible pour vous soutenir pendant ces neuf mois et à l'arrivée de votre bébé.

Si vous en ressentez le besoin, il peut être bien de choisir (avec son consentement) une personne accompagnante qui sera un peu votre « référent·e », votre « soutien privilégié ». Il peut s'agir d'un membre de votre famille ou d'un·e ami·e, en qui vous avez confiance et avec qui vous avez une relation harmonieuse et bienveillante. L'essentiel est que vous puissiez compter sur lui·elle pour échanger, vous épauler, vous rassurer, éventuellement vous accompagner aux rendez-vous médicaux si vous en éprouvez l'envie et le besoin.

Si personne ne peut tenir ce rôle dans votre entourage, pas de panique ! Une doula (ou accompagnante à la naissance) peut vous offrir un soutien solide et privilégié. Nous vous en expliquons le rôle et l'accompagnement page 66.

Conseil

Tisser un réseau de confiance autour de vous est important également pour l'arrivée de votre bébé. Vous pourrez ainsi vous faire épauler avec plus de facilité dans le quotidien des premières semaines.

LES BESOINS DE LA FUTURE MAMAN

Pendant toute la grossesse, les besoins (en vitamines, minéraux, oligo-éléments, etc.) de la maman évoluent naturellement avec ceux du petit être qu'elle abrite dans son ventre.

Avant la conception

Apporter le meilleur à son bébé se prépare en amont de la naissance, tant en termes de capital santé que de bien-être physique et psychique ! D'ailleurs, dans le mot « bien-être » n'entend-on pas également « bien naître » ? Dès la conception, voire même avant, vous occuper de votre bien-être général est donc essentiel.

Se détoxifier

La vie moderne et notamment notre consommation croissante de produits industriels nous exposent de plus en plus aux polluants en tout genre. Désormais, on peut même établir un lien entre certaines fausses couches et des métaux lourds présents dans l'organisme, d'où l'importance de le nettoyer pour préparer l'arrivée du bébé… et ce pour chacun des parents puisqu'un enfant est conçu par ces deux personnes.

Attention

- Pour effectuer une démarche de nettoyage avant la conception, il est toujours préférable de se faire accompagner par un professionnel.
- Nous rappelons qu'une détox est formellement déconseillée pendant la grossesse et l'allaitement.

Pourquoi se détoxifier ?

L'organisme, de par son fonctionnement, fabrique des déchets (**les toxines**). Leur présence dans l'organisme est naturelle, mais leur accumulation excessive, issue d'une alimentation déséquilibrée ou d'excès alimentaires par exemple, peut devenir dangereuse pour la santé. Vient s'ajouter à ces toxines un bon nombre de substances directement ingérées (**les toxiques**). Il s'agit des métaux lourds, des perturbateurs endocriniens, des pesticides, de la pollution atmosphérique, du tabagisme (actif ou passif), etc.

Votre corps accumule tous ces déchets. Les organes chargés de leur élimination, appelés émonctoires, possèdent une certaine capacité d'action : si trop de déchets arrivent, tous ne pourront être éliminés et certains seront stockés. Peuvent alors apparaître des maux plus ou moins gênants, voire des pathologies chroniques (douleurs, problèmes digestifs, de peau, ORL, etc.).

Le corps humain compte cinq émonctoires : les poumons, la peau, les reins, le foie et les intestins. Chacun élimine différemment les toxines et/ou toxiques.

Les poumons évacuent la surcharge de déchets par l'oxygénation et la production de mucus, la peau par la production de sébum et de sueur, les reins grâce à la production d'urine, les intestins par les selles et le foie par la production de bile.

La détox permet d'aider le corps à éliminer la surcharge de ces « déchets » accumulés au fil du temps. Pour y parvenir, il faut stimuler, soutenir les émonctoires dans leur fonction de nettoyage. On va notamment travailler sur le foie, dont la fonction est d'évacuer la plupart de ces déchets, et mettre ainsi en place un état de santé favorable à la conception.

On a coutume de dire qu'il faut neuf mois pour faire un enfant, idéalement il faudrait aussi neuf mois pour s'y préparer au mieux. Sachez que six mois sont déjà très bien pour mettre en place une démarche de nettoyage de l'organisme et de changement d'hygiène.

Cela augmentera vos chances de concevoir et favorisera un environnement optimal pour le bon développement du bébé. Plus votre corps sera nettoyé, plus il apportera ce qu'il faut à votre enfant et vous donnera une plus grande vitalité et un meilleur équilibre.

Une belle occasion

Ce moment de détox peut également être l'occasion de vous accorder une pause, un arrêt dans votre quotidien souvent bien rempli et de vous interroger sur la maternité que vous souhaitez, sur ce que vous désirez ou non transmettre à votre enfant au-delà du patrimoine génétique.

Au quotidien

Pour suivre une cure de détox, le mieux est de vous faire accompagner tous les deux par un·e professionnel·le. Néanmoins, si vous souhaitez effectuer cette démarche de manière autonome, nous vous proposons ici quelques conseils simples à mettre en place dans votre quotidien.

Attention

- **En cas de doute ou de questionnement, demandez toujours l'avis d'un professionnel.**
- **Une cure de détox ne se substitue pas à un suivi médical régulier.**

La première chose à faire est d'**arrêter de surcharger l'organisme de déchets inutiles**, en stoppant l'usage de produits industriels cosmétiques, alimentaires, les fast-foods... et bien sûr de ne plus fumer ni de consommer de l'alcool[1]. Au contraire, choisissez des aliments non transformés ainsi que des produits cosmétiques et d'hygiène biologiques, fabriqués avec des produits naturels.

Il est important d'intégrer les **aliments bruts** dans votre assiette ou d'augmenter leur proportion (voir le tableau ci-contre) : légumes, fruits, céréales semi-complètes ou complètes (si votre tolérance digestive vous le permet), légumes secs, frais et biologiques. Réduisez votre consommation de protéines animales, si ce n'est pas déjà le cas.
Ainsi, vos repas devraient être composés majoritairement de fruits et de légumes (plus de 50 %). Les glucides et protéines occupent une place moins importante (25 % maximum chacun). Remplacer une partie des protéines animales par des protéines végétales (légumes secs, oléagineux, graines de chia, quinoa, sarrasin, etc.) permet aussi d'alléger la digestion, de faire le plein d'antioxydants et de bons nutriments, tout en soutenant l'organisme par un apport réduit de déchets.

ALIMENTS RAFFINÉS (= TRANSFORMATION DE L'ALIMENT)	ALIMENTS NON RAFFINÉS
• Perte des fibres • Perte des nutriments (oligo-éléments/minéraux/vitamines) • Ajout de substance (additifs, conservateurs, etc.) permettant d'augmenter la durée de conservation et aussi de modifier la texture, le goût, l'aspect, etc.	• Conservation des fibres • Conservation des nutriments • Conservation de la synergie d'action des nutriments
Baguette blanche	Pain complet / pain au petit épeautre
Lentilles cuisinées en conserve	Lentilles sèches (trempées 12h avant cuisson)
Pâtes blanches	Pâtes complètes
Pâte brisée	Pâte brisée maison (farine complète, oeuf ou eau, huile d'olive)
Ratatouille en conserve	Ratatouille maison (légumes, huile végétale, aromates)
Biscuits, gâteaux industriels	Gâteaux, biscuits faits maison (farine complète, huile végétale, oeufs, sucre complet, ...)
Soupes industrielles	Soupes maison (légumes mixés, eau, huile végétale)
Sodas	Eau aromatisée, tisane, kéfir, kombucha
Compote industrielle (par ex au biscuit et sucrée) ou fruits au sirop en conserve	Compote maison sans aucun sucre ajouté, fruits frais, fruits secs

1 Si vous éprouvez des difficultés à arrêter de fumer ou de consommer de l'alcool, faites-vous accompagner par un·e professionnel·le. L'hypnose, l'EFT (Emotional Freedom Techniques), la psychothérapie, l'acupuncture, etc. peuvent notamment vous y aider.

Jeûne intermittent et monodiète

Pour un public un peu averti, un jeûne intermittent ou une monodiète avant la conception d'un enfant peut être un complément aux conseils proposés ci-dessus.

Attention

- En cas de pathologie particulière (diabète, cancer, etc.), demandez conseil à votre médecin et n'arrêtez pas votre suivi médical habituel.
- Le jeûne intermittent et la monodiète ne sont pas des régimes amaigrissants!
- Ne pas faire plus de trois à quatre monodiètes par an sous peine d'affaiblir votre système immunitaire. Vous pouvez en faire par exemple au changement de saison.

Le jeûne intermittent consiste à ne pas s'alimenter durant 16 heures d'affilée, puis à manger sur les 8 heures restantes pour les personnes déjà sensibilisées. Nous proposons ici une adaptation du jeûne intermittent pour débuter.

> **Le matin** : vous pouvez différer l'heure de votre petit déjeuner de 7 h 30 à 9 ou 10 heures. Si vous vous en sentez capable, vous pouvez aussi « sauter » le petit déjeuner et passer directement au déjeuner. Certaines personnes le font spontanément tous les matins, d'autres 1 ou 2 fois par semaine plus régulièrement dans l'année.

> **Ou le soir** : vous pouvez **« sauter le dîner »** 1 ou 2 fois par semaine pendant la période de détox.

La monodiète consiste à manger un seul et même aliment. Votre organisme, consacrant alors peu d'énergie à la digestion, élimine de manière plus efficace les toxines et toxiques.

Il existe beaucoup de monodiètes (avec du riz, des pommes, du raisin, etc.). Nous vous proposons ici une monodiète à base de carottes. Elle est intéressante car excellente pour le foie et la digestion (sauf si vous souffrez de constipation). De plus, elle n'est pas monotone puisque ce légume peut se consommer cru, cuit ou sous forme de jus. Attention toutefois si vous souffrez de diabète, car la carotte est sucrée.

Une monodiète se prépare : prévoir une « descente alimentaire » avant de commencer puis une « reprise alimentaire » pour terminer. Pour en faciliter le déroulement, le mieux est de se trouver au calme chez soi, ne pas travailler et si possible être seul·e.

À savoir

- Si vous possédez un extracteur de jus, faites votre jus maison. Vous pouvez également acheter des jus de légumes en magasin bio. Attention dans ce cas à bien veiller à leur composition : légume et eau. Rien d'autre!
- Une grosse part des micronutriments se trouve dans les extrémités des légumes (peaux, pelures, fanes…), malheureusement c'est aussi le cas des pesticides et autres traitements chimiques. Privilégiez donc une qualité biologique pour vos légumes, fruits et jus.

Les purges

Les purges (au chlorure de magnésium par exemple) sont intéressantes dans les cas de jeûnes ou monodiètes longs (de plus de quatre ou cinq jours). Pour les monodiètes d'un, deux, trois ou quatre jours, il n'est pas nécessaire de pratiquer une purge. En revanche, respectez bien la descente et la reprise alimentaire comme nous l'indiquons.

Protocole pour la monodiète (exemple avec la monodiète de carotte)

Descente alimentaire (3 jours)

J-3 : supprimez les protéines animales (viandes, poissons, œufs et produits laitiers) et végétales (légumes secs) ainsi que les excitants et les stimulants (café, alcool, chocolat…) de votre alimentation.

J-2 : supprimez toutes les céréales (glucides sous toutes leurs formes) et les féculents (pommes de terre par exemple). Consommez des légumes riches en fibres (des légumes à feuilles vertes par exemple).

J-1 : consommez uniquement des fruits et des légumes, le dernier repas se prend à midi. Si souhaité (en cas de jeûne ou monodiète longs comme indiqué plus haut), vous pouvez effectuer une purge au chlorure de magnésium : mélangez 20 g de chlorure de magnésium (en magasin biologique) avec 1 litre d'eau filtrée, jusqu'à dissolution. Buvez peu à peu cette préparation à partir de 17 h sur 1 ou 2 heures (si vous trouvez le goût du chlorure de magnésium vraiment désagréable, ajoutez un peu de miel ou de sirop, bien qu'il soit préférable de boire le mélange pur). À partir de la prise de chlorure de magnésium, prévoyez d'être chez vous afin d'avoir facilement accès à des toilettes.

Attention au chlorure de magnésium

Il est contre-indiqué si vous avez les intestins et un ou les deux reins fragiles, si vous souffrez d'hypertension, d'anémie, d'hémophilie ou si vous suivez un régime sans sel. En cas de traitement, demandez toujours l'avis de votre médecin avant de consommer du chlorure de magnésium.

Vous ressentirez peut-être un manque d'énergie et aurez des maux de tête. Favorisez le repos, la lenteur, et profitez-en pour faire une « détox digitale ». Pensez à boire de l'eau et des tisanes à base de reine des prés (sauf si problème de reins) ou d'orties qui sont des plantes drainantes et détoxifiantes.

Jour J (1 ou 2 jours)

À jeun : 1 grand verre de jus de carotte (prenez le temps de le boire, mastiquez chaque gorgée pour activer la digestion).

Petit déjeuner (facultatif selon la faim et les activités) : 1/3 de carottes crues, 2/3 de carottes cuites à la vapeur douce.

Déjeuner : 1 verre de jus de carotte + 1 portion de carottes râpées avec la peau (lavez bien vos légumes à l'eau avec une brosse à légumes) + 1 purée de carotte ou des carottes cuites à la vapeur.

Dîner : 1 verre de jus de carotte + 1 portion de carottes râpées avec la peau + 1 purée de carotte ou des carottes cuites à la vapeur.

Vous pouvez ajouter 1 cuillère à café d'huile d'olive par jour maximum pour stimuler la vésicule biliaire.

Si vous avez faim, vous pouvez prendre une collation le matin et/ou l'après-midi avec un jus de carottes.

Reprise alimentaire (3 jours)

J+1 : réintroduisez des légumes et des fruits (légumes cuits à la vapeur, fruits crus en dehors des repas et cuits au cours ou en dehors des repas).

J+2 : réintroduisez des céréales complètes ou semi-complètes.

J+3 : réintroduisez des produits animaux (viandes, poissons, fruits de mer), sous-produits animaux (œufs, produits laitiers) ainsi que des légumes secs.

Pour être efficace et menée à bien, une monodiète doit se faire dans la joie et la bonne humeur. Si ce n'est pas le cas, mieux vaut partir sur quelque chose de plus léger et simple en vous concentrant sur une hygiène alimentaire plus saine comme évoquée ci-dessus. Si nécessaire, contactez un professionnel qui pourra vous accompagner et vous guider en douceur, en fonction de vos contraintes personnelles.

Attention

Si vous avez des antécédents de troubles alimentaires (boulimie, hyperphagie, anorexie…), les jeûnes ou monodiètes sont déconseillés.

Se faire accompagner pour travailler sur soi

Il se peut que vous ayez eu un parcours de vie chahuté ou connu certains traumatismes qui n'ont pas été pris en charge… Si c'est le cas ou si, tout simplement, l'arrivée future du bébé vous angoisse trop, pourquoi ne pas envisager une thérapie d'accompagnement ?
D'après Marie Poussin, réflexologue plantaire en Ille-et-Vilaine, il est important de travailler au niveau émotionnel bien en amont de la grossesse et de l'accouchement. Selon votre histoire, celle de votre famille, de votre lignée, vous pouvez porter des choses qui vous dépassent, parfois sans en avoir conscience, et les transmettre à votre bébé. C'est la mémoire cellulaire (voir p. 94).
Il existe beaucoup de thérapies pour vous accompagner dans ce cheminement personnel et de couple. Certaines dites « brèves », comme l'EFT, l'hypnose ou encore l'EMDR (Eye Movement Desensitization and Reprocessing) peuvent être adaptées à certaines personnes en fonction de leur histoire de vie et des traumatismes vécus (voir « Quelques thérapies brèves » en annexe).

Les émotions désagréables générées par les liens d'attachement établis avec des personnes (vivantes ou décédées), parfois très toxiques, nous empêchent de prendre du recul, d'avancer et d'avoir la sérénité nécessaire. Il est important de comprendre que couper ces liens ne remet pas en cause l'amour que nous portons aux personnes concernées, mais au contraire le renforce.
L'exercice des bonshommes allumettes, détaillé ci-contre, fait appel **au subconscient qui a une incroyable capacité à retenir ce qui est écrit ou dessiné.** C'est pour cela qu'il est important de faire l'exercice et pas uniquement de le penser (le cerveau ne fait aucune différence entre ce qui est réel, virtuel, imaginaire et symbolique).
Vous pouvez parfaitement faire cet exercice chez vous, de manière autonome. Pour qu'il porte ses fruits, vous devez être directement impliqué·e dans la situation ou la relation à la personne sur laquelle vous souhaitez travailler. Sachez également que les liens d'attachement sont reliés aux sept principaux centres d'énergie du corps, appelés « chakras ». (terme sanskrit signifiant « roue » ou « disque »).

Exercice des bonshommes allumettes

Noëlie, coautrice de ce livre et naturopathe en Ille-et-Vilaine, nous partage son expérience : « Lors d'une de mes consultations, un client vient me voir essentiellement pour des problèmes digestifs. Rapidement il aborde un tout autre sujet : sa maison est en vente depuis plusieurs mois mais personne n'a fait de proposition malgré un nombre de visites conséquent et cela le tracasse beaucoup. Il m'explique vouloir vendre ce bien pour suivre son épouse qui a obtenu un poste dans une autre ville, et que l'argent de la vente leur permettrait de s'acheter une nouvelle maison. Il pourrait également enfin chercher un travail dans ce nouveau lieu de résidence. La maison en vente appartenait à ses parents qui la lui ont léguée. Mon client m'explique avoir un lien particulier à cette demeure puisqu'il y a vécu enfant et adolescent, et que sa maman est décédée lorsqu'il était jeune adolescent. Pour lui, cette maison représente un peu de sa maman… Donc, pas si simple de s'en séparer, même s'il le souhaite pour rejoindre son épouse avec laquelle il vit à distance depuis plusieurs mois du fait de cette situation.

Mon client est alors bloqué par des sentiments ambivalents :

- Le souhait de vendre pour rejoindre son épouse et trouver un nouveau travail, bref commencer une nouvelle vie.
- L'attachement à cette maison et à ce qu'elle représente, d'où un sentiment de culpabilité de s'en séparer.

Il me précise aussi ne plus entretenir la maison et le jardin qui sont donc encombrés et sales.

Je lui propose de faire l'exercice des « bonshommes allumettes » afin de couper les liens et ainsi :

- Retrouver plus de liberté par rapport à cette situation.
- Éviter de se figer dans une situation qui ne lui convient pas.
- Et l'ouvrir vers d'autres solutions.

Plusieurs mois après, mon client revient me voir et m'apprend avoir refait plusieurs fois l'exercice et que, dans les semaines qui ont suivi, il a rangé, nettoyé et donné un coup de peinture à sa maison et a fait appel à un jardinier pour l'entretien de l'extérieur. Trois jours plus tard, sa maison était vendue. »

Ils peuvent être comparés à des réceptacles contenant l'énergie vitale (appelée prana, chi ou qi) dont nous sommes traversés en permanence. Ils permettent son transfert dans tout le corps puisqu'elle se déplace à l'intérieur de nous. Il existe sept chakras principaux.

Comment procéder ?

> Sur la partie gauche d'une feuille de papier, représentez-vous par un dessin (un simple bonhomme comme vous le faisiez quand vous étiez enfant) en mettant bien des bras, des jambes, une bouche, des yeux, etc.

> Sur la partie droite de la feuille, dessinez un autre bonhomme qui symbolise l'autre personne ou l'autre situation. S'il s'agit d'une personne, notez en dessous son prénom et l'initiale de son nom de famille.

> Entourez ensuite chacun des bonshommes par un cercle de lumière (un cercle différent pour chaque bonhomme).

> Symbolisez les attachements qui vous lient à cette personne ou cette situation. Pour cela, à l'aide de sept couleurs différentes, tracer des lignes entre vos sept chakras et ceux de l'autre. De bas en haut : rouge pour le chakra racine (au niveau du pubis), orange pour le chakra sacré (sous le nombril), jaune au niveau du plexus solaire (au niveau de l'épigastre), vert pour le chakra cœur, bleu clair pour le chakra gorge, bleu foncé pour le troisième œil (au niveau du front) et en violet pour le chakra couronne (au sommet de la tête).

> Entourez ensuite l'intégralité de votre dessin par un seul et même cercle. À l'aide d'une paire de ciseaux, coupez les liens d'attachement en découpant la feuille de bas en haut, en passant au centre des liens (lignes de couleurs). Et c'est fini ! Faites ensuite ce que vous voulez des papiers obtenus : à la poubelle, au feu, dans l'eau (rivière, mer).

Les petits plus

Pour mettre toutes les chances de votre côté, voici quelques conseils supplémentaires.

Les vitamines, les minéraux et les oligo-éléments

Trois mois avant le début de la grossesse, vous pouvez faire une cure d'**acide folique (vitamine B9)** et de **vitamine D** (voir p. 26).

Afin d'arriver au meilleur de votre énergie lors de votre début de grossesse, vous pouvez également effectuer une cure de **magnésium** pendant un mois minimum, surtout si vous n'en avez pas faite depuis un an. Les carences en magnésium sont notamment dues à une alimentation déséquilibrée composée de produits industriels, à des régimes à répétition, etc.
Nous vous conseillons notamment le plasma marin (ou eau de Quinton) en hyper- ou isotonique (l'isotonique, plus dilué que l'hypertonique, est préférable si vous souffrez d'hypertension, demandez l'avis de votre médecin en cas de traitement médicamenteux) (voir p. 30).
Si vous avez tendance à avoir des réserves de **fer** limitées, voire basses, n'hésitez pas à boire des tisanes d'ortie et à faire une cure de spiruline préventive dès la préconception (voir p. 29). Il est aussi bienvenu d'intégrer dès votre projet de grossesse de la levure de bière ou du germe de blé dans vos plats, sauf contre-indication médicale. Ces derniers sont de véritables cocktails de vitamines mais surtout de **minéraux et d'oligo-éléments** (magnésium, zinc, potassium...).
Enfin, si vous souhaitez booster votre immunité et prendre soin de votre digestion, nous vous recommandons de faire une cure de pro- et prébiotiques dès votre désir de conception.

Le microbiote intestinal

C'est l'ensemble des micro-organismes (dont 10 000 milliards de bactéries) vivant dans le tube digestif humain (intestin grêle et côlon). Considéré aujourd'hui comme un organe à part entière, le microbiote intestinal (ou flore intestinale) joue un rôle décisif dans la santé.

Les probiotiques sont des bactéries qui constituent votre microbiote (flore intestinale) et assurent près de 80 % de votre immunité. Ils assurent également votre bonne digestion et l'équilibre de votre mental. Choyer sa flore intestinale est essentiel pour prendre soin de soi et bien préparer sa grossesse. Les produits lacto-fermentés sont naturellement riches en probiotiques. Il peut s'agir de légumes, disponibles en magasin bio ou que vous pouvez les faire vous-même avec de la saumure (chou de la choucroute, carottes, betteraves, etc.), de boissons (kéfir, kombucha) ou encore du miso japonais (pâte fermentée à base de fèves de soja ou de riz, ou de millet notamment). Vous pouvez en consommer un peu tous les jours, en cure de 3 à 5 semaines.

> Prenez un mug de bouillon miso tous les jours pendant la cure (voir l'encadré).

> Ou 1 à 2 belles cuillères à soupe de légumes lacto-fermentés (mélangés par exemple avec d'autres crudités ou avec du riz ou un plat de légumes).

> Ou 2 à 3 verres de kéfir ou de kombucha par jour.

Attention

Les personnes à l'intestin sensible souhaitant effectuer une cure de probiotiques à base de produits lacto-fermentés doivent augmenter les quantités très progressivement. Si malgré cette précaution, la consommation des produits lacto-fermentés est trop agressive, stoppez la cure immédiatement.

Les boissons (kéfir ou kombucha) peuvent aussi être mal supportées en cas d'acidité gastrique, de reflux gastro-œsophagien, de gastrites, d'ulcère, de l'intestin sensible, etc. Il est donc préférable de les éviter.

Le bouillon miso est en général bien supporté.

Les prébiotiques, quant à eux, permettent la bonne croissance (et donc le développement) des probiotiques. Ils sont donc essentiels pour prendre soin du microbiote et par conséquent de la digestion, de l'immunité, de l'équilibre nerveux en général. Vous les trouverez naturellement dans l'alimentation, notamment si vous consommez régulièrement des asperges, artichauts, bananes, graines de lin, oignons, ail, poireau, légumineuses, miel, amandes, seigle, betterave, etc. Avoir une alimentation équilibrée et diversifiée suffit en général à couvrir les besoins en prébiotiques. Si vous ne pouvez ou ne souhaitez pas intégrer des probiotiques naturels dans votre alimentation grâce aux aliments listés ci-dessus, une cure de probiotiques achetés en pharmacie ou en magasin bio est possible. Demandez conseil à un professionnel qui saura vous indiquer les souches les plus adaptées à votre organisme selon vos maux notamment.

Recette du bouillon miso

Par Marie-France Farré, naturopathe et cheffe cuisine végétale dans les Landes.

Pour un bol
- 300 ml d'eau chaude
- 1 c. à c. de miso blanc
- 1 c. à c. de miso brun
- Facultatif : 1 c. à s. d'algues déshydratées et 2-3 champignons coupés en lamelles fines

Mélangez les deux misos avec l'eau chaude jusqu'à ce que le tout soit bien dilué. Ajoutez, si vous le souhaitez, les algues et les champignons crus ou cuits, et dégustez.

La méditation de pleine conscience

La période qui précède la grossesse (puis les neuf mois qui vont suivre) est souvent source de questionnements, de doutes, parfois d'angoisse. Il est alors intéressant de savoir abaisser le niveau de stress, notamment avec la médiation de pleine conscience que Noëlie, coautrice de ce livre, a expérimentée au moment de sa grossesse. Contrairement à la méditation bouddhique ou la méditation zazen, très rigoureuses et nécessitant l'accompagnement d'un maître qualifié, la méditation de pleine conscience est assez simple à mettre en place pour les novices. Elle invite

Les bienfaits

La méditation de pleine conscience aide notamment à :
- **mieux gérer vos émotions,**
- **davantage lâcher prise,**
- **couper votre mental et donc à calmer le « petit vélo dans la tête » (pensées incessantes),**
- **moins ruminer et à avoir moins de pensées négatives,**
- **diminuer les états de stress, d'anxiété, d'angoisse, de baisse de moral voire même de déprime,**
- **prévenir les rechutes dépressives,**
- **avoir plus de sérénité dans votre quotidien,**
- **mieux vous concentrer, mémoriser et être attentif·ve,**
- **être davantage connecté·e au moment présent,**
- **vous apporter plus de calme intérieur...**

votre concentration à se porter sur **vos sensations, votre respiration, un point de votre corps, un mouvement, vos émotions, vos pensées, sans émettre de jugement de valeur**, simplement dans l'accueil de ce que vous ressentez à l'instant présent. Vous pouvez pratiquer aussi souvent que cela est nécessaire.

N'hésitez pas à vous faire accompagner par un professionnel si le sujet vous intéresse. Cependant, vous pouvez aussi pratiquer seul·e chez vous si vous en avez le besoin ou l'envie. Il existe un grand nombre de livres, de vidéos et d'enregistrements audio sur Internet, ou encore des applications mobiles pour vous accompagner. Nous vous conseillons notamment les méditations guidées de Christophe André, Matthieu Ricard, Arnaud Riou... Mais il en existe beaucoup d'autres également très bien.

Quelques exercices pour s'initier

Pour vous initier en douceur à cette pratique, assurez-vous, tout d'abord, d'être dans un lieu calme où vous ne serez pas dérangé·e pendant environ 10-15 minutes. Coupez votre téléphone portable et débranchez le fixe. Soyez pleinement présent·e à ce que vous faites. Installez-vous confortablement, assis·e ou allongé·e.

Portez votre attention sur la respiration. Commencez l'exercice par une inspiration : quelle est votre sensation quand l'air entre dans vos narines puis dans votre corps ? Respirez normalement. Observez comment vos poumons se dilatent quand l'air les remplit et comment ils se rétractent quand l'air en sort. Poursuivez ainsi pendant plusieurs minutes. Il est fort probable que votre attention aura tendance à se porter sur vos pensées, rien de grave ! Ramenez-la juste sur votre respiration dès que vous en prenez conscience.

Observez vos pensées et vos émotions. Posez-vous en tant qu'observateur de vos pensées dès qu'elles se présentent et qu'elles disparaissent. Observez simplement sans jugement, soyez dans l'accueil comme si vous preniez des notes quand elles arrivent, sans chercher à leur donner de valeur. Cet exercice permet de comprendre que vos pensées sont uniquement le fruit de votre mental, qu'elles vont et viennent et que vous ne devez pas nécessairement vous joindre à elles. Faites de même avec vos émotions. Accueillez-les, observez-les sans jugement.

Centrez votre attention sur les sensations de l'instant présent. Faites-le quand vous marchez, quand vous mangez, quand vous discutez avec un·e ami·e, lorsque vous prenez votre douche, etc. Soyez attentif·ve aux sensations et à toutes perceptions ressenties au moment de l'action. Avec la pratique, vous prendrez conscience que votre esprit vagabonde mais que vous êtes capable de recentrer votre attention sur les sensations et perceptions du moment présent.

La luminothérapie

Chaque année, à l'approche de l'hiver, vous êtes peut-être sujette à la dépression saisonnière due notamment à la baisse de luminosité. La première chose à faire est de combler ce manque, ce que propose la luminothérapie (voir « La luminothérapie » en annexe).

L'assistance médicale à la procréation

À ce jour, en France, la procréation médicalement assistée (ou AMP, « assistance médicale à la procréation ») est possible pour les couples hétérosexuels ou pour les couples formés de deux femmes ou pour les femmes non mariées[2].

En France, les techniques médicales d'AMP prises en charge, sous certaines conditions, par l'Assurance maladie sont l'insémination artificielle, la fécondation in vitro (FIV) ou l'accueil d'embryon. Elles sont pratiquées avec les gamètes du couple ou avec celles d'un·e donneur·se (spermatozoïdes ou ovocytes). La création d'un embryon issu d'un double don (ovocyte + spermatozoïde) n'est pas autorisée en France[3].

Le parcours

Pour bénéficier de ce parcours, la première étape est d'en parler avec le médecin traitant ou autre spécialiste en gynécologie (gynécologue obstétricien ou sage-femme). Les personnes sont ensuite guidées vers une unité d'assistance médicale à la procréation. Des examens complémentaires (bilans hormonaux, échographie, spermogramme...) peuvent être demandés pour déterminer les causes éventuelles

2 www.servicepublic.fr : fiche « Procréation médicalement assistée (PMA) »
3 www.familles-lgbt.com/procreation-medicalement-assistee-pma

d'infertilité et ainsi sélectionner la technique la mieux adaptée pour l'AMP.
Malgré les nombreuses avancées techniques et scientifiques, l'assistance médicale à la procréation reste un processus long et parfois douloureux physiquement et/ou moralement pour celles et ceux qui y ont recours. À ce jour, le délai moyen entre deux tentatives de FIV est de six mois, et l'accès à l'AMP est limité dans le temps (la personne qui portera l'enfant doit avoir 45 ans maximum).

Les difficultés émotionnelles et psychologiques

Ces difficultés sont souvent réelles pour celles et ceux ayant recours à l'AMP. D'une part, le délai entre le début du parcours et la réalisation des premiers essais peut paraître très long face au désir d'enfant bien présent, voire pressant. D'autre part, bien qu'il s'agisse aujourd'hui d'une démarche acceptée socialement, certain·e·s se sentent coupables de « ne pas être capable de ». Le tabou qui s'installe autour de l'AMP engendre des difficultés à chercher du soutien autour de soi et parfois aussi un sentiment de solitude très fort.

Voici des propositions afin de faciliter l'échange, de partager votre ressenti et ainsi de mieux vivre cette étape importante :
La communication : que le projet soit mené en solo ou en couple, il est important de pouvoir exprimer vos ressentis, vos craintes, vos questionnements par une communication sincère auprès de personnes-ressources, grâce à des temps d'écoute empathiques. De même, n'hésitez pas à parler avec l'équipe médicale qui vous suit dans cette aventure et, si vous en ressentez le besoin, adressez-vous à un·e thérapeute.
Le lâcher-prise : la démarche d'AMP engendre inévitablement une certaine pression (« cette fois, il faut que ça marche ! »). Essayez de vous organiser des temps de détente, de retour à soi, de dépaysement afin de ne pas tomber dans l'engrenage obsessionnel. Le mental joue aussi un rôle important dans la réussite de ce projet...
Abandonner la culpabilité : vous avez des difficultés à procréer ? Rappelez-vous que vous n'êtes pas seul·e·s[4], et aujourd'hui les avancées technologiques et médicales sont là pour vous accompagner dans votre projet ! Si vous sentez que la culpabilité prend trop de place, n'hésitez pas à vous faire accompagner. Soyez doux·ce avec vous-même, et rappelez-vous que les êtres humains ne sont pas tous égaux... Quoi de plus beau que l'envie de devenir parent ? Alors, avec ou sans assistance, l'objectif reste le même !

Le don de gamètes

Pour celles et ceux qui le souhaitent, il est bon de savoir qu'un don de gamètes (ovocytes ou spermatozoïdes) est possible afin de permettre à d'autres personnes de concrétiser leur projet de famille. Il s'agit d'un acte très généreux, encadré par l'Agence de la biomédecine et réalisable selon certains critères (âge, condition de santé...). Alors, si cela vous tente, n'hésitez pas à vous rapprocher d'une unité d'AMP proche de chez vous !

4 D'après l'Agence de la biomédecine, « en 2019, 157 593 tentatives d'AMP ont été recensées, regroupant les inséminations intra-utérines (IIU), les fécondations *in vitro* (FIV) avec ou sans micro-injection (ICSI) et les décongélations d'embryons congelés avec gamètes et embryons issus ou non d'un don ».

Enceinte : être bien dans son corps et dans sa tête

Afin de permettre le bon développement de votre bébé, de conserver toute votre énergie pendant la grossesse, prendre soin de vous est essentiel. Nous vous proposons de faire le point sur vos besoins pendant cette période.

Pendant la grossesse, votre corps s'adapte au fil des mois pour permettre au bébé de trouver sa place et de bien se développer. Votre poids va augmenter d'une dizaine de kilos (parfois plus, parfois moins selon les femmes), ce qui s'explique en partie par les changements physiologiques liés à la grossesse :

- Le fœtus représente environ 3 kg.
- Le placenta : environ 600 g.
- Le liquide amniotique : un peu moins de 1 kg.
- L'utérus : environ 1 kg.
- La masse sanguine va aussi augmenter : de 1 à 1,5 kg.
- La mise en réserve des lipides (gras) en vue de l'allaitement : de 2 à 3 kg.
- La rétention d'eau : environ 2 kg.

À propos de l'alimentation

Pendant les neuf mois de grossesse, il est important de veiller à votre alimentation. Pour bien se développer, le bébé va y puiser indirectement tous les nutriments dont il a besoin. Si les nutriments apportés par la nourriture ne sont pas suffisants, il puisera alors dans vos réserves. Le risque de carences pour votre organisme augmente, surtout si vous n'avez que peu de stocks, ce qui pourrait vous faire du tort après l'accouchement, et bien entendu vous fatiguer inutilement.

Les vitamines

Toutes les vitamines sont importantes. Vous les retrouverez en particulier dans les fruits, mais aussi les légumes, les légumineuses, les oléagineux (amandes, noix, noisettes), les céréales (à noter que les céréales complètes ou semi-complètes en contiennent bien plus que dans les céréales raffinées et donc blanches qui sont à limiter, voir le tableau p. 18), sans oublier le germe de blé et la levure de bière (sauf pour les personnes intolérantes ou allergiques au gluten), les cocktails de vitamines, les minéraux et oligo-éléments ! Certaines épices et herbes aromatiques en possèdent également, comme le persil et le gingembre, tous deux très riches en vitamine C (Cotteaux, 2021).

Attention

La vitamine B12, nécessaire au bon fonctionnement du système nerveux et à la fabrication des globules rouges, n'est pas présente dans les végétaux. Nous ne la trouvons que dans les aliments d'origine animale, notamment les abats et les crustacés. Si vous êtes végétarienne ou végétalienne, pensez à vous supplémenter (voir p. 251).

Cas particuliers : la vitamine B9 et la vitamine D

La vitamine B9 (ou acide folique)
Essentielle à la formation du système nerveux primitif du bébé, elle est à prendre pendant les trois premiers mois de la grossesse à raison de 0,4 microgramme par jour (et si vous commencez les prises trois mois avant la conception, c'est encore mieux). En cas d'anémie avérée au cours de la grossesse, votre sage-femme, médecin ou gynécologue peut vous en prescrire.

La vitamine D
Elle permet de fixer le calcium, intervient dans l'équilibre du système nerveux et prévient les pathologies vasculaires comme la pré-éclampsie pendant la grossesse (hypertension artérielle gravidique pouvant apparaître à partir de 20 semaines d'aménorrhée). Pour satisfaire les besoins qui sont multipliés lors de la grossesse, une supplémentation est d'autant plus nécessaire que la vitamine D est très peu présente dans l'alimentation. En effet, on la trouve en très petites quantités dans les petits poissons gras comme les sardines, les harengs, les maquereaux, et dans l'huile de foie de morue. Le fœtus et la production de lait maternel demandent d'importantes ressources en calcium dont l'absorption dépend de cette fameuse vitamine.
L'exposition au soleil est une autre voie possible pour couvrir les besoins en vitamine D, à raison de 30 minutes (en été) et sans protection solaire. Attention, l'exposition prolongée est à éviter pendant

À savoir

D'après l'Organisation mondiale de la santé, la carence en vitamine D « est associée à un risque accru de pré-éclampsie, de diabète sucré gestationnel, de prématurité et d'autres pathologies tissu-spécifiques ». Pourtant, depuis février 2018, l'OMS ne recommande plus la supplémentation en vitamine D pendant la grossesse en raison du manque de données, mais conseille plutôt une alimentation équilibrée et riche en vitamine D.

On peut s'interroger à propos de cette recommandation sachant que l'alimentation apporte peu de vitamine D et qu'elle peut être difficile à mettre en place dans certaines situations de précarité...

la grossesse car la peau est beaucoup plus sensible et donc sujette aux coups de soleil. Ces derniers favorisent l'apparition de taches brunes, notamment au niveau du visage et du cou, appelées mélasma ou « masque de grossesse » (voir p. 36). Par ailleurs, dans certaines régions peu ensoleillées au cours de l'année, l'exposition n'est pas suffisante pour assimiler la vitamine D.

Pour toutes ces raisons, nous vous recommandons de prendre de la vitamine D pendant la grossesse. Privilégiez la **supplémentation journalière** qui a un meilleur taux d'absorption que celle prise tous les mois ou tous les trimestres. Afin de connaître le dosage adapté, demandez conseil à votre médecin, votre gynécologue, votre sage-femme. La vitamine D3 (plus proche de la vitamine fabriquée par notre peau au soleil et plus stable que la D2) se trouve en pharmacie ou magasin biologique. Elle est fabriquée à partir de la graisse de la laine du mouton (lanoline). Pour les végétaliens, il existe maintenant de la vitamine D3 fabriquée à partir de végétaux, de certains types de lichens notamment. Préférez une prise quotidienne plutôt que mensuelle ou trimestrielle car elle a un meilleur taux d'absorption.

En résumé, afin de faire le plein de vitamines pendant votre grossesse, nous vous recommandons de consommer quotidiennement :

- **Des fruits** de saison et sains (locaux et de qualité biologique) : crus entre les repas (pour éviter les fermentations et spasmes, et favoriser une meilleure absorption) ou cuits en dessert par exemple, ou encore sous forme de smoothies pour vos collations.
- **Des oléagineux** : une poignée par jour, non grillés et non salés, seuls ou dans une salade ou une autre préparation.
- **Des céréales** semi-complètes ou complètes (si vous les tolérez).
- **De la levure de bière ou du germe de blé** (si vous n'êtes pas allergique ou intolérante au gluten), au choix ou en alternance, à raison d'une à deux cuillères à soupe à saupoudrer dans vos plats (hors cuisson) ou sur vos salades et crudités.
- Si vous appréciez **les épices et les aromates**, ne vous privez pas ! Attention tout de même à ne pas abuser des épices fortes comme les currys verts ou jaunes, le piment, etc. que nous vous recommandons de consommer après la grossesse et après l'allaitement.

Les minéraux et les oligo-éléments

Les minéraux et oligo-éléments, comme les vitamines, sont tous indispensables.

Vous les trouverez dans les céréales complètes ou semi-complètes, les oléagineux, les légumineuses, les graines, les algues, les produits de la mer, les légumes, les fruits, etc. La levure de bière et le germe de blé sont des sources importantes de minéraux et d'oligo-éléments, vous pouvez donc en consommer quotidiennement (une à deux cuillères à soupe par jour) en alternance. Une alimentation diversifiée, de saison et de qualité devrait vous apporter ce dont vous avez besoin.

Le fer, le magnésium, le calcium et le zinc dont les besoins sont accrus pendant la grossesse peuvent faire défaut quand on attend un bébé. Un suivi médical régulier permettra à votre médecin de surveiller que vous n'en manquez pas.

Le fer

Il est nécessaire au développement du fœtus et du placenta, ainsi qu'à l'augmentation du volume sanguin de la mère. Le risque d'anémie par carence en fer est alors plus important, surtout en fin de grossesse (dans ce cas, assez fréquent, le médecin ou la sage-femme propose un complément en fer).

Pour éviter ce genre de carence, veillez à ce que la quantité de fer fournie par l'alimentation soit suffisante. **Les apports nutritionnels recommandés en période de grossesse sont de 30 mg/jour** (au lieu des 2 mg/jour pour une femme entre la puberté et la ménopause hors grossesse), notamment lors des 2e et 3e trimestres de la grossesse[5].

À titre d'exemple :

> 100 g (poids avant cuisson) de légumes secs (lentilles, pois chiches...) apportent 7 mg de fer.

> 100 g d'oléagineux (amandes, noix, noisettes, graines de lin...), notamment si vous les faites germer (voir l'encadré p. 31), apportent 2 à 4 mg de fer.

> 1 cuillère à café de spiruline (soit 2,5 à 3 g) en poudre ou en brindilles (à ajouter dans des crudités par exemple) apporte 1,5 mg de fer.

> 2 belles cuillères à soupe de purée de sésame (tahin ou tahini) par exemple dans les sauces à salade ou les crudités, ou à consommer le matin sur du pain, des pancakes de sarrasin, etc. couvrent également en partie vos besoins quotidiens en fer.

Les sources de fer sont variées, on les trouve aussi bien dans les aliments d'origine animale que végétale, mais elles ne sont pas assimilées de la même façon. Le fer provenant de la viande et du poisson (boudin noir, fruits de mer, bœuf, poissons) est le mieux absorbé. Le fer présent dans les jaunes d'œufs, les produits laitiers et les végétaux est moins bien assimilé.

Si vous êtes végétarienne ou végétalienne ou si vous souhaitez diminuer la quantité de protéines animales dans votre alimentation, il est tout à fait possible d'avoir des apports en fer suffisants en respectant quelques règles ! Assurez-vous de consommer régulièrement les aliments suivants (fer en milligramme pour 100 g d'aliment) :

> Les algues, dont la spiruline : 4 à 13 mg (l'algue kombu : 45,6 mg)

> L'ortie (en tisane, en cuisine, en poudre...) : 4,1 g.

> Les légumes à feuilles vertes (choux, épinards, blettes, etc.).

> Les graines de lin, de sésame ou de tournesol : 6 à 10 mg.

5 www.vidal.fr/sante/nutrition/equilibre-alimentaire-femme-enceinte/vitamines-mineraux-grossesse.html

> Les graines de chia, de courge et de tournesol.
> Le houmous (mélange de pois chiches, purée de sésame et huile d'olive ou de sésame).
> Les légumes secs (lentilles, pois chiches, haricots rouges et blancs) : 6 à 8 mg.
> Les céréales complètes (ou à défaut semi-complètes si votre tolérance digestive vous le permet) dont **le quinoa** (8 mg) **et les graines de sarrasin** ou kasha (3,8 g). Ces deux derniers possèdent tous les acides aminés et sont donc les deux seuls aliments à proposer des protéines complètes parmi les végétaux (voir p. 240).
> Le tofu et le lait de soja (voir l'encadré).
> Les oléagineux (noisettes, amandes, noix), etc. : 3 à 4 g.
> La levure de bière : 18 mg/100 g.
> Le germe de blé : 8,6 mg/100 g.

Le soja

Cet aliment est très bien équilibré en termes de nutriments et donc idéal pour les personnes végétariennes et végétaliennes. Mais il fait débat car il contient aussi des phyto-œstrogènes (les isoflavones), ce qui divise le monde médical[6]. Par précaution, nous vous conseillons de **ne pas consommer de soja en excès,** d'éviter les compléments alimentaires à base de soja et de demander conseil à votre médecin si vous souffrez d'un cancer du sein et que l'on vous propose des traitements.

Pour favoriser l'absorption du fer contenu dans les aliments, assurez-vous de **consommer régulièrement de la vitamine C** au cours des repas. Voici à titre d'exemple, quelques aliments riches en vitamine C : persil, ciboulette, brocolis, légumes à feuilles vertes (chou vert par exemple), pommes de terre cuites avec la peau, kiwis, myrtilles, agrumes, cassis, mangues...
> Parsemez vos plats de persil frais ciselé (ou à défaut du persil séché bio), de ciboulette ou d'ortie séchée réduite en poudre. Préparez des compotes avec du kiwi, des myrtilles ou du cassis pour les desserts, ou croquez-les frais aux collations.

6 www.inrae.fr : « Soja et cancer du sein : des relations ambiguës »

Si vous pensez être carencée en fer, il est indispensable d'en parler à votre médecin, sage-femme ou gynécologue.
En plus des recommandations ci-dessus, une **cure de spiruline** peut être bénéfique. Privilégiez plutôt l'achat de spiruline française, séchée à maximum 45 °C et loin des sites de pollution. La prise de comprimés ou de gélules évite le goût un peu particulier de cette algue d'eau douce.
> 1er et 2e jour : 1 g
> 3e et 4e jour : 1,5 g
> 5e jour et tous les jours pendant 3 semaines : 2 g.
Il est possible d'aller jusqu'à 3 g voire 5 g par jour pour les végétariennes et les végétaliennes (Juhasz, 2019).
> Arrêt d'une semaine minimum avant une reprise éventuelle.

Attention

La supplémentation en spiruline est déconseillée en cas d'intolérance, d'allergie à l'iode, de cancer, et d'hyperthyroïdie (si elle est produite à base d'eau de mer). Elle peut provoquer une intolérance à la phénylalanine (rare) et des douleurs gastriques souvent dues à l'excipient.
En cas de cancer, demandez toujours l'avis de votre médecin.

En plus des prises de spiruline, vous pouvez faire une **cure de tisane d'ortie** (biologique ou du jardin, si vous ne traitez pas du tout) pendant 3 à 4 semaines. L'ortie est riche en fer (la moitié de son poids sec est constitué d'acides aminés et donc de protéines), en vitamines et notamment en vitamine C (six fois plus que dans l'orange), en calcium, en silice et autres minéraux, en oligo-éléments ainsi qu'en chlorophylle et en antioxydants. Elle permet donc de lutter contre la fatigue, le stress, l'anémie ou la baisse de fer, mais apaise également les maux digestifs, les problèmes de peau et d'allergie, les douleurs.
> Mettez 2 belles cuillères à soupe d'ortie séchée (ou 1 grosse poignée d'ortie fraîche ciselée) par mug (tasse d'environ 300 ml). Laissez infuser 8 à 10 minutes dans une eau à 80 °C, filtrez et buvez.
> Consommez avant 17 h 30 pour ne pas perturber votre sommeil.
> Pour un effet bénéfique, nous conseillons trois mugs de tisane par jour.

Le magnésium

Un déficit en magnésium peut s'exprimer par une augmentation de la fatigue émotionnelle et physique, des crampes, de la nervosité, des insomnies...

Les apports en magnésium conseillés pendant la grossesse sont de 400 mg/jour. Ils seront suffisants si vous consommez :

> 2 à 3 fois par semaine : 100 g de sardines minimum.

> Tous les jours : un mélange d'oléagineux (noix, amandes, noisettes) et de graines de courge.

> **Si vous êtes végétarienne ou végétalienne** ou que vous n'aimez pas les petits poissons gras : mangez régulièrement des légumes à feuilles vertes, des céréales complètes, des avocats, des bananes, des noix de cajou, des amandes, des abricots secs, des pommes, du germe de blé, du cacao en poudre, des algues, certains fruits de mer, des lentilles, des graines de courge, du son de blé...

Si vous êtes carencée, vous pouvez également boire une **eau riche en magnésium**, comme l'eau Hydroxydase que l'on trouve en magasin biologique (ou à défaut une autre riche en magnésium).

N'hésitez pas à faire une cure de magnésium marin comme le superbe **plasma marin** ou eau de Quinton que vous trouverez en général dans les magasins biologiques ou sur le site Internet.

> Une cure au moins une fois par an (en l'absence de symptômes, voir ci-dessous).

> Pendant votre grossesse, nous vous conseillons de prendre de l'eau de Quinton isotonique (plus dilué que le Quinton hypertonique) après les trois premiers mois de grossesse et en l'absence de problèmes rénaux, d'hypertension, d'hyperthyroïdie ou d'intolérance à l'iode. Demandez toujours un avis médical avant d'en consommer !

À savoir

L'eau de Quinton (ou plasma marin) est une eau de mer micro-filtrée riche en oligo-éléments et en minéraux (aluminium, argent, brome, calcium, cuivre, iode, lithium, magnésium, manganèse, potassium, silicium, sodium, zinc... Elle est prélevée au large des côtes, à environ 30 mètres de profondeur. En France, l'eau de Quinton est captée au large d'Arcachon (golfe de Gascogne) et de Saint-Malo (Bretagne).

Le calcium

Il participe à la construction du squelette du fœtus. Il favorise une tension artérielle normale et lutte donc contre les risques de pré-éclampsie. Un apport en suffisance est donc indispensable, notamment pour les végétariennes et les végétaliennes qui consomment peu ou pas de produits laitiers. Pensez à consommer régulièrement (calcium en milligramme pour 100 g d'aliment) :

> Des algues (laitue de mer ou wakamé) : 1 g

> Des graines de sésame : 900 mg

> Des orties (fraîches par exemple) : 600 mg

> De la purée de sésame demi-complet (tahin) : 354 mg

> Des légumes à feuilles vertes (choux, salades, épinards...) : 280 à 87 mg

> Des amandes et des noisettes : 252 à 225 mg

> Des figues sèches : 190 mg

> Du tofu (à base de soja) : 105 mg

> Des noix : 87 mg

Bien sûr les produits laitiers animaux en contiennent mais ils sont acidifiants, difficiles à digérer (ceux notamment à base de lait de vache). Le calcium qu'ils contiennent est mal absorbé (pour en savoir plus sur le sujet, voir p. 241). Si vous souhaitez consommer des produits animaux, priorisez le lait de brebis ou de chèvre ou produits dérivés (yaourts, fromages, etc.). Il existe aujourd'hui des boissons et des yaourts végétaux.

Attention

Évitez de consommer du soja si vous avez des antécédents de cancer hormonodépendant.

Le zinc

Il est essentiel pour la croissance et le développement du fœtus. Des carences légères à modérées sont assez fréquentes chez les femmes enceintes, il est donc important de veiller à un apport suffisant. Vous en trouverez dans :

> Le germe de blé.

> Les céréales complètes.

> Les légumineuses, notamment si vous les avez fait germer (voir l'encadré ci-contre).

> Les flocons d'avoine.

> Les graines.

> Les oléagineux.

> Le jaune d'œuf.
> Le cacao.
> Les huîtres et autres fruits de mer.

Les graines germées

Le processus de germination amplifie naturellement les teneurs en principes actifs des plantes et des aliments. Les graines, légumes secs et oléagineux contiennent, une fois germés, jusqu'à dix fois plus de vitamines, minéraux, oligo-éléments et acides aminés.

Les légumes secs : rincez puis faites tremper 12 heures dans une belle quantité d'eau avec une grosse cuillère à soupe de bicarbonate de soude alimentaire qui aidera à la bonne digestion. Égouttez et rincez plusieurs fois. Laissez dans la passoire entre 12 et 36 heures maximum. Les germes blancs vont apparaître (s'ils deviennent verts, les légumes secs ne sont plus consommables). Vous pourrez ensuite les faire cuire. Avec la germination, le temps de cuisson est réduit, pensez à surveiller et à goûter régulièrement.

Les graines de courge et de tournesol, les noix (noix, noisettes, amandes, etc.) : faites tremper 4 à 6 heures dans de l'eau puis égoutter. Vous pouvez les consommer immédiatement (la germination a déjà commencé) ou attendre quelques heures avant de les déguster.

Pour **les petites graines**, les temps de trempage et de germination sont en général indiqués sur les paquets.

Les bons gras

Il existe divers types de gras, appelés aussi « acides gras ». Pour simplifier, retenez qu'il y a les mauvais et les bons gras.

Les bons gras, appelés « acides gras insaturés », sont les oméga 3, 6 et 9. Pour assurer un bon développement et un bon fonctionnement de l'organisme ainsi que pour prévenir les maladies cardio-vasculaires, nous avons besoin des trois.

Les oméga 3 et 6 (aussi appelés « gras polyinsaturés ») sont dits « essentiels » car ils jouent un rôle important dans le développement des membranes cellulaires, et notre corps ne peut pas les synthétiser lui-même. **Le rapport entre ces deux types de gras est important.** Un déséquilibre entre eux peut être délétère pour l'organisme, surtout si les oméga 6 sont consommés en excès. Dans nos sociétés modernes occidentales, on consommerait entre dix et trente fois plus d'oméga 6 que d'oméga 3 ! Idéalement, le rapport devrait se situer entre 1/1 et 4/1. **Soyez donc particulièrement vigilante sur les apports en oméga 3 !**

Les oméga 6 sont particulièrement présents dans les huiles de tournesol, d'arachide, de sésame, de maïs, dans les graines de courge, de tournesol et de sésame, ainsi que dans les margarines. Ces produits ont la part belle dans la cuisine des restaurants, des fast-foods et les produits industriels.

Les oméga 9, quant à eux, sont assurés en cuisinant à l'huile d'olive, à condition de cuisiner à feu doux ou moyen pour éviter sa détérioration.

Voici les aliments qui vous apporteront la quantité suffisante d'oméga 3 dont vous et votre bébé avez besoin pendant la grossesse.

Assaisonnez les salades avec **une huile végétale crue**. Si vous souhaitez l'utiliser pour vos plats, veillez à ne pas la faire chauffer et à toujours l'intégrer hors cuisson. Stockez-la au réfrigérateur dès l'ouverture.

> 2 cuillères à soupe d'huile de noix, de chanvre, de lin ou de colza par jour,
> Ou 2 cuillères à café d'huile de caméline par jour.

Choisissez **des oléagineux** (noix, noisettes, amandes) non grillés et non salés.

> 1 poignée (soit entre 8 et 10 oléagineux) par jour.

Consommez **des petits poissons gras** frais ou en boîte de qualité, plutôt à l'huile d'olive vierge et sans sucre ajouté. Favorisez les marques avec le label « pêche durable » (bien que cela ne soit malheureusement plus suffisant aujourd'hui pour permettre le renouvellement optimal des réserves de poissons).

> 2 à 3 fois par semaine.
> Si vous ne pouvez ou ne voulez pas en consommer, vous pouvez vous complémenter en huile de petits poissons gras sous forme de gélules. Si vous êtes végétarienne ou végétalienne, supplémentez-vous en EPA DHA à partir de micro-algues.

Les graines de chia constituent aussi un bon apport en oméga 3. Ces petites graines noires absorbent plus de dix fois leur poids en eau (ou autre liquide), elles sont neutres en goût et peu caloriques, et comme elles gonflent, elles permettent aussi d'arriver à satiété plus vite. En les faisant tremper dans de l'eau, une boisson végétale ou un autre liquide, on obtient des graines à la consistance assez proche du tapioca.

> Pour épaissir une soupe chaude ou froide (en été), dans une compote, un yaourt, dans le porridge du matin ou sous forme de pudding : 1 à 2 cuillères à soupe par jour en fonction de ce qui est consommé à côté. Faites des pauses de temps en temps et veillez à avoir un apport hydrique suffisant car les graines absorbent l'eau.

À noter

En plus de leur forte teneur en oméga 3, les graines de chia sont excellentes pour régulariser le transit (voir p. 51) en fonction de votre tolérance digestive.

Les mauvais gras à éviter

Voici quelques mauvais gras, nocifs pour la santé, dont la consommation est à éviter absolument :

- **Les acides gras saturés** participent à augmenter le mauvais cholestérol (qui se dépose en plus grande quantité dans les artères) et à diminuer le bon (dont le rôle est de nettoyer les artères). On les trouve parmi la viande rouge, la charcuterie, les produits laitiers.
- **Les acides gras trans** issus des procédés industriels. Les huiles hydrogénées présentes dans les biscuits sucrés et salés, les gâteaux, les céréales, les glaces industrielles, les viennoiseries, les plats cuisinés et les margarines végétales augmentent les risques de maladies cardio-vasculaires. Ces huiles hydrogénées sont fabriquées à partir d'un procédé qui dénature les acides gras insaturés (bon gras) en les transformant en acides gras trans (mauvais gras), responsables de l'augmentation du mauvais cholestérol et de la baisse du bon cholestérol.

Les protéines

Pour mieux connaître la fonction des protéines, rendez-vous à la page 240 de cet ouvrage. Pendant votre grossesse (et l'allaitement), nous vous conseillons de consommer de la viande sans excès et dont la qualité est sûre. Si vous connaissez un éleveur qui traite ses bêtes avec respect, dans de bonnes conditions et qui n'a pas recours systématiquement aux antibiotiques pour les soigner, vous pouvez vous autoriser à manger un peu de viande. Nous vous déconseillons tout de même de consommer du gibier, de la charcuterie, de la viande rouge, difficiles à digérer et contenant de mauvaises graisses. Par ailleurs, il est également préférable d'éviter le porc et le mouton si vous n'êtes pas immunisée contre la toxoplasmose comme détaillé ci-dessous.

De plus, les animaux d'élevage reçoivent beaucoup de traitements et d'injections d'antibiotiques. Leur nourriture n'est pas toujours de qualité et les conditions d'élevage souvent peu ou pas respectueuses de l'animal. Leur viande comportera donc des traces de ces traitements que vous ingérez et transmettez à votre bébé.

La toxoplasmose

La toxoplasmose est une infection parasitaire, transmissible par les animaux, en particulier les chats. Celui-ci, quand il est infecté par le parasite *Toxoplasma gondii*, peut le transmettre à l'être humain. Dans la très grande majorité des cas, la toxoplasmose est inoffensive, tout au plus responsable d'une banale infection transitoire. Par contre, elle peut représenter une menace importante pour les personnes dont le système immunitaire est déficient et pour le fœtus, lors de la grossesse. Donc si vous n'êtes pas immunisée, soyez vigilante !

- Lavez vos mains avant de préparer le repas (et régulièrement tout au long de la journée).
- Évitez (si possible) le jardinage ou portez des gants et lavez vos mains ensuite.
- Lavez les légumes, la salade et les fruits avant de les préparer ou de les consommer.
- Ne mangez pas de viande, de poisson, de fruits de mer crus ou peu cuits.
- Ne mangez pas les produits au lait cru.
- Ne mangez pas d'œufs crus (mousse au chocolat par exemple) ou peu cuits.
- Évitez la charcuterie.
- Évitez la viande de gibier, de porc et de mouton.
- Lavez vos mains avec précaution après avoir caressé un chat (faites de même si vous vous occupez de la litière du vôtre).

L'hygiène : vers une routine minimaliste et naturelle

Comme pour les aliments consommés, les produits cosmétiques et d'hygiène dépassent les barrières cellulaires et arrivent jusqu'à la circulation sanguine. Le passage des contaminants de la mère à l'enfant au cours de la grossesse est aujourd'hui avéré et reconnu par la communauté scientifique et médicale.

À savoir

En France, l'Agence nationale de sécurité du médicament et des produits de santé (ANSM) recommande d'éviter le phénoxyéthanol (conservateur de synthèse largement utilisé en cosmétique conventionnelle), certains filtres UV et certaines substances soupçonnées d'être perturbateurs endocriniens[7].

Il est important d'être vigilante quant à l'utilisation de certains produits d'hygiène et cosmétiques au cours de la grossesse. Crèmes, shampoings, maquillage, déodorants, vernis à ongles... Certains sont nécessaires, d'autres beaucoup moins. C'est donc le bon moment pour faire un point sur ce dont vous avez besoin au quotidien... et pourquoi pas changer vos habitudes !

Plusieurs solutions s'offrent à vous :

- **Fabriquez vos produits** (c'est ce qu'on appelle le DIY ou « Do It Yourself »). Il s'agit de réaliser vous-même vos produits en les personnalisant selon les besoins de votre peau ou de vos usages, et en prenant le soin de choisir des matières premières issues de l'agriculture biologique et du commerce équitable. De nombreux ouvrages ou sites Internet sont aujourd'hui à votre disposition pour la confection de produits du quotidien (voir aussi p. 75). Attention cependant à vérifier que les formules trouvées soient compatibles avec la grossesse (les huiles essentielles sont à éviter, surtout au cours du 1er et du 3e trimestre).
- **Choisissez-les labellisés ou biologiques.** En France, plusieurs labels coexistent et garantissent, en fonction de leur cahier des charges, la « naturalité » du produit cosmétique, l'origine des matières premières et du procédé de fabrication.
- **Découvrez des marques artisanales et indépendantes.** Profitez du savoir-faire des artisans locaux et indépendants qui fabriquent des gammes de savons et de produits cosmétiques. Souvent, ces artisans travaillent avec des ingrédients d'origine biologique sans être labellisés (car le coût des mentions est trop cher), mais leurs produits sont bien souvent plus qualitatifs que ceux de grosses marques industrielles pourtant bio !

Principaux labels cosmétiques

- Ecocert
- Cosmebio
- Nature&Progrès (le plus exigeant en termes de cosmétiques naturels sur le marché)
- Slow Cosmétique
- BDIH
- NaTrue
- USDA Organic

Afin de vous accompagner dans vos changements d'habitudes et ainsi d'initier ou de compléter une routine naturelle, voici des solutions pour les différentes étapes d'hygiène quotidienne. En route pour une salle de bain et un mode de vie minimaliste et naturel !

Le corps

Les gels douche et les bases lavantes en général sont souvent très concentrés en agents tensioactifs et en conservateurs à cause de leur forte teneur en eau (celle-ci favorise la prolifération bactérienne contre laquelle luttent les conservateurs). Ils sont aussi asséchants pour la peau et conditionnés dans des emballages à usage unique. Pour éviter l'usage de ces substances, **privilégiez l'utilisation de pains de savon solide surgras et composés d'huiles végétales.** En plus d'éviter les emballages, ils durent plus longtemps et sont donc plus économiques. Il existe certainement près de chez vous un artisan savonnier qui fabrique de très bons produits naturels, efficaces et en conscience !

7 www.wecf-france.org : fiche « Cosmétiques bébés. Protéger les enfants des substances toxiques »

Les agents tensioactifs

Ce sont des molécules qui abaissent la tension superficielle de l'eau afin de permettre à deux phases qui ne se mélangeaient pas (par exemple, une phase aqueuse et une phase grasse) de se lier entre elles. Ils sont d'origine naturelle ou synthétique, mais les tensioactifs de synthèse, en plus d'être des polluants importants, provoquent souvent des irritations et des allergies.

Le savon saponifié à froid et surgras

La saponification à froid (SAF) correspond à la réaction chimique qui permet de transformer des corps gras (huiles) en savon et en glycérine. Elle préserve la majorité des principes actifs présents dans les ingrédients de départ. La glycérine obtenue par la saponification à froid est un ingrédient cosmétique essentiel dont le rôle est de protéger le film hydrolipidique (la fonction barrière de votre peau) et de rendre la peau plus « élastique ». De plus, un savon avec un taux de surgraissage (qui correspond à la proportion d'huile non transformée en savon et présente dans le produit fini) d'au moins 6 % vous assure un confort quotidien à la sortie de la douche ou du bain ! Votre peau est parfaitement lavée, nourrie et hydratée !

L'hygiène intime

Si la toilette intime est essentielle pour se sentir bien et éviter les infections, il n'est pas nécessaire de pratiquer une hygiène à outrance. Certains gestes ont des conséquences néfastes sur l'équilibre de la flore vaginale déjà impactée par vos hormones au cours de la grossesse ! Le « dérèglement hormonal » entraîne une augmentation du pH vaginal et donc une diminution de son rôle protecteur. Vous devenez alors plus vulnérable aux mycoses et aux irritations.

> Concernant la vulve, privilégiez un lavage à l'eau à l'aide de vos mains. Les gants de toilette, véritables nids à bactéries, sont à proscrire !

> La consommation d'eau tout au long de la journée permet de lutter contre la sécheresse vaginale (attention au café et à toutes les boissons contenant des actifs diurétiques qui aggraveraient la déshydratation).

> Le port de sous-vêtements en coton ou en soie limite les phénomènes d'irritation.

> Au cours de vos rapports sexuels, utilisez des substances lubrifiantes naturelles pour limiter les frottements et donc les phénomènes d'irritation, comme du gel d'aloe vera (à préférer aux huiles végétales ou de synthèse non compatibles avec l'utilisation de préservatifs car elles dégradent le latex) !

À savoir

L'augmentation des pertes vaginales est normale au cours de la grossesse. Cependant, si elles deviennent odorantes et plus fréquentes (elles peuvent être le signe d'une infection), consultez un médecin ou un·e gynécologue.

Le soin du corps

Pendant la grossesse, votre peau subit des distensions notamment au niveau du ventre, des cuisses et des seins. Elle paraît plus sèche et des sensations de tiraillements voire de démangeaisons localisées peuvent se faire sentir. Ces désagréments sont plus ou moins forts selon les femmes et sont à mettre en corrélation avec le chamboulement hormonal et le bouleversement du système immunitaire liés à la grossesse.

Les huiles végétales apportent souplesse et élasticité à la peau sans risque de boucher les pores, ce qui n'est pas le cas des crèmes et des laits industriels composés d'huiles minérales dérivées de la pétrochimie !

Privilégiez les huiles végétales de qualité biologique et issues d'une première pression à froid afin d'en conserver les principes actifs.

Pour nourrir la peau et retrouver une sensation d'apaisement, choisissez une ou plusieurs huiles végétales (que vous pouvez mélanger).

> À la sortie de la douche et une fois la peau essuyée, appliquez quelques gouttes de l'huile ou du mélange sur l'ensemble de votre corps. Massez pour bien faire pénétrer. Prenez ce temps pour vous relier à votre corps en changement, car en plus d'apporter un véritable soin nourrissant à votre peau, ces massages permettent également de vous connecter à votre bébé. C'est le bon moment de la journée pour lui parler et lui fredonner des chansons.

Macérat de calendula dans l'huile de chanvre

Cette macération de fleurs de calendula dans une base d'huile de chanvre permet de combiner les principes actifs des deux plantes. Les fleurs séchées de calendula et l'huile de chanvre sont disponibles en magasin bio (vous pouvez également utiliser les fleurs de calendula de votre jardin). Pour l'huile, privilégiez une qualité biologique et une première pression à froid.

Ingrédients

- Fleurs de *Calendula officinalis*
- Huile de chanvre
- Vitamine E (ou tocophérol)
- Un bocal en verre, une gaze ou un tissu de coton fin, une bouteille en verre ambré

Nettoyez les plans de travail, désinfectez à l'alcool l'ensemble des ustensiles et lavez vos mains.

Remplissez un bocal en verre avec des fleurs de calendula séchées. Ne les tassez pas trop.

Recouvrez les fleurs d'huile de chanvre (vérifiez le niveau au bout de 24 heures, aucune fleur ne doit rester à la surface).

Ajoutez de la vitamine E dans votre mélange (0,2 % du poids total de l'huile) afin d'améliorer la conservation du macérat (l'huile de chanvre est composée d'un fort taux d'acides gras polyinsaturés sensibles à l'oxydation).

Couvrez votre bocal avec une gaze ou un morceau de tissu en coton : le macérat sera protégé tout en « respirant ».

Placez votre bocal près d'une source de chaleur (au soleil derrière une fenêtre par exemple). Recouvrez-le d'un sachet kraft pour limiter l'impact direct des UV sur le mélange.

Tous les 2 à 3 jours, mélangez délicatement.

Au bout de 3 semaines, filtrez le mélange à l'aide d'un torchon propre pour recueillir l'huile et presser les plantes. Cette étape très importante permet de réaliser une extraction de l'huile présente à l'intérieur des plantes.

Conservez le macérat dans une bouteille en verre ambré (durée de conservation de six mois sans vitamine E, et d'un an si ajout de vitamine E). N'hésitez pas à stocker la bouteille au réfrigérateur lorsque vous ne vous en servez pas.

> Appliquez ce macérat sur tout le corps, visage compris, pour nourrir votre peau.

> Après la naissance, il peut également être utilisé sur la peau fragile du bébé, notamment en massage du ventre s'il souffre de coliques du nourrisson (le calendula a des propriétés antispasmodiques).

Et si vous n'avez ni le temps ni l'envie de vous lancer dans sa fabrication, un macérat de chanvre et calendula est disponible dans le commerce. Pour celles qui n'apprécient pas la texture de l'huile, il existe des baumes (cosmétiques composés de plusieurs huiles ou corps gras) contenant des fleurs de calendula et de l'huile de chanvre.

À savoir

- **L'huile de chanvre** est un trésor pour le soin de la peau. Naturellement riche en acides gras monoet polyinsaturés, l'huile de chanvre a une composition lipidique très proche de celle de notre peau. Véritable agent émollient, elle pénètre rapidement et profondément jusqu'à l'hypoderme. C'est une huile sèche, aux vertus nourrissantes, apaisantes et anti-inflammatoires, qui ne laisse pas de film gras. Elle est produite en France à partir des graines du chanvre (*Cannabis sativa seed oil*).
- **La fleur de *Calendula officinalis*** (ou souci officinal) est réputée pour ses vertus apaisantes et cicatrisantes en usage externe.

Le déodorant

Puisqu'il existe maintenant des alternatives naturelles, bannissez donc les aérosols anti-transpirants ou autres sticks contenant des sels d'aluminium, nocifs pour la santé. Choisissez plutôt des baumes naturels qui laissent la peau respirer, ils inhibent le développement des bactéries et donc des odeurs de transpiration. C'est peut-être aussi l'occasion de laisser le corps se réguler par lui-même…

> Appliquez quelques gouttes de jus de citron vert directement sous les aisselles propres et sèches.

Attention

- Utilisez un déodorant naturel sans huiles essentielles pendant toute la grossesse.
- Si vous fabriquez un baume déodorant vous-même (DIY), attention au bicarbonate qui peut s'avérer très irritant !

Le visage

Comme la peau du corps, celle du visage est perturbée par les modifications hormonales. Pendant la grossesse, la peau peut devenir mixte à grasse avec l'apparition de petites imperfections à cause d'une production plus intense de sébum. À l'inverse, certaines personnes, qui ont d'habitude une peau à tendance grasse, voient leur peau devenir moins luisante. Un retour à la « normale » s'opérera dans les mois suivant la naissance du bébé. La sécrétion d'œstrogènes peut parfois déclencher des poussées d'acné (parfois aussi virulentes qu'à l'adolescence).

Le masque de grossesse (appelé aussi chloasma ou mélasma), redouté par les femmes enceintes, est un trouble de la pigmentation se manifestant par l'apparition de taches brunes au niveau du visage, généralement sur le front ainsi qu'autour de la bouche et du nez. Cette hyperpigmentation peut se retrouver également à d'autres endroits du corps, notamment sur le ventre et la poitrine. Il s'agit d'une modification physiologique entraînée par l'afflux d'œstrogènes responsable d'une surproduction de mélanine, l'acide aminé naturellement présent dans notre organisme et responsable de la coloration de la peau et des cheveux. Bien que le masque de grossesse disparaisse progressivement après l'accouchement, l'exposition au soleil peut le réactiver.

Pour limiter l'apparition du masque de grossesse :

> Appliquez des crèmes à indice de protection solaire élevée de catégorie 50+ sur votre visage et sur les parties du corps exposées aux UV. Il est également possible de choisir des crèmes dédiées au soin du visage qui contiennent des filtres UV dans leur composition.

> Protégez votre visage à l'aide d'un chapeau au bord large.

> Limitez votre exposition lors des moments où l'indice UV est fort.

Un soin particulier doit donc être porté au nettoyage et à l'hydratation de la peau du visage pendant la grossesse.

Le layering

Au Japon, l'idéal de beauté féminine se définit par un teint lumineux et transparent depuis des siècles et les soins du visage y sont un véritable rituel. Le layering (ou l'art du saho), pratiqué par les Japonaises et maintenant par les femmes occidentales, est une technique qui consiste à superposer plusieurs couches de produits de beauté dans le but de démaquiller, purifier, hydrater et protéger le visage des agressions extérieures.

Voici une présentation des différentes étapes (dites de layering ou « en couche ») à réaliser pour un nettoyage et un soin du visage. À chaque étape, vous pouvez choisir des produits spécifiques à votre type de peau, afin d'obtenir une routine de soin personnalisée et adaptée à votre visage.

1 **Le nettoyage/démaquillage – le soir, tous les jours.**

Nettoyez votre visage avec quelques gouttes d'huile végétale sur une lingette lavable. Le démaquillage à l'huile permet de désincruster non seulement le maquillage, mais aussi les polluants et autres saletés liposolubles (qui peut se mélanger de façon homogène à un corps gras) qui se sont accumulés à la surface de notre peau au cours de la journée.

2 **Le nettoyage de la peau – matin et soir, tous les jours.**

À l'eau claire et à l'aide d'une éponge konjac, nettoyez la peau de votre visage des résidus d'huile et de maquillage ou encore des autres produits cosmétiques appliqués la journée. Un bon nettoyage permettra de nettoyer les pores de la peau en profondeur et ainsi limiter le développement d'imperfections. Cette étape est à réaliser le soir (et le matin, si vous le souhaitez), et une fois par semaine avec un savon doux et surgras adapté à la peau du visage.

L'éponge konjac

Fabriquée à partir des racines du konjac, une plante vivace cultivée en Asie, cette éponge est 100 % naturelle, elle favorise la micro-circulation et la régénération des cellules grâce à une exfoliation douce non agressive. Les femmes japonaises s'en servent pour prendre soin de leur peau depuis plusieurs siècles.

3 **Hydrater – matin et soir, tous les jours.**

Lorsque l'on rince sa peau à l'eau, la fine couche de calcaire qui vient se coller à l'épiderme peut engendrer des sensations de tiraillements, de sécheresse et d'inconfort. Pour contrer cet effet, il est possible de rééquilibrer la peau en la rinçant avec une lotion tonique comme un hydrolat ou une eau florale. À réaliser sur une peau humide pour favoriser l'absorption.

Les hydrolats

Un hydrolat est une eau aromatique obtenue après distillation d'une partie d'une plante. Pour celle des fleurs, on parle d'« eau florale ». Les hydrolats contiennent maximum 1 % d'huile essentielle et peuvent donc être employés pendant la grossesse (contrairement à la majorité des huiles essentielles).

4 **Nourrir et protéger – matin et soir, tous les jours.**

Afin d'apporter douceur et confort à votre peau, appliquez une crème adaptée ou quelques gouttes d'une huile végétale sélectionnée selon votre type de peau.

5 **Soin du contour des yeux – matin et soir, tous les jours.**

La peau du contour de l'œil étant ultra-fine et sensible, il est nécessaire d'utiliser un soin adapté. Afin de maintenir l'élasticité de la peau dans cette partie du visage (et ainsi cibler les rides, les ridules et les cernes), appliquez quelques gouttes d'huile végétale de jojoba, d'avocat ou encore de chanvre (production locale) en massant délicatement.

6 Nourrir les lèvres – tous les jours.

Pour un soin complet du visage, vous pouvez aussi hydrater vos lèvres et les nourrir pour qu'elles restent douces, lisses et résistantes aux changements environnementaux (soleil, humidité...). Cette étape est à réaliser le soir ou dès que vous en ressentez le besoin, en les massant avec du beurre de karité (choisissez-le brut, biologique et équitable pour un maximum de concentré en principes actifs !).

7 Masque pour le visage – une fois par semaine ou par quinzaine.

Pour réaliser ce type de soin, l'argile sera votre meilleur allié ! Mélangez l'argile avec de l'eau ou de l'hydrolat (un volume d'argile pour un volume d'eau) puis appliquez la pâte obtenue en couche semi-épaisse sur votre visage et votre cou (en évitant le contour des yeux). Laissez poser environ dix minutes. Rincez ensuite votre visage à l'eau tiède et reprenez votre rituel de soin à l'étape 3 !

Afin d'optimiser les bienfaits de ce masque, vous pouvez réaliser juste avant ce soin, un « sauna du visage » afin d'ouvrir les pores de la peau et faciliter leur nettoyage : remplissez un récipient d'eau bouillante, penchez-vous au-dessus en gardant une serviette sur la tête pendant quelques minutes. Séchez ensuite votre visage en tamponnant doucement à l'aide d'une serviette.

À savoir

- Les masques à l'argile sont déconseillés aux personnes ayant la peau sèche. En effet, le pouvoir absorbant de ce minéral risque d'accentuer la sécheresse de leur peau.
- Pour que l'argile conserve ses propriétés, ne la mettez jamais en contact avec du métal ou du plastique. Préférez les ustensiles en verre, en bois, en céramique ou en porcelaine.

L'argile

Il s'agit d'une roche sédimentaire, riche en oligo-éléments et en minéraux, qui possède un très fort pouvoir d'absorption. Également anti-inflammatoire et antiseptique, elle permet de réguler l'excès de sébum, d'éliminer les toxines et autres impuretés présentes à la surface de la peau.

Choisissez l'argile en fonction de votre type de peau (leur teneur en minéraux et oligo-éléments est dépendant du type d'argile et de l'endroit où il a été extrait) :

- L'argile blanche est conseillée pour les peaux sensibles et atopiques.
- L'argile verte et l'argile rouge pour les peaux mixtes à grasses.
- L'argile jaune pour les peaux tachées et couperosées
- L'argile rose pour les peaux sensibles.
- L'argile rhassoul (ou ghassoul) convient à tous les types de peaux (voir l'étape 8 : gommage).

8 Gommage – une fois par semaine ou par quinzaine.

L'épiderme est en perpétuel remaniement cellulaire : lorsque les cellules de la couche superficielle de la peau (kératinocytes) meurent, elles bouchent les pores et viennent surcharger le derme. Résultat, la peau a du mal à respirer et des plaques rugueuses peuvent se former à sa surface. Les gommages (ou exfoliation) permettent à notre peau de se débarrasser des cellules mortes et ainsi de « respirer ».

Pour le corps, toujours sur une peau humide, vous pouvez effectuer un gommage avec du marc de café. Sous la douche, une fois votre corps enduit de savon, prenez du marc de café dans vos mains et réalisez des mouvements circulaires, puis rincez.

Le marc de café

En plus d'être stimulant, le marc de café en gommage permet d'activer la micro-circulation sanguine et a un effet tenseur. De plus, il contribue au bon entretien de la canalisation de votre douche grâce à ses propriétés dégraissantes !

Pour une exfoliation du visage, l'argile rhassoul est de loin la meilleure alliée. Son grain très fin permet un gommage très doux tout en faisant bénéficier la peau des propriétés de l'argile (voir l'étape 7 : masque pour le visage).

Une fois l'exfoliation réalisée, n'oubliez pas de bien hydrater votre peau avec un hydrolat et de restaurer le film hydrolipidique, qui sert de barrière protectrice (voir p. 151), à l'aide d'une crème ou d'une huile végétale adaptée à votre peau.

Le bain vapeur

Pour les femmes enceintes sujettes à l'acné, le bain vapeur est une solution naturelle pour nettoyer les zones grasses du visage (front, nez, menton). Aussi appelé « fumigation », il permet d'ouvrir les pores de la peau grâce à la diffusion de chaleur humide, de faire transpirer, ce qui entraîne une libération des impuretés et toxines responsables de l'apparition de boutons. Utilisez cette technique **une fois par semaine** :

> Commencez par nettoyer de votre visage (voir l'étape 1 : le nettoyage/démaquillage).

> Versez de l'eau bouillante dans un grand bol résistant à la chaleur.

> Placez votre visage au-dessus et recouvrez votre tête avec une serviette de bain pour canaliser la vapeur d'eau sur votre visage.

> Détendez-vous en fermant les yeux et profitez pleinement de ce soin pendant une dizaine de minutes.

DÉFINIR SON TYPE DE PEAU ET CHOISIR LES HUILES VÉGÉTALES ET LES HYDROLATS POUR LE SOIN DU VISAGE

	PEAU NORMALE	PEAU MIXTE	PEAU GRASSE ET ACNÉIQUE	PEAU SÈCHE	PEAU SENSIBLE	PEAU TERNE
Caractéristiques	Peau équilibrée Grain de peau lisse Teint uniforme Peau ni trop grasse, ni trop sèche	Peau grasse sur la zone T et sèche sur les joues et contour des yeux	Peau brillante car production de sébum ++ Pores dilatés pH basique Peau épaisse et élastique	Film hydrolipidique affaibli par manque de sébum Trop de perspiration d'eau Sécheresse et tiraillements Peau fine	Peau inconfortable et réactive Perturbations : démangeaisons, rougissements, tiraillement et sensation de chaleur Peau fine	Peau grisâtre, pâme, fatiguée Souffre d'une accumulation de toxines Peau épaisse à certains endroits Manque de soleil et de vitamine D
Huiles végétales (HV)	HV Amande douce HV Chanvre HV Argan	HV Pépin de raisin HV Jojoba HV Argan HV Noisette	HV Jojoba HV Noisette Macérat huileux de carotte dans huile de tournesol	Beurre de karité HV Avocat HV Germe de blé	Macérat de calendula dans HV de chanvre HV Amande douce HV Chanvre HV Noisette	HV Noyaux d'abricot HV Noix de Coco Macérat huileux de carotte dans huile de tournesol
Hydrolats (ou eaux florales) (HA)	HA Lavande HA Lavandin	HA Sauge sclarée HA Mélisse HA Lavande HA Laurier noble HA Géranium HA Tea tree	HA Sauge sclarée HA Laurier noble HA Hélichryse italienne HA Géranium HA Tea tree	HA Basilic HA Verveine citronnée HA Camomille matricaire HA Hélichryse italienne	HA Lavande HA Camomille matricaire HA Achillée millefeuille HA Hélichryse italienne	HA Sauge sclarée HA Basilic HA Bleuet HA Pin sylvestre HA Ylang-Ylang

Les cheveux

Pendant la grossesse, le cycle capillaire est déréglé à cause des changements liés aux hormones ! Grâce à l'augmentation du taux d'œstrogènes qui stimule la production de sébum et de kératine, les cheveux des femmes enceintes sont souvent beaux et éclatants ! De plus, cette imprégnation hormonale spécifique freine la chute des cheveux.

Après l'accouchement et suite aux chutes brutales d'hormones, les cheveux peuvent soudain devenir ternes, et certaines femmes ont l'impression d'en perdre beaucoup. Ce processus physiologique peut être soutenu notamment grâce à une alimentation riche en fer et… en prenant son mal en patience. En général, les taux d'hormones reviennent à la « normale » environ six mois après l'accouchement.

Pour prendre soin de vos cheveux au cours de votre grossesse (et même après), dirigez-vous vers des **shampoings solides**. Plus économiques, plus écologiques et bien souvent fabriqués à partir de matières premières naturelles, ils nettoient les cheveux sans agresser le cuir chevelu et, de fait, ne déposent pas de silicones ou autres parabènes sur vos fibres capillaires !

> Adoptez une routine qui comprend entre deux et trois shampoings par semaine au maximum.

Si vous le souhaitez, ajoutez à votre routine un soin nourrissant : un bain d'huile végétale pour les cheveux secs, ou un masque à l'argile pour les racines grasses.

Pour réaliser **un bain d'huile** efficace et nourrir les fibres capillaires en profondeur, rien de plus efficace qu'un masque à l'huile d'avocat ou d'argan !

> Avant le shampoing, mouillez vos cheveux avec une eau assez chaude (pour ouvrir les écailles de kératine présentes à la surface de vos cheveux), essorez et démêlez.

> Répartissez ensuite quelques gouttes d'huile sur les longueurs.

> Laissez poser le masque de 30 minutes à une heure sous une serviette afin de maintenir une température adéquate à la pénétration de l'huile.

> Enlevez ensuite l'huile à l'aide d'un voire de deux shampoings.

Afin d'espacer les shampoings et d'éliminer l'excès de sébum présent sur vos racines, vous pouvez réaliser un **shampoing sec** avec de l'argile verte (séborégulatrice et très absorbante). Voici un soin à réaliser au maximum 1 à 2 fois par semaine afin de ne pas assécher le cuir chevelu :

> Saupoudrez l'argile directement sur votre brosse à cheveux, puis brossez vos cheveux pour répartir le minéral sur votre cuir chevelu (vous pouvez aussi verser l'argile dans un récipient de type salière et saupoudrez directement les racines).

> Laissez poser ce masque une dizaine de minutes puis secouez vos cheveux à l'extérieur pour retirer le maximum d'argile.

Au cas où une envie de changer de couleur vous passe par la tête, c'est le moment de découvrir l'univers de la **coloration végétale** ! Naturelle, efficace et sans risque, elle permet de chouchouter vos cheveux à l'aide de poudres de plantes !

Attention

Les colorations permanentes pour les cheveux et les poils sont contre-indiquées au cours de la grossesse. Il s'agit d'un principe de précaution visant à réduire au maximum les risques. La peau du cuir chevelu étant très vascularisée, le passage transcutané de substances potentiellement dangereuses (ammoniaque, formol…) pour le bébé est possible.

L'hygiène bucco-dentaire

Encore une fois, les changements hormonaux liés à la grossesse peuvent être la cause d'une modification de l'état de votre santé bucco-dentaire. L'augmentation des taux d'œstrogène et de progestérone entraîne une sensibilité plus aiguë des gencives et une accumulation de la plaque dentaire. Veillez au maintien d'une bonne hygiène dentaire pendant toute la durée de la grossesse.

Bien que **la gingivite** (inflammation des gencives) ne provoque pas de dommages irréversibles, un brossage des dents efficace après chaque repas permet d'éliminer le dépôt de plaque et ainsi limiter les désagréments liés à son développement.

> En cas de gingivite, utilisez de l'eau salée (une cuillère à café dans un verre d'eau tiède) comme eau de rinçage.

Enfin, **les nausées et les reflux gastriques** peuvent également augmenter le taux d'acidité de la bouche et favoriser le développement des caries.

> Privilégiez les dentifrices fluorés.

> En cas de vomissement, rincez-vous la bouche immédiatement et attendez environ 30 minutes avant de vous brosser les dents (pour ne pas abîmer l'émail fragilisé par l'acidité).

À savoir

Un bilan bucco-dentaire gratuit chez un dentiste du 4e mois de grossesse est prévu par la Caisse primaire d'assurance maladie (CPAM), après avoir réalisé sa déclaration de grossesse.

Des activités physiques douces

Une activité physique douce et adaptée à chaque étape de la grossesse aide à vivifier le corps et à conserver toute sa vitalité. Elle apporte également une détente et une relaxation appropriées à la préparation à l'accouchement. Tout au long de la grossesse, l'activité physique est essentielle et nécessaire, sauf en cas de contre-indications médicales ou de recommandations spécifiques du corps médical.

La marche

La marche est idéale à pratiquer pendant la grossesse. Il n'est pas nécessaire de marcher deux heures tous les jours pour en ressentir les bienfaits, ni d'être une grande sportive !

> Marcher 30 minutes par jour est suffisant.

> Privilégiez la régularité plutôt que la quantité.

Pourquoi est-ce si bon de marcher ?

- **Pour le moral** : marcher libère l'hormone du bonheur (endorphine) et diminue le niveau de cortisol, hormone du stress. Le stress s'en trouve diminué et le moral reboosté (ce dernier est parfois fluctuant à cause des hormones mais aussi des angoisses face aux changements à venir).
- **Pour le corps** : la prise de poids est limitée, vous vous sentez plus en forme. La marche tonifie l'ensemble de vos muscles, périnée compris, et vous donne les ressources nécessaires pour mieux gérer l'accouchement d'un point de vue musculaire et respiratoire. Elle participe à diminuer les risques d'épisiotomie et à lutter contre les maux de dos.
- **Pour la santé** : la marche réduit les risques de diabète gestationnel, d'hypertension et renforce le système cardio-vasculaire, souvent mis à rude épreuve quand on attend un bébé (le volume sanguin augmente au cours de votre grossesse).
- **Pour le transit** : marcher permet de créer une sorte de massage interne qui améliore le transit et lutte contre la constipation, problème assez fréquent chez les femmes enceintes (voir p. 51).
- **Pour lutter contre les jambes lourdes et les problèmes circulatoires.** En marchant, vous activez la pompe veineuse sous la voûte plantaire, ce qui favorise le retour veineux et réduit la sensation de jambes lourdes, les impatiences et l'effet « poteau » dû aux problèmes de rétention d'eau.
- **Pour s'oxygéner** : quand c'est possible, marcher en pleine nature est bien entendu préférable pour profiter pleinement des bienfaits de l'oxygénation...
- **Pour votre bébé** : selon certaines études (May, 2010), les bébés dont les mamans ont pratiqué un exercice modéré durant leur grossesse ont un rythme cardiaque moins élevé et un cerveau plus développé. De plus, le rythme de vos pas le berce doucement...

Attention

Évitez de vous promener quand les agriculteurs (non bio) traitent leurs champs avec des produits chimiques dangereux pour la santé.

La natation

La pratique de la natation est un sport très complet alliant détente et activité sportive. Elle fait travailler tous les muscles superficiels et profonds, améliore la circulation sanguine, évite ou diminue les maux de la grossesse comme les nausées, les douleurs de dos, le risque d'œdème, le diabète gestationnel... La sensation de lourdeur que vous pouvez ressentir, notamment au 3e trimestre de la grossesse, peut être efficacement soulagée par la natation. En plus des bienfaits physiques, nager procure une vraie détente au mental, amplifiée par la sensation d'être portée.
Ce sport est à pratiquer idéalement jusqu'à l'accouchement, sauf contre-indications médicales. Gardez à l'esprit que chacune doit faire selon son énergie, en respectant son état du moment. Soyez à l'écoute de votre corps et de vos sensations afin d'éviter le manque d'oxygène, l'essoufflement ou encore les contractions.

> Une séance hebdomadaire de 45 minutes à 1 heure est recommandée, avec des pauses si besoin et en fonction de votre état.

> Vous pouvez utiliser une planche pour les mains pour faire quelques longueurs de brasses puis de jambes crawlées et enfin de dos crawlé. Si les palmes sont autorisées, n'hésitez pas non plus à les utiliser. Finissez par quelques longueurs de brasse (voire de crawl).

> Prévoyez un petit temps d'échauffement en alternant quelques longueurs de brasse, de dos crawlé voire de crawl si vous maîtrisez ces nages.

> Étirez-vous après la séance.

> Pensez à bien vous hydrater.

Le yoga prénatal

Une pratique régulière du yoga est bénéfique à toutes les étapes de la vie, notamment pendant la grossesse et après pour mieux récupérer physiquement et en énergie. Il aide non seulement à régler certains désagréments (brûlures d'estomac, maux de dos, angoisses, voir p. 46), mais il vous apprend aussi à mieux vous positionner quotidiennement (s'asseoir, descendre un escalier, porter son bébé, se retourner dans le lit). Grâce à une meilleure connaissance de votre corps et à la pratique des étirements, **vous vous sentez plus agile et plus mobile**, malgré votre ventre qui prend de plus en plus de place.
Selon Bernadette de Gasquet[8], médecin et professeur de yoga, **le travail de la respiration** et la pratique du yoga prénatal apportent énormément à la femme au cours de sa grossesse mais également lors de son accouchement (sauf avis contraire du corps médical).

Le yoga de la femme enceinte avec un accompagnement spécifique et des postures (asanas) bien particulières permet de conserver une belle mobilité, de se détendre, de préparer la symphyse pubienne (articulation frontale reliant les deux os du pubis) et d'assouplir le petit bassin en vue de l'accouchement. Il est préférable de se faire accompagner par un·e professionnel·le certifié·e surtout si vous n'avez jamais pratiqué de yoga auparavant.
Néanmoins, vous pouvez dans votre vie quotidienne adopter les postures justes et adaptées à votre état du moment et à votre grossesse en favorisant :

> Une colonne vertébrale droite.
> Une relaxation toujours latérale (pas sur le dos)
> Et des postures sans port de poids lourds et déséquilibrants.

Évitez les postures exerçant une trop forte pression sur la région de l'abdomen (posture de l'arc, de la pince, du cobra, etc.).
Voici quelques postures intéressantes pour préparer votre corps aux changements de la grossesse et à l'accouchement.

8 www.degasquet.com

Postures accroupies

- La posture accroupie simple renforce les jambes et le périnée pour l'accouchement. Quand vous ressentez de la chaleur dans les jambes, sortez de la posture : levez les fesses doucement et laissez votre corps pendre à partir des hanches vers l'avant pendant quelques instants. Puis, déroulez lentement votre dos. **Cette position est la plus efficace pour pousser pendant le travail lors de l'accouchement.**

- La posture accroupie tout en étirant la tête vers le bas est bénéfique pour étirer aussi le dos.

Posture à genoux

Posture du chat : vos mains et genoux sont à plat, écartés de la largeur des hanches. Votre cheville droite, genou droit et main droite sont alignés, et de même pour le côté gauche. Votre corps et votre tête sont parallèles au sol. À l'inspiration, creusez doucement le dos et faites ressortir les fesses. Levez le cou et le visage. À l'expiration, faites l'inverse lentement : relevez le bassin, bombez le dos et rentrez la tête. Répétez plusieurs fois par jour cette pratique si cela ne vous fatigue pas. **Elle soulage les maux de dos, assouplit la colonne vertébrale et réduit la pression exercée par le fœtus sur les nerfs et les vaisseaux sanguins du bas du bassin jusqu'en haut des cuisses.**

Posture debout

Posture debout tendue puis détendue : tenez-vous debout, ventre rentré, talons rapprochés, pieds à angle droit, inspirez et contractez les jambes, le périnée, les fesses, les bras et l'abdomen. Tenez la posture quelques secondes. Puis, à l'expiration (par la bouche), détendez tout ce qui peut l'être. Renouvelez deux fois. **Cette posture renforce et tonifie les muscles impliqués et libère les tensions.**

Posture sur le dos

Posture sur le dos, une jambe tendue en hauteur : placez vos mains sous l'os du coccyx puis levez une jambe sur l'expiration. Il est aussi possible de la faire redescendre sur le côté. À l'inspiration, baissez votre jambe et renouvelez la posture avec l'autre jambe. Renouvelez autant de fois que vous le souhaitez, mais sans jamais forcer. **Cette posture renforce et tonifie l'abdomen, les muscles du bassin et les jambes. Elle soulage les tensions et surtout les lourdeurs dans les jambes.**

Posture allongée sur le côté

La posture détente sur le côté : après l'enchaînement de plusieurs postures, **cette posture tenue pendant 15 minutes est très bénéfique pour une détente physique et mentale**. Détendez tout ce qui peut l'être du bout des doigts de pied jusqu'au sommet de la tête. Portez votre attention sur votre respiration, lâchez le mental...

Le pranayama

On peut aussi associer au yoga prénatal certains pranayamas. *Prana* veut dire « le souffle » et *yama* signifie « le contrôle ». Le contrôle du souffle (ou pranayama) désigne un ensemble d'exercices respiratoires pour le bien du corps et de l'esprit. Il fait partie intégrante du yoga dont il représente l'un des huit piliers.

Ces exercices respiratoires permettent de retrouver force et vitalité, de lutter contre le stress et le « petit vélo dans la tête », d'améliorer la concentration, la digestion et la circulation des énergies, d'être moins tendu·e, de mieux dormir, etc.

Vous pouvez pratiquer *nadi shodhana*[9] (respiration alternée) ou *ujjayi* (souffle victorieux), dont la technique est détaillée page 48.

Attention

Certains exercices de pranayama sont déconseillés pendant la grossesse comme *kapalabathi* (la respiration du feu) ou *bastrika* (la respiration du soufflet). Ces dernières exercent une trop grande pression sur l'abdomen.

Prendre simplement conscience du souffle est déjà une forme de pranayama. Mais la respiration physiologique, qui peut paraître simple de prime abord, ne l'est pas tant que cela... Nous avons perdu l'habitude de respirer avec notre ventre et avons tendance à respirer au niveau des côtes ou des clavicules, ce qui réduit considérablement le mouvement respiratoire. La respiration entraîne alors les organes vers le bas et le risque d'incontinence urinaire et/ou de descente d'organes augmente sur le long terme.

Voici un **exercice de respiration essentiel en yoga prénatal** proposé par Bernadette de Gasquet (n'hésitez pas à vous faire accompagner par un·e professionnel·le si nécessaire) :

> À l'inspiration, guidez l'air vers le périnée tout en gardant le ventre relâché.

> Une fois les poumons pleins, contractez le périnée.

> Relâchez le périnée et expirez (le diaphragme remonte).

9 Nadi shodhana consiste à respirer de façon alternée par une narine puis par l'autre, en positionnant la main droite d'une certaine façon (vous trouverez des vidéos sur YouTube par exemple).

Prendre soin de soi

Comme nous venons de le voir, garder un corps en bonne santé est essentiel pour une grossesse et un post-partum (voir Partie 4) plus sereins. Prendre soin de son mental et de sa sphère émotionnelle l'est tout autant, surtout à l'arrivée prochaine d'un bébé. Certaines pratiques comme le yoga nidra, le yoga prénatal, les autres activités physiques douces, le carnet de gratitude, etc. permettent de diminuer le stress, l'anxiété, les angoisses et les troubles du sommeil. Cependant, la détente psychique peut aussi être favorisée par d'autres pratiques ou d'autres rituels comme ceux que nous allons voir.

Les massages

Et si, par le toucher, il était possible de revenir à plus de calme et de sérénité, de se connecter véritablement d'abord à soi-même en se mettant davantage à notre écoute puis à celle de l'autre ? Les massages sont une pratique ancestrale qui commence à se développer dans notre société occidentale. Les bienfaits du toucher sont réels tant pour le bébé (voir p. 97) que pour la maman. Pendant la grossesse, vous faire masser régulièrement participera activement :

- À diminuer les douleurs ou tensions physiques, la rétention d'eau, mais aussi la fatigue et le manque d'énergie, le stress et l'anxiété.
- À favoriser un meilleur moral, une plus grande connexion à votre corps, une respiration plus profonde et donc relaxante, une meilleure digestion, un sommeil plus qualitatif et une meilleure circulation sanguine notamment.

À savoir

- **Les massages doivent être spécialement conçus pour les femmes enceintes et pratiqués par des personnes qualifiées.**
- **Pendant les trois premiers mois de grossesse, assurez-vous d'être massée avec des huiles végétales de qualité biologique et ne contenant aucune huile essentielle.**
- **En cas de contre-indications médicales, abstenez-vous.**

Les massages détente

Pendant toute la grossesse jusqu'à l'accouchement, les soins corporels de détente sont conçus pour vous apporter relâchement et bien-être.

Vous pouvez également vous masser vous-même ou, pour plus de détente, vous faire masser par votre conjoint·e.

> **Choisissez une huile végétale de qualité biologique : huile de sésame (si vous aimez l'odeur), huile de calophylle inophyle ou huile de rose musquée du Chili. Toute autre huile végétale vierge biologique est aussi adaptée.**

La réflexologie

La réflexologie plantaire et palmaire a **une action à la fois thérapeutique et de détente**. Elle permet de **diminuer quelques désagréments** comme les tensions mammaires, les nausées, la fatigue, les douleurs physiques, notamment ligamentaires et musculaires.

D'après Marie Poussin, réflexologue plantaire en Ille-et-Vilaine, si vous avez déjà eu un suivi en réflexologie plantaire, vous pouvez continuer jusqu'à l'accouchement. En revanche, si vous découvrez cette pratique, attendez au moins trois mois de grossesse pour consulter un professionnel. Et si vous le souhaitez, celui-ci peut également vous guider dans l'auto-massage à pratiquer chez vous, quelques minutes tous les jours ou tous les deux à trois jours, en complément de votre suivi.

Grâce à l'auto-massage, la réflexologie peut vous aider à préparer l'accouchement. Quelques jours avant le terme ou quand l'accouchement se prépare (à la maternité, à la maison de naissance ou chez vous), n'hésitez pas à masser les zones réflexes du pied correspondant à l'ouverture du col et au système hormonal.

Les points en violet ● correspondent à la zone de la tête, en orange ● celle du plexus solaire (ces deux points aident à la détente) et en bleu ● celles du bassin, de l'utérus et des ovaires.

> Massez ces zones en appuyant légèrement mais avec douceur, sur la demande de la maman et uniquement avec son autorisation.

> Restez quelques instants sur chaque point ou, avec les pouces, lissez avec les talons et les côtés du pied.

> Les zones peuvent être sensibles, c'est normal, elles sont très sollicitées à ce moment-là.

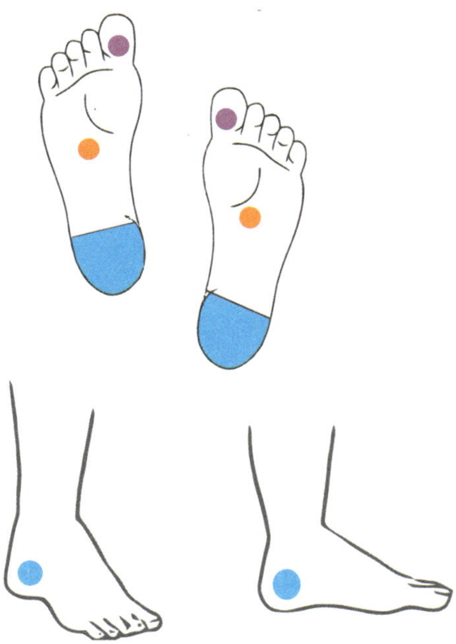

Attention

Si vous stimulez les zones réflexes correspondant au bassin avant la période d'accouchement (une semaine avant le terme prévu), vous risquez de provoquer des contractions trop précoces et de mettre en danger le bébé et vous-même.

Le shiatsu

En plus de la détente qu'il procure, le shiatsu est **une véritable technique énergétique** qui favorise une meilleure circulation des énergies et qui permet de se connecter (ou reconnecter) à son corps. Par le toucher, le professionnel va ramener l'équilibre énergétique et activer l'auto-guérison naturelle du corps en stimulant des points précis situés le long des méridiens où circule l'énergie. Le shiatsu se pratique dans le calme (voire même le silence), habillé, en général allongé sur un futon posé au sol. Il faudra bien entendu préciser au praticien votre grossesse et la date de l'accouchement. Cette pratique est particulièrement indiquée pour réduire le stress et les tensions et elle améliore aussi le bien-être de la maman.

Être dans l'instant

Se connecter ou se reconnecter, à soi-même d'abord et à l'autre ensuite, être dans l'instant présent et stopper nos agitations mentales (le petit vélo dans la tête) ou les diminuer est capital pour se détendre. Mais en pratique, comment peut-on faire ?

Connexion au corps

Lâcher le mental peut paraître compliqué à certaines personnes. Pour y parvenir ou pour s'entraîner, certaines petites techniques peuvent aider. Voici un petit exercice à faire tous les jours quelques minutes :

> Dans un endroit calme et agréable, adoptez une position qui vous est confortable, fermez les yeux ou gardez-les mi-clos.

> Faites quelques grandes inspirations puis expirations et centrez-vous sur votre corps physique et sur vos sensations physiques.

> Dès que votre mental s'agite à nouveau, ne cherchez pas à le maîtriser absolument mais revenez à votre corps et vos sensations corporelles : avez-vous chaud ou froid ? Des tensions se manifestent-elles à certains endroits de votre corps ? Si oui, où sont-elles ? Êtes-vous plutôt tendue ou détendue ?...

L'impact du stress sur la maman et le fœtus

La période prénatale est l'une des phases les plus dynamiques et les plus sensibles de la vie d'une femme. On sait que certains « petits » stress du quotidien (le stress d'adaptation à l'annonce de la grossesse ou le stress émotionnel générant de la tension, de l'irritabilité…) n'ont pas d'incidence sur le déroulement de la grossesse ni sur la santé de l'enfant. Par contre, d'autres événements de **stress intenses** (deuil, problèmes conjugaux, perte d'emploi, catastrophe naturelle, guerre…) peuvent avoir des répercussions sur la femme enceinte et son fœtus.

Le 1er et le 3e trimestre de la grossesse sont les périodes les plus sensibles face à l'exposition au stress pour le fœtus. Il semble que le bébé n'éprouve pas les émotions de sa mère (Winnicot, 1969) mais qu'il ressent ses modifications de rythme cardiaque et qu'il reçoit des messages sensoriels (substances hormonales, neurochimiques…). Lorsque la mère est stressée, son taux de cortisol (l'hormone du stress) augmente, traverse la barrière placentaire et se retrouve, en plus ou moins grande quantité, dans le sang du bébé.

De récentes études montrent d'une part que ces angoisses peuvent être associées à des complications de la grossesse (de Marco, 2012), et d'autre part qu'une exposition des neurones à l'hormone de stress entraîne des marquages épigénétiques qui semblent agir comme une mémoire cellulaire (Provençal, 2015). Heureusement, rien n'est définitif et la plupart des impacts sont réversibles.

Si vous vivez un moment de stress intense pendant votre grossesse, nous vous encourageons à en diminuer le niveau en choisissant parmi les accompagnements et les techniques que nous vous proposons ici.

La pratique du yoga en amont de votre grossesse et durant toute cette période (voir p. 43) est une ressource intéressante pour cheminer vers la connexion à vous-même et au présent. En effet, le yoga nous demande d'être vraiment dans l'instant présent, dans la posture que nous tenons, d'être attentif·ve aux sensations physiques (et émotionnelles).

Connexion à la respiration

La respiration est essentielle pour se connecter à soi et au présent, mieux lâcher le mental, revenir à l'instant présent… et donc à le vivre et l'apprécier plus pleinement. Comme vous l'avez fait pour le corps, vous pouvez aussi revenir à la respiration dès que des pensées incessantes vous envahissent.

> Observez votre respiration.

> Comment est-elle ? Longue, courte, saccadée ?

> Où se situe-t-elle ? Est-elle basse ou haute dans votre corps ?

Le yoga, notamment avec les exercices de pranayama, nous invite à respirer « dans » les postures, par le nez, d'inspirer à tel moment des postures et d'expirer à tel autre moment (voir p. 45).

Nous vous conseillons de pratiquer à l'extérieur quelques exercices respiratoires comme la respiration lente et consciente appelée *ujjayi*. Elle permet de freiner l'air au niveau de l'arrière-gorge en contrôlant son souffle et participe à se connecter à soi et au présent, à diminuer la sensation de douleur ou d'inconfort, l'anxiété et le stress. Pour bien la pratiquer, vous pouvez demander à votre professeur de yoga mais vous pouvez aussi vous entraîner seule chez vous.

> Installez-vous confortablement à l'extérieur (ou chez vous).

> Mettez une de vos mains face à votre visage à quelques centimètres de celui-ci.

> Inspirez pleinement.

> Entrouvrez la bouche et soufflez par celle-ci comme si votre main était un miroir et que vous vouliez y faire de la buée. Votre souffle doit être chaud, long et continu, vous devez sentir comme un petit frein qui se crée naturellement dans votre arrière-gorge.

Le docteur Bach

D'après le docteur Edward Bach, notre psychisme influence notre système immunitaire et joue un rôle dans le développement de pathologies somatiques. Dans les années 1930, il associe études biochimiques et études de la plante elle-même, et crée ainsi ses « fleurs de Bach », chacune associée à une émotion.

La cohérence cardiaque (voir aussi p. 53) permet aussi d'apaiser le mental, de diminuer le stress ou l'angoisse en régulant le rythme du cœur.

Connexion à la nature

Prendre soin de soi et de son mental c'est aussi s'oxygéner, revenir à l'essentiel, apprécier les petits plaisirs de la vie comme expliqué avec le carnet de gratitude à la page 54. Si possible, connectez-vous à la nature un petit peu tous les jours. Si vous avez la chance d'habiter à la campagne, d'avoir un jardin ou d'être proche d'un parc, **promenez-vous quotidiennement**. Vous pouvez aussi marcher quelques minutes pieds nus (s'il fait beau) dans l'herbe.

> Fermez les yeux, sentez votre connexion à la terre, sentez votre ancrage au sol solide et profond.

> Faites quelques grandes respirations complètes.

Les « bains de forêt » sont également très bénéfiques. Vous pouvez contacter un professionnel si le cœur vous en dit ou commencer toute seule.

> Contemplez les arbres, adossez-vous à leurs troncs, allongez-vous à leurs pieds. Vous pouvez aussi enlacer le tronc d'un bel arbre (vous ne devez pas pouvoir faire le tour avec vos bras).

> Fermez les yeux, respirez calmement et profitez !

> Sentez les aspérités du tronc sous vos paumes, observez votre ancrage au sol, ce qui se passe au niveau de votre respiration, etc.

D'autres soins

Apaiser son mental, décrypter et soulager ses émotions demandent d'y apporter de l'attention et du temps. Voici des soins que nous avons utilisés et qui peuvent vous aider.
De la même manière que pour les médicaments, l'automédication de produits notamment de phytothérapie est à proscrire absolument. Pour éviter les accidents, il est indispensable de consulter votre médecin ou votre sage-femme.

Les fleurs de Bach et autres élixirs floraux apportent un soutien émotionnel avant, pendant et après votre grossesse. Elles vont stimuler les qualités qui nous font défaut à un moment précis de notre vie ou de manière plus générale, afin d'apaiser l'émotion négative qui découle de ce déséquilibre, et améliorent par ricochet l'état physique. À titre d'exemple, l'Impatiens est la fleur recommandée aux personnes ayant besoin que les choses aillent très vite autour d'elles, en stimulant la patience chez ces individus.
Depuis les recherches du docteur Bach, d'autres élixirs floraux ont été mis au point : il existe une fleur de Bach par trait de caractère ou par état émotionnel. À vous d'identifier le ou les états émotionnels limitants pour vous. Rapprochez-vous d'un professionnel qui pourra vous accompagner de façon individuelle.

La gemmothérapie peut être intéressante à employer pour diminuer le stress, l'anxiété, les angoisses et favoriser un meilleur sommeil. Cette branche de la phytothérapie utilise les bourgeons et les jeunes pousses macérés. Elle ne produit pas d'accoutumance ni d'effets secondaires et il existe très peu de contre-indications. Cependant, ces extraits sont contenus dans un mélange d'eau, d'alcool et de glycérine. Sachez que les traces d'alcool qu'ils contiennent sont infinitésimales, mais si vous préférez ne pas en prendre, ce choix vous appartient.

Attention

Ne prenez jamais d'extraits en même temps qu'un traitement médicamenteux antidépresseur, anxiolytique ou somnifère. Vous risqueriez une surdose.

Certaines plantes, sous forme de tisane notamment ou dans les plats, peuvent être consommées pendant la grossesse pour s'apaiser ou se détendre. Voici une liste de **plantes autorisées à boire en tisane** :

- Cynorrhodon : riche en vitamine C, apporte vitalité et soutient l'immunité.
- Fleurs d'oranger, tilleul, verveine : favorise le sommeil.
- Mélisse : relaxante, digestive, favorise le sommeil.
- Ortie : reminéralisante, contre l'anémie et la fatigue, digestive, beauté de la peau, anti-allergique.

> 2 belles cuillères à soupe de plantes séchées (ou une belle poignée ciselée de plantes fraîches) pour 250-300 ml d'eau chauffée à 80 °C. Laissez infuser 8 à 10 minutes. Maximum 2 tasses par jour.

Bien qu'il s'agisse de remèdes dits « naturels », l'utilisation de certaines plantes n'est pas sans danger pour le fœtus et la future maman. Ces mêmes précautions s'imposent également pendant l'allaitement. Voici une liste non exhaustive de **plantes interdites à la consommation** pendant la grossesse :

- Abortive et stimulant les contractions utérines : armoise, absinthe, bardane, menthe poivrée, achillée millefeuille (les avis divergent sur cette dernière).
- Concentrée en alcaloïdes (principes chimiques puissants) : pervenche de Madagascar, pavot de Californie, coquelicot.
- À effet hormonal : millepertuis, valériane, safran, gattilier, sauge officinale, houblon, achillée millefeuille, absinthe, armoise commune.
- Riche en caféine[10] : maté, guarana, kola, yerba.
- Laxative irritante : aloe vera, séné, bourdaine.
- Amère : artemisia (absinthe, armoise, génépi...), gentiane jaune, houblon, menthe poivrée, petite centaurée, grande camomille, tanaisie, chélidoine, rue.
- Adaptogène (par précaution) : rodhiole, griffonia, ginseng coréen et sibérien.
- Détend l'utérus (peut favoriser l'accouchement prématuré) : feuilles de framboisier (sauf lors du dernier mois de grossesse).
- Augmente la durée de saignement : ginkgo biloba, angélique chinoise.

Enfin, nous dressons ici une liste de plantes autorisées pendant la grossesse mais **uniquement sous forme culinaire** (pas de tisane !) :

- Fenouil : à effet hormonal mais non toxique sous forme alimentaire.
- Menthe, romarin, thym : en aromate.
- Persil : à effet hormonal mais non toxique sous forme alimentaire (en aromate).
- Rhubarbe, safran : avec modération.

Les hydrolats sont des eaux florales contenant maximum 1 % d'huile essentielle et peuvent être employés pendant la grossesse. Certains peuvent participer à détendre comme l'hydrolat de fleur d'oranger, de lavande ou de camomille.

10 Concernant le thé et le café : l'OMS précise que les femmes enceintes ne devraient pas consommer plus de 300 mg de caféine par jour.

Attention aux huiles essentielles

Les huiles essentielles (HE), à ne pas confondre avec les hydrolats (HA), sont **à éviter absolument pendant le 1er trimestre de grossesse !**
À partir du 2e trimestre, seulement quelques-unes pourront être utilisées comme l'huile essentielle de lavande fine, d'orange douce ou de mandarine : 1 goutte sur le col du pyjama ou 2 gouttes mélangées avec 1 cuillère à soupe d'huile végétale ou en massage au niveau du plexus solaire, sous la voûte plantaire, le long de la colonne vertébrale ou sur la face interne des poignets (points d'application nerveux pour les huiles essentielles).

Les bains de pieds dans du sel favorisent la détente et le nettoyage énergétique. Vous pouvez les pratiquer dès que vous vous sentez fatiguée ou dans une émotion forte et persistante, ou encore stressée, angoissée, anxieuse, etc.

> Dans une bassine remplie d'eau tiède, ajoutez une grosse poignée de gros sel marin gris. Faites tourner l'eau avec votre main pour dissoudre le sel.
> Immergez vos pieds dans la bassine. L'eau doit vous arriver au maximum jusqu'à la cheville.
> Fermez les yeux, respirez amplement et calmement. Si vous avez un petit vélo dans la tête qui ne cesse de pédaler, concentrez-vous sur votre respiration ou sur vos sensations physiques (voir p. 48).
> Au bout de cinq, dix ou quinze minutes, sortez les pieds de l'eau et séchez-les.

Et encore...

L'EFT, l'hypnose, l'EMDR et d'autres thérapies (voir « Quelques thérapies brèves » en annexe) peuvent véritablement vous apaiser et vous accompagner vers un mieux-être lors de votre grossesse et après. Il n'est jamais trop tard pour se centrer sur soi et avancer, pour prendre soin de soi, le tout est de se lancer et de faire le premier pas. Il est essentiel de comprendre qu'on ne peut prendre soin des autres que si l'on prend d'abord et avant tout soin de soi-même.

Prévenir et soigner les désagréments

La grossesse s'accompagne en général de troubles physiologiques sans gravité mais plus ou moins inévitables selon les femmes. Certains disparaîtront avec l'arrivée du bébé, d'autres par contre peuvent laisser des traces et il convient de s'en soucier.

Lutter contre les désagréments

Liés aux modifications physiques lors de la grossesse, la constipation, l'acidité gastrique, la nausée et les troubles du sommeil sont des troubles très fréquents. Voici quelques conseils pour les soulager quand ils se manifestent.

La constipation

Certaines femmes voient leur transit changer au cours de la grossesse, notamment avec des soucis de constipation.

Primordiales pour une bonne santé digestive, **les fibres** participent à diminuer le taux de cholestérol total, aident à la stabilisation de la glycémie après les repas, préviennent certaines pathologies graves comme les troubles cardio-vasculaires, les cancers ou encore le diabète, favorisent un meilleur transit, sans oublier leur effet rassasiant !

Les fibres sont des substances d'origine végétale, absorbées et digérées dans le côlon (et non dans l'intestin grêle comme le sont les protéines, les glucides ou les lipides). La plupart des fibres sont naturellement présentes dans les aliments et se décomposent en deux sous-familles :

- **Les fibres solubles** (fruits, légumes, légumineuses, algues, céréales...) forment une sorte de gel et deviennent visqueuses pour faciliter le glissement des résidus dans les intestins jusqu'à l'évacuation sous forme de selles. Certaines peuvent être fermentées par notre microbiote intestinal et avoir ainsi des effets bénéfiques sur tout le corps, notamment un effet prébiotique (permettant la croissance des probiotiques).
- **Les fibres insolubles** (notamment l'enveloppe des céréales complètes) sont peu fermentées par notre microbiote mais contribuent à augmenter le volume des selles et donc à régulariser votre transit.

Si vous avez les intestins sensibles, irritables et que vous supportez mal l'apport de fibres particulières (certains composants des fibres sont plus difficiles à digérer, notamment ceux des fibres insolubles), évitez de consommer des fruits ou légumes crus.

> Préférez-les cuits à la vapeur douce.
> Mixez-les en purée.
> Associez-les à d'autres produits plus doux comme la carotte, la courgette (sans pépin), la pomme de terre (sans la peau), les courges (sans pépin) ou la patate douce.
> Variez les sources de fibres car selon le type d'aliment, la nature des fibres n'est pas la même.

À savoir

Les graines de chia et de psyllium sont des fibres douces, moins agressives pour les intestins que la graine de lin moulue (qui peut également être recommandée en cas de problèmes de transit).

Que faire ?

Commencez par consommer plus de fibres (légumes, fruits, légumes secs, céréales complètes, oléagineux, graines...) en fonction de votre propre tolérance digestive. Il est recommandé de **consommer environ 28 grammes de fibres par jour**, ce qui correspond environ à :

> Une portion de glucides semi-complets ou complets le matin.
> Une salade avec des légumes verts à midi.
> Une soupe de légumes ou de légumes secs (oléagineux), et/ou de céréales le soir.
> Plus un fruit cuit (en compote par exemple) à chaque repas et un fruit cru en collation.

Ne négligez pas les légumes verts indispensables au bon transit ! Même en cas d'inconfort digestif chronique, il est recommandé d'en consommer en petites quantités en veillant à respecter votre tolérance individuelle.

Augmentez votre apport hydrique en même temps que la quantité de fibres pour éviter la formation de bouchons (fécalome) et pour faciliter l'évacuation des selles. Une bonne hydratation favorise non seulement le transit mais apporte aussi de multiples autres bienfaits : régulation thermique du corps, meilleure concentration et mémoire, lutte contre certaines migraines, douleurs, crampes, oxygénation de l'organisme et donc augmentation de l'énergie, etc.

Si vous souffrez de constipation chronique :

> Le matin à jeun, buvez un grand verre d'eau tiède pendant 20 minutes.

> Buvez également une tasse d'eau chaude 40 minutes après chaque repas pour dissoudre les graisses dans vos intestins et mieux les éliminer.

> Consommez 2 cuillères à soupe par jour de graines de chia (soit environ 25 g), de psyllium ou de graines de lin finement moulues (ou en alternance) dans une compote, un yaourt, un porridge ou une soupe (et pensez à augmenter votre apport hydrique).

En cas de constipation importante :

> Faites tremper deux pruneaux, une figue sèche et deux abricots secs (ou autres fruits secs) dans un grand verre d'eau le soir en vous couchant. Le lendemain matin, buvez le jus et mangez les fruits au petit déjeuner ou au cours de la matinée.

> Mettez quelques gouttes d'huile de ricin (Boel, 2009) au creux de votre nombril et frottez doucement vers l'intérieur de gauche à droite. Ce mouvement produit une légère traction qui aide à diminuer la constipation.

Les probiotiques vont également avoir une action de régulation du transit. Vous pouvez réensemencer votre flore intestinale naturellement via l'alimentation (voir p. 22) ou effectuer une cure de probiotiques :

> Pendant un à trois mois, à prendre le matin à jeun avec un verre d'eau, 15 minutes au moins avant le petit déjeuner (ou à défaut à large distance des repas). En fonction des personnes, des antécédents, de la digestion, de la tolérance digestive, etc., les besoins en souches de probiotiques varient. Demandez conseil à un·e professionnel·le.

N'oublions pas non plus **l'importance de la mastication !** Elle a de nombreux bienfaits dont celui de débuter la digestion (qui commence déjà dans la bouche si l'on prend le temps de mâcher), de faciliter la digestion (plus on mastique, moins notre système digestif aura de travail), de favoriser une meilleure assimilation des nutriments, d'arriver plus vite à satiété...

L'acidité

En cas d'acidité gastrique, de remontées acides, pensez à vérifier votre alimentation. Une assiette trop acide peut favoriser des remontées acides, des brûlures gastriques et autres inconforts.
Éliminez bien sûr le tabac, l'alcool, le café, le thé, les fast-foods, les sodas, les sucreries, les produits industriels de toutes sortes ! Évitez aussi (surtout le soir) le chocolat, le sucre, la viande, les produits laitiers de vache, les plats trop lourds ou trop gras, les plats en sauce, le citron ou son jus, tout ce qui est à base de tomate, le gluten (farines blanches, pain blanc, etc.). Le soir, mangez tôt (le plus tôt possible) et léger !

À savoir

Les produits laitiers de vache peuvent être facilement remplacés par des aliments à base de lait de chèvre ou de brebis. Pensez à les mettre au menu plutôt à midi pour ne pas alourdir inutilement la digestion du soir.

Prêtez également attention à vos associations alimentaires car elles peuvent favoriser la production d'acidité si elles sont mauvaises... Ainsi, **ne consommez pas les aliments suivants lors d'un même repas** :

- Deux protéines ensemble, qu'elles soient végétales et/ou animales (par exemple, œuf et jambon, ou lentilles et saucisses, etc.).
- Une protéine et un acide (poisson et jus de citron, ou viande et sauce vinaigrette avec du vinaigre de vin).
- Un féculent et un acide (riz et jus de citron, pâtes et sauce tomate).
- Un fruit cru avec autre chose qu'un fruit (fruit en dessert par exemple).
- Un féculent avec des légumes secs, ce qui peut gêner la digestion de certaines personnes sensibles...

Préférez plutôt les combinaisons alimentaires suivantes :

> Des féculents avec des légumes.

> Des légumes avec des protéines (végétales ou animales).

> Des fruits crus consommés seuls à distance des repas ou avec des fruits secs (dattes, abricots secs...).

> Des féculents avec des lipides (huiles végétales de première pression à froid, avocat, beurre cru...).

Si les acidités ou les remontées gastriques persistent, le bicarbonate de sodium alimentaire peut vous soulager.

> Au cours de chaque repas, prenez 1 à 2 pincées de bicarbonate de sodium mélangées à un verre d'eau (jusqu'à disparition des acidités).

Et l'argile ?

L'Agence nationale de sécurité du médicament et des produits de santé (ANSM) déconseille l'emploi de médicaments à base d'argile chez la femme enceinte ou allaitante, car elle pourrait contenir des métaux lourds[11]. À l'inverse, certains spécialistes[12] ne voient pas de souci à utiliser l'argile en interne chez les femmes enceintes et allaitantes… Par précaution, il est donc préférable d'éviter l'usage interne de l'argile pendant votre grossesse et si vous allaitez.

Par contre, en externe, l'argile (en cataplasmes par exemple) peut être employée ponctuellement quelques jours pendant la grossesse et l'allaitement. Veillez à toujours choisir une argile de qualité.

La nausée

Malheureusement, nous ne connaissons pas de remède miracle contre les nausées de début de grossesse notamment ! Voici quelques petits trucs que vous pouvez mettre en œuvre.

> Pour éviter de surcharger votre estomac, mangez par petites quantités et plus souvent en fractionnant les repas.

> Laissez infuser un bout de gingembre frais gros comme votre ongle de pouce dans une eau chaude pendant 8 à 10 minutes et buvez. À défaut, mettez 1 cuillère à café de gingembre en poudre dans un verre d'eau chaude.

> L'homéopathie peut aussi aider : Nux vomica 5 CH (demandez conseil à votre pharmacien).

Les troubles du sommeil

Ils peuvent être plus fréquents pendant votre grossesse. Si c'est le cas, voici quelques recommandations :

Dormez avec un **coussin d'allaitement** ou un gros et long traversin qui pourra vous aider à trouver une position plus confortable.

Il est essentiel de **manger tôt et léger** pour favoriser une meilleure digestion et donc un meilleur sommeil. Évitez les écrans le soir et favorisez plutôt un temps de relaxation ou un moment de lecture au calme.

Instaurez une **petite routine dès la fin d'après-midi** :

> Vers 17 heures, arrêtez les écrans, prenez une tisane de verveine ou de mélisse au calme (dehors, dans votre fauteuil, en écoutant une musique douce, le chant des oiseaux…).

> Dans votre chambre, baissez l'éclairage, couchez-vous sensiblement à la même heure tous les soirs, appréciez une musique relaxante ou lisez un livre.

> Vous pouvez mettre 1 goutte d'huile essentielle de lavande fine, officinale ou vraie, ou d'huile essentielle d'orange douce ou de mandarine soit sur votre oreiller soit sur un mouchoir. Si l'odeur est trop forte ou vous dérange, vous pouvez les éloigner facilement. À faire sur quelques jours avant une pause puis un nouveau cycle éventuellement.

Attention

En cas de problèmes respiratoires (comme de l'asthme), n'utilisez pas d'huiles essentielles en olfaction.

La respiration est primordiale pour diminuer le stress et faciliter l'endormissement. Plusieurs techniques existent.

La cohérence cardiaque est une technique respiratoire que vous pouvez utiliser pendant la grossesse. Nous savons que lorsque nous avons peur, notre rythme cardiaque devient irrégulier, et quand nous sommes stressés, ce dernier accélère. C'est bien que notre mental est capable d'influer sur le rythme de notre cœur. Il est aussi tout à fait possible de faire l'inverse : influer sur notre rythme cardiaque pour qu'il diminue notre stress par exemple. C'est exactement l'action de la cohérence cardiaque qui, par les exercices respiratoires, régule le rythme cardiaque. Voici ses principales actions :

- Diminue l'état de stress et/ou de dépression.
- Améliore l'état émotionnel.
- Amène plus de sérénité.
- Booste le système immunitaire.

11 https://ansm.sante.fr : « Médicaments à base d'argile dans le traitement symptomatique de la diarrhée aiguë chez l'enfant »

12 Dont Jade Allègre, médecin anthropologue et naturopathe, qui a écrit une thèse sur le sujet en 2012 : https://jade-allegre.com/wp-content/uploads/2021/11/These_Jade_Allegre-1.pdf

- Augmente le taux de DHEA (une hormone dite de jeunesse).
- Participe à diminuer la tension artérielle.
- Permet d'être plus ancré et dans l'instant présent.
- Favorise la concentration et la mémorisation.
- Améliore l'état de fatigue en amenant plus d'énergie.
- Développe la confiance en soi, l'empathie, la bienveillance et la résilience...

Définition

Développée par le docteur David O'Hare, « la cohérence cardiaque est un état d'équilibre physiologique, physique, mental et émotionnel qui instaure un recentrage, un ressourcement et un renforcement de chacun de ces domaines » (O'Hare, 2018). L'état produit par la cohérence cardiaque n'arrive pas spontanément, il provient d'une « action volontaire qui est respiratoire, émotionnelle ou mentale ».

Par cette pratique, le cœur et la respiration sont alors en cohérence, le corps et l'esprit s'apaisent. L'exercice de cohérence cardiaque est à faire idéalement 3 fois par jour : le matin, en début d'après-midi et le soir avant de se coucher (ou dès qu'un stress pointe le bout de son nez...). Vous profiterez ensuite des bénéfices pendant 3 à 4 heures.

> Inspirez sur 5 secondes puis expirez sur 5 secondes, ce qui fait 6 respirations complètes par minute. L'exercice dure cinq minutes au total.

Pour vous entraîner, vous trouverez très facilement des vidéos courtes et explicites sur Internet[13]. Si vous souhaitez être accompagnée, adressez-vous à des professionnels qui maîtrisent cette technique. La plupart des sages-femmes proposent différentes sortes d'exercices respiratoires appropriés à l'accouchement, dont celui de la cohérence cardiaque.

La respiration du yoga appelée **pranayama** (voir p. 45) est également intéressante à pratiquer pour favoriser la détente, le lâcher-prise et la relaxation.

La pratique de yoga nidra (ou « yoga du sommeil ») est particulière car, contrairement aux autres formes de yoga qui mettent l'accent sur les asanas (les mouvements et les postures), sa pratique ne nécessite pas beaucoup, voire pas du tout d'efforts physiques. Il s'agit plus d'un état d'être que d'une pratique. D'ailleurs, les yogis qui le pratiquent lui trouvent des similitudes avec la sophrologie et l'hypnose. Certains vont même jusqu'à dire que c'est une forme de méditation guidée.

À savoir

Yoga nidra **signifie littéralement « sommeil yogique ». C'est une technique ancienne où le pratiquant est le plus souvent en position allongée sur le sol en posture du cadavre « Savasana ».**

Pendant la séance, le professeur guide le pratiquant à travers des exercices de méditation et de relaxation qui se font mentalement (se concentrer sur une partie du corps, sur la respiration, répéter un mantra, visualisation). La personne entre alors dans un état profond de relaxation consciente. L'objectif est de rester conscient et surtout immobile pour favoriser la concentration. L'esprit s'enfonce alors peu à peu dans un état de semi-éveil particulièrement bénéfique pour le pratiquant. En plus de procurer un état de relaxation, il s'agit d'une expérience consciente d'un sommeil profond et sans rêve où la personne se connecte au monde intérieur et se déconnecte du monde extérieur. Il est souvent dit qu'une heure de yoga nidra apporte autant de bénéfice que quatre heures de sommeil !

Le yoga nidra a de nombreux avantages : il réduit le stress et favorise le lâcher-prise, améliore le sommeil, la concentration et la mémorisation, lutte contre la fatigue et favorise la régénération physique et mentale. Il lutte aussi contre certains troubles (prise de poids, dépression, maladies chroniques, etc.).

> Vous trouverez des séances guidées sur Internet[14], mais n'hésitez pas à contacter un·e professionnel·e pour des séances sur mesure.

Avoir un carnet de gratitude est aussi intéressant pour s'apaiser, accéder à plus d'optimisme et de joie dans son quotidien, savourer les choses simples de la vie... Cela devrait aussi vous aider à lâcher prise, à calmer votre mental, à développer votre confiance en

13 Par exemple, en tapant « cohérence cardiaque » sur YouTube.

14 Par exemple : https://beer-gabel.com/yoga-nidra-en-ligne

vous, à moins ruminer et donc à favoriser un meilleur sommeil.

> **Achetez un joli carnet que vous pourrez par exemple décorer vous-même.**

> **Notez-y chaque jour (si possible) cinq bonheurs rencontrés dans votre journée (petits ou grands bonheurs, tout ce qui vous a mis en joie) et pour lesquels vous éprouvez de la gratitude : le chant d'un oiseau, un rayon de soleil sur votre visage, le sourire d'une personne croisée dans la rue, un câlin de votre conjoint·e ou de votre enfant, un bon repas, un bon livre lu, une belle fleur, un temps calme ou une sieste agréable, etc.**

> **Vous pouvez aussi noter trois ou cinq gratitudes envers vous-même : le fait de vous être écoutée et d'avoir pris un temps de repos, le fait d'avoir pris le temps de préparer un repas dans le calme, la sérénité ou la plénitude, etc.**

Les soins de prévention

Suite aux nombreuses transformations que le corps va subir au cours de la grossesse et également en vue de la préparation des tissus cutanés à l'accouchement, voici quelques astuces spécifiquement destinées à accompagner ces changements.

Les vergetures

Les vergetures (*striae distensae*) sont des lésions cutanées très fréquentes des fibres d'élastine et de collagène, responsables de l'élasticité de la peau et qui entraînent une diminution de la fermeté à la surface du derme. Des marques visibles apparaissent alors à la surface de la peau sous forme de stries rouges, violacées ou blanches.

Les vergetures sont en général visibles sur la peau au niveau de zones bien précises telles que le ventre, la poitrine, les hanches, les fesses et les cuisses. Au cours de la grossesse, l'augmentation du taux de cortisol dans le sang fragilise les fibres élastiques et peut favoriser l'apparition de vergetures. Il est important de noter que nous ne sommes pas toutes égales face à l'apparition de vergetures : la propension de chaque peau à former des vergetures se transmet souvent d'une génération à l'autre (la qualité du collagène de la peau et des autres protéines structurales est génétiquement déterminée).

L'importance d'une bonne hydratation

Chaque jour, notre organisme élimine environ 2,5 litres d'eau à travers la respiration, la transpiration, l'urine... Pour conserver la bonne teneur en eau du notre corps, nous avons besoin de boire régulièrement (eau ou tisane par exemple) et de consommer des aliments riches en eau (fruits, légumes et notamment les crudités en fonction de votre tolérance digestive propre). La teneur en eau de la peau (à hauteur de 70 % en moyenne) lui assurant turgescence et élasticité, c'est notamment grâce à l'hydratation que nous pouvons freiner l'apparition de vergetures. Au cours de la grossesse, il est donc recommandé de boire souvent et en petite quantité.

> **Buvez un verre d'eau toutes les heures, même si vous n'en éprouvez pas le besoin !**

Eau et corps humain

Notre corps est essentiellement composé d'eau puisqu'elle représente entre 60 et 70 % de notre poids total. Au bout de six mois de grossesse, cette proportion augmente même jusqu'à représenter presque 90 % du poids corporel !

Assouplir la peau

Afin de nourrir les tissus cutanés et ainsi de limiter la formation de vergetures, il est important d'appliquer un soin adapté qui, en plus d'assouplir la peau, permet de soulager les démangeaisons, fréquentes au cours de la grossesse.

> **Appliquez une huile végétale ou un baume (parmi ceux proposés ci-dessous) 2 fois par jour sur les zones à risque : ventre, seins, intérieur des cuisses, hanches.**

Huile de soin préventive antivergetures

Voici une sélection d'huiles végétales que l'on trouve couramment (privilégiez les huiles de qualité biologique et obtenues par première pression à froid), à mélanger pour fabriquer un sérum préventif contre les vergetures : huile de caméline, huile d'avocat, huile d'amande douce, huile d'olive, huile de bourrache, huile d'onagre, huile de noyaux d'abricot, huile de chanvre. Cette huile de soin peut nourrir et protéger efficacement la peau de tout votre corps pendant toute la grossesse (et même après !).

> Nettoyez bien les plans de travail, désinfectez à l'alcool l'ensemble des ustensiles et lavez vos mains.
> Sélectionnez trois huiles en quantité équivalente puis mélangez-les dans un récipient.
> Transférez la préparation dans une bouteille en verre ambrée (conservation : 6 mois sans vitamine E, un an si ajout de vitamine E).
> Facultatif : ajoutez de la vitamine E (ou tocophérol) dans votre mélange (0,2 % du poids total de l'huile) afin d'améliorer la conservation du macérat. Cette étape est nécessaire seulement pour protéger les huiles végétales riches en acides gras poly-insaturés, plus sensibles à l'oxydation.

Si vous n'avez ni le temps ni l'envie de vous lancer dans sa fabrication, vous pourrez trouver une huile préventive antivergetures dans les magasins bio ou sur Internet.

Pour améliorer la pénétration de l'huile de soin, un gommage doux et régulier permet d'éliminer les cellules mortes situées à la surface de la peau (voir p. 38 : étape 8).

Afin d'accompagner votre corps dans tous les changements qu'il va subir au cours de cette période, ces soins seront à poursuivre après l'accouchement. En plus d'apporter hydratation et élasticité à votre peau, leur application vous permettra de vous reconnecter à vous-même et de vous approprier ces changements !

Le périnée

Au cours de la grossesse, le périnée est fortement sollicité car il doit, en plus de soutenir les organes, porter le poids du bébé. Enceinte, il est donc déconseillé de porter des charges lourdes, afin de ne pas solliciter davantage le périnée. S'il est solide et tonique, il aide le bébé à bien positionner sa tête lors de l'accouchement, puis réduit le risque de descente d'organes et d'incontinence urinaire après la naissance. Cela vaut donc la peine d'intégrer des exercices de renforcement du périnée dans votre programme de sport et d'activités, et ce dès le début de la grossesse !

Pour faciliter le passage du bébé lors de l'expulsion, il est conseillé de préparer votre périnée en assouplissant ses tissus. Pendant les semaines qui précèdent l'accouchement, une hormone (la relaxine) entraîne le relâchement des tissus mous du corps (muscles, ligaments, tendons…) et donc du périnée.

Anatomie

D'un point de vue anatomique, le périnée est formé par un ensemble mobile de muscles, de ligaments et de membranes très solides, organisé en plusieurs plans et formant comme un hamac dont les bords seraient reliés à l'os du pubis, du coccyx et aux deux os du bassin. Son rôle est de soutenir les organes pelviens : la vessie, l'utérus, le vagin et le rectum chez la femme. Sa contraction permet la continence urinaire et fécale.

Les massages périnéaux

À partir du 8e mois de grossesse, il est possible d'accompagner ce relâchement naturel, en effectuant des massages périnéaux. Vous pouvez utiliser une huile végétale (huile d'amande douce, de chanvre ou de germe de blé) afin de nourrir la peau et de la rendre plus élastique. Réalisez ces massages seule ou à deux, **pendant 2 à 3 minutes, tous les jours jusqu'au jour de l'accouchement :**
> Avant de commencer le massage du périnée, il est préférable de vider la vessie et le rectum afin d'avoir plus de confort.
> Lavez vos mains ainsi que le périnée externe afin de réaliser ce massage dans de bonnes conditions d'hygiène.
> Installez-vous dans une position agréable (par exemple, debout ou avec un pied surélevé sur un tabouret : le périnée est ainsi en position relâchée et facilement atteignable).
> Commencez par un massage externe : pendant une trentaine de secondes, réalisez des mouvements circulaires sur l'ensemble de votre périnée externe (tout autour des grandes lèvres, sans oublier l'espace situé entre le vagin et l'anus appelé noyau fibreux).
> Visualisez ensuite l'horloge (voir le schéma). Placez votre pouce à l'intérieur du vagin jusqu'à la première jointure, puis votre index et votre majeur au niveau du noyau fibreux. Les doigts forment donc une « pince » au milieu de laquelle se trouve votre peau.
> Massez la peau de façon circulaire entre vos doigts, de la même façon que du papier à cigarette. Répétez ce mouvement pour chaque heure présente sur l'horloge (de 6, 5, 4 et 3, et de 6, 7, 8 et 9), une dizaine de secondes par point.

> Pour finir, pendant une minute environ, laissez vos doigts en place et réalisez des mouvements de balancier de 3 heures à 9 heures à l'intérieur et à l'extérieur en appuyant un peu plus.

Profitez de vos séances d'accompagnement à la grossesse pour en parler avec votre sage-femme, votre doula ou votre médecin. Afin de vous aider à visualiser les techniques de massage, vous pouvez trouver sur le net différentes vidéos explicatives[15].

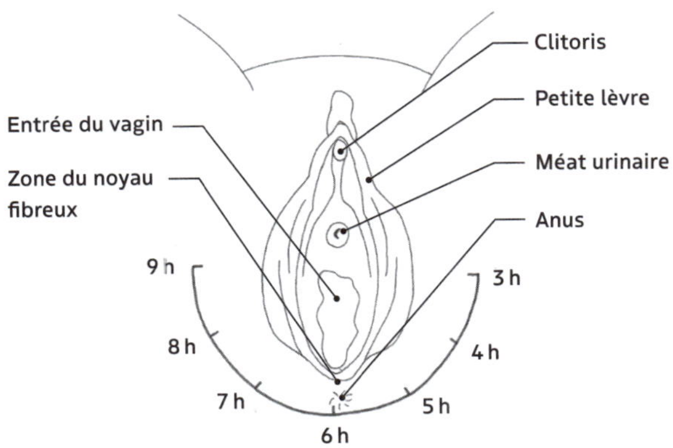

Précautions

Vous sentirez peut-être des gênes lors des premiers massages, mais elles s'estompent en général au bout d'une quinzaine de jours de pratique. L'essentiel est de respecter vos sensations et vos ressentis, sans aller au-delà de ce que vous pouvez supporter.

En cas de contractions avant la 37e semaine, il est déconseillé de pratiquer des massages du périnée.

Le bain de siège aux fleurs de tilleul

Pour réchauffer le plancher pelvien et détendre la zone périnéale, à partir de la 38e semaine de grossesse, vous pouvez réaliser un bain de siège à l'aide de fleurs de tilleul. Ce bain est à réaliser **2 fois par semaine** :

> Faites infuser pendant 10 minutes une poignée de fleurs de tilleul dans un litre d'eau frémissante (et pas bouillante) puis filtrez.

> Versez l'infusion dans une bassine assez grande remplie d'eau à 37 °C.

> Profitez de ce bain de siège pendant 10 minutes environ.

15 Sur YouTube : « Comment masser son périnée pour préparer l'accouchement ? », Élodie Poissenot (Ma French Physio).

À savoir

• Depuis l'Antiquité, le tilleul est utilisé pour ses vertus apaisantes, calmantes et sédatives. Il permet entre autres d'améliorer la détente du périnée.

• En cas d'hémorroïdes, ce bain de siège est déconseillé.

L'hydrothérapie à la maison

L'hydrothérapie est un ensemble de soins réalisés à partir d'une utilisation externe de l'eau, qu'elle soit de mer, de source, minérale ou issue du robinet. En fonction de la température, de sa forme d'utilisation, plusieurs bienfaits peuvent accompagner le soulagement de certains maux liés à la grossesse.

Le bain

Si vous avez la chance d'avoir une baignoire chez vous, faites-vous plaisir en vous faisant couler un bain pour un moment de détente et de lâcher-prise.

La température conseillée pour un **bain hyperthermique** pendant la grossesse est située entre 37,5 °C et 39 °C (diminuez la température quand des perles de transpiration se forment sur votre front). Le bain chaud a une action calmante, détoxifiante par l'élimination des déchets par la sueur et permet de détendre les muscles.

Pour vous reposer et en cas de saison chaude, profitez d'un **bain tiède** en réglant la température entre 30 °C et 37 °C.

Enfin, pour un effet vivifiant et revitalisant, plongez-vous une dizaine de minutes dans un **bain froid**, avec une eau située entre 15 et 17 °C.

Conseil

En fin de grossesse, lorsque les mouvements deviennent difficiles, pensez à vous faire aider pour sortir de la baignoire en sécurité.

La douche alternée façon « écossaise »

Alterner des jets d'eau froide et d'eau chaude permet de stimuler la circulation sanguine, de renforcer la peau et donc de prévenir l'apparition de vergetures.

> Commencez votre douche avec de l'eau bien chaude, du sommet de la tête vers les pieds.

> Effectuez le mouvement inverse avec de l'eau fraîche (mais pas glacée) : remontez le long de vos

jambes par l'extérieur pour finir vers l'intérieur des cuisses, puis faites de même pour les bras.

> Répétez cet enchaînement chaud-froid 2 fois avec des séquences d'une minute pour chaque température.

Le bain dérivatif

Remis au goût du jour grâce à la méthode France Guillain (Guillain, 2015), ce bain de siège permet de favoriser le mouvement des fluides corporels, en orientant les toxines vers les intestins afin de les évacuer en utilisant le froid. Il s'agit d'une technique qui consiste, à l'aide de mouvements d'eau, à rafraîchir les deux plis inguinaux (plis situés au niveau de l'aine) et le périnée pour faire vibrer et rendre mobiles les intestins et l'ensemble du fascia. Ses adeptes décrivent aussi des effets sur l'augmentation de la vitalité du corps en général.

Pratiquer le bain dérivatif quotidiennement permet de bénéficier pleinement de ses bienfaits. Chez l'adulte, il est à réaliser **3 fois par jour pendant 10 minutes** :

> Munissez-vous d'une bassine remplie d'eau froide (mais pas glacée).

> Rafraîchissez-vous l'entrejambe à l'aide d'un gant de toilette propre (pour chaque nouvel emploi) au niveau des plis de l'aine et du périnée par des mouvements continus de va-et-vient sur l'ensemble de la zone.

> Pour plus de commodité, on peut également utiliser des poches de froid placées directement dans la culotte (de la même façon qu'une serviette hygiénique) et laissées en place pendant une heure, 2 à 3 fois par jour.

Au cours du bain dérivatif, l'important est de garder le reste du corps au chaud afin d'éviter les frissons et le refroidissement général.

À savoir

Le bain dérivatif peut être réalisé chez un nourrisson souffrant de constipation, en prenant soin de ne pas dépasser des séances de 2 minutes au maximum 3 fois par jour.

Les bains de pieds

Ils aident à soulager le poids du corps et conserver une bonne circulation veineuse. En cas de rétention d'eau dans les jambes :

> Préparez une bassine d'eau froide en y ajoutant une cuillère de gros sel.

> Baignez-y vos pieds pendant une trentaine de minutes et massez vos jambes de la base des pieds vers l'aine.

Conseil

Une promenade dans l'eau de mer est également un très bon remède contre la rétention d'eau.

La bouillotte d'eau chaude

En cas de nausée, de constipation ou d'hémorroïdes :

> Placez une bouillotte chaude au niveau de votre foie situé sous vos côtes, du côté droit. Pour un effet bénéfique, gardez la bouillotte 30 minutes environ.

En plus d'avoir une action apaisante sur l'ensemble de l'organisme, la chaleur fournie par la bouillotte va permettre une stimulation du foie et entraîner une production de bile, ce qui aura une action directe sur la lubrification des selles.

À faire également après un repas copieux, afin d'améliorer la digestion.

Les « jambes lourdes »

Les modifications physiologiques liées à la grossesse peuvent entraîner chez la femme enceinte des problèmes d'insuffisance veineuse, provoquant une sensation de « jambes lourdes », mais peuvent aussi être responsables de l'apparition d'œdèmes ou de varices.

Comme nous l'avons vu précédemment, la grossesse s'accompagne d'une augmentation du volume total de sang, entraînant celle du débit cardiaque qui peut s'avérer insuffisante pour limiter la stagnation du sang au niveau des jambes. Lorsque la pression sanguine devient trop importante, le liquide lymphatique

Œdèmes et varices

- Les œdèmes correspondent à un gonflement des tissus mous dû à une augmentation du liquide interstitiel.
- Les varices des jambes sont une forme plus sévère d'insuffisance veineuse. Les veines situées sous la peau se dilatent de manière permanente sous la pression du sang qui « stagne » dans les jambes. Dans certains cas, les varices peuvent se rompre et provoquer des saignements.

passe dans les veines et s'accumule dans les tissus voisins, provoquant un œdème des chevilles et des pieds.

De plus, à la fin de la grossesse (et surtout quand on est allongée sur le dos), le volume de l'utérus peut comprimer la veine cave inférieure, responsable du retour veineux des jambes et du bassin vers le cœur. Cette perturbation est responsable d'une augmentation de pression à l'intérieur des veines situées au niveau des jambes. Les modifications hormonales ont également tendance à réduire l'élasticité des veines qui se trouvent dilatées lorsque la pression augmente. Bien que pouvant être impressionnants, ces phénomènes physiques ne sont pas graves.

Attention

Cependant, toute sensation de douleur ou de chaleur ressentie au niveau des jambes doit rapidement faire l'objet d'une consultation médicale afin de vérifier qu'il n'y a pas un risque de thrombophlébite (complication grave provoquée par la formation d'un caillot de sang dans une veine de la jambe).

Prévenir l'insuffisance veineuse

Voici quelques conseils afin de prévenir les phénomènes d'insuffisance veineuse au cours de la grossesse :

Pratiquez une activité physique douce :

> Faites de petites marches plusieurs fois par jour.

> Réalisez des exercices de gymnastique des jambes et des chevilles : pédalage sur le dos, moulinets des chevilles, flexions/extensions talons-pointes, jambes contre le mur, etc.

> Vous pouvez également demander à votre médecin traitant de vous prescrire des bas de contention, qui sont des accessoires redoutables pour favoriser le retour veineux.

Évitez de piétiner ou de rester en position debout trop longtemps, de porter des vêtements serrés (chaussettes comprises) afin de ne pas comprimer le réseau veineux.

> Choisissez des chaussures avec une semelle plus épaisse de quelques centimètres au niveau du talon.

> Vous pouvez installer des cales afin de surélever les pieds de votre lit, ce qui facilite le retour veineux pendant la nuit (sauf chez celles qui souffrent de remontées acides). Mettez vos jambes en hauteur dès que vous vous trouvez allongée.

Éloignez-vous des sources de chaleur qui peuvent dilater vos veines et favoriser la stagnation du sang dans les jambes : évitez le chauffage au sol et les bains trop chauds.

> Douchez vos jambes avec de l'eau froide pour favoriser la contraction des veines, en dirigeant le jet de bas en haut.

Les jambes sans repos (ou impatiences)

Même en dehors de la grossesse, certaines personnes souffrent du syndrome des jambes sans repos. Les « impatiences » provoquent souvent **des réveils nocturnes** et s'accompagnent de diverses **sensations ressenties au niveau des jambes qui peuvent être remuantes et douloureuses** (fourmillements, contractures musculaires, décharges électriques…). En général, les personnes qui souffrent des jambes sans repos vivent un véritable calvaire.

Les recherches actuelles semblent montrer que cette symptomatologie est liée à une perturbation de la sécrétion de la dopamine (neurotransmetteur). Certaines situations comme la grossesse, une prédisposition héréditaire, une carence ou un excès de fer, une maladie chronique, une carence en acide folique ou la prise de certains médicaments peuvent être les causes possibles de cette perturbation.

D'un point de vue alimentaire, il est conseillé de supprimer complètement le café, le thé, les sodas, les produits allégés contenant de l'aspartame (qui perturbe les neurotransmetteurs), l'alcool et le tabac.

Si vous souffrez d'impatiences, voici **quelques conseils pour vous soulager :**

• Marchez régulièrement ou ayez une activité physique douce.
• Sous la douche, pratiquez les jets d'eau froide sur les jambes en cas de crise.
• Massez vos jambes avec une huile contenant de l'arnica (aux propriétés antalgique et anti-inflammatoire).
• En homéopathie, vous pouvez essayer Zincum metallicum 9 CH (3 granules au coucher).

En cas de rupture d'une varice entraînant un saignement, allongez-vous sur le dos et mettez la jambe qui saigne en hauteur à l'aide d'un coussin pendant quelques heures. N'hésitez pas à appeler un médecin pour un avis médical.

L'interruption spontanée de la grossesse

La fausse couche touche environ 15 % des grossesses. D'après la CPAM[16], il s'agit d'« une interruption spontanée de grossesse qui survient au cours des cinq premiers mois, avant la 22e semaine d'aménorrhée, date à laquelle le fœtus est viable. Elle se manifeste par des saignements vaginaux accompagnés de douleurs dans la partie basse du ventre. Ces symptômes doivent conduire à consulter un médecin ».
On dit que la fausse couche est **précoce** lorsqu'elle survient avant la 14e semaine d'aménorrhée (1er trimestre de grossesse). Il s'agit du cas le plus fréquent des fausses couches. Elle est **tardive** si elle survient entre la 14 et la 22e semaine d'aménorrhée.

Les causes possibles

Elles dépendent du type de fausse couche.
Si la fausse couche est **isolée** (une seule fois dans la vie de la femme), la cause n'est que rarement recherchée. La plupart du temps, elle est due à une anomalie de développement du fœtus qui stopperait son développement normal et engendrerait son expulsion. Le risque de fausse couche augmente avec l'âge.
En revanche, si les fausses couches sont **à répétition**, un bilan est nécessaire pour rechercher une explication. Les fausses couches à répétition concernent 1,5 % des femmes. Cette situation se définit pour des femmes de moins de 40 ans, enceintes avec le même partenaire, qui présentent au moins trois fausses couches spontanées consécutives avant 14 semaines d'aménorrhée. Les causes fréquentes des fausses couches à répétition :

- Des malformations de l'utérus (utérus cloisonné...).
- Une anomalie de la cavité utérine (fibrome, polypes, etc.).
- Des anomalies génétiques chez le couple ou chez l'embryon.
- Des perturbations hormonales (syndrome des ovaires polykystiques, hypothyroïdie, hyperthyroïdie, diabète, etc.).
- Des anomalies de la coagulation du sang.
- Des maladies auto-immunes, etc.

Il existe aussi des facteurs favorisants comme l'obésité, le tabagisme, une consommation importante de café, d'alcool, de drogues, ou encore une anémie provoquée par une carence en vitamine B9 ou B12, une exposition aux pesticides, etc.

Important

Faites-vous accompagner au niveau médical, qu'il s'agisse de fausses couches à répétition ou isolée, si les symptômes observés nécessitent une prise en charge, comme expliqué ci-dessous. N'hésitez pas à vous faire accompagner au niveau psychologique (psychologue, sophrologie, hypnothérapie, EMDR, etc.), et entourez-vous de personnes soutenantes.

Les symptômes d'une fausse couche

- Des saignements vaginaux pouvant être légers ou abondants, irréguliers ou ininterrompus, de teinte brunâtre ou rouge vif.
- Une expulsion par le vagin de tissus brunâtres ou de caillots de sang.
- Des douleurs dans le bas du dos (sensation diffuse et constante), au niveau de l'abdomen, ou des crampes pelviennes ressemblant aux douleurs des règles.

Attention

Un saignement par voie vaginale en début de grossesse n'annonce pas toujours une fausse couche (25 % des femmes enceintes présentent un saignement au cours du 1er trimestre et poursuivent leur grossesse normalement). Mais si le saignement est accompagné de douleurs, il s'agit plus probablement d'une fausse couche. Dans tous les cas, parlez-en à votre médecin ou à la sage-femme.

16 www.ameli.fr : « Fausse couche »

Que faire en cas de symptômes ?

Si vous présentez des symptômes vous faisant craindre une fausse couche et notamment si vous observez des saignements vaginaux modérés, consultez un médecin gynécologue dans la journée.

Attention

Demandez une assistance médicale immédiate si vous observez :
- **des saignements vaginaux abondants,**
- **des symptômes de choc (faiblesse, étourdissements, vertiges, confusion, variations soudaines de la température (fièvre), accélération du rythme cardiaque, nausées ou vomissements.**

En cas de doute, consultez un·e gynécologue ou une sage-femme afin qu'il·elle vous examine (examen médical, échographie et éventuellement dosage de l'hormone de grossesse HCG).

Deux situations peuvent alors se présenter :

- **La fausse couche a déjà eu lieu.** L'examen est normal, les tissus embryonnaires ont été expulsés et les saignements diminuent. L'utérus apparaît vide et ne contient aucun embryon visible à l'échographie. Dans ce cas, le médecin ne prescrit pas de traitement particulier et peut éventuellement prévoir une consultation de contrôle.
- **La fausse couche est en train de se produire mais la grossesse est arrêtée.** L'échographie abdomino-pelvienne montre la présence d'un embryon sans activité cardiaque dans la cavité de l'utérus.

Si l'expulsion du fœtus et du placenta n'est pas totale après la fausse couche :

- Le médecin peut proposer d'attendre que la fausse couche s'achève naturellement (il y aura tout de même une surveillance médicale deux semaines après ou plus tôt si nécessaire). Bien sûr, il faut à nouveau consulter si les saignements vaginaux deviennent abondants, si la douleur abdominale augmente fortement ou si de la fièvre apparaît.
- Il peut aussi prescrire un traitement si la personne ne souhaite pas attendre l'expulsion spontanée, ou si médicalement, ce traitement est nécessaire. Il s'agit d'un traitement médical ou, plus rarement, chirurgical.

Après une fausse couche...

Juste après

Avant tout, il faut **éviter l'allo-immunisation rhésus**. Juste après une fausse couche, toutes les femmes de groupe sanguin rhésus négatif doivent recevoir un traitement par une injection en intraveineuse ou en intramusculaire pour prévenir l'allo-immunisation. Il s'agit d'un traitement pour prévenir une réaction immunitaire de la mère sur le fœtus lors d'une prochaine grossesse.
Pendant une fausse couche, les globules rouges du fœtus passent dans la circulation sanguine de la mère. **Les globules blancs de la mère de rhésus négatif identifient les globules rouges du bébé, lorsqu'il est de rhésus positif, comme des cellules étrangères et fabriquent des anticorps** (les agglutinines irrégulières) contre ce facteur rhésus.
Lors d'une grossesse suivante, si le fœtus est de rhésus positif, il y a incompatibilité rhésus : les anticorps maternels traversent le placenta, passent dans la circulation sanguine du fœtus et détruisent alors ses globules rouges entraînant une anémie hémolytique dont les conséquences sont graves pour le fœtus.

Les deux semaines qui suivent

Il est conseillé de **ne pas utiliser de tampons hygiéniques** et d'**éviter les relations sexuelles**, afin de limiter le risque infectieux.
En cas de symptômes tels que **de la fièvre, des frissons, des saignements vaginaux abondants ou des douleurs abdominales**, consultez à nouveau votre médecin.

Il peut être nécessaire de **bénéficier d'un soutien psychologique** après une fausse couche : n'hésitez donc pas à vous faire accompagner par un·e professionnel·e et à vous entourer de personnes de confiance dans votre entourage, ou à vous tourner vers des personnes-ressources. Il est fort possible que votre partenaire ait aussi besoin de soutien pour passer cette étape pouvant être difficile selon les personnes. Essayez d'être à l'écoute l'un de l'autre, de ne pas rompre la communication au sein du couple, de vous accorder le temps nécessaire pour surmonter cette épreuve physique et psychique.
Pour certaines personnes, la fausse couche est un véritable deuil à surmonter et peut représenter un

véritable traumatisme qui doit retenir l'attention du partenaire, de l'entourage et du personnel médical. Voici les différentes étapes à passer pour qu'une reconstruction puisse avoir lieu :

1. **Le choc, la sidération.**
2. **La fuite, la recherche (rechercher à poursuivre la relation).**
3. **La déstructuration (perte de repères, profond sentiment de solitude).**
4. **La restructuration.**

À savoir

Des associations comme Agapa[17] offrent à chacun·e la possibilité de parler et d'être écouté·e après une grossesse qui n'a pas été menée à son terme, ainsi que des groupes de parole et de soutien, des forums, etc.
Dans tous les cas, autorisez-vous à vivre et à accueillir vos émotions même si cela est inconfortable, difficile… et surtout, faites-vous soutenir !

La grossesse extra-utérine

Il arrive parfois que lors d'une grossesse, l'œuf fécondé ne se fixe pas dans l'utérus, mais en dehors (le plus souvent dans la trompe). On parle alors de grossesse extra-utérine et **il s'agit d'une urgence à différencier de la fausse couche**.

Si vous observez des **symptômes proches de ceux de la fausse couche**, comme des douleurs abdominales sévères et persistantes pouvant irradier une épaule, suivies de petits saignements vaginaux et un état de faiblesse générale, consultez en urgence car cela peut annoncer des risques de rupture de la trompe utérine. Un traitement doit être mis en place précocement et rapidement afin d'éviter que la trompe utérine ne se rompe pour pouvoir la conserver. En cas de doute, n'hésitez jamais à consulter un médecin !

17 https://association-agapa.fr

Le deuil d'un enfant

Qu'il s'agisse du foetus dans le ventre de sa mère, d'un nouveau-né, que l'enfant ait 6 mois, 7 ans ou plus au moment de son décès, la perte d'un enfant est le plus terrible des drames pour les parents. Il était fait pour vivre et non pour mourir, cette interruption du cycle de la vie est impensable !
Le deuil est un état affectif douloureux induit par la perte d'un être cher et aimé, c'est la rupture du lien émotionnel avec la personne disparue. Il désigne aussi la période de douleur et de chagrin qui suit la disparition.

Le deuil périnatal concerne le décès :
- D'un fœtus pendant la grossesse *in utero* (dans le ventre de la mère), lors d'une fausse couche spontanée, d'une interruption médicale de grossesse (décidée en raison d'une atteinte d'une particulière gravité jugée incurable au moment du diagnostic), d'une réduction embryonnaire.
- D'un nouveau-né au moment de la naissance.
- D'un bébé au cours de sa première année de vie.

La grossesse qui suit un deuil périnatal peut ne pas être vécue comme une grossesse ordinaire. Les professionnels de santé sont toujours disponibles pour vous accompagner pendant cette nouvelle grossesse, sollicitez-les si vous en ressentez le besoin.

Comme tous les deuils, celui qui vit la perte d'un enfant connaît souvent **une phase de sidération, de choc puis une longue période de fuite, de recherche de la relation avec l'être aimé (sentir les vêtements, etc.), de dépression, de difficulté à accepter la réalité de la mort.** Mais les deuils importants entraînent aussi **des bouleversements et des transformations propres à chacun.** Vivre le deuil d'un enfant est complexe et singulier. Il n'existe pas de « deuil type » ou de normes absolues.

Mot…

Dans le vocabulaire français, il n'existe pas de mot pour désigner qu'on a vécu le deuil d'un enfant. Quand on perd ses parents, on est « orphelin »… Mais quand on perd un enfant?

La particularité du deuil d'un enfant se trouve dans le **sentiment de culpabilité** souvent ressenti par les parents, notamment par la mère si elle perd un bébé au cours de sa grossesse.
Plutôt que de parler du deuil des parents, il serait préférable de parler du deuil de la mère, du deuil du père, du deuil de la fratrie. La douleur de la maman est bien souvent poignante, celle du partenaire peut être moins apparente et ce n'est qu'au fil des mois, voire des années, qu'il découvre combien il est touché. De leur côté, les frères et sœurs font tout pour masquer leur propre douleur et ont souvent le sentiment d'être les oubliés...

Le deuil d'un enfant a besoin d'être accompagné et pas seulement par la famille : des bénévoles d'associations sont formés pour cela et, selon le contexte, les membres de la famille peuvent se tourner vers les sages-femmes, infirmier·ère·s, puéricultrices, pédiatres, médecins, assistant·e·s social·e·s, psychologues, etc. Ceux-ci proposent un accompagnement individualisé au niveau médical et psychologique, selon le respect de la culture et des rites de la famille ainsi qu'une aide sur le déroulement des procédures administratives, etc. Dans le cas de la fratrie, l'accompagnement tient bien entendu compte de l'âge et des capacités de compréhension de chacun.

Si la mort survient pendant une hospitalisation, sachez que le personnel soignant est formé au deuil périnatal ainsi qu'au deuil des enfants plus grands, et peut vous guider. Pour autant, n'hésitez pas à leur exprimer vos choix, vos besoins et à prendre la place que vous souhaitez auprès de votre enfant. **Le retour à la maison est souvent une étape difficile** et le soutien des professionnels de santé est alors essentiel. Votre médecin, votre sage-femme ou l'équipe médicale qui a pris en charge votre enfant lors de son hospitalisation peut vous orienter.
La loi a enfin évolué vers une meilleure prise en compte de l'événement et une plus grande reconnaissance du statut juridique de l'enfant décédé. Il existe aussi des congés spéciaux, renseignez-vous auprès d'un·e assistant·e social·e par exemple.

Associations

Il existe de nombreuses associations, groupes de parole et de soutien, des forums, etc. qui peuvent vous accompagner dans votre deuil, pour rompre l'isolement ou bénéficier d'un accompagnement adapté si vous en avez l'envie ou le besoin (voir « Webographie » en annexe).

Projet de Naissance
Quel parcours ?
physiologique
naturel

L'ACCOMPAGNEMENT À LA NAISSANCE

Une fois la grossesse confirmée, une première consultation auprès du médecin ou de la sage-femme a lieu avant la fin du premier trimestre. Une bonne occasion pour faire le point sur votre état de santé, pour répondre à vos différentes questions et pour effectuer la déclaration de grossesse auprès de la Caisse primaire d'assurance maladie (CPAM) !

Vers quel·le·s professionnel·le·s se tourner ?

Il n'est pas toujours facile pour la maman de savoir à qui s'adresser pour le suivi quand elle vient d'apprendre sa grossesse. De façon générale, les professionnel·le·s de santé conventionnel·le·s, bien que de plus en plus « sensibles » aux approches dites alternatives, sont encore majoritairement tourné·e·s vers l'accompagnement médical classique. En fonction de vos moyens financiers, il est aussi possible de se tourner vers d'autres types d'accompagnement. Voici un tour d'horizon pour clarifier le rôle de chaque intervenant.

Le suivi médical (obligatoire)

D'un point de vue médical, le suivi de votre grossesse est pris en charge par la CPAM et peut être réalisé par un médecin (généraliste ou gynécologue) ou par une sage-femme libérale, à l'hôpital ou dans un centre de protection maternelle et infantile (PMI). **Si votre grossesse ne présente pas de risque particulier, une sage-femme peut en assurer la surveillance** en toute autonomie.

Si vous souhaitez vivre cette grossesse en couple, **impliquez le co-parent à ces rendez-vous médicaux** afin de partager les informations, les moments de découverte du bébé (monitoring, échographie...). C'est aussi l'espace où chacun·e peut faire part de ses angoisses ou simplement visualiser plus précisément l'avenir. Ces rendez-vous permettent de déclencher des discussions au sein du couple à propos du projet de naissance, de l'éducation, des souhaits de chacun·e pour cet enfant à venir...

L'accompagnement pris en charge à 100 % par la CPAM comprend les étapes suivantes (à condition d'être effectué par des professionnel·les de santé)[18] :

- **Un entretien prénatal précoce :** obligatoire, il est l'occasion de faire le point avec la sage-femme ou le médecin sur votre projet de naissance et vos besoins spécifiques pendant la grossesse et après l'accouchement. C'est aussi le moment de planifier avec la sage-femme les sept séances de préparation à la naissance et à la parentalité. L'entretien peut être réalisé à partir du 4e mois de grossesse.

À savoir

Le 3e trimestre de la grossesse est le bon moment pour commencer à réfléchir avec votre conjoint à la méthode de contraception après l'arrivée du bébé (voir p. 172). Vous pouvez demander conseil aux professionnel·le·s de santé.

18 www.ameli.fr

- **Un bilan prénatal de prévention** avec une sage-femme libérale ou de PMI : l'alimentation, les comportements à risque (alcool, tabac, autres addictions...), l'importance de la vaccination et du suivi bucco-dentaire pendant la grossesse sont les sujets abordés avec la sage-femme. Ce bilan peut être réalisé dès la déclaration de grossesse et si possible avant la 24e semaine d'aménorrhée.
- **Sept consultations médicales de suivi** tout au long de la grossesse.
- **Trois échographies** sont recommandées à 12, 22 et 32 semaines d'aménorrhée. Si nécessaire, des examens biologiques complémentaires (échographie, prise de sang, analyse d'urine...) peuvent s'y ajouter.
- **Un bilan bucco-dentaire** gratuit du 4e mois de grossesse chez un dentiste.
- **Sept séances de préparation à la naissance et à la parentalité :** elles commencent en général à partir du 7e mois de grossesse.

À savoir

- Avant la fin du 4e mois de grossesse, le co-parent peut bénéficier d'un bilan de santé complet, accompagné de tous les examens de laboratoire jugés nécessaires (groupe sanguin, sérologies, statut vaccinal) pris en charge à 100 % par la CPAM.
- Si nécessaire, le médecin ou la sage-femme peut vous orienter vers d'autres professionnel·le·s : médecin spécialiste, infirmier·ère, psychologue, assistant·e social·e...

L'accompagnement holistique (conseillé)

En complément du suivi médical nécessaire au bon déroulement de la grossesse, le besoin d'un accompagnement plus global peut éventuellement se faire sentir. Différents types de soutien sont possibles.

La doula (ou accompagnante à la naissance)

« Une doula est une femme aux côtés de la femme enceinte et de ceux qui l'entourent, elle est à l'écoute de ses désirs, de ses besoins et la suit dans ses choix. Elle propose un accompagnement dans la continuité, une relation de confiance, de complicité et d'intimité de femme à femme.[19] »

La doula est une femme qui accompagne et guide les parents tout au long des périodes de grossesse, d'accouchement et postnatales. Son expérience et sa formation d'accompagnante à la naissance en font une interlocutrice privilégiée, intime, à l'écoute des besoins et des peurs des parents.

La doula peut accompagner un couple dès l'avant-conception jusqu'aux 3 ans de l'enfant.

Un annuaire des doulas de France est disponible sur le site doulas.info.fr

L'accompagnement énergétique

Selon Gwenn Le Coz[20], certaines personnes ont conscience que, d'une génération à l'autre, des événements (peurs, angoisses, « valises » familiales...) se transmettent de parents à enfants. Grâce à la psycho-généalogie par exemple, l'exploration des vieilles mémoires héritées de nos aîné·e·s permet de les comprendre pour ensuite libérer le bébé de tout ce qui ne lui appartient pas. L'accompagnement en énergétique peut être réalisé en amont ou pendant la grossesse. C'est l'occasion de **travailler sur d'éventuelles angoisses liées à la grossesse et à l'accouchement**, ou de faire le point sur notre propre naissance et sur les représentations que nous en avons. Cette exploration donne souvent lieu à des recherches d'informations filiales, à des partages de souvenirs d'enfance et permet de mieux comprendre les liens au sein de la famille...

L'accompagnement ostéopathique

D'un point de vue postural, le temps de la maternité induit de profonds changements. D'après Solène Vittet[21], l'accompagnement ostéopathique peut venir en soutien des processus de croissance et de développement de la femme enceinte. Dans la découverte de ce nouvel espace de maternité, la vie cherche de nouveaux points d'équilibre. Avec l'ostéopathe, la future maman trouve **un nouvel équilibre, dans sa relation à elle-même ainsi que dans l'espace relationnel entre elle et son environnement.**

Il en est de même pour le temps du post-partum car

19 https://doulas.info : « Une doula c'est quoi ? »
20 Gwenn Le Coz est doula, énergéticienne et accompagnatrice en aromathérapie à Rennes (Morbihan).
21 Solène Vittet est ostéopathe à Crac'h (Morbihan).

les fonctions hormonales, gynécologiques et posturales sont également modifiées après l'accouchement. La mère (et les personnes de son entourage) doit rester à l'écoute de ses propres intuitions et de ses perceptions car ces informations subtiles précèdent parfois les manifestations dans la matière (douleurs, etc.).

Les différents types d'accompagnement à la naissance

Les séances de préparation à la naissance commencent à partir du 7e mois de grossesse. À noter que celles-ci sont également prises en charge à 100 % à condition d'être réalisées par un médecin ou une sage-femme. Chaque professionnel·e est formé·e à la méthode classique d'accompagnement à la naissance, mais peut également proposer d'autres méthodes (haptonomie, sophrologie, acupuncture...). N'hésitez pas à vous renseigner sur la méthode qui répondra au mieux à vos besoins !

La méthode « classique » d'accompagnement à la naissance

Cette méthode est basée sur les principales étapes physiologiques liées à l'accouchement et à l'arrivée du bébé. Elle offre **des réponses claires aux principales questions que vous vous posez** sur le déroulement d'un accouchement à la maternité, sur la gestion des contractions, sur l'allaitement, etc.
L'accompagnement dépendra de la vision (médicalisée ou au contraire plus physiologique) de la naissance propre à chaque professionnel·le. Notez aussi qu'il ne s'agira pas de la sage-femme qui sera présente à votre accouchement ! Les séances peuvent être individuelles (seule ou en couple) ou en petits groupes. L'expérience du groupe est souvent enrichissante car elle permet de se confronter à des questions que nous ne nous serions pas posées !
Certaines sages-femmes (hospitalières ou libérales) proposent **plusieurs types d'accompagnement à la naissance** au cours des sept séances, ce qui permet de diversifier les ressources. Si vous appréciez l'eau, des préparations à l'accouchement sont également dispensées en piscine (aquagym prénatale). Dans ce cas, un certificat médical est demandé.

La méthode Bonapace

La méthode Bonapace[22], originaire du Québec, est à la fois basée sur un accompagnement théorique et pratique. La future maman est également préparée émotionnellement et psychologiquement pour se sentir en sécurité le jour où elle donnera naissance. Avec plusieurs techniques alliant digitopression, massages et relaxation, l'idée principale est d'**être capable d'appréhender la « douleur » de l'accouchement, d'en réduire sa médicalisation et d'impliquer le·la partenaire dans cette grande étape de vie**.
Les postures apprises avec la méthode Bonapace aident à l'alignement du corps, renforcent les muscles impliqués lors de la naissance, tout en travaillant sur la respiration et la détente. Le rôle des différentes hormones entrant en jeu dans l'accouchement est également abordé, afin de pouvoir « maîtriser » leurs utilisations.

22 https://bonapace.com

Soulagement de la Douleur

par les massages profonds/douloureux

Méthode Bonapace

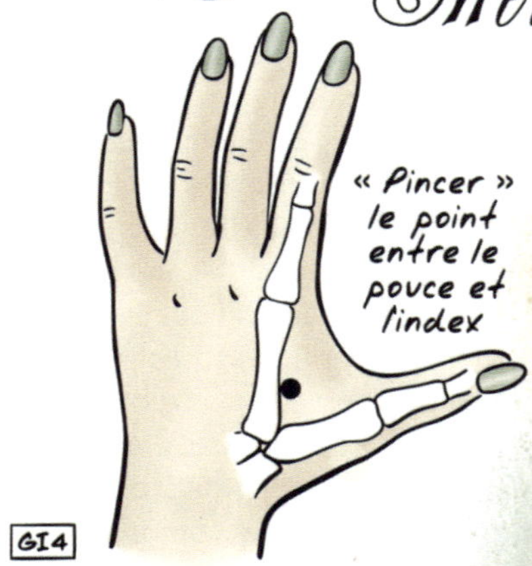

Les points d'acupression forment des petits « creux », en appui contre un os. Stimulez-les en appuyant fermement dessus pendant la contraction.

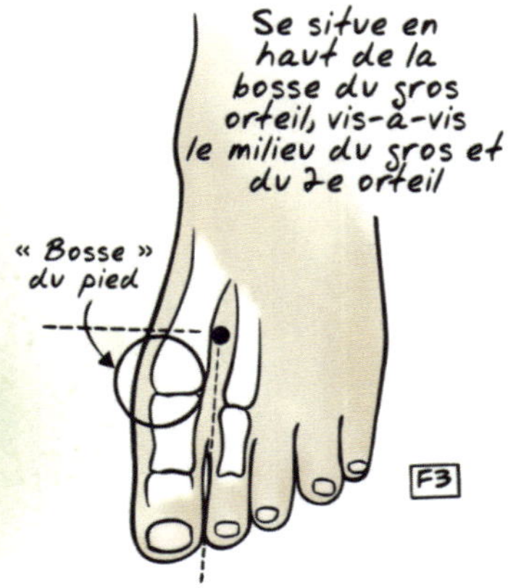

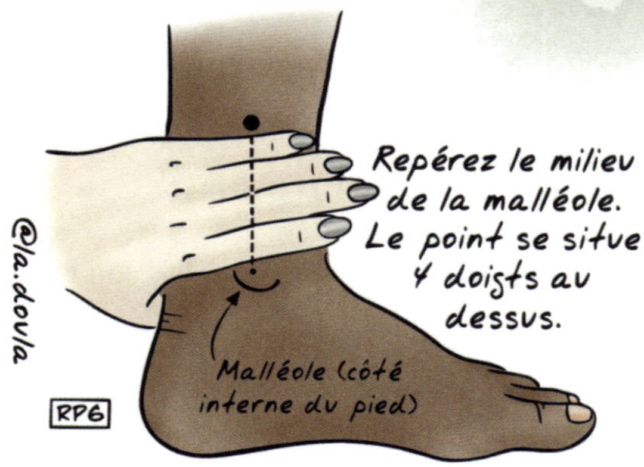

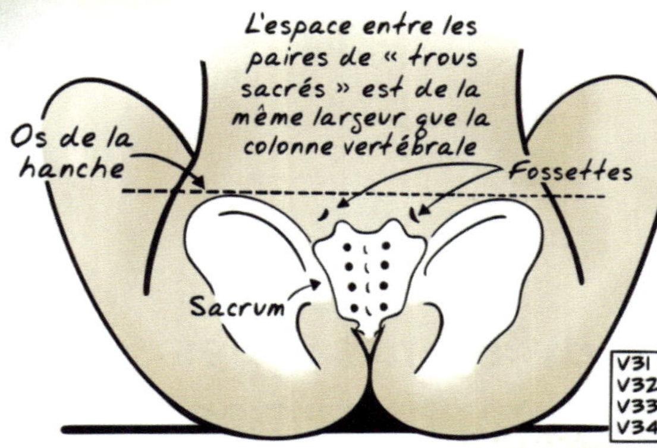

Dans le cerveau ♥

En créant une seconde douleur, le cerveau produit des endorphines. Celles-ci endorment la première douleur afin que le cerveau analyse le nouveau signal.

- GI4
- RP6
- F3

} Régularise les contractions

- V31 À
- V34

} Rend les contractions plus puissantes

Soulage les douleurs au bas du dos

Soulagement de la Douleur

par les massages et stimulis agréables/doux

Méthode Bonapace

Jet d'eau

- ♥ Instinct
- ♥ Mouvements
- ♥ Massages
- ♥ Caresses
- ♥ Souffler
- ♥ Effleurements

Bain

Massages doux

(Se laisser guider par la mère)

* Utiliser une huile végétale (ex. amande douce, coco) pour faciliter les massages

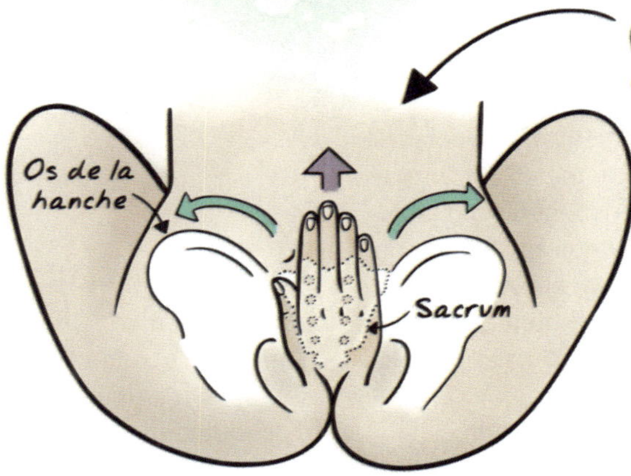

*Pendant la contraction, faire une pression ferme et continue sur le sacrum (qui vibre sous l'effet des contractions).

*Avec la paume de la main, masser vers le haut, en partant du sacrum.

*Masser en contournant l'os de la hanche, en utilisant la main droite pour la hanche gauche, et vice versa.

Dans le cerveau ♥

En créant une stimulation agréable dans la zone douloureuse, on vient bloquer une partie des « messages de douleur » qui sont transmis au cerveau. Le message transmis sera donc modifié, et la perception de la douleur diminuée.

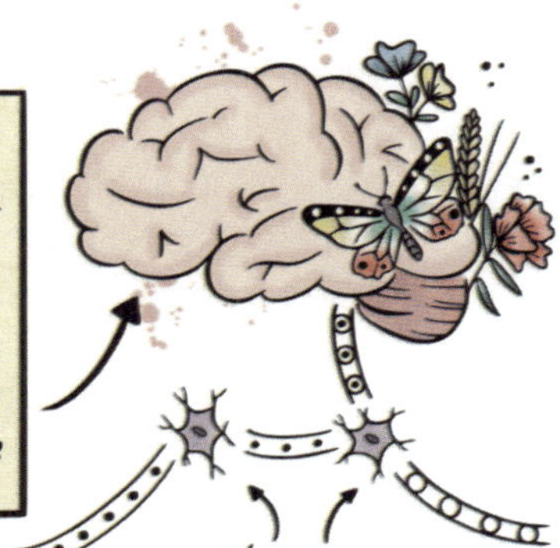

○ → Douleur

• → Sensation agréable

@la.doula

La sophrologie

D'après Floriane Catheline[23], la sophrologie consiste à allier des temps d'exercice et de parole afin de verbaliser ses ressentis corporels, mentaux et émotionnels. Lors d'une séance de sophrologie, on retrouve **des exercices de « relaxation dynamique ».** Il s'agit d'une suite d'un à quatre exercices de respiration contrôlée associés à des mouvements doux. Cela permet une détente du corps et du mental, et d'être à l'écoute de ses ressentis.

Vient ensuite **la « suggestion mentale »** qui, par la visualisation positive d'images, crée des ressentis positifs. En effet, une action ou une pensée, quelle qu'elle soit, a des répercussions sur l'être tout entier (corps et mental). Une sensation corporelle, une pensée ou une image positive agit donc de façon bénéfique sur tout le corps.

La répétition de cet ensemble permet d'optimiser les prises de conscience et de **développer la pleine conscience**, afin de se focaliser sur l'instant présent et d'accueillir ses ressentis physiques, psychiques et émotionnels avec bienveillance.

La sophrologie répond à différentes demandes : l'accompagnement du quotidien (troubles du sommeil, stress, anxiété, gestion des émotions, confiance en soi, etc.) ou celui d'un traitement médical (maladies de peau, brûlures, rééducation, pathologies chroniques et/ou lourdes, etc.), la préparation mentale afin de développer son potentiel pour affronter un événement précis (FIV, examens, compétitions, etc.) et l'accompagnement de comportements pathologiques, pour apprendre à contrôler ses pulsions ou ses phobies (boulimie, anorexie, addictions, etc.).

L'haptonomie

L'haptonomie est une science dite de « l'affectif », qui vient chercher, au plus profond de chaque femme et homme qui la pratique, un savoir non conscient hérité de processus évolutifs et transmis par l'humanité.

L'accompagnement haptonomique prénatal permet au couple de parents de **créer et de développer la relation affective** au sein de leur nouveau cercle familial. Grâce à l'apprentissage du contact thymo-tactile (du grec ancien *thymós* : cœur, âme, vie), les parents apprennent à « sentir » leur enfant, encore bien au chaud dans le ventre de sa maman. Dès sa conception, il s'agit d'offrir à l'enfant qui va naître un sentiment de sécurité affective.

Au fil des séances et du développement du fœtus, l'enfant contacté de la sorte par ses parents **transforme un geste de motricité spontanée en véritable rencontre** grâce aux réponses qu'il renverra, créant ainsi une véritable relation. Au moment de l'accouchement et de la naissance, les liens tissés permettront à chacun·e d'être présent·e et de s'engager dans ce qu'il y a à vivre. Les séances se déroulent en couple et durent environ 45 minutes. Les exercices transmis lors des séances d'haptonomie peuvent être réalisés à la maison afin d'approfondir la relation avec le bébé.

À savoir

L'approche haptonomique permet également **de renforcer l'affection et l'intimité au sein du couple.** C'est également un accompagnement qui permet, de façon préventive, de **diminuer les risques de dépression du post-partum et du « défaut » du lien d'attachement.** De nombreux parents ayant pratiqué l'haptonomie prononcent la phrase « je te connaissais avant que tu naisses[24] » en découvrant leur enfant pour la première fois.

L'acupuncture

Issue de la médecine traditionnelle chinoise, l'acupuncture a pour but d'améliorer la santé et de soulager les douleurs du corps humain. L'exercice d'acupuncture consiste à venir stimuler des « points » ou des méridiens, à l'aide de très fines aiguilles ou par d'autres moyens (chaleur, pression à l'aide d'accessoires...) sur des sites de la peau déterminés par le·la praticien·ne.

Au cours de la grossesse, l'acupuncture peut intervenir à différentes étapes :

- Dès le 1er trimestre afin de soulager les maux liés : **nausées, vomissements, malaises, insomnie.**
- Tout au long de la grossesse pour **réduire le stress, l'anxiété et pour redonner de l'énergie** à la future maman. L'acupuncture pouvant soulager l'état de

23 Floriane Catheline est sophrologue à Châteaugiron (Ille-et-Vilaine).

24 Dominique Décant-Paoli, pédopsychiatre, psychiatre et psychanalyste : https://haptonomie.org

fatigue, il peut être pertinent de faire une séance dans les semaines précédant l'accouchement.

- Pour **soulager les problèmes circulatoires et inflammatoires** liés à la prise de poids : douleurs lombaires, abdominales et pelviennes, douleurs liées au nerf sciatique, jambes enflées… courantes lors d'une grossesse.
- Une séance d'acupuncture est conseillée par les sages-femmes qui assurent le suivi de grossesse **si le bébé se présente en « siège »** (la tête est en haut, et non en position basse).
- Loin d'être une liste exhaustive de ce qui peut être pratiqué au cours de la grossesse, d'autres approches sont présentées page 42. Le maintien d'une activité physique douce et adaptée (yoga, shiatsu, Qi qong…) ainsi que toutes les techniques permettant d'aider à la gestion du stress et de la respiration (pranayama, sophrologie…) sont vivement conseillées.

Les structures pour donner naissance

Si vous souhaitez **accoucher dans une structure hospitalière**, renseignez-vous sur les maternités situées près de chez vous. Il existe différents niveaux de maternités (1, 2 et 3) classées selon le type de prise en charge (en néonatologie et réanimation principalement). Si la grossesse se déroule de façon normale et qu'aucun risque n'est avéré, une femme peut se diriger vers la maternité de son choix. À l'inverse, si des soins adaptés sont à prévoir, parlez-en à votre médecin pour qu'il vous indique une maternité où vous et votre bébé pourrez recevoir des soins spécifiques.

Le label IHAB

Mis en place par l'OMS et l'UNICEF en 1991, ce label (IHAB Initiative Hôpital Ami des Bébés) est accordé aux maternités où les pratiques de soins sont centrées sur la bienveillance, la bientraitance et le partenariat parents-soignants[24]. Un accompagnement éclairé des femmes y est pratiqué notamment en faveur de l'allaitement. À ce jour, 52 maternités ont obtenu ce label, ce qui représente 10 % du total des naissances sur le territoire national.

Dans certaines maternités publiques ou privées, des associations de soignant·e·s se structurent afin de promouvoir **l'accouchement physiologique** et respecté au sein de leur propre service !

Vous pouvez choisir d'**accoucher dans une maison de naissance**. En France, il en existe neuf. Ce sont des structures autonomes gérées exclusivement par des sages-femmes pour les femmes désireuses d'un accompagnement physiologique de leur grossesse et de l'accouchement. Ces maisons de naissance sont contiguës à un établissement de santé avec lequel elles passent une convention, ce qui garantit une meilleure qualité et une plus grande sécurité des soins en cas de complication ou de nécessité de transfert[26].

Accoucher à la maison

D'après un sondage réalisé en 2021[27], en France, un tiers des femmes interrogées souhaiteraient accoucher à domicile si elles en avaient le choix. En réalité, cette possibilité reste exceptionnelle (0,3 % des naissances ont eu lieu à domicile en 2020). Les chiffres « décourageants » ne doivent pas vous freiner si c'est votre vœu le plus cher !

Nous vous conseillons d'établir une liste, par ordre de priorités, des maternités dans lesquelles vous envisagez d'accoucher, puis de les contacter pour obtenir des renseignements, notamment sur les services et le type d'accompagnement qu'elles proposent aux futurs parents. Dans tous les cas, une fois votre choix effectué, ne tardez pas à faire les démarches administratives auprès de l'établissement concerné…

25 www.i-hab.fr

26 https://solidarites-sante.gouv.fr

27 Étude IFOP sur l'accouchement à domicile (AAD).

Élaborer le projet de naissance

Le principe du « projet de naissance » est simple : vous permettre, si vous le souhaitez, de réfléchir de manière très large à votre accouchement, afin d'échanger facilement avec l'équipe médicale le jour J. Il prend en compte la grossesse, l'accouchement mais également le post-partum.

Pourquoi un projet de naissance ?

Le projet de naissance est **un excellent moyen de répondre à toutes vos interrogations** (qui sont souvent nombreuses surtout lors d'une première grossesse) : où vais-je accoucher ? De quel type d'accouchement ai-je envie ? Est-ce que je veux une péridurale ? Qu'est-ce qu'un accouchement naturel ? Est-ce que je souhaite allaiter ou non ? Est-ce qu'une épisiotomie, ça fait mal ? etc. Il donne l'occasion de vous poser et de noter toutes vos questions, vos envies, vos souhaits, et d'imaginer votre accouchement idéal.

Il permet aussi de **créer un véritable espace d'échanges avec votre conjoint·e** à propos de vos envies respectives, de vos questionnements de parents, de couple. Une place à part entière est ainsi faite au parent accompagnant qui pourra vivre pleinement cette grossesse.

Tout cela favorise **une baisse du stress et des angoisses** souvent ressentis par les futurs parents, et notamment les mères, à l'approche de l'arrivée du bébé. Globalement, le projet de naissance vous aide à appréhender de manière plus positive l'accouchement. Votre couple devient acteur de l'accouchement au lieu d'avoir un rôle « passif » de spectateur.

Le projet de naissance sera placé dans votre dossier médical, mais il nous semble judicieux que vous en conserviez toujours une copie avec vous. Si vous en éprouvez le besoin, n'hésitez pas à communiquer avec la sage-femme et/ou avec votre doula lors de sa rédaction.

L'équipe médicale doit respecter vos souhaits sauf si la situation médicale exige le contraire (urgence médicale, urgence vitale, etc.) et sauf si l'équipement médical sur place ne le permet pas.

À savoir

L'Organisation mondiale de la santé (OMS) conseille vivement l'écriture d'un projet de naissance, mais il ne constitue nullement un acte juridique ni un document officiel pouvant servir de réquisitoire contre les pratiques médicales (*Kaizen*, 2015).

Que mettre dans un projet de naissance ?

Ce document recense tous vos souhaits concernant la grossesse, l'accouchement, la place et le rôle de la personne accompagnante, l'arrivée et l'accueil de votre enfant, les soins prodigués (à vous et au bébé). Ne faites pas trop long car l'équipe médicale, déjà très occupée, doit avoir le temps de le lire. Votre projet de naissance s'affinera au fur et à mesure des semaines...

Pour comprendre comment écrire un projet de naissance, nous avons rencontré des sages-femmes sarthoises. Elles conseillent aux futures mamans de **penser aux cinq sens** :

- Le jour J, aurez-vous envie d'écouter des sons particuliers (bruit du vent, de l'eau, etc.) ou des musiques qui vous rassurent ? N'hésitez pas à préparer une playlist.
- Y a-t-il des odeurs que vous affectionnez et qui vous font du bien ?
- Même question pour les matières.
- Préparez des objets rassurants ou qui vous font du bien : un tissu doux, un grigri, une enceinte portative pour écouter une musique ou des sons, une photo, etc.

Pour votre grossesse

> Souhaitez-vous, ou non, limiter la médication et les examens vaginaux ?

> De quel suivi avez-vous envie ?

Souhaits de Naissance

- Maman: ____________________
- Partenaire: ____________________
- Bébé: ____________________
- Sexe: ○ F ○ M ○ Surprise
- DPA: ____________________
- Accompagnante: ____________________
- Conditions médicales particulières: ____________________

____

Ambiance dans la chambre

Je souhaite...

○ un éclairage tamisé
○ diffuser mes huiles essentielles
○ écouter ma musique
○ camoufler l'horloge
○ que nous soyons dérangés le moins possible
○ qu'on adresse les questions à mon/ma partenaire
○ que les conversations soient faites à voix basse
○ éviter les conversations
○ autre: ____________________

Gestion des contractions

Je désire...

○ utiliser les outils suivants/méthodes suivantes;
   ○ ballon d'exercice ○ compresses d'eau froide/bouillotte
   ○ barre de suspension ○ Méthode Bonapace
   ○ papules d'eau ○ respiration consciente
   ○ auto hypnose ○ massages ○ écharpe de suspension
   ○ chant prénatal (sons graves) ○ ballon « peanut » ○ bain
○ marcher, être libre de mes mouvements
○ **ne pas** recevoir la péridurale, me rappeller mon choix si je la demande
○ qu'on **ne** me propose **pas** la péridurale ou autres narcotiques alternatifs
○ recevoir la péridurale
○ utiliser les alternatives à la péridurale (morphine, protoxyde d'azote)
○ autre: ____________________

Pendant le travail

J'aimerais...

○ **ne pas** avoir de touchers vaginaux
○ qu'on **ne** me dise **pas** à combien mon col est dilaté
○ que les touchers vaginaux soient faits par la même personne si possible
○ **ne pas** avoir la présence d'étudiants/résidents
○ **ne pas** me faire examiner par un étudiant/résident
○ laisser les membranes se rompre naturellement
○ **ne pas** avoir de monitoring constant; si **nécessaire**, prioriser le portatif
○ porter mes propres vêtements
○ manger, boire à ma guise
○ **ne pas** avoir d'entrée veineuse d'emblée
○ **si nécessaire;** entre soluté et entrée veineuse, prioriser cette dernière
○ qu'on explique chaque intervention, ce qu'elle implique, et les alternatives
   ○ à moi ○ à mon/ma partenaire (pour me laisser dans ma bulle)
○ autre: ____________________

Si une stimulation du travail est nécessaire

Je désire...

○ **éviter** l'ocytocine synthétique (Pitocin) et favoriser les méthodes suivantes;
   ○ points de pression ○ bain ○ intimité avec mon/ma partenaire
   ○ tire-lait ○ positions en suspension ○ marche/mouvement
   ○ rompre les membranes ○ autre: ____________________

En cas de péridurale

Je tiendrais à...

○ privilégier une péridurale ambulatoire, ou à faible dose
○ changer de position aux 20 minutes, essayer différentes positions
○ avoir un ballon à placer entre mes jambes/sous mes genoux
○ avoir un ballon « galette » sous mes fesses pour garder une mobilité
○ pousser autrement que sur le dos, dans une position où je serai à l'aise
○ autre: ____________________

Lors de la poussée

Je souhaite...

○ conserver un éclairage tamisé
○ pousser dans la position dans laquelle je serai à l'aise
○ avoir un banc de naissance à ma disposition
○ utiliser la barre de suspension
○ avoir un miroir à ma disposition pour voir la progression
○ toucher la tête de mon bébé
○ qu'on respecte le réflexe de poussée naturelle, pas de poussée dirigée
○ qu'on **ne** touche **pas** mon périnée/la tête de bébé
○ avoir des compresses tièdes sur mon périnée entre les poussées
○ **ne pas** avoir d'épisiotomie ○ ne pas avoir de bloc honteux
○ **éviter** forceps/ventouse; prioriser un changement de position
○ accueillir mon bébé moi-même
○ que papa accueille bébé lui-même
○ autre: ____________________

Informations pertinentes

____
____
____
____
____

La Doula

Pour votre accouchement

> Où souhaitez-vous accoucher (chez vous, à la maternité, dans une maison de naissance, dans une piscine…) ?
> Désirez-vous avoir recours à la péridurale ? Ou l'éviter ?
> Souhaitez-vous que votre intimité et votre pudeur soient respectées par le personnel médical et la personne accompagnante ?
> Préférez-vous conserver de la mobilité (pouvoir bouger, vous déplacer) et avoir le choix de la position pour accoucher (sur le côté, accroupie, à quatre pattes…) ?
> Souhaitez-vous que l'équipe médicale vous explique les différentes étapes et les soins/actes qu'elle pratique au fur et à mesure ?
> Si vous désirez éviter l'épisiotomie, précisez-le.
> Quel rôle, quelle place donner à votre conjoint·e ?
> Préférez-vous un clampage tardif du cordon ? La personne accompagnante le fera-t-elle ?
> Quel type de médicamentation voulez-vous éviter ou acceptez-vous de prendre ?

Pour l'accueil du bébé

> Si vous souhaitez absolument éviter toute séparation avec votre bébé, précisez-le.
> De même pour le « peau à peau » : si vous voulez le favoriser le plus vite possible, écrivez-le.
> Si vous pensez privilégier l'allaitement au sein, dites-le aussi.
> Si vous désirez une tétée de bienvenue en laissant le temps nécessaire à votre bébé de ramper jusqu'au sein, précisez-le aussi.
> Souhaitez-vous un bain tardif de votre enfant (2 ou 3 jours après l'accouchement) pour lui permettre de conserver le fameux vernix qui le recouvre et qui est une véritable barrière antimicrobienne ?

S'organiser pour le retour à la maison

Pour vivre de façon plus sereine votre retour à la maison après la maternité, nous vous conseillons d'anticiper en mettant en place les incontournables de la vie quotidienne. À votre retour, vous pourrez ainsi passer plus de temps avec le bébé et vous reposer.

Préparer des plats en avance

Avec votre conjoint·e, préparez les repas que vous pouvez congeler ou stériliser. Rappelez-vous que les premières semaines après l'accouchement, vous aurez besoin de manger chaud et très sain pour retrouver rapidement énergie et vitalité !
Nous vous recommandons de préparer :
> Des soupes de légumes avec des produits de saison.
> Des bouillons de légumes, de viande ou de poisson (voir plus loin).
> Des plats de légumes de saison cuits à la vapeur que vous aurez juste à assaisonner.
> Des quiches, des tartes salées aux légumes ou des flans de légumes.
> Des dahls.
> Des lasagnes (végétariennes par exemple), des hachis parmentier (végétaux par exemple), des galettes de légumes, etc.
> Des compotes avec des fruits bio.

La congélation

Pour la congélation, utilisez toujours des récipients en verre (évitez le plastique) ou des bocaux en laissant 2 cm de vide (la congélation augmente légèrement le volume des préparations). Vérifiez que la préparation est totalement refroidie avant de la placer au congélateur. Vous pouvez prévoir des parts individuelles (souvent plus simples) ou familiales.
Pour décongeler un plat, vous avez deux possibilités : soit vous le laissez décongeler au réfrigérateur pendant une journée puis vous le réchauffez au bain-marie ou à la vapeur douce, soit vous le décongelez au bain-marie ou à la vapeur douce avant de passer à table.

La stérilisation

Après avoir nettoyé des bocaux au savon et à l'eau chaude, immergez-les dans une eau à ébullition pendant une dizaine de minutes. Vous pouvez aussi les remplir d'eau bouillante (une fois qu'ils seront bien lavés) et les laisser ainsi 10 minutes. Videz l'eau et remplissez vos bocaux avec les préparations chaudes en laissant 2 ou 3 centimètres de vide, fermez les pots en ajoutant les joints adaptés à la taille de chaque bocal, stérilisez. Une fois les pots complètement refroidis, vérifiez que la stérilisation a bien marché

(pots bien fermés) puis stockez-les dans votre placard en notant sur une étiquette le nom du plat. La stérilisation convient parfaitement pour les soupes, les bouillons, les plats mijotés (le dahl par exemple), les compotes, les fruits, etc.

Conseils

- Pensez à remplir vos placards avant l'accouchement pour vous éviter de courir les magasins après l'accouchement. Vous pourrez ainsi consacrer plus d'énergie au bébé, à vous-même, à votre conjoint·e et à vos autres enfants si vous en avez.
- Si des personnes de votre entourage sont prêtes à vous épauler, n'hésitez pas à accepter l'aide proposée !

Les bouillons

De plus, les bouillons de viande, de poisson, de légumes ou les bouillons miso (voir p. 23) sont très digestes et parfaits pour la remise en forme de la jeune maman. Ils se conservent très bien en bocaux stérilisés.

Les **bouillons de viande ou de poisson** sont très riches en minéraux, oligo-éléments (calcium, magnésium, silicium, phosphore, manganèse ou soufre). Ils contiennent aussi du collagène, une protéine constituée d'acides aminés non essentiels aux vertus anti-inflammatoires et qui favorisent la cicatrisation et la croissance des tissus. C'est le collagène qui donne la couche gélatineuse lorsque le bouillon a refroidi. Les **cartilages cuits** libèrent du sulfate de chondroïtine et de glucosamine qui, une fois assimilés, sont censés diminuer les douleurs articulaires.

Choisissez une viande, une volaille ou un poisson de qualité (bio, élevés et nourris de manière respectueuse) afin de réaliser un bouillon riche en nutriments assimilables et pauvres en toxines.

> Faites mijoter le bouillon à feu doux (70-75 °C) pour préserver le collagène.

> Privilégiez les cuissons longues afin que les nutriments et les minéraux présents dans les os ou les arêtes migrent dans l'eau du bouillon.

Vous pouvez également préparer **des bouillons de légumes**. Très riches en minéraux, oligo-éléments et vitamines, ce sont de véritables bombes nutritionnelles, idéaux pour les organismes fatigués. Pour ces bouillons, n'hésitez pas à utiliser des épluchures de légumes, à condition que ces derniers soient de qualité biologique. Si vous êtes végétarienne ou végétalienne, ces bouillons sont tout indiqués.

> Brossez et rincez les légumes à l'eau, épluchez-les.

> Faites sécher les épluchures. Si vous n'avez pas de déshydrateur, mettez les épluchures sur une plaque en les espaçant bien et laissez-les sécher à l'air libre 5 à 6 jours (attention à la moisissure) (Cotteaux, 2018).

> Quand elles sont bien sèches, broyez-les au blender. Vous n'aurez plus qu'à ajouter cette poudre à une eau chaude…

À savoir

En cas d'allergies chroniques, de ballonnements, de troubles digestifs, de dysbiose ou de perméabilité intestinale, lorsque l'on vient d'accoucher ou qu'on souffre de fatigue chronique, consommer des bouillons faits maison est pertinent.

S'organiser pour la fratrie

Si vous avez d'autres enfants, organisez-vous en avance. Associez votre partenaire mais aussi vos enfants à la réflexion, ainsi que vos proches. Cela vous soulagera et diminuera le stress éventuel de vos enfants face à cette nouvelle phase de leur vie à venir. Plus les choses sont expliquées, clarifiées, décidées en amont, plus vous serez sereine ainsi que le reste de la famille.

Voici quelques pistes de réflexion :

> **Tout d'abord, qui va le ou les prendre en charge le jour de l'accouchement : les grands-parents, des voisins, des amis habitant à proximité… ?**

> **Pendant les premiers jours, les premières semaines qui suivent le retour à la maison, qui pourra vous seconder pour les allers-retours à l'école, aux activités du mercredi par exemple : un·e voisin·e, une autre maman… ?**

Avec votre conjoint·e, vous pouvez échanger autour des différents temps à accorder à chacun de vos enfants : les devoirs à faire, le bain ou la douche du soir, le temps de lecture… Établir un planning peut vous aider : un soir sur deux vous vous occuperez des devoirs éventuels et du temps de lecture, pendant que votre partenaire s'occupera du bain (ou de la douche) et du repas, etc. Loin d'être rigide, ce planning pourra évoluer et laisser de la place pour les imprévus, il y en a toujours…

Important

Continuez à toujours accorder du temps à chacun de vos enfants, régulièrement. Ils seront rassurés et sauront qu'ils peuvent toujours compter sur vous malgré l'arrivée de ce nouvel enfant.

Ma valise pour la maternité

Si comme la grande majorité des femmes françaises, l'accouchement de votre bébé est prévu dans une maternité, il convient donc de préparer quelques affaires pour ce séjour d'une durée moyenne de 2 à 4 jours (cela peut être plus long selon les cas). Afin de ne pas vous sentir stressée le jour J, nous vous conseillons de préparer cette valise vers le 7e mois de grossesse.

Du côté de la maman

> **3 à 4 pyjamas de grossesse** (ou chemises de nuit) : en tout cas des vêtements assez amples dans lesquels vous serez à l'aise… Si votre choix est d'allaiter, choisissez des hauts adaptés ou qui facilitent la mise au sein.

> **Une tenue pour la sortie de la maternité.**

> **Un peignoir.**

> **Des serviettes et votre nécessaire de toilette.**

> **Des culottes « qui ne craignent rien » en pur coton :** après l'accouchement, votre utérus va se débarrasser de la membrane muqueuse qui recouvre sa paroi pendant la grossesse, générant des saignements plus ou moins importants. Appelées « lochies », ces pertes vaginales de sang sont tout à fait normales et peuvent durer jusqu'à un mois après l'accouchement. Au cours des premiers jours, il se peut que les lochies soient abondantes, et entraînent des fuites.

> **Des protections hygiéniques :** pour la période du post-partum, seules les protections hygiéniques externes sont conseillées. Au cours des premiers jours à la maternité, vous allez sans doute perdre beaucoup de sang, des protections jetables adaptées peuvent tout à fait convenir (ou des serviettes utilisées pour la nuit). Si possible, choisissez des

À savoir

À la maternité, vous profiterez des contacts avec les professionnel·le·s de santé pour établir un petit « annuaire » en cas de besoin : vers qui puis-je me tourner en cas de question sur l'allaitement, ou autour du sommeil... ? De retour à la maison, vous aurez votre répertoire à disposition en cas de « problème ».

protections jetables en coton bio, respirantes et hypoallergéniques. Le format « jetable » est à privilégier en cas d'épisiotomie pour éviter tout risque de développement microbien. De retour à la maison, et si le flux des lochies le permet, vous pourrez tout à fait passer aux culottes de règles en coton bio ou à l'utilisation de serviettes hygiéniques lavables.

> **Des brassières d'allaitement** : même si vous ne choisissez pas d'allaiter votre bébé, la montée de lait après l'accouchement va augmenter considérablement le volume de votre poitrine. Les brassières sont très confortables pour le post-partum. Prenez-en plusieurs pour pouvoir vous changer si besoin !

> **Des coussinets d'allaitement lavables** (ou jetables le temps du séjour à la maternité) : même en cas de non-allaitement, vos seins vont produire du lait sous l'effet des hormones. Les coussinets sont donc à placer dans votre brassière afin d'éponger le lait qui coulera de vos seins le temps de la régulation.

> **Une paire de coquillages d'allaitement** (en nacre 100 % naturelle) peut être une bonne idée pour protéger et soulager vos mamelons des nombreux maux liés à l'allaitement (échauffement, hypersensibilité, irritations, crevasses...). On les place directement entre les mamelons et la brassière. Vous pouvez y déposer quelques gouttes de lait maternel afin que vos mamelons profitent de ses bienfaits cicatrisants.

> **Un petit carnet et des crayons** pour dessiner et noter toutes sortes de choses en lien avec cette naissance... Il pourra aussi vous servir de carnet de suivi pour la prise d'antidouleurs, la fréquence et la durée des tétées, des questions à poser lors des prochaines visites auprès des soignant·e·s...

> **Un livre ou des magazines** pour vous changer les idées.

> Enfin, **un appareil photo** vous permettra d'immortaliser cette rencontre ! Certain·e·s photographes professionnel·le·s se déplacent à la maternité pour des séances photo familiales. Bien que l'idée principale soit de profiter de ces quelques jours pour vous reposer, ce peut être une idée !

Du côté du bébé

En général, les maternités fournissent tout le matériel nécessaire au bébé pendant le séjour (couches, langes, biberons...). Mais nous conseillons tout de même de prendre quelques affaires.

> **Un lot de bodies et de pyjamas** en taille 1 mois (prévoir de la taille 0 seulement pour des bébés nés prématurément).

> **Un bonnet ultradoux** pour sa petite tête.

> **Une brassière et des chaussettes en laine.**

> **Un savon ultra doux sans odeur** pour le soin du cordon.

Conseil

Si vous avez des envies particulières pour votre enfant, n'hésitez pas ! Par exemple, pour la naissance de nos enfants respectifs, nous avons mis dans nos valises une marque de couches pour bébé à laquelle nous tenions (sans traces de pesticides).

METTRE EN PLACE L'UNIVERS DU BÉBÉ

C'est le moment de penser à l'organisation des différents espaces liés aux principales fonctions physiologiques du bébé : un espace pour dormir, un espace pour s'alimenter, un espace pour le change et un dernier dédié à l'éveil et au jeu.

Vous n'avez bien sûr pas besoin de consacrer une pièce à chaque espace ! Il suffit de délimiter physiquement différentes zones au sein d'une même surface. Cet aménagement permet d'imaginer plus concrètement l'arrivée du bébé et d'être pleinement disponible lorsqu'il sera là !
Afin d'apporter un sentiment de sécurité à votre bébé, il paraît important que les espaces soient rangés. Cela nécessite une organisation constante dans le temps, au moins au cours de sa première année. Et d'après Marie-Hélène Place, un environnement bien organisé rendra l'enfant plus indépendant et l'aidera à se concentrer (Place, 2016).

L'espace pour dormir

Créez un environnement où votre enfant se sentira en sécurité et pourra dormir dans une atmosphère calme et apaisante. N'hésitez pas à explorer sa chambre à la façon de votre bébé en rampant, en vous baissant, afin de vous assurer que son environnement sera bien adapté lorsqu'il se tiendra debout.

> **L'ambiance :** préférez des tons neutres, clairs et unis pour les murs, le mobilier, le linge de lit, et ne surchargez pas l'espace (un bébé a besoin d'ordre et de repères, c'est pourquoi une chambre bien rangée et avec peu d'objets est suffisante).

> **L'éclairage** doit être doux et la lumière ne doit pas donner directement sur son visage.

> **La température** de la chambre doit toujours se situer aux alentours de 19 °C.

> **Le lit** peut être à barreaux, évolutif ou au sol (voir p. 86).

Conseil

Avant de positionner le lit dans l'espace pour dormir, allongez-vous à l'endroit où il sera placé pour vous rendre compte du point de vue. En général, votre bébé sera plus à l'aise s'il est capable, quand il est allongé dans son lit, d'apercevoir la porte de la chambre.

Pour les siestes, et afin d'accompagner l'enfant dans sa perception de la différence entre le jour et la nuit, vous pouvez organiser un espace douillet dans votre pièce de vie (voir p. 86).

L'espace de change et de soins

Dans les premiers mois de vie, on change un nourrisson environ six à dix fois par jour, de jour comme de nuit. Une bonne installation s'impose !

> Organisez un endroit dédié à la toilette et au change de l'enfant **le plus ergonomique possible**. La hauteur du meuble (commode équipée d'un plan à langer ou table à langer) doit être confortable pour vous et pour le co-parent.

> Privilégiez la **proximité avec un point d'eau** (si la surface de la salle de bain est suffisante, installez-y le plan à langer). Dans les magasins de puériculture, on trouve des meubles combinés lit-commode-table à langer, très esthétiques mais absolument pas pratiques !
> Équipez le plan à langer avec **un matelas lavable, recouvert d'une serviette éponge** aux tons neutres. Dans les tiroirs ou les étagères du meuble, disposez le matériel nécessaire (voir p. 84) pour l'avoir à portée de main. Cela vous évitera d'être distrait·e pendant le change et qu'il ne dure pas trop longtemps (pour ne pas refroidir le bébé et limiter son impatience).

La mort subite du nourrisson (MSN)

Le syndrome de la mort subite du nourrisson (SMSN ou SIDS pour *Sudden Infant Death*) décrit le décès pendant son sommeil, d'un bébé en bonne santé, retrouvé mort dans son berceau. Aucune cause apparente et précise ne permet de prévoir la mort proche de l'enfant[1]. **Même si les causes ne sont pas encore connues, plusieurs facteurs à risque sont mis en évidence dans les études :**

- **La position et l'environnement de couchage de l'enfant :** le couchage sur le dos est à privilégier par rapport aux autres positions de coucher. Un matelas ferme dans lequel le bébé n'a pas de risque de s'enfoncer, sans bords de lit et sans doudou, est à privilégier. Nous conseillons d'utiliser une turbulette (ou gigoteuse) plutôt qu'une couette ou une couverture.
- **La fumée de tabac** (tabagisme passif) : le risque de MSN est plus élevé chez les enfants dont les parents ont fumé pendant la grossesse et après sa naissance.
- **Les infections d'origine virale ou bactérienne.**
- **Le *co-sleeping*** ou cododo : attention si l'enfant dort dans un canapé ou dans le même lit que des adultes extrêmement fatigués (ou consommateurs d'alcool et de drogues). Ceci est un très grand facteur de risque.

1 https://naitreetgrandir.com/fr/sante/naitre-grandir-sante-bebe-deces-syndrome-mort-subite-nourrisson/

À savoir

Pour un bébé, le change et la toilette ne sont pas des moments de contrainte, mais bien de véritables instants de plaisir et de complicité où vous prenez soin de lui.

L'espace pour le nourrir

Au cours des premiers mois de l'enfant, vous allez y passer beaucoup de temps, d'où l'importance de choisir un coin agréable et confortable pour tout le monde. Dans un fauteuil ou dans le canapé du salon, soyez bien positionné·e pour pouvoir supporter le poids du bébé sur vos bras.
> Prévoyez **des coussins** pour une installation de votre corps la plus ergonomique possible et pour soulager les tensions liées au portage de votre enfant. Même si vous n'allaitez pas, les coussins d'allaitement sont de bons accessoires malléables qui permettent de s'ajuster à votre positionnement.
> **Une couverture douce** peut être nécessaire en cas de fraîcheur.
> Ayez **une table** près de vous pour y déposer un verre d'eau, une carafe et une boîte de mouchoirs. Vous pouvez également y placer une horloge et un carnet pour consigner vos notes (durée de la tétée ou volume de lait pris au biberon). Vous pourrez également y disposer quelques livres afin de terminer ce temps de complicité par une séance de lecture de poèmes, de chansons ou d'histoires douces !

L'espace pour les activités

Au départ, les temps d'éveil de votre bébé vont être très courts, puis, au fil des semaines, ils augmenteront progressivement. Il est important de **ne pas sur-stimuler un nouveau-né** et de le laisser découvrir à son rythme son nouvel environnement. Ainsi, il pourra passer du temps à observer les alentours, et également ses mains, ses pieds... Sur un tapis d'éveil ou une simple couverture, vous pouvez ajouter un miroir, posé au sol et fixé au mur (votre tout-petit pourra observer son reflet dans le miroir !).

L'objectif est d'apprendre au bébé à se concentrer de façon autonome, que ce soit en touchant différentes matières sur un tapis ou juste en observant un mobile placé au-dessus de lui... Le but est de le laisser libre de ses mouvements et de ses explorations.

Au fur et à mesure de son développement, vous pourrez intégrer des nouveautés : des maracas, un doudou, une balle de préhension... Ne chargez pas trop cet endroit et proposez au bébé les mêmes jouets à chaque temps d'éveil. Les jouets peuvent être rangés dans un meuble à cases proche de l'espace d'éveil. Lorsque votre enfant sera en mesure de se déplacer, il pourra ainsi aller les chercher tout seul. Enfin, n'hésitez pas à placer à son niveau des dessins d'animaux, de nature ou des reproductions d'œuvres d'art... En plus de l'émerveiller, ces images l'encouragent à se redresser pour mieux les observer !

Conseil

Aux alentours de 6 mois, votre enfant commencera à vouloir explorer l'ensemble de la maison. Il est important, pour sa sécurité émotionnelle et physique, que l'organisation de la maison soit alors adaptée à cette phase de découverte (voir Partie 8).

Attention à la pollution intérieure

Préserver l'environnement du bébé est essentiel ! Il existe de nombreux facteurs sur lesquels nous n'avons pas prise (la pollution de l'air extérieur ou la qualité de l'eau avec laquelle nous nous lavons par exemple), mais plusieurs petites améliorations peuvent être facilement mises en place pour garantir un environnement plus sain !

Pour les pièces de la maison, privilégiez **des matériaux écologiques** (peintures, colles, vernis...) ne contenant pas ou très peu de composés organiques volatils (COV). Ces produits, sous forme de gaz ou de vapeur, sont à l'origine de nombreux désagréments (gênes olfactives par exemple) et peuvent s'avérer toxiques, voire même cancérigènes. N'hésitez pas à **aérer régulièrement les pièces** de la maison afin de renouveler l'air ambiant (attention aux pics de pollution). **Les plantes vertes dépolluantes** permettent aussi de neutraliser certains composés chimiques et d'accroître la qualité de l'air intérieur. Enfin, **aspirez régulièrement les sols** afin de limiter le contact avec les sources de poussières, d'acariens, de pollens... à l'origine de nombreuses allergies respiratoires et cutanées.

Si vous souhaitez aller plus loin, nous vous recommandons de consulter les fiches techniques réalisées par le réseau Wecf France à travers le projet « Nesting »[28].

28 https://wecf-france.org

LA LISTE MINIMALISTE DU MATÉRIEL POUR LE BÉBÉ

En général, les jeunes parents croulent sous le matériel acheté ou offert… et souvent inutile ! Cette liste met en avant l'essentiel nécessaire, à adapter selon les besoins. Vous avez le choix du neuf, mais aussi de l'occasion, du prêt, du troc ou du don.

Lorsque nos grossesses respectives ont été confirmées, nous nous sommes mises à parcourir des centaines de sites Internet, des blogs et des forums pour connaître ou trouver tout ce dont on pourrait avoir besoin pour nos bébés. Autour de nous, nous entendions même parler de listes de naissance disponibles sur Internet… Comme beaucoup, nous sommes entrées pour la première fois dans de grandes enseignes dédiées à l'univers du bébé. Un nombre incalculable d'accessoires et de gadgets, souvent hors de prix, nous y attendaient.

Si nous avons un conseil à vous donner, le voici : **ne vous laissez influencer ni par les propositions alléchantes des magasins de puériculture, ni par votre entourage** (surtout s'il ne s'inscrit pas dans la même démarche minimaliste que vous) !

Vêtements, matériel et accessoires du quotidien

Les vêtements, les produits pour la toilette, le matériel lié au sommeil et au transport sont nécessaires pour bien accueillir le bébé, mais il est parfois difficile de faire la part des choses quand l'heure du choix arrive. Nous vous proposons ici, sous forme de listes, le matériel dont vous aurez vraiment besoin.

L'armoire du bébé

Nous ne donnons pas dans cette partie d'indications de quantité pour chaque vêtement, car tout dépend de l'organisation du foyer pour la lessive. Retenez juste qu'il vaut mieux en avoir un peu plus que le strict nécessaire pour éviter de « courir après » le linge ! En général, **un lot de sept pièces paraît raisonnable.** N'oubliez pas aussi de **choisir les vêtements en fonction des saisons** (les mêmes besoins ne sont pas les mêmes pour un bébé né en plein hiver et un autre en été…). Enfin, il peut être intéressant de déjà **prévoir des lots de vêtements de prochaines tailles**, ce qui évitera de se précipiter dans les magasins quand le bébé se sentira à l'étroit !

> **Un lot de bodies en coton** (bio de préférence) : il s'agit des premiers vêtements en contact avec la peau toute neuve du bébé ! Choisissez-les, de préférence, croisés sur le devant, afin de limiter les manipulations qui peuvent être inconfortables pour votre bébé lors de l'habillement. Il est préférable d'opter directement pour une taille 1 mois et de ne pas trop s'embarrasser avec la taille « naissance », sauf s'il y a un risque de naissance prématurée.

> **Un lot de pyjamas** de même taille que les bodies : ce sera le principal vêtement porté par le bébé dans ses premiers mois de vie et, dans cette tenue, il sera plus à l'aise et correctement couvert.

> **Une brassière et un bonnet en laine** pour ses premiers jours de vie (à emporter dans la valise de maternité) : à la naissance, les nouveau-nés peinent à réguler leur température corporelle, il est important qu'ils soient bien couverts pour limiter les pertes d'énergies.

Et les vêtements « habillés » ? Votre bébé n'aura pas besoin de ressembler aux grands, il passera la majorité de son temps en body et en pyjama, ce qui est

beaucoup plus confortable pour lui ! Des personnes dans votre entourage offriront certainement des tenues complètes en guise de cadeau de naissance, vous en aurez donc à ce moment-là, pour les jours chics !

La lessive

Pour laver le linge du bébé, vous pouvez utiliser la lessive familiale, mais en respectant certaines conditions :

Vérifiez déjà que votre lessive est **hypoallergénique**, c'est-à-dire que différents tests ont été effectués par le fabricant afin de contrôler le risque allergique. La peau de votre bébé est fragile et il n'est pas encore bien équipé pour résister aux agressions extérieures !

Choisissez une lessive qui ne contient **ni produits chimiques ni perturbateurs endocriniens !** Un bébé est constamment en contact avec ses vêtements.

Privilégiez les lessives **sans parfum** afin de ne pas perturber l'odorat du bébé, qui est capable, dès la naissance, de reconnaître ses parents rien qu'à leur odeur (voir Partie 3).

En résumé, optez pour des lessives contenant des agents de lavage d'origine naturelle, sans parfum de synthèse et si possible écologiques !

À savoir

Remplacez l'assouplissant par du vinaigre blanc (250 ml par lessive). Il adoucit le linge en faisant la chasse au calcaire. Un bon point pour l'entretien de la machine à laver !

Le matériel pour la toilette

Voici une liste des équipements nécessaires (et non obligatoires !) pour s'occuper de la toilette de votre bébé dans de bonnes conditions. Rappelez-vous que sa peau est très fragile, privilégiez donc des tissus ultra-doux en coton biologique de préférence.

> **Une table à langer** (voir p. 78).

> **Du linge destiné à la toilette :** un lot de serviettes de bain de petite taille qui serviront à allonger le bébé pour les moments de change et à l'essuyer à

la sortie du bain. Équipez-vous également de gants de toilettes et/ou de lingettes lavables en coton éponge, plus pratiques les premiers mois pour les soins du siège.

> **Un lot de langes en coton :** ces carrés de coton (généralement 70 x 70 cm) sont indispensables dès la naissance. On s'en sert pour tout : essuyer, emmailloter, imprégner son odeur dessus et servir de doudou, débarbouiller, recouvrir...

> **Des couches** lavables ou jetables (voir encart ci-contre).

> **Une bassine** peut servir pour donner le bain dans les premiers temps. Ainsi vous pourrez facilement la mettre à votre hauteur pour un plus grand confort. Il existe également **des baignoires physiologiques** (Shantala par exemple). De petite taille, elles permettent de positionner le bébé en « fœtus ». Ces sensations intra-utérines le rassurent et le détendent. Point non négligeable, elles permettent d'économiser de l'eau (3 à 4 litres d'eau suffisent pour un bain) et d'éviter les déperditions de chaleur.

> **Un thermomètre de bain.**

Couches jetables ou lavables ?

À moins de pratiquer l'hygiène naturelle infantile (voir p. 263), votre bébé aura besoin de couches dès la naissance ! Vous avez le choix parmi de nombreuses marques de couches jetables mais vous pouvez aussi investir dans une batterie de couches lavables !

D'après une étude réalisée par *60 millions de consommateurs* en 2017, « les analyses révélaient dans une majorité de produits la présence de résidus à risques toxiques, notamment des traces de dioxines et des résidus de glyphosate et d'autres pesticides[29] ». Bien que les fabricants de couches aient fait des efforts depuis, de nombreuses marques utilisent encore dans leur composition **des produits nocifs**… qui sont en permanence au contact des fesses des bébés !

D'un autre côté, les couches lavables sont le choix le plus écologique qu'il soit. Avant de sauter le pas, n'hésitez pas à prendre contact avec un·e conseiller·ère qui pourra vous guider dans votre choix. Les couches lavables peuvent être achetées d'occasion et même louées. Attention cependant à **ne pas vous ajouter une charge mentale trop importante** : il est tout à votre honneur de souhaiter aller vers le lavable, mais il s'agit d'un investissement en temps non négligeable, surtout à l'arrivée d'un bébé.

Vous aurez également besoin de produits d'hygiène du quotidien :

> **Un savon saponifié** à froid et surgras (10 % minimum) à la composition adaptée à la peau du bébé pour le lavage du corps et des cheveux, et également pour le change (en cas de selles seulement).

> **De l'argile de qualité surfine** (verte ou blanche) à reconstituer en cataplasme pour soigner les érythèmes fessiers ou faire les soins des plis de la peau.

> **Le liniment oléo-calcaire** permet d'effectuer la toilette du bébé quand vous êtes à l'extérieur, sans eau à proximité. Sans rinçage, sa texture huileuse permet de décoller facilement les résidus de selles. Ce produit est simple à réaliser soi-même (voir l'encadré).

> Ses yeux et son nez peuvent être nettoyés avec **des pipettes de sérum physiologique**. Si vous allaitez, n'hésitez pas à remplacer le sérum physiologique par du lait maternel pour le nettoyage de ces zones !

> **Dans une trousse de toilette**, placez un thermomètre électronique rectal, une paire de petits ciseaux à ongles à bouts ronds et une brosse à cheveux en soie naturelle adaptée au bébé.

Recette du liniment oléo-calcaire

Le liniment oléo-calcaire est un mélange d'huiles végétales et d'eau de chaux. Le pH basique de l'eau de chaux rétablit le pH naturel de la peau acidifiée par l'urine. L'huile d'olive, par son effet filmogène, protège la peau d'une nouvelle acidification.

Simple d'utilisation et ne nécessitant pas de rinçage, **il permet de nettoyer les fesses du** bébé en douceur **et de prévenir les érythèmes fessiers** (il est particulièrement adapté aux enfants allergiques).

Pour environ 200 ml

- 100 ml d'eau de chaux (solution de calcium ou hydroxyde de calcium) (on en trouve au rayon droguerie en magasin bio)
- 100 ml (soit 90 g) d'huile d'olive bio (ou une autre huile végétale au choix)
- 4 g de cire d'abeille (facultatif — mais permet de stabiliser l'émulsion)

Au bain-marie, faites fondre la cire d'abeille dans l'huile végétale.

Ajoutez l'eau de chaux et émulsionnez à l'aide d'un fouet ou d'une fourchette (comme pour faire monter une mayonnaise). Transvasez la préparation dans un flacon-pompe.

Le liniment oléo-calcaire se conserve à l'abri de la chaleur et de la lumière pendant plusieurs mois. Agitez bien le flacon avant emploi pour que les deux phases (aqueuse et grasse) se mélangent harmonieusement.

29 www.60millions-mag.com : « Couches bébé : encore trop de résidus toxiques »

Le lit

Pour le couchage, plusieurs options s'offrent à vous : le traditionnel lit à barreaux, le matelas au sol ou le lit en cododo qui vient se clipser au sommier du lit parental afin que le bébé puisse être proche tout en étant en sécurité.

Si vous optez pour un **matelas posé au sol**, délimitez l'espace avec un traversin (tout en faisant attention au risque d'étouffement).

Certains **lits évolutifs** viennent se fixer sur le bord de votre lit, dans la continuité du vôtre, tout en laissant une place dédiée au bébé. C'est l'option que nous préférons pour des nuits paisibles et pour créer un environnement sécurisant pour votre bébé (il sentira l'odeur et la présence de ses parents… et vous aurez toujours un œil sur lui).

L'OMS préconise de coucher l'enfant dans la chambre parentale (et non pas entre ses parents) au moins pendant les six premiers mois de sa vie.

Quel que soit le système de couchage, prévoyez les éléments suivants :

> **Un matelas adapté à la taille de la literie !** L'achat d'un matelas neuf (plutôt que d'occasion) est vraiment essentiel. Un bébé a besoin de dormir sur une surface ferme pour que son dos et sa colonne vertébrale soient bien maintenus, ce que ne proposera peut-être plus un matelas d'occasion. Pour la santé de votre bébé, préférez un matelas fabriqué à partir de matières naturelles.

Attention

Certains matelas « classiques » contiennent de la mousse et du latex synthétiques, à l'origine d'émanations de produits potentiellement toxiques (COV, solvants, perturbateurs endocriniens). Ces derniers peuvent être la cause d'allergies ou de maladies respiratoires, surtout chez les bébés qui possèdent un système immunitaire encore faible.

> **Une alèse** (ou deux) pour protéger le matelas des régurgitations du bébé ou des autres « débordements ». Les alèses sont très facilement lavables en machine. Choisissez-les en coton (bio si possible) et non plastifiées, la protection plastique entraînant une sensation d'humidité qui peut durer toute la nuit.

> **Des draps-housses** en coton (bio de préférence) pour recouvrir et protéger l'alèse. Préférez des tons neutres et unis (toujours pour favoriser une ambiance calme et sereine).

> **Des turbulettes** (ou gigoteuses), sorte de sacs de couchage pour bébé ! Adaptée à la taille de votre enfant (il existe même des modèles évolutifs) et à chaque saison, la turbulette lui permet donc de dormir en toute sécurité. L'utilisation de draps, de couettes, de couvertures ou d'oreillers est fortement déconseillée afin d'éviter les risques d'étouffement. Coincé dans des draps ou sous une couverture, un bébé n'a ni la force ni la possibilité de se dégager seul…

Pour la sieste, ainsi que pour les moments d'éveil, rien de mieux qu'un tapis de sol ou un plaid ultra-doux posé par terre sur une couette pour l'isoler du sol. Placez-le dans un coin de pièce un peu dans la pénombre pour favoriser le repos…

En parlant de couverture…

Il existe une très belle tradition venue de Chine pour fêter l'arrivée d'un enfant : le *Bai Jia Bei*. Il s'agit d'une couverture patchwork réalisée à partir de morceaux de tissus envoyés par cent membres de la famille à la future maman, chacun accompagné d'une carte de vœux souhaitant bonheur et chance au nouveau-né. Traditionnellement, la maman assemble ces tissus pour en faire une couverture pour le bébé.

Le transport

Le choix du matériel destiné au transport du bébé dépend de vos habitudes, de vos temps de déplacement en voiture, en bus, à pied… Voici quelques propositions à adapter à votre mode de vie !

> **Un système de portage :** nous conseillons vivement l'écharpe « sling ». Simple d'utilisation, elle permet de prendre ses marques rapidement et peut donc être utilisée sereinement par d'autres membres de la famille. Si vous devenez adepte du portage, un grand choix de techniques plus perfectionnées s'offrira à vous en fonction de l'évolution du bébé et de votre confort à tous les deux (voir aussi p. 217).

> **Un cosy** pour les transports en voiture.

> **Une poussette** (facultative si on porte souvent

son bébé) : bien que des milliers de modèles existent, veillez à choisir une poussette en lien avec les principales utilisations que vous en ferez. Les poussettes « canes » sont vraiment faites pour la ville, alors qu'une version « trek » est utile pour la campagne et les randonnées ! Il existe aussi des poussettes évolutives en fonction de l'âge de l'enfant équipées d'un landau, d'un cosy et d'une assise de poussette classique. Même si on en trouve d'occasion, cet équipement peut avoir un certain coût...

Ma liste de cadeaux de naissance

À l'annonce d'une naissance, on pense souvent au besoin d'équipement, mais d'autres possibilités existent !

Dématérialisée : les « bons pour »

En général, ce dont les parents ont vraiment besoin, c'est de la présence et du soutien de leurs proches ! Alors pourquoi ne pas créer des « bons pour », comme le propose Ingrid Bayot[30] avec une série d'idées de services permettant aux parents de solliciter le coup de main bienvenu, en temps voulu ? Le retour à la maison avec un nouveau-né est loin d'être de tout repos : sommeil en dent de scie, nombre élevé de tétées (ou de biberons), fatigue... **Un soutien extérieur sollicité auprès de personnes de confiance peut faire l'effet d'une grande bouffée d'oxygène !** Si vous vous posez la question « si quelqu'un·e frappe à ma porte et me donne une heure de son temps, de quoi aurais-je besoin si je me sens fatigué·e ? », vous trouverez certainement des idées... Sinon voici donc quelques exemples de « bons pour » (toujours en prenant le soin d'indiquer à l'avance quel sera le moment opportun pour vous, afin que les personnes n'arrivent pas à l'improviste !) :

- **Un temps ensemble pour papoter :** « Merci de tout organiser (préparation du thé, de la tisane...) et d'apporter des petits gâteaux afin que l'on puisse passer un bon moment de convivialité ! »
- **Un bon repas partagé :** « Je serais ravie de partager un bon repas avec toi à l'occasion de la naissance de mon bébé. Pour cela, je te laisse le soin de préparer le repas et de tout mettre en place à la maison pour passer ce moment ensemble ! »
- **Pour les tâches quotidiennes :** faire mes courses, faire un peu de ménage, cuisiner une série de plats que je peux congeler, s'occuper des lessives et plier le linge, faire les vitres...
- **Pour s'occuper des aînés :** les prendre un weekend, aller les chercher à l'école, les emmener à leurs activités périscolaires, les accompagner une demi-journée à la piscine...
- **Pour nous accompagner le bébé et moi :** sortir faire une balade, nous accompagner en voiture à un rendez-vous médical ou pour faire des courses...
- **Pour garder mon bébé :** le temps que je prenne un bon bain, que j'aille m'aérer un peu seul·e, que je puisse me rendre à un rendez-vous...
- **Pour me changer les idées :** une liste de films ou séries à regarder, des idées de lecture...

Vous trouverez beaucoup d'autres idées selon vos besoins du moment ! N'hésitez pas à solliciter l'aide extérieure, pour rompre la solitude et recevoir un soutien au quotidien. Vous verrez, ça fait un bien fou de voir du monde, à la seule condition que la présence de personnes extérieures n'ajoute pas une charge mentale et du travail ménager supplémentaire !

Au cas où...

Certaines chanceuses recevront des cadeaux aussi pendant leur grossesse ! C'est le moment opportun pour se faire offrir par exemple un cours (en couple de préférence) avec un·e spécialiste du portage pour découvrir cet univers ou un bon pour un massage prénatal auprès d'un·e professionnel·le du bien-être !

Matérialisée

En général, l'arrivée d'un bébé déclenche une avalanche de cadeaux (pas tout le temps « utiles » d'ailleurs) de la part de vos proches. Pour éviter les montagnes de gadgets en tout genre, pourquoi ne pas faire **une liste de naissance en fonction de vos besoins et de vos envies**, avec des articles adaptés à tous les budgets ? Si vos proches cherchent des idées de cadeaux, vous n'aurez plus qu'à la leur transmettre.

30 Ingrid Bayot est formatrice en périnatalité et allaitement (www.ingridbayot.com)

Le bola de grossesse : ce bijou émet un léger tintement qui berce le bébé tout le long de la grossesse et après la naissance (voir p. 94).

Le topponcino : pensé par Maria Montessori, ce petit matelas est conçu pour les premiers mois de la vie du bébé. De forme ovale et un peu plus grand que la taille du nouveau-né, il est confectionné à partir d'un molleton recouvert par une housse en tissu. Il assure un bon maintien du corps et de la tête du bébé, lui procure un sentiment de sécurité et le garde au chaud (il peut être déplacé d'un endroit à un autre sans se réveiller brusquement à cause d'un changement de température ou d'un lit froid !). Le topponcino lui permet également de maintenir ses repères sensoriels (son odeur corporelle et celles de ses parents y sont imprégnées). C'est un très bon outil pour déplacer le bébé ou le tenir dans vos bras et qui rassure ceux (adulte ou enfant) qui n'osent pas le prendre de peur de lui faire mal !

Le coussin d'allaitement (ou coussin de maternité), indispensable même pour celles qui choisiront de donner le biberon ! Il s'agit d'une sorte de traversin incurvé et rempli de microbilles qui lui permettent d'adopter la forme souhaitée. Dès la grossesse, utilisez-le pour maintenir votre corps (notamment au moment du repos ou du coucher), soulager vos problèmes de dos ou de jambes lourdes. Une fois le bébé arrivé, le coussin peut servir à le caler contre vous en toute sécurité au moment de la tétée ou du biberon, ou quand vous l'aurez dans les bras.

Conseil

- **Choisissez un coussin de maternité fabriqué avec des matériaux labellisés Oeko-Tex et Toxproof, certifiant leur non-toxicité.**
- **Pensez à demander un modèle dont la housse peut être lavée séparément !**

Un système de portage : si vous envisagez de porter votre bébé (voir p. 97), le premier conseil est de prendre un cours de portage (en couple c'est mieux !). Vous pourrez découvrir plusieurs équipements de portage, les essayer et choisir un modèle que vous mettrez dans cette liste ! N'hésitez pas à vous tourner vers l'occasion, on trouve de très beaux modèles en très bon état et à des prix raisonnables !

Des accessoires « mignons » pour bébé, comme des pièces uniques utiles réalisées par des créateurs·trices et qui constitueront ensuite de très beaux souvenirs : une belle cape de bain brodée au nom de l'enfant, le prénom constitué de lettres en bois peintes à la main pour la porte de la future chambre, un attrape-rêve en macramé à positionner au-dessus du lit, une balle de préhension Montessori dont on a choisi la couleur du tissu...

Quand votre bébé pourra se tenir seul en position assise, il aura besoin d'**une chaise haute ou d'un réhausseur** adaptable à votre mobilier pour participer aux repas familiaux. C'est un équipement qui paraîtra vite indispensable ! Il est judicieux de choisir une chaise haute évolutive qui accompagnera votre enfant au fil de sa croissance et de sa capacité de posture...

Société de consommation et parentalité !

L'arrivée d'un enfant est un grand événement qui peut nous rendre totalement euphoriques et nous faire perdre un peu de bon sens face au marketing omniprésent destiné aux futurs parents. Alors que de nombreuses enseignes et marques créent de façon permanente des « besoins » pour nous convaincre d'acheter une panoplie d'accessoires et d'équipements, il semble important de rappeler que votre enfant aura simplement besoin de vous et d'un environnement sécurisé ! Ne vous laissez pas avoir par **l'achat impulsif de matériel** (bien souvent hors de prix) dont vous n'aurez sans doute aucunement besoin une fois le bébé arrivé.

L'état d'urgence écologique et climatique n'est malheureusement plus à démontrer... Nous pouvons individuellement prendre nos responsabilités face à cette situation critique à travers nos (non) choix de consommation. Ainsi, à l'heure où il est assez facile de trouver bon nombre d'équipement de seconde main (table à langer, lit, vêtements, chaise haute, jouets...), nous pensons que ce sont des pistes à privilégier. Nous ne pouvons plus fermer les yeux sur le désastre écologique lié à **la surconsommation et à la production inutile de déchets industriels et individuels.** La seconde main est donc une belle opportunité pour éviter de participer à cette catastrophe.

N'oubliez pas que chaque décision compte, et que **les petits gestes appliqués à une majorité pourraient amener à des changements environnementaux sensibles.** Ainsi, renseignez-vous également sur la composition des préparations pour nourrisson (notamment sur la présence d'huile de palme dont la culture est responsable de nombreux dégâts écologiques à travers la déforestation qu'elle implique), privilégiez dès que possible le « lavable » au « jetable » et, ainsi, réduisez les déchets engendrés... Il y a tant de petits gestes à réaliser au quotidien pour faire face à cet enjeu humanitaire et environnemental ! Et posez-vous régulièrement la question **: de quel monde ai-je envie pour mon enfant ?**

PARTIE 2

La rencontre avec le bébé et les premiers soins

Ce n'est pas de la douleur
c'est de la PUISSANCE!
Je n'ai pas peur de la vague. Je plonge et remonte à la surface. Chaque fois.
Je me fais confiance
Je suis en sécurité
Je suis forte
Je laisse mon corps me guider
Je peux le faire!
Mon bébé travaille avec moi
J'ouvre les mains
Une contraction à la fois
Épaules molles → col mou
Je prends looongues respirations
Confiance
@la.doula
Travail actif
Transition
Poussée
Rencontre
GRAVITÉ

SE PRÉPARER AUX CONTRACTIONS

Des contractions utérines de plus en plus intenses et rapprochées sont le signe du début du travail de l'accouchement. Voici quelques conseils pour atténuer la douleur qui les accompagne et les rendre plus efficaces pour le travail d'expulsion.

« Chaque contraction te rapproche de ton bébé », Morgane Colas.

Que la rupture de la poche des eaux survienne avant ou pendant les contractions utérines, tout le monde passe par ce travail musculaire naturel qui conduit à l'expulsion du fœtus et du placenta ! Un seul mot d'ordre : **favoriser l'ocytocine !** Cette hormone est naturellement produite par l'organisme lors de l'accouchement. Elle est responsable de la stimulation des contractions lors du travail et donc de la progression du bébé dans les voies utérines de la mère... L'ocytocine, c'est aussi l'hormone de l'amour, sécrétée lors de rapports sexuels... Vous ne voyez pas le lien ? On vous explique.

Selon Morgane Colas[31], pour rendre les contractions efficaces, toutes les conditions pour favoriser la production d'ocytocine doivent donc être réunies. Ce sont les mêmes que lors d'un rapport amoureux : le respect de l'intimité, se sentir en confiance dans un endroit où l'on n'aura pas peur d'être jugée, dans un cocon de bienveillance absolu qui peut être accompagné d'une lumière tamisée... Pour l'accouchement, l'objectif est donc de **créer la même ambiance chaleureuse que pour un moment de câlins et de détente, où tout est réuni pour pouvoir vous sentir en sécurité.** L'hormone qui court-circuite les effets de l'ocytocine est l'adrénaline, hormone de l'épuisement et du stress, et qui, si elle s'exprime, ralentit considérablement le travail...

31 Morgane Colas est accompagnante à la naissance en Ille-et-Vilaine.

> Si vous en avez la capacité, **mettez-vous en mouvement** : bougez, marchez, dansez... Les positions que votre corps choisira instinctivement vous soulageront et seront favorables à la progression de votre bébé dans le bassin. C'est donc en équipe que vous cheminerez ensemble dans cet accouchement.

> **Aidez-vous avec l'eau !** De nombreuses femmes ressentent un énorme soulagement en plongeant leur corps dans une baignoire (ou dans une piscine d'accouchement). En plus de soulager la douleur des contractions, l'eau chaude participe au relâchement des tissus et aide ainsi le col à se dilater. De nombreuses maternités sont équipées de monitorings capables de réaliser un suivi du rythme cardiaque du bébé dans l'eau, n'hésitez pas à le demander à l'équipe.

> **Détournez l'attention du système nerveux** en envoyant, par la stimulation de points d'acupression spécifiques, un stimulus différent au système nerveux afin de décentraliser la douleur. Il existe des peignes d'acupression que l'on peut tenir dans chacune de ses mains (fermer les mains sur le peigne à chaque contraction aide à « noyer » les stimuli de la douleur).

> Enfin, il est important de **se préparer psychologiquement**, soi-même mais aussi la personne accompagnante ! N'oubliez pas qu'accoucher de son bébé est partie intégrante de l'histoire de l'humanité ! Alors quand cela commence à être dur, récitez-vous des mantras spécifiques ou demandez à votre accompagnant·e de vous chuchoter à l'oreille des phrases merveilleuses comme « des millénaires de femmes sont avec toi », « tout va bien, c'est super ce que tu fais », « ça fait mal, mais ça avance et tu vas bientôt pouvoir rencontrer ton bébé pour de vrai »...

DE LA VIE INTRA-UTÉRINE À LA **DÉCOUVERTE DU MONDE EXTÉRIEUR**

« Lors de son séjour dans l'utérus, le petit être humain doit pouvoir suivre la droite ligne des étapes de développement de ses ancêtres. D'organisme unicellulaire, il passe au stade d'amphibie puis à celui d'*Homo sapiens* prêt à naître. Presque rien ne peut lui arriver d'inattendu par rapport à l'expérience utérine de ces prédécesseurs », Jean Liedloff (*Le concept du continuum*, 1975).

Sens et sensations du bébé *in utero*

L'embryon met en place l'ensemble de ses organes au cours des premières semaines de développement. Pendant la 2e semaine, le placenta se forme et permet les échanges entre le bébé et sa mère. Tel un poisson dans l'eau, le fœtus va flotter tout au long de la grossesse dans le liquide amniotique à une température constante (37 °C). Puis, les six derniers mois de la grossesse sont consacrés à la croissance et à la maturation de l'ensemble des organes du fœtus. C'est la préparation à une vie autonome pour laquelle chacune des fonctions de l'organisme doit pouvoir, au terme des neuf mois, être opérationnelle.

Le toucher

Le toucher est le tout premier sens qui fonctionne chez un bébé *in utero*. À partir du 2e mois de développement, les terminaisons nerveuses liées au sens du toucher se mettent en place au niveau des lèvres, puis des mains, des pieds et du visage. **Le 4e mois, le bébé devient sensible aux caresses extérieures.** Il est alors réceptif aux vibrations, aux différences de pressions exercées, à la sensation de chaleur…

> À partir du 4e mois, grâce à vos caresses et à celles du co-parent, confirmez-lui affectivement qu'il est le bienvenu, afin qu'il acquière une sécurité de base.

> Grâce notamment à l'haptonomie et à ses techniques de toucher, vous pouvez créer et surtout renforcer le lien avec votre enfant (voir p. 70).

Les sons

Le liquide amniotique dans lequel baigne le bébé est un milieu très bruyant, assourdissant. Il perçoit le bruit de fonctionnement des organes et du rythme cardiaque de sa maman. **Au 7e mois de grossesse, son ouïe est déjà bien développée.** Le bébé est alors capable de percevoir les bruits extérieurs et de reconnaître la voix des proches, voire même les différentes intonations.

> Commencez à lui chanter des chansons (en créant un lien de continuité, elles aideront à l'apaiser après la naissance). C'est l'occasion de participer à des séances de chant prénatal !

> Votre bébé est très sensible à des tonalités plus graves, donc n'hésitez pas à faire participer le papa (ou une autre personne accompagnatrice) à vos échanges verbaux !

Le bola de grossesse

On retrouve les origines du « bola de grossesse » (ou bijou de maternité) dans les civilisations mexicaines et indonésiennes. Ce bijou protégeait la femme enceinte et le bébé des mauvais esprits... Il s'agit d'un long collier au bout duquel se trouve un pendentif contenant un grelot. En plus d'être une très belle amulette, il permet de créer un lien avec l'enfant : le tintement qui vous accompagne dans tous vos mouvements sera également entendu par votre le bébé à l'intérieur de votre ventre. Tout comme le chant, le bola assure une continuité sonore réconfortante.

Les saveurs

Bien au chaud dans le ventre, le bébé est capable d'expérimenter le goût avant même de savoir véritablement manger ! Ses papilles apparaissent dès les premières semaines de grossesse. Dans votre ventre, **il passe son temps à sucer, à avaler et à inspirer le liquide amniotique** qui l'entoure et dont le goût varie en fonction de votre alimentation.

> Pendant les neuf mois de grossesse, ayez une alimentation équilibrée et variée, car vous transmettez à votre bébé le goût des aliments que vous consommez.

À partir du 4e mois de grossesse, il est capable de différencier les quatre grandes saveurs : le sucré, le salé, l'acide et l'amer. Toujours sur le principe de la continuité, le colostrum (voir p. 125) a le même goût que le liquide amniotique. Cette similitude gustative apporte encore ici au bébé un sentiment de sécurité. De la même façon, le lait maternel est sucré, pour le bonheur de nos bébés !

Les odeurs

Les cellules nasales du bébé baignent dans le liquide amniotique en permanence pendant la grossesse. Rien d'étonnant à ce qu'il soit très sensible à son parfum qui est en lien avec votre alimentation. À la naissance, l'odorat de votre enfant sera déjà très développé... et son odeur préférée sera bien évidemment la vôtre !

La vue

In utero, l'éveil des sens de votre bébé se termine par la vision, qui se forme juste avant sa naissance. **Ce n'est qu'au cours du 7e mois de grossesse qu'il ouvrira grands les yeux** dans votre ventre pour la toute première fois. Il ne perçoit alors que les lumières vives (le fort ensoleillement par exemple).

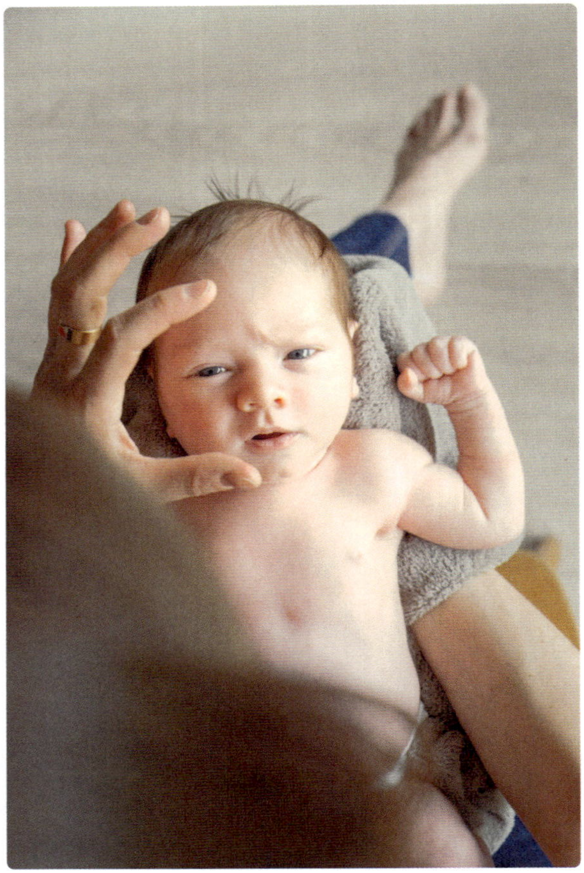

À savoir

Nous savons aujourd'hui, grâce aux avancées scientifiques sur l'épigénétique (l'étude des changements dans l'activité des gènes) que l'environnement dans lequel le bébé évolue avant et après la naissance joue un rôle considérable dans la construction de tout son être. Les parents sont donc les tout premiers acteurs de la « construction » de leur enfant (voir « L'épigénétique » en annexe).

La naissance ressentie par le bébé

Une expérience sensorielle

La naissance est très certainement **un véritable « choc » pour le nouveau-né** qui passe sans aucune transition de son cocon protecteur chaud et humide à un monde à l'air libre ! Totalement dépendant lorsqu'il était à l'intérieur de l'utérus, il va devoir faire preuve d'autonomie dans ce nouveau milieu aérien. Même si, comme tous les mammifères, il dépend complètement de vous, ce passage d'un monde à l'autre va entraîner des adaptations physiologiques à différents niveaux : respiration, circulation sanguine, thermorégulation et nutrition.

Passer du milieu amniotique, où la pesanteur est faible, à la gravité universelle est l'une des premières expériences sensorielles que vit un nouveau-né (Bullinger, 2015). **Pour la première fois, son corps est lourd** et cette différence de pesanteur entre les deux milieux entraîne une sensation d'écrasement pour le bébé (similaire à l'impression de « tomber dans le vide » pendant notre sommeil). Il n'est pas rare, lors de la naissance, de voir des nouveau-nés en position de pleine extension, comme si leur corps leur échappait. **Chaque stimulus est beaucoup plus intense que dans l'utérus** : la luminosité, le changement de température, les bruits extérieurs, les sons et les mouvements des personnes qui l'entourent, la voix de ses parents…

Le rôle de l'ocytocine

Même si l'expérience de l'accouchement peut paraître incroyablement brutale (voire douloureuse) pour le nouveau-né, **c'est bien souvent avec beaucoup de sérénité qu'il arrive au monde…** L'ocytocine, dont nous avons vu l'importance pour la mère au moment de l'accouchement (voir aussi p. 93), joue également un rôle analgésique majeur (Mazzuca, 2011) pour le nouveau-né. Cette hormone permet de le protéger de la douleur jusqu'à deux jours après la naissance. **L'effet analgésique de l'ocytocine peut être accompagné par un temps de « peau à peau »** dès que le bébé est sorti du ventre de sa mère, afin de lui apporter immédiatement un sentiment de sécurité. Si la mère et l'enfant doivent être séparés pour une raison médicale urgente, on peut mettre à disposition du bébé un lange humecté de colostrum ou un tee-shirt imprégné de la sueur de sa maman.

Quand la naissance est difficile

À ce stade de développement, le cerveau des nouveau-nés est complètement malléable ! Ils sont capables de retrouver sérénité et sécurité rapidement au contact de leurs parents.

> Dès que possible, prenez le bébé dans vos bras et réalisez le « peau à peau ».

> Expliquez-lui d'une voix douce ce qu'il vient de se passer. N'hésitez pas à lui raconter sa naissance, à mettre les mots sur les émotions et les sensations que vous avez ressenties. Dites-lui que tout cela est fini et que dorénavant vous allez être tout le temps auprès de lui.

Bien que votre bébé ne soit pas encore capable de comprendre vos mots, l'intonation de votre voix, vos gestes, les câlins et le regard que vous posez sur lui permettent d'initier ce lien d'attachement et de confiance. Ainsi, vous le « libérez » des potentiels traumatismes liés à l'accouchement.

À savoir

Dans les maternités, un·e psychologue peut accompagner les parents après l'accouchement. Si vous ou le co-parent en ressentez le besoin, n'hésitez pas à en faire part à l'équipe médicale qui vous entoure.

L'importance cruciale du peau à peau

Juste après être sorti des voies génitales de sa mère, le bébé va subir un autre événement : l'amerrissage (ou plus rarement un aperrissage – sur le père ou sur une autre personne accompagnante). Grâce à une mémoire sensorielle très développée, il est capable de reconnaître l'odeur de sa maman.

La mise en « peau à peau » (ou méthode kangourou) est le fait de **placer le bébé, nu ou en couche,**

à plat ventre contre la poitrine de sa mère (plus précisément au-dessus des seins, avec ou sans soutien-gorge), la tête tournée vers le côté avec le visage bien visible et non enfoui. On peut les recouvrir d'une couverture pour maintenir une température suffisante. La mise en peau à peau du nouveau-né sur l'un de ses parents peut généralement être effectuée dès la naissance. Il n'y a pas de limite à la pratique du peau à peau et les recommandations vont dans ce sens : « Afin d'apporter un réel bénéfice au bébé, il est souhaitable que la durée du portage en peau à peau soit au minimum de deux heures, soit l'équivalent d'un cycle complet de sommeil et de digestion[32] ».

Les bienfaits

Vivement recommandé par l'OMS, le contact du nouveau-né avec sa mère (ou avec la personne accompagnante) est un vrai besoin physiologique. Le bébé va se sentir en sécurité lorsqu'il va entendre les voix de sa mère et de son père. Ce contact direct avec bébé entraîne **une sécrétion d'ocytocine** (hormone de l'amour) et permet le développement du lien naturel avec son enfant, et également l'initiation de l'allaitement en favorisant la montée de lait maternel.

Naissance par césarienne

Pour les enfants nés par césarienne, qui n'ont donc pas été « contaminés » par la flore bactérienne du périnée de leur mère, le peau à peau entraîne une réduction des risques d'infection et de développement de maladies chroniques (voir aussi p. 153).

La méthode kangourou a un véritable bienfait pour **le développement du système immunitaire du nouveau-né** puisqu'au contact de la peau, il rencontre la flore bactérienne de ses parents.
Cela permet également au nouveau-né **d'être réchauffé au contact d'un adulte** et de limiter les variations de température qu'il n'est pas encore capable de réguler seul. L'impact du peau à peau sur **la régulation de la glycémie** chez un bébé a également été démontré. Le peau à peau permet aussi **une sécrétion d'endorphines** chez la maman et son enfant, hormones qui ont des effets similaires à ceux de la morphine (avec des intensités moindres). Elles ont un rôle antalgique et permettent une réduction de la douleur liée à l'accouchement. Cette hormone régule la respiration et le rythme cardiaque, entraînant un effet d'apaisement.
Un enfant né à terme et en bonne santé est « programmé » pour trouver et prendre le sein de lui-même juste après sa naissance. Si on lui permet de le faire, lors du peau à peau, il saura le refaire plus facilement après, lors des prochaines tétées.

Du côté de la maman, le peau à peau permet d'améliorer la récupération physique et émotionnelle, réduit la tension et agit également en diminuant les contractions utérines, qui sont présentes et peuvent être douloureuses même après l'accouchement.

En cas de difficulté

Certaines situations urgentes (ou de soins adaptés) ne sont pas compatibles avec la méthode kangourou juste à la naissance. Dans ce cas, pas d'inquiétude, lorsque vous retrouverez votre bébé après des soins, il sera encore temps de pratiquer le peau à peau avec lui. **Si la maman est en difficulté et/ou a besoin de soins**, il est important d'entamer rapidement un peau à peau entre le bébé et la personne accompagnante. Pour la fratrie également, la pratique de la méthode kangourou permet de favoriser la création de ce nouveau lien grâce à la libération d'ocytocine qu'elle déclenche. Bien que de plus en plus proposée dans les maternités, nous vous encourageons à en notifier le souhait dans votre projet de naissance (voir p. 72).

Pas de contre-indication !

Dès que tout le monde est à l'aise avec la pratique du peau à peau, vous pouvez prolonger la durée du portage, ce qui va augmenter les bienfaits pour le bébé (meilleure croissance, meilleur sommeil, limitation du stress) et pour la mère (meilleure production de lait maternel, diminution du stress).

32 Association Sparadrap, www.sparadrap.org : « La notice guide peau à peau »

Les bébés prématurés

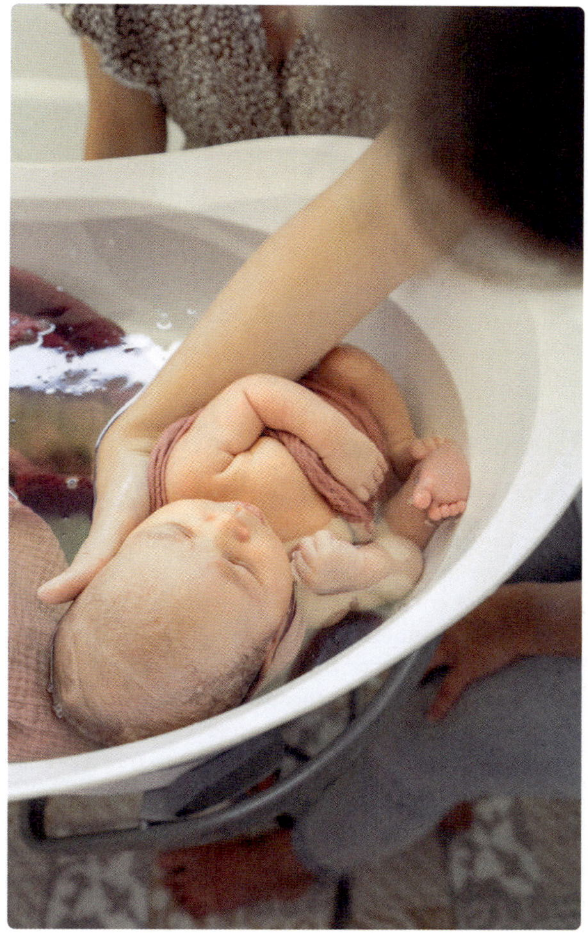

Un enfant est considéré comme **prématuré** lorsqu'il arrive au monde avant la 37e semaine de grossesse. On parle alors de **« petits » prématurés** lorsque les bébés naissent entre la 33e et la 37e semaine de grossesse, et de **« grands » prématurés** avant la 33e semaine (ou lorsqu'ils pèsent moins de 500 g).
Selon Nolwenn Decaux-Ferré[33], un bébé né prématurément a les mêmes besoins physiologiques qu'un nourrisson né à terme, mais ceux-ci sont décuplés. Comme ils sont souvent beaucoup plus fragiles, **le parcours de soins est assez lourd et la durée d'hospitalisation se compte en semaines** (le retour à la maison n'est prévu qu'à la date du « terme », soit entre la 37e et la 42e semaine, en fonction de son état de santé).

Le besoin d'être « contenu »

De la même façon que pour les bébés nés à terme (et si toutes les constantes sont bonnes), la Société française de néonatologie préconise **la mise en « peau à peau »** du nouveau-né contre sa maman ou son papa (ou co-parent). Comme nous l'avons vu plus haut, cette pratique a démontré ses nombreux intérêts pour le nouveau-né comme pour la maman, sur l'attachement, l'allaitement, la stabilité physiologique, le sommeil, la douleur, le développement neurologique ou encore le stress parental (Tourneux, 2020). Même si chez les « grands » prématurés, l'équipe médicale peut avoir besoin de réaliser des soins d'urgence, certains établissements les effectuent à proximité de la maman dès que possible.
Il est important que la maman et le co-parent soient présents le plus souvent possible aux côtés de leur enfant et qu'ils participent le plus possible aux soins : changer les couches, faire le soin du cordon... Comme les phases d'éveil du bébé prématuré sont très succinctes, il est important que les parents passent du temps à ses côtés pour l'observer et être capables de les repérer facilement, notamment pour la tétée et les soins d'hygiène. **La parole ou le contact physique** (en posant les mains sur la tête ou sur les pieds du bébé), notamment lors des interventions médicales, sont vraiment encouragés.

Pour le bain, pas d'urgence ! Les « grands » prématurés ne sont pas baignés avant parfois plusieurs semaines. Le bain a un impact physiologique notamment sur le maintien de la température corporelle, il peut induire du stress chez l'enfant et aussi décaper la flore cutanée naturellement présente et nécessaire au développement immunitaire du bébé. Cependant, quand tous les voyants sont « au vert » pour le premier bain, **il est possible de réaliser des bains « enveloppés »** :

> Mettez un fond d'eau dans une baignoire et posez le bébé sur le fond enveloppé dans un lange.
> Vous pouvez aussi prendre le bain avec lui.

L'utilisation de produits d'hygiène n'est pas du tout nécessaire, à part éventuellement un savon surgras (et encore !).

33 Nolwenn Decaux-Ferré est pédiatre à Rennes et créatrice d'un institut de la parentalité en Ille-et-Vilaine.

L'hyperextension

Souvent, un bébé prématuré est en hyperextension. Comme il est né avant terme, il n'a pas pu terminer son développement et se recroqueviller dans le ventre de sa mère. Il aura donc tendance à avoir les épaules en arrière notamment, ce qui peut gêner le développement de ses premiers mouvements (le retournement dos-ventre par exemple). Cette hyperextension peut être prise en charge par un·e kinésithérapeute spécialisé en néonatologie.

L'alimentation du bébé prématuré

Un enfant né prématurément doit impérativement être suivi par un pédiatre.

Si l'état du bébé est stable lors de sa naissance, la première tétée peut être réalisée en peau à peau contre sa maman. Mais, contrairement aux enfants nés à terme, **un prématuré a rarement la force de ramper jusqu'au sein de sa mère et sa succion est souvent immature.** Soit le bébé ne sera pas capable de réaliser des succions efficaces successives, soit la déglutition ne sera pas systématique. **Une évaluation par la technique de la fleur de lait** (réalisée par l'équipe médicale) peut s'avérer utile pour déterminer ses compétences à se nourrir au sein. Si la succion n'est pas mature, l'alimentation du bébé aura besoin d'être complétée via une sonde naso-gastrique contenant du lait maternel (récolté par un tire-lait directement auprès de la maman) ou par une préparation de lait maternisé.

Un bébé né avant la 32e semaine recevra du lait maternel. Si ce lait n'est pas celui de sa mère, le lactarium (voir plus loin) de la maternité prend le relais. L'alimentation par du lait maternel est préconisée pour les bébés prématurés pour des raisons physiologiques (leur paroi digestive est très fine et le risque de développer une infection du tube digestif est élevé). De plus, une alimentation basée sur le lait maternel facilite le développement neurologique et l'attachement. **Après la 32e semaine**, si la maman n'a pas la volonté d'allaiter, le bébé est nourri avec une préparation de lait maternisé (les réserves de lait maternel en lactarium sont trop faibles).

Les mamans qui souhaitent allaiter leur enfant ont besoin de tirer leur lait le temps que la succion devienne mature. L'équipe médicale peut les accompagner dans l'aventure du tire-allaitement. **Le tire-lait** est un appareil composé d'un réceptacle (pour le lait maternel) relié à une pompe (manuelle ou électrique) et de pièces en plastique (les téterelles) que vous positionnez sur vos mamelons.

> Aidez-vous d'un bandeau pour ne pas avoir à maintenir les téterelles en place sur vos mamelons et garder les mains libres.

> Pour ne pas être dérangée, mettez un mot sur la porte de votre chambre quand vous tirez votre lait à la maternité.

À savoir

- **Les tire-laits peuvent être loués sur ordonnance. Dans ce cas, les frais de location sont pris en charge par la CPAM, et seuls les contenants et les téterelles restent à votre charge.**
- **Les fabricants de tire-laits électriques proposent des instruments adaptés à chacune et faciles d'utilisation. Il existe même des programmes spécifiques pour prématurés !**

À la maison

Une fois de retour à la maison, **un bébé prématuré a tendance à plus pleurer qu'un enfant né à terme**. Pour les parents, l'expression des pleurs de leur bébé peut être déconcertante car, hospitalisé, il s'exprimait moins. En fait, le retour à la maison est concomitant avec le terme de la naissance, donc le nouveau-né est beaucoup plus vigoureux. Suite au cocon hospitalier dans lequel il se trouvait depuis sa naissance, il découvre maintenant un nouvel environnement et le besoin de s'y sentir en sécurité n'est pas encore satisfait.

Si le retour à la maison peut être vécu avec une grande sérénité par certains parents, au contraire, d'autres peuvent **se sentir dépassés, voire effrayés de se retrouver seuls avec leur bébé**. Si c'est votre cas, n'hésitez pas à chercher de l'aide dans votre entourage pour le quotidien (voir p. 112). Le parcours réalisé par les parents est souvent intense émotionnellement, et la peur de perdre ce bébé peut être présente. Avec la fatigue et le stress accumulé, des tensions au sein du couple peuvent émerger.

> N'oubliez pas de communiquer avec votre conjoint·e.

> Faites-vous accompagner par une aide extérieure. Des groupes de parole au sein d'associations vous permettront d'échanger, de vous confier et de vous sentir moins seul·e·s. Un suivi psychologique peut aussi vous aider à affronter les peurs et les tensions accumulées pendant toutes ces épreuves.

En raison de leur fragilité et des épreuves traversées, **les enfants prématurés bénéficient d'un suivi médical soutenu dans leurs premières années** de développement, notamment pour les sphères ORL, auditive et ophtalmique. Il faudra ainsi être vigilant·e à leur développement, et adapter chaque étape au rythme de l'enfant. Mais prématuré ou non, le rôle des parents est bien d'offrir à l'enfant un environnement sécurisant, chaleureux et bienveillant !

Un congé en cas d'hospitalisation de l'enfant

Vous pouvez bénéficier d'un « congé de paternité et d'accueil de l'enfant » si votre enfant est hospitalisé après sa naissance, avant d'avoir quitté la maternité pour rejoindre votre domicile, et s'il est hospitalisé dans certaines unités de soins spécialisées[34].

Le lactarium et le don de lait maternel

Les lactariums sont des lieux au sein des unités de maternité où les femmes qui allaitent leur enfant peuvent effectuer des dons de lait maternel de façon anonyme. De la même façon que pour un don du sang, le don de lait maternel est soumis à des exigences réglementaires (questionnaire à remplir et dépistage de maladies transmissibles comme le VIH, HTLV, VHB, VHC). **Toute femme qui allaite peut donner son lait dans la première année après avoir accouché.** Il faut pouvoir fournir au minimum un litre de lait au lactarium sur une période de 10 à 15 jours. Certains lactariums ont mis en place des systèmes de collecte du lait directement au domicile des donneuses.

Le lait maternel collecté s'adresse prioritairement aux nourrissons les plus fragiles, comme ceux nés prématurément, mais également aux bébés qui souffrent de pathologies gastro-entérologiques, d'une insuffisance rénale sévère ou d'une intolérance rebelle aux protéines de lait de vache.

En France, les lactariums sont répertoriés par **l'Association des lactariums de France** qui est une association française régie par la loi de 1901 fondée le 8 mai 1981. Son but est de promouvoir l'allaitement maternel, d'améliorer les conditions de collecte et de distribution ainsi que la qualité du lait humain en France[35].

Actuellement les stocks de lait maternel sont faibles, donc si vous en avez la possibilité et la volonté, devenez donneuse et participez à cette belle initiative solidaire !

34 www.ameli.fr

35 https://association-des-lactariums-de-france.fr

LES PREMIERS SOINS POST-ACCOUCHEMENT

Les deux premières heures après une naissance sont très intenses. C'est le moment des soins nécessaires, mais aussi celui de la première rencontre entre la mère et l'enfant.

Lors d'une naissance dite « normale » ou physiologique, le taux de catécholamines (qui ont un rôle d'hormone et neurotransmetteur) chez le nouveau-né est vingt fois supérieur à celui d'un adulte au repos. C'est ce qui permet au bébé de s'adapter à son nouvel univers (Pilliot, 2017). Au cours des deux heures qui suivent la naissance, le nouveau-né connaît une période d'éveil calme et d'alerte propice aux échanges, aux apprentissages et à leur mémorisation. De son côté, l'ocytocine est sécrétée en quantité chez la mère. Ce cocktail hormonal propre à la naissance permet de créer **des conditions optimales pour la première rencontre entre la maman et son bébé**.

Le premier examen du nouveau-né : le score d'APGAR

Une fois l'enfant sorti du ventre de sa maman, l'équipe médicale doit rapidement évaluer qu'il va bien, qu'il s'adapte normalement à sa nouvelle vie extra-utérine et que toutes ses fonctions vitales sont bien en place. Réalisé dans la minute qui suit la naissance, puis une nouvelle fois cinq minutes plus tard, le score d'Apgar est donc le premier test du bébé. Il permet d'évaluer chez le nouveau-né cinq critères distincts : **l'apparence, le pouls, les grimaces, l'activité et la respiration.** Puis dans les deux heures après l'accouchement, une première consultation du nouveau-né est effectuée et peut être réalisée directement en peau à peau. Il s'agira pour l'équipe médicale d'observer le corps du bébé dans sa globalité : **périmètre crânien, os du crâne, nombre de doigts, organes génitaux, rythme cardiaque, colonne vertébrale...**
Quelques jours après la naissance, le contrôle des réflexes « archaïques » ou primitifs (voir en annexe) du bébé est effectué. Ainsi, **les réflexes de succion, de préhension, de marche sur surface plane et les réflexes cardinaux** (quand l'enfant tourne sa tête et ouvre sa bouche lorsqu'on lui effleure la joue ou les lèvres) vont être évalués.
Au cours de sa première semaine de vie, le bébé passe également **le test de Güthrie**, qui permet de dépister certaines maladies rares par prise de sang (réalisée sur le dos de la main ou dans le gras du talon).

Le clampage tardif

Le clampage tardif est le fait d'attendre entre **une à trois minutes après la naissance pour couper le cordon ombilical.** En fait, il s'agit d'attendre que le cordon arrête de « battre » avant de clamper. Le cordon étant très vascularisé, il apporte de l'hémoglobine au bébé juste après la naissance, ce qui permettra de diminuer le risque d'anémie. Le clampage précoce est, lui, réalisé dans les 30 secondes suivant la sortie du bébé. Il peut s'avérer nécessaire si le nouveau-né a besoin de soins médicaux d'urgence.
Dans tous les cas, une fois le clampage du cordon réalisé et donc l'arrêt de la circulation sanguine, le placenta va se dégrader très vite. Il n'y a donc aucun intérêt médical de garder le bébé relié à son placenta.

Le placenta

Le placenta est **l'organe d'échange entre la mère et le fœtus**. Il devient fonctionnel à partir du 3e mois de grossesse et permet d'assurer les fonctions de nutrition, de respiration (oxygénation) et de protection du fœtus. Il est formé à la fois par l'endomètre de la mère et par des cellules de l'embryon, c'est une unité fœto-maternelle. Le placenta est donc un organe éphémère, puisque présent pendant toute la période gestationnelle, il va être expulsé hors de l'utérus quelques instants après l'accouchement : c'est **la « délivrance »**.

Les femelles de la plupart des espèces de mammifères mangent leur placenta après son expulsion pour ne pas laisser de traces de la naissance. Chez les humains, la placentophagie est également une pratique millénaire de la médecine chinoise qui permettait aux femmes venant d'accoucher de profiter du fer, des vitamines et des hormones contenus dans le placenta. Cette technique les aidait donc à mieux récupérer de leur accouchement et à favoriser la montée de lait.

Bien qu'à ce jour, les autorités françaises ne permettent pas de récupérer le placenta, vous pouvez **prendre le temps de remercier et d'honorer ce placenta**, première construction entre vous et votre bébé, et qui vous aura accompagné tout au long de cette grossesse.

Vers la première tétée

Une fois né, si toutes les conditions sont favorables, le bébé amerrit ! Posé en peau à peau, à plat ventre contre la poitrine de sa maman, son visage est tourné pour être facilement visible et son nez est bien dégagé. Après **l'échange des regards** entre la mère et le nouveau-né, dont l'intensité est à son maximum après vingt minutes de vie, **le bébé fixe le mamelon, zone à sa portée et dont il reconnaît l'odeur.** Le colostrum sécrété par les mamelons possède les mêmes qualités olfactives et gustatives que celles du liquide amniotique dans lequel le bébé a baigné pendant neuf mois. Afin de ne pas perturber cette reconnaissance, il est important de ne pas « trafiquer » les odeurs par des lavages exagérés du bébé et de la mère après la naissance.

C'est au cours de cette « fenêtre » temporelle que le bébé commence à faire des grimaces avec sa bouche et laisse exprimer les premiers réflexes archaïques : **il se met à ramper et à se propulser** (réflexe de reptation) vers le mamelon. Au bout d'environ une heure de vie, **le nouveau-né est capable de positionner sa bouche autour de l'aréole et de téter efficacement** (réflexe de fouissement), le regard toujours plongé dans celui de sa mère.

Prenez le temps ! Ce moment si particulier est nécessaire à la création du lien d'attachement et à la bonne mise en place de l'allaitement (si souhaité). Ne brusquez pas les choses (en prenant la tête du bébé pour lui mettre le sein dans la bouche par exemple). Tout proche, le co-parent a un rôle important à jouer : protéger ce moment et faire en sorte que personne ne vienne le perturber.

En cas d'impossibilité immédiate après l'accouchement de créer ce moment, pas d'inquiétude, comme nous l'avons vu, l'être humain a une extraordinaire capacité d'adaptation qui permettra de réaliser cet échange plus tard, lorsque les conditions seront redevenues favorables.

Lecture

Dans son livre *Le regard du « naissant »*, Marc Pilliot (Pilliot, 2017) analyse l'extraordinaire échange qui a lieu juste après la naissance : « Pour la maman, le premier regard de son bébé crée un élan maternel indéfectible » et « pour le nouveau-né, la rencontre d'un autre regard l'humanise et le transforme en être de conscience et de pensée, en être de désir, toujours à la recherche de l'absolu originel ».

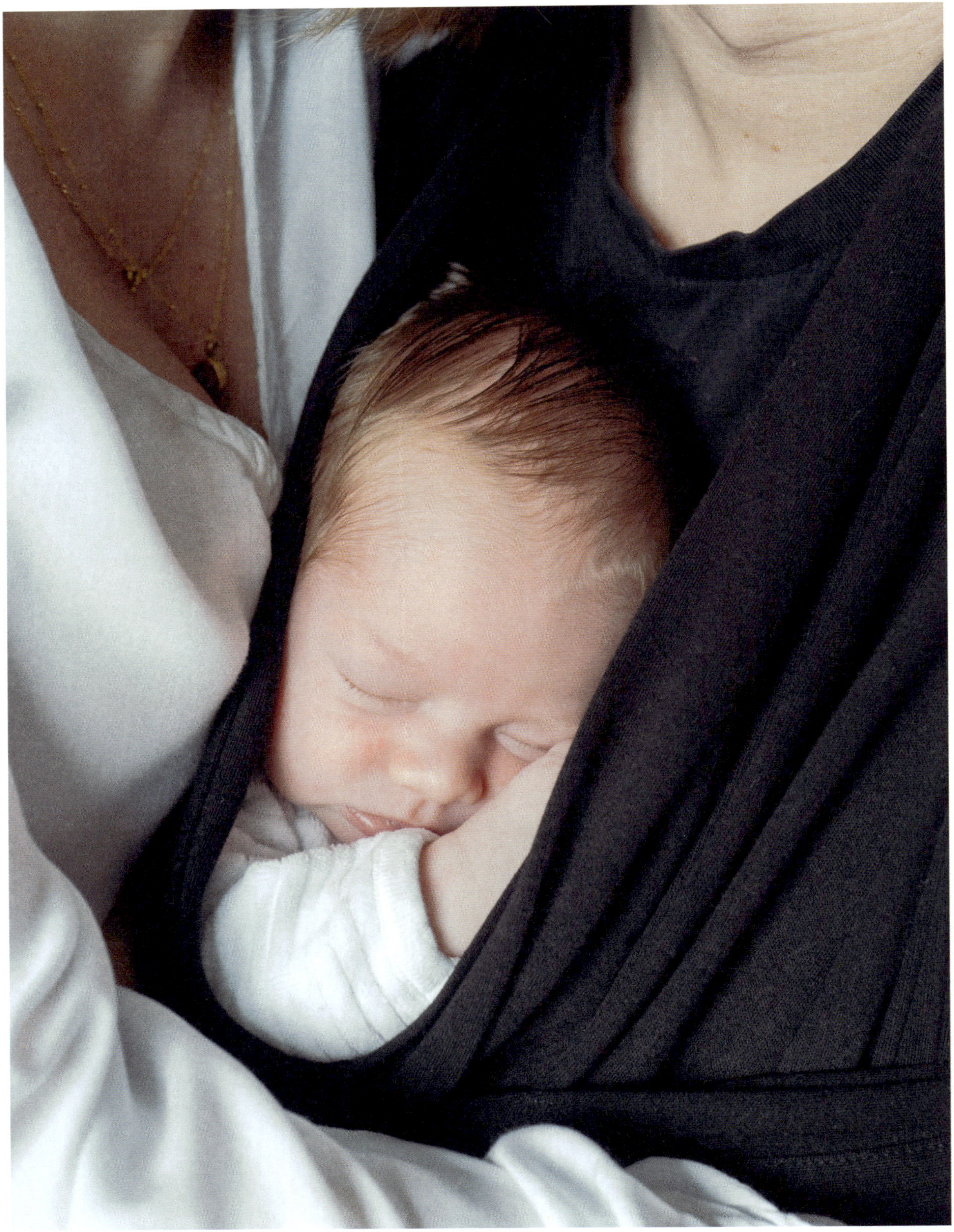

LES PREMIERS JOURS APRÈS L'ACCOUCHEMENT

À l'arrivée du bébé, la maman entre naturellement dans la période du post-partum, dont les premiers jours se passent à la maternité. De nouvelles sensations physiques et émotionnelles l'envahissent, dont elle doit prendre soin.

Prendre le temps de la rencontre

Vous venez d'accoucher, toute la famille est dans les starting-blocks pour venir à la rencontre du tout-petit. C'est bien, c'est beau, c'est touchant... mais un seul mot d'ordre : prenez votre temps ! Bien sûr, le co-parent et la fratrie sont prioritaires.
Si vous êtes en couple, c'est votre moment à tous les deux... enfin à tous les trois ! Soyez là, dans l'instant présent, pour accueillir ce nouvel être. Écoutez vos émotions, laissez-les s'exprimer. Votre corps vient de fournir un effort considérable, vous venez de faire face à un chamboulement hormonal énorme, donc laissez tout de côté et prenez le temps de faire connaissance avec votre enfant et reposez-vous. **Vous pouvez être fière de tout ce chemin parcouru et d'avoir donné naissance**, quelles que soient les conditions dans lesquelles votre enfant est venu au monde... Voici le début d'une histoire et de votre nouvelle vie !

Témoignage

Aurélie, coautrice de ce livre, nous fait part de son expérience à la maternité :

« Ce lundi soir, j'étais encore à un mois du terme… Après avoir passé la journée à fabriquer une multitude de savons et à piétiner dans ma cuisine, j'ai commencé à ressentir des douleurs, dans le bas du dos, que je ne reconnaissais pas comme être des contractions…

Au moment de passer à table, la poche des eaux s'est rompue (on ne nous prévient pas assez que quand ça coule, ça coule à flots !). Vent de panique, appel à la maternité, nous voilà dans la voiture. Quelques messages envoyés à mes proches le temps du trajet et nous arrivons aux urgences. Après une nuit en salle de travail, l'accouchement n'a eu lieu que le mardi en plein milieu de l'après-midi, soit 18 heures après être arrivée !

Mon bébé est parti en soins intensifs, et de mon côté j'ai fait un malaise suite à une hémorragie. J'ai repris conscience, un peu avant 20 heures. Dans mon téléphone, de nombreux messages de ma mère me signalaient que mon père et elle étaient devant la maternité, qu'ils attendaient de rencontrer le bébé et que la fin des autorisations de visite approchait… Tout affolée, j'ai demandé à une soignante comment on pouvait faire… et si mes parents pouvaient aller voir le bébé. Et elle m'a répondu tout simplement : "**La priorité du moment, c'est vous et votre petite, vous allez prendre le temps…** Ce n'est pas à eux de décider. Votre famille maintenant, c'est vous, votre conjoint et votre petite fille. C'est à vous que ces moments sont consacrés, à personne d'autre."

Aujourd'hui, j'entends encore ces mots dans ma tête. Ils étaient justes, sans jugement, juste là pour remettre les choses au bon endroit. Merci pour ces phrases prononcées et d'avoir pu lever la culpabilité de faire attendre mes parents un jour de plus. Ce n'était effectivement pas leur moment, mais bien le nôtre… »

Créer un espace de confort pour se reposer

L'accouchement est une épreuve physique intense, parfois comparé à un marathon. Et avec l'accumulation de fatigue engendrée avec la fin de grossesse, il est tout à fait normal de se sentir fatiguée ! À cette période, notre corps répond avec plus ou moins de force aux chamboulements hormonaux : chute des taux de progestérone, d'œstradiol et de cortisol, augmentation de prolactine responsable de l'apparition de déséquilibres psychologiques (hypersensibilité) et physiques (perte de cheveux...).
Afin de surmonter ce tsunami, profitez du temps passé à la maternité pour essayer de récupérer un maximum de force avant de rentrer à la maison.

Adapter son rythme à celui du bébé

Les 24 premières heures, un nouveau-né est généralement « calme ». Comme sa maman, il se remet de l'accouchement. Profitez de ces instants de sommeil pour vous reposer.
La deuxième et troisième nuit, il passe par un comportement biologique naturel appelé « nuits de java ». Particulièrement agité, il pleure parfois beaucoup. C'est une étape de développement qui survient en même temps que le démarrage de la lactation et dans la continuité de la création du lien d'attachement. Le rythme des tétées peut s'intensifier, on parle d'ailleurs de « tétées groupées » (très rapprochées et de courte durée). Il s'agit d'une étape physiologique normale, vous n'avez pas à vous inquiéter de votre capacité à savoir calmer votre bébé.

> Installez le nouveau-né en peau à peau contre vous pour calmer ses pleurs.

> Si vous en avez la capacité, accompagnez chaque pleur en étant là physiquement pour lui : serrez-le contre vous, en lui donnant le sein, en lui murmurant des mots doux. Soyez juste là, présente pour lui, et répondez aux sollicitations suscitées par ce nouveau stade de développement.

Demander de l'aide

Que ce soit pour prendre soin de votre bébé, pour l'amener contre vous, le changer ou pour prendre soin de vous, **n'hésitez pas à solliciter le personnel médical présent, de jour comme de nuit.** Surtout, ne restez pas seule dans votre chambre si vous avez besoin d'aide qu'elle soit physique ou émotionnelle !

Témoignage d'une maman

« La deuxième nuit à la maternité, je ne pouvais pas encore me lever ni me tenir debout seule. Je voulais prendre ma fille pour qu'elle dorme contre moi, mais je n'ai pas osé le demander et suis restée là, à la regarder, mourant d'envie de la sentir contre moi et trépignant qu'un·e soignant·e entre dans ma chambre... Plusieurs heures après, lorsque quelqu'un est arrivé, je me suis mise à pleurer de ne pas avoir été capable de demander de l'aide moi-même... Cette personne m'a réconfortée : "Nous sommes là pour vous aider, c'est normal de ne pas être autonome les jours qui suivent un accouchement et c'est notre métier de vous accompagner et de prendre soin de vous. La prochaine fois, n'hésitez pas, appelez-nous dès que vous en ressentez le besoin... sans attendre !" »

Limiter les visites

Tout votre entourage trépigne d'impatience pour venir à sa rencontre ? C'est super, mais ce n'est pas le moment ! Même si cette habitude de visite à la maternité est répandue, rien ne vous y oblige... et les nouveaux grands-parents, les tatas, les tontons et les voisins peuvent attendre votre retour à la maison.

> Faites gentiment passer le message à vos proches, en expliquant pourquoi vous ne souhaitez pas de visites ou pourquoi vous limitez.

> Vous pouvez préciser ce souhait avec le message de naissance par exemple.

Si certaines personnes ne peuvent vraiment pas attendre (les nouveaux grands-parents, par exemple !) :

> Demandez-leur de prévenir de leur arrivée (leur moment doit vous convenir aussi) et de ne pas rester trop longtemps, surtout si vous êtes fatiguée.

> Le co-parent peut aussi gérer l'organisation des visites selon votre capacité à recevoir du monde.

Fuir les avis culpabilisants

Pendant le séjour à la maternité, les commentaires personnels et les conseils en tout genre vont bon train ! Attention, des propos peuvent parfois être culpabilisants et vous fragiliser, surtout en cette période de post-partum. C'est vous qui êtes à la première place pour savoir ce qui est bon pour vous et votre bébé. Faites-vous confiance à tous les deux !

Vous pouvez vous préparer à recevoir des avis que vous n'aurez d'ailleurs pas sollicités :

> Trouvez des techniques pour mettre rapidement fin à la discussion (comme « merci pour ton conseil, j'y réfléchirai si besoin »). Et n'hésitez pas à dire tout simplement que vous ne souhaitez pas entendre ce genre de discours.

> Le co-parent peut avoir un rôle actif en recadrant aimablement les personnes qui viennent donner leur point de vue…

> Vous pouvez vous entraîner avec la Communication NonViolente (voir p. 289).

Les psychologues de l'hôpital

De nombreuses maternités, qu'elles soient publiques ou privées, travaillent en collaboration avec des psychologues. Dans certains cas d'accouchement difficile ou de séparation de la mère et son bébé à la naissance, ce sont les professionnel·le·s de santé eux-mêmes qui proposent ce rendez-vous (non obligatoire). Vous pouvez aussi solliciter vous-même la visite d'un·e psychologue pendant le séjour. Les psychologues de maternité sont là pour vous écouter et pour échanger avec vous sur la grossesse toute récente et l'accouchement.

Sortir de la chambre pour prendre l'air

Depuis plusieurs jours, vous n'avez pas quitté votre lit d'hôpital ni vu autre chose que la couleur des murs de votre chambre ! Si vous en ressentez le besoin, prévenez le co-parent ou le personnel soignant que vous souhaitez aller prendre un peu l'air et sortez vous dégourdir les jambes, tout en bénéficiant d'un bon bol d'air.

Se faire du bien

Rien n'est de trop pour soutenir votre moral pendant le post-partum ! Voici quelques idées, mais vous en aurez sûrement d'autres…

> Demandez à votre conjoint·e de vous rapporter des objets, des vêtements, une couverture, une crème de soin ou tout autre chose pour vous sentir bien.

> Pour vous rassurer par la « présence » de votre conjoint·e, prenez une bonne douche chaude avec son savon préféré, suivie de l'application de son huile corporelle, puis buvez doucement une des tisanes qu'il·elle apprécie…

> Dégustez un repas réconfortant ! Sollicitez le co-parent pour vous organiser un « repas de fête ». Pourquoi ne pas lui demander d'apporter un plat cuisiné que vous aimez ou d'aller chercher un repas complet chez votre traiteur favori ?

Hygiène et soins pour la maman

Même physiologique, l'accouchement a un impact sur le corps de la femme qui s'atténuera plus ou moins avec le temps et les soins. Vous connaissez certainement l'adage : « On met neuf mois à faire un bébé, c'est normal que le corps de celle qui l'a porté mette également neuf mois à s'en remettre. » Soyez donc patiente et douce avec vous-même et laissez-vous le temps ! Voici quelques conseils pour soulager les douleurs ou autres désagréments qui surviennent juste après l'accouchement.

Le périnée

Soumis à rude épreuve au cours de la grossesse et lors de l'accouchement, le périnée a besoin de soins particuliers et immédiats.

L'hygiène du périnée

Une toilette intime quotidienne à l'eau légèrement savonneuse permet de garder votre périnée toujours propre.

> Lavez votre vulve et votre région anale en réalisant des mouvements d'avant en arrière avec vos

mains (cela évite d'amener des bactéries fécales au niveau de votre vulve qui pourraient provoquer une infection).

> Rincez la zone et séchez-la minutieusement. Un environnement aqueux et chaud (puisqu'au niveau des plis du corps) est l'endroit idéal pour le développement de bactéries, donc soyez vigilante sur les gestes d'hygiène !

> Soyez stricte sur votre hygiène en cas de selle : faites une toilette intime en favorisant l'utilisation d'un gant de toilette (ou encore mieux, avec vos mains !) pour vous nettoyer. Le papier toilette pourrait être irritant et s'accrocher aux points de suture en cas d'épisiotomie.

Conseil

Profitez de l'eau chaude sous la douche pour faciliter la miction. Aux toilettes, avec une bouteille, faites couler l'eau au niveau du périnée avant et après la miction. Cela évite le contact de l'urine avec les éraillures (petites déchirures superficielles) du périnée pouvant entraîner des sensations de brûlure. Afin de diluer l'urine, pensez à boire une grande quantité d'eau !

Pour les protections hygiéniques, tournez-vous vers les marques les plus naturelles possibles, fabriquées avec des matières hypoallergéniques. Dans un premier temps, il est préférable de privilégier le « jetable », en prenant soin de changer de serviettes au maximum toutes les deux à trois heures, toujours dans l'idée d'éviter d'éventuelles infections.

Soulager l'œdème périnéal

Si l'accouchement a provoqué un œdème au niveau de votre périnée, vous le remarquez rapidement sous la douche, en passant les mains au niveau de la vulve. Vous sentirez un gonflement à ce niveau, souvent inconfortable voire douloureux.

Le principal conseil en cas d'œdème est d'éviter toute sollicitation. Il vous faudra donc trouver une position confortable :

> En position allongée, mettez-vous en chien de fusil sur le côté en plaçant un coussin d'allaitement entre vos genoux.

> En position assise, placez un coussin sous vos fesses et maintenez votre dos bien droit.

> Évitez de porter votre bébé. Demandez de l'aide pour qu'on l'apporte contre vous.

L'application de froid permet de soulager efficacement la sensation de douleur et de décongestionner votre périnée.

> Mettez des glaçons dans un sac plastique puis dans un gant de toilette et placez-les au contact de la zone endolorie en le maintenant avec votre culotte (ne mettez jamais de glaçons en contact direct avec votre peau afin d'éviter les risques de brûlures !).

> Mouillez une serviette hygiénique puis placez-la au congélateur avant de la placer dans votre culotte au contact du périnée. Pensez à placer une lingette lavable (à changer dès qu'elle est souillée) entre votre vulve et la serviette afin de ne pas vous brûler.

Après une épisiotomie ou une déchirure

L'épisiotomie est une incision faite au niveau du périnée pour agrandir l'ouverture du vagin et faciliter le passage du bébé lors d'un accouchement. Trois ou quatre points de suture sont posés pour refermer cette incision à la fin de l'accouchement. L'épisiotomie permet d'éviter le risque de déchirures lors de l'accouchement.

En cas d'épisiotomie, tous les conseils concernant les soins du périnée sont à appliquer.

La douleur liée à cette incision disparaît au-delà d'une semaine et les points de suture se résorbent seuls au bout d'une quinzaine de jours. Si vous le souhaitez, vous pouvez aider la cicatrisation :

> Appliquez du pur gel d'aloe vera sur les points, toujours en prenant soin de laisser la zone bien sèche une fois l'application terminée.

> Un traitement homéopathique peut aussi être conseillé.

> Si après plusieurs semaines, la douleur persiste, consultez une sage-femme ou votre médecin traitant.

La cicatrisation peut prendre jusqu'à 4 à 6 semaines. Passé ce délai, vous pouvez aider les tissus cutanés et sous-cutanés à retrouver leur élasticité :

> Lavez vos mains et, avec quelques gouttes d'huile d'amande douce ou avec un macérat de chanvre et de calendula, massez la cicatrice. À faire tous les jours.

Témoignage d'une maman

« Lors de mon accouchement (avec forceps), j'ai subi une épisiotomie au niveau des grandes lèvres (7 points de suture) et une déchirure interne du vagin. Je n'ai absolument rien senti sur le coup à cause de la péridurale mais la douleur est arrivée après plusieurs heures. La cicatrisation s'est bien passée (vive le gel d'aloe vera !). Pour la gestion de la douleur, l'application de froid à l'aide d'une serviette hygiénique congelée m'a soulagée immédiatement. Huit jours après, je ne sentais plus de douleur. J'ai massé la cicatrice pendant plusieurs semaines et j'ai retrouvé toutes mes sensations. »

L'utérus et les pertes vaginales

Pendant la grossesse, la taille et le volume de l'utérus augmentent de façon concomitante avec le développement fœtal. Juste après l'accouchement, le sommet de cet organe se situe à la hauteur du nombril et il va lui falloir plusieurs semaines pour revenir à sa taille « normale » (soit une hauteur d'environ 7 cm — le sommet de l'utérus se trouve au niveau du pubis hors période de grossesse).
Dès que le bébé est né, les contractions utiles au « travail » laissent la place à d'autres, **les « tranchées »**. Celles-ci permettent de réduire la taille de l'utérus et ainsi d'éviter une trop grande perte de sang. L'ocytocine, libérée lors des tétées (voir p. 124), est impliquée dans ce mécanisme physiologique de contraction et peut rendre les tranchées plus « puissantes ». Elles peuvent être douloureuses, voire difficilement soutenables, notamment pour celles qui allaitent. Si vous avez du mal à les supporter, n'hésitez pas à solliciter le personnel soignant qui vous donnera des anti-inflammatoires si besoin. Après l'étape de délivrance (ou expulsion du placenta), la cicatrisation de la muqueuse de l'utérus va durer environ 25 jours (Étienne, 2017). La muqueuse utérine, à vif quelque temps, peut être également un peu douloureuse.
Des pertes vaginales, appelées « lochies », sont associées à la restructuration utérine. Ces saignements deviennent très abondants les jours qui suivent l'accouchement (certaines femmes peuvent aussi perdre des caillots de sang). Elles durent jusqu'à six semaines, en diminuant jour après jour. Rouge clair au début, la couleur des pertes passe au rouge foncé ou brun puis au blanc.

Attention

Si les saignements augmentent en intensité, dégagent une odeur ou s'ils sont associés à de la fièvre, il est important de consulter un médecin.

La constipation passagère

Pendant l'accouchement, le corps limite automatiquement les dépenses d'énergie, dont le transit. Il est donc assez courant d'être constipée après une naissance. Certaines femmes n'iront à la selle que trois, quatre ou cinq jours après avoir accouché...
Surtout pour celles qui ont eu une épisiotomie, aller à la selle après l'accouchement peut paraître assez effrayant (par peur que « ça lâche », ce qui est très rare).
> Pour être plus confiante, « soutenez » votre périnée à l'avant en plaçant une serviette hygiénique dans votre culotte.

Si vous souhaitez aller à la selle, n'attendez pas, même si vous appréhendez.
> Aux toilettes, asseyez-vous sur la lunette et relevez vos pieds à l'aide d'un marchepied (les genoux sont légèrement plus hauts que les hanches). Penchez-vous en avant en posant les coudes sur les genoux. Essayez de vous détendre en prenant de grandes inspirations. L'idée est de relâcher profondément vos muscles pour ne pas faire d'effort.

Afin d'améliorer le transit, buvez de l'eau en quantité suffisante (1,5 à 2 litres d'eau par jour). De la même façon, mangez des aliments fibreux (céréales de grains entiers, légumineuses, fruits frais de préférence avec la peau, baies, fruits secs, avocat, légumes... voir p. 51).
À l'inverse, il n'est pas rare d'avoir **la diarrhée** après avoir accouché, ce n'est absolument pas une situation pathologique.

« Avez-vous fait pipi ? »

À la maternité, le personnel soignant vous interroge régulièrement pour savoir si vous avez réussi à uriner. Parfois, l'accouchement (surtout s'il y a eu une pose de péridurale) provoque une rétention urinaire et entraîne des complications infectieuses.
> Si vous avez des difficultés à uriner, faites couler l'eau du robinet du lavabo situé à proximité ou un filet d'eau tiède directement sur votre périnée (le bruit et le contact de l'eau déclenchent la miction).

À l'inverse, **les fuites urinaires** sont tout à fait normales. Pas d'inquiétude à avoir, faites juste preuve d'un peu de patience...

Et si vous souffrez d'hémorroïdes

N'hésitez pas à mettre en pratique nos conseils pour lutter contre la constipation : éviter de trop pousser en allant à la selle atténue la douleur des hémorroïdes. En attendant leur disparition (en général quelques jours après l'accouchement), si la position assise est douloureuse, vous pouvez vous asseoir sur un oreiller.

La cicatrice de césarienne

Dans les jours qui suivent un accouchement par césarienne, **la douleur ressentie au niveau de la cicatrice peut être intense.** Si vous avez du mal à la supporter, n'hésitez pas à demander une aide médicamenteuse au personnel médical. Le lendemain de l'accouchement, **l'équipe soignante vous aidera à vous mettre debout et à marcher** pour réduire le risque d'embolie et de phlébite, et favoriser la cicatrisation. Encore une fois, n'oubliez pas de respecter votre rythme !
Faites **attention à ne pas solliciter vos muscles abdominaux** au début. Pour vous relever, voici comment procéder :

> Roulez d'abord sur le côté afin de prendre appui sur vos mains et vous asseoir sur le bord du lit.

> Rapprochez le torse de vos genoux pour soulever vos fesses.

> Une fois les pieds par terre, redressez-vous verticalement.

> Prévoyez toujours une chaise pour prendre appui en cas de problème.

Pendant votre séjour à la maternité, **les soins de la cicatrice** sont pris en charge par une personne de l'équipe soignante qui change le pansement, nettoie la plaie et surveille son évolution.

> De retour à la maison, poursuivez le nettoyage à l'aide d'un savon adapté. Prenez soin de bien sécher la plaie avant de remettre le pansement.

Généralement, **les fils sont retirés entre le 5e et le 10e jour après l'opération.**
Quand la plaie externe est cicatrisée (et avec l'aval de votre médecin), vous pouvez commencer à **masser la cicatrice.** Le massage permet non seulement d'assouplir les tissus qui ont été lésés mais aussi de favoriser leur reconstruction. Il aide à retrouver des sensations « normales ».

> Massez la cicatrice avec une huile végétale riche en vitamine E (une huile de tournesol par exemple) afin de booster l'effet cicatrisant.

Sans massages réguliers, une sensation d'engourdissement, de picotements ou au contraire une insensibilité peuvent apparaître à terme dans la zone de la cicatrice.

Pour éviter les frottements au niveau de la cicatrice :

> Privilégiez le port de vêtements amples.

> Choisissez des sous-vêtements en coton bio, avec une taille très basse ou très haute.

Cicatrice et soleil

Au cours de la première année, comme pour toute cicatrice, il est important de ne pas l'exposer au soleil, ce qui pourrait provoquer une dépigmentation de la zone.

LE RETOUR À LA MAISON

Votre bébé vient juste d'arriver au monde, mais vous aussi, en tant que mère, père, parents, vous venez de naître... C'est un véritable défi pour vous ! Tout est à découvrir, à construire, à expérimenter.

Même si vous avez organisé la vie quotidienne avant la naissance (voir p. 74), vous allez devoir vous adapter et cela ne sera pas toujours confortable. Mais vous allez y arriver, faites-vous confiance !

Un quotidien chamboulé : prendre de nouvelles marques

Toute votre attention est maintenant portée sur le bébé afin de répondre à ses besoins vitaux : manger, dormir ou se reposer, être changé, porté, câliné mais aussi le sécuriser en veillant à ce que son environnement soit le plus favorable possible à sa construction (voir « L'épigénétique » en annexe), tout en surveillant la bonne évolution de son développement. Cela représente beaucoup de responsabilités et la fatigue qui s'accumule n'arrange pas les choses au niveau émotionnel.

Limiter les visites à la maison

Les visites impliquent de ranger votre intérieur, de proposer une boisson voire un goûter aux visiteurs, de vous présenter (souvent) sous votre meilleur jour, de vous priver d'une potentielle sieste ou d'un temps calme, etc. Tout comme celles faites à la maternité, les visites à votre domicile créent de l'agitation, du bruit et le bébé passe souvent de bras en bras... ce qui peut le perturber, l'angoisser et potentiellement vous fatiguer davantage. Avec votre conjoint·e, expliquez à votre entourage pourquoi vous limitez les visites (voir p. 106).

Créer un rituel de journée

Le nouveau-né enchaîne souvent les mêmes cycles (manger, éveil, dormir puis à nouveau manger, éveil, dormir...) mais pas toujours aux mêmes moments d'un jour à l'autre ! Mettre en place une routine avec douceur est un bon moyen d'organiser vos temps de repos.

Lecture

Nous vous conseillons notamment la lecture des excellents livres de Julia Simon, *Bien vivre le quatrième trimestre*, et de Tracy Hogg, *Secrets d'une charmeuse de bébés*. Elles y expliquent les bienfaits de la routine pour les bébés... et les mamans !

Dès que le rituel est en place, il est plus facile de vous détendre ou d'organiser des activités relaxantes, sans trop vous éloigner de votre enfant.

> Profitez-en pour faire une sieste, prendre un bain ou une bonne douche, ou encore pour respirer dans votre jardin si vous en avez un.

> Gardez les tâches du quotidien (faire la vaisselle, ranger, faire le ménage, étendre le linge, faire à manger pour le soir, etc.) pour plus tard. Votre conjoint·e pourra alors participer à ces tâches.

> Bien qu'essentiel au bien-être et à la bonne santé en général, le sommeil fait souvent défaut pendant les premières semaines de vie de l'enfant. Pour pallier ce problème, dormez dès que vous le pouvez : pendant les temps de sommeil de votre bébé, si le parent accompagnant ou quelqu'un d'autre prend le relais...

Être bienveillant et poser ses limites

Comme nous venons de l'évoquer, vous ne naissez pas parent mais vous le devenez… jour après jour. Dans ce nouveau rôle, soyez donc bienveillant·e et empathique avec vous-même, mais également avec votre conjoint·e. **Ne mettez pas la barre trop haut** et restez simple dans vos attentes, tout votre entourage s'en portera mieux.

Attention, **bienveillance ne signifie pas tout accepter !** Osez dire « non » ou « stop » quand une action, une parole, une invitation, etc. ne vous convient pas. Cela évitera toute surcharge de stress supplémentaire et vous apaisera. Ici encore, la Communication NonViolente (voir p. 289) est intéressante.

Les élixirs floraux ou les huiles essentielles peuvent être d'un bon soutien au niveau émotionnel :

> Le mélange d'urgence (ou Rescue) en fleurs de Bach (en cas d'angoisse, d'émotion soudaine et forte) : 4 gouttes sous la langue à reproduire tous les quarts d'heure jusqu'à l'apaisement.

> L'huile essentielle de lavande fine, mandarine ou orange douce vous apaisera : inspirez 2 ou 3 fois au-dessus d'un flacon ouvert.

Les pierres

Si la vertu des pierres vous intéresse, vous pouvez porter une pierre œil de tigre (dans une poche par exemple) contre les ondes négatives ou les agressions extérieures.

Solliciter le co-parent et les personnes-ressources

Attention à la fameuse « **surcharge mentale** » ! Gérer trop de choses seul·e peut rapidement devenir difficile et épuisant, voire tourner au cauchemar. Demander de l'aide n'est pas un aveu de faiblesse ou un signe que vous êtes une mauvaise mère ou un mauvais père, mais au contraire que vous connaissez vos besoins et que vous êtes conscient·e de vos limites physiques et psychiques. Rappelez-vous ce proverbe : « Il faut tout un village pour élever un enfant »…

La personne-ressource est quelqu'un sur qui vous pouvez vous appuyer quand vous rencontrez une période difficile. C'est une personne bienveillante et prête à vous donner un coup de main ! Le plus souvent, elle fait partie de votre entourage (conjoint·e, parents, amis, etc.) mais des professionnels peuvent aussi jouer ce rôle, chacun dans son domaine de compétence (sage-femme, puéricultrice, thérapeute, doula, médecin, etc.).

Votre conjoint·e peut (et même doit) vous aider à gérer le quotidien : courses, préparation des repas, bain du bébé, gestion du ménage et du linge, gestion de l'administratif, recherche d'un mode de garde, etc. Il·elle doit également partager les responsabilités plus importantes avec vous.

À savoir

Aurélie Desnos, puéricultrice libérale en Ille-et-Vilaine, rappelle que **le parent accompagnant doit être présent aux rendez-vous de suivi.** C'est l'occasion d'aborder notamment la répartition des tâches avec les deux parents et de leur proposer de passer le relais à une autre personne si nécessaire.

En général, les personnes de votre entourage sont ravies de proposer leur aide ou d'être sollicitées. Si vous avez eu la chance de recevoir de leur part des cadeaux de naissance sous forme de « bons pour… » personnalisés (voir p. 87), utilisez-les dès que vous sentez la fatigue vous envahir…

De **nombreuses associations locales de soutien** peuvent être d'une aide précieuse, renseignez-vous.

Il est également possible de faire appel à des professionnels comme **les TISF (technicien d'intervention sociale et familiale)** pour vous seconder dans la vie de tous les jours (ménage, aide pour les repas, pour les courses, pour les devoirs, etc.). Votre Caisse d'allocations familiales (CAF) régionale peut vous renseigner.

Et savez-vous que vous avez droit à la visite d'une sage-femme de votre choix dès votre retour chez vous ? Il s'agit du **dispositif PRADO (programme d'accompagnement au retour à domicile)** mis en place par la CPAM pour favoriser un retour de la maman plus serein. Cela évite de courir pour les rendez-vous de suivi…

Accueillir les pleurs du bébé

La grande question des pleurs inquiète beaucoup de parents ou de futurs parents. Une valeur négative est souvent attribuée à ces pleurs et, en les entendant, les parents ont parfois l'impression qu'ils les agressent. D'autres se sentent mal, incompétents, dépourvus de ressources ou se mettent en colère... Le sentiment d'insécurité ressenti alors par les parents entraîne une diminution de leurs capacités à prendre soin et à répondre aux besoins du bébé (Gueguen, 2015).

Pourquoi le bébé pleure-t-il ?

Tout d'abord, il nous faut décoder les besoins de notre enfant. Comme nous le rappelle Charlotte Besson[36], « les pleurs du bébé sont physiologiques, c'est son seul moyen d'expression pour communiquer avec son entourage, ses pleurs doivent donc toucher émotionnellement l'adulte pour qu'il réagisse et intervienne, sa survie en dépend ». **Un nourrisson ne fait pas de caprices mais cherche juste à communiquer une émotion, un besoin ou une douleur.**

- Votre bébé peut être bouleversé par ses **émotions**, toutes nouvelles pour lui depuis la naissance. Quand il pleure, il vous appelle pour être réconforté. Il a besoin de se décharger de ses **tensions**. Ses connexions neuronales se font à toute allure, son cerveau travaille énormément dès ses premiers jours. Il a besoin d'aide pour vivre cela !

Recherches

Des études menées sur la composition des larmes (Raynaud, 2021) ont identifié la présence d'adrénaline et de noradrénaline dans des larmes humaines. Le fait que ces deux substances soient éliminées par les larmes permettrait de passer d'un état de stress à un état de détente en calmant le système nerveux sympathique.

- Tout au long d'une journée, **les besoins** d'un bébé peuvent être d'ordre **physiologique** (besoin de changer sa couche sale, de manger, d'avoir froid ou chaud, etc.), **de l'interaction** (besoin affectif, de câlin, de jouer, etc.) ou encore des besoins **de calme** (le nouveau-né est vite fatigable car souvent trop stimulé !).
- Enfin, par ses pleurs, le bébé peut **exprimer une souffrance** (sans que la situation ne soit forcément grave). La plupart du temps, ces pleurs sont liés à des coliques, des maux de dents...

En fonction du type de réponse obtenue à la longue, le nouveau-né développe un type d'attachement (sécure ou pathologique). L'attachement est **« sécure »** si l'enfant est correctement rassuré (sécrétion d'ocytocine) ou, au contraire, **« pathologique »** s'il n'est pas rassuré (sécrétion d'adrénaline par le stress). Ces éléments influent nécessairement sur le développement cérébral de l'enfant (par la sécrétion d'hormones différentes) et joue sur le comportement futur (attachement, dépendances, gestion de la frustration, etc.). Le gronder, le menacer ou faire du chantage ne sert à rien ! Ces attitudes, ces paroles de menace, ces cris, etc. ne devraient pas être une option éducative et viennent léser le cerveau et les circuits neuronaux des jeunes enfants.

Éducation et neurosciences

Les sujets concernant l'éducation bienveillante et les neurosciences (voir Partie 8) sont passionnants. L'apport des neurosciences a révolutionné, depuis quelques années, nos connaissances sur le développement des enfants et nous permet de mieux comprendre comment les accompagner dans leur bon développement neurologique notamment. Il existe beaucoup d'ouvrages et de conférences[37] sur Internet.

Si vous vous sentez surmené·e, submergé·e, épuisé·e, dépassé·e... ou prêt·e à craquer, dans un premier temps, **passez le relais !**

Si une personne se trouve avec vous, demandez-lui de prendre votre bébé et allez prendre l'air quelques minutes.

Si vous êtes seul·e :

> Déposez votre enfant dans un endroit sécurisé (son lit par exemple) et éloignez-vous.

> Ouvrez la fenêtre et faites quelques grandes

36 Charlotte Besson est sage-femme à La Ferté-Bernard (Sarthe).

37 Notamment les ouvrages et les conférences du docteur Catherine Gueguen (voir la bibliographie en annexe).

respirations (ou quelques pas dans votre jardin), faites un peu de cohérence cardiaque pour diminuer l'hormone du stress (voir p. 53).

> Prenez 4 gouttes en sublingual du mélange d'urgence (Rescue) en fleurs de Bach (voir les indications p. 112).

> Criez un bon coup si vous en avez besoin.

> Et si vous le pouvez, appelez une personne de confiance qui puisse venir vous seconder rapidement (identifier les personnes-ressources en amont est précieux — voir p. 112).

Charlotte Besson conseille également les travaux d'Oguz OMAY, psychiatre suisse par qui elle a été formée à la psychothérapie interpersonnelle (PTI).

Il s'agit d'une psychothérapie de courte durée, fondée sur la théorie de l'attachement. Son but est de soulager la souffrance et améliorer le fonctionnement interpersonnel (optimiser les relations et faire appel au soutien affectif et pratique, améliorer le soutien social).

Le Docteur Oguz Omay (actuellement en Suisse) est un référent francophone de cette thérapie, peu connue en France, mais très adaptée à la dépression du post-partum par exemple.

Quelques conseils pour mieux gérer les pleurs de votre enfant :

Rappelez-vous toujours qu'**il est normal qu'un bébé pleure.**

Rassurez-vous, vous faites de votre mieux ! Rassurez aussi le co-parent. Soyez à l'écoute, réconfortant·e et faites preuve de bienveillance, d'empathie et de patience.

Rappelez-vous tous les bons moments que vous passez avec votre bébé, les moments d'échanges, les rires, les joies, la tendresse, etc. Ces bulles d'oxygène sont à préserver et à vous remémorer dans la journée avec le co-parent.

Si vous vivez mal les pleurs malgré ces conseils, **n'hésitez pas à vous faire accompagner** par un·e professionnel·le. Ces pleurs peuvent vous rappeler des situations angoissantes vécues et diminuer votre estime de vous-même. Nos enfants nous invitent à nous questionner et nous permettent de nous élever... et de grandir avec eux !

Un jeune enfant ne fait pas de caprice, il ne manipule pas, il ne calcule pas... En revanche, il exprime une émotion, un besoin ou une souffrance. Rien ne sert de crier, de le menacer, de faire du chantage, etc. Lorsque votre enfant fait des crises de colère (jusqu'à ses 4 ou 5 ans), pensez à toujours évaluer sa demande afin de savoir si elle est ou non accessible. Si la demande est accessible, répondez-y favorablement. En revanche, si ce n'est pas le cas, répondez par la négative MAIS en restant physiquement proche de lui afin de le sécuriser (voir Partie 8).

Rappelez-vous également qu'**on ne naît pas parent, on le devient !** La parentalité est « un long chemin initiatique », comme le souligne le docteur Anne Raynaud. Elle se construit au fil du temps et avec votre enfant (et avec votre conjoint·e).

Beaucoup de conseils vous sont sûrement prodigués par vos proches, vos amis, vos collègues, les professionnels, etc. Écoutez-les mais faites-vous aussi votre propre idée. Chaque être est unique, chaque situation l'est aussi... **Se faire confiance** en tant que parent est aussi important.

Les BABI

Il s'agit de « bébés aux besoins intenses »... Ils représentent environ 10 % des bébés et sont souvent mal connus des professionnels de santé français. Ces enfants sont en hypervigilance constante, ils pleurent beaucoup et intensément, dorment peu, ont besoin d'être très souvent pris dans les bras. Les BABI ont un grand besoin de succion qui, s'il est assouvi, peut participer à les calmer. Ils débordent souvent d'énergie et peuvent passer pour « capricieux ». Les BABI sont des hypersensibles et donc beaucoup plus réceptifs que les autres enfants à tout ce qui les entoure (bruits, odeurs, toucher, tensions relationnelles, etc.), ce qui génère chez eux un profond sentiment d'insécurité.

Le docteur Anne Raynaud, dans son livre *Enfant sécurisé, enfant heureux*, les compare à des « huîtres perlières ». Une fois passée la coquille, on accède à une magnifique perle, un beau trésor intérieur. Ces enfants aux besoins intenses sont des êtres doués de qualités humaines incroyables ! Lorsqu'ils sont apaisés et vont bien, ils sont drôles, joyeux, enthousiastes... bref, « ils rayonnent », nous dit Anne Raynaud. Leurs parents, leurs grands-parents, leur nourrice ou toute personne s'occupant d'eux sont souvent épuisés, découragés ou dans l'incompréhension.

Que faire ?

La première chose est d'éliminer tout autre problème d'ordre médical.

Ensuite, si vous avez des doutes, renseignez-vous et **entourez-vous de professionnels** connaissant cette hypersensibilité.

Surtout, rappelez-vous toujours que **les BABI ont besoin d'une grande sécurité émotionnelle**, bien plus importante que tout autre enfant. Ils peuvent aussi trouver l'apaisement grâce à de petites choses, de petits moments complices passés avec une personne importante (parents, grands-parents, nourrice, etc.). Voici l'occasion de travailler et de cultiver votre patience...

Donner un cadre clair et sécurisant est primordial. Des règles à respecter et un cadre défini, solide et facilement compréhensible, sont à mettre en place le plus tôt possible.

Acceptez cette particularité de votre enfant pour mieux l'accompagner et cheminer sans être dans le sentiment d'échec qui pourraient être très limitant pour vous et pour lui.

Le calendrier des rendez-vous médicaux « essentiels »

Voici la liste des rendez-vous obligatoires pour vous et votre enfant. N'hésitez pas à photocopier ce calendrier et à l'afficher quelque part pour y penser.

L'enfant

De la naissance à ses 16 ans, votre enfant devra avoir 20 examens obligatoires (en 2022) avec son médecin. Ce suivi médical est important et vise à dépister un éventuel problème le plus tôt possible.

CALENDRIER DES RENDEZ-VOUS MÉDICAUX OBLIGATOIRES POUR L'ENFANT

Âge de l'enfant	Examen	Vaccins obligatoires
Dans les 8 jours après la naissance	1 examen À la fin de cet examen, le médecin remplit le 1er certificat de santé	
Après les 8 premiers jours (depuis la naissance)		**BCG** en cas de risque élevé de tuberculose
Au cours de la 2e semaine	1 examen	
Du 1er au 6e mois	1 examen par mois (soit 6 examens)	
Entre le 2e et 4e mois		**DTCP** (Diphtérie, Tétanos, Coqueluche, Poliomyélite) **HIB** (Haemophilus influenzae b) **VHB** (Hépatite B) **Pneumocoque**
Au cours du 5e mois		**Méningocoque C**, 1re injection
Au cours du 9e mois	1 examen À la fin de cet examen, le médecin remplit le 2e certificat de santé	
Au cours du 12e mois	1 examen	**ROR** (Rougeole, Oreillons, Rubéole), 1re injection **Méningocoque C** 2e injection (possible jusqu'à 24 mois)
Au cours du 13e mois	1 examen	
Entre le 16e et 18e mois	1 examen	**ROR** (Rougeole, Oreillons, Rubéole), 2e injection
Au cours du 24e et du 25e mois	1 examen À la fin de cet examen, le médecin remplit le 3e certificat de santé	
Au cours des 3e et 6e années	4 examens	

Vaccination

En 2017, le ministère français de la Santé a recommandé d'élargir l'obligation vaccinale à huit vaccins supplémentaires chez les bébés de moins de 2 ans (Coqueluche, Haemophilus influenzae b, Hépatite B, Méningocoque C, Pneumocoque, Rougeole, Oreillons, Rubéole). Ils sont donc obligatoires depuis le 1er janvier 2018 pour les enfants nés à partir de cette date, en plus des trois vaccins déjà requis (Diphtérie, Tétanos, Poliomyélite).

La maman

Ce suivi auprès du médecin (ou de la sage-femme) est l'occasion de lui poser vos questions, de lui demander conseil et de l'alerter si vous ressentez une fatigue excessive, une baisse de moral importante, un manque de soutien de votre entourage, ou si des douleurs ou des inconforts persistent.

La rééducation du périnée est importante. Pendant la grossesse et surtout l'accouchement, le périnée a été fragilisé et sa perte de tonicité peut vous exposer à des troubles immédiats : des fuites urinaires lors de la toux, d'un effort, du rire, une sensation de gêne et de pesanteur sur le périnée ou encore une perte de sensations lors des rapports sexuels. À long terme, en l'absence de soins, des complications telles qu'une incontinence urinaire ou un prolapsus génito-urinaire peuvent apparaître. D'où l'importance de suivre les séances de rééducation et d'avoir un suivi médical régulier.

CALENDRIER DES RENDEZ-VOUS MÉDICAUX OBLIGATOIRES POUR LA MAMAN

Quand ?	Quel examen ?	Prise en charge par la CPAM[38]
8 jours après l'accouchement et avant la consultation post-natale obligatoire	2 séances de suivi post-natal sont réalisées par une sage-femme (à votre domicile ou dans son cabinet). C'est l'occasion d'exprimer vos préoccupations et de poser toutes les questions que vous voulez.	Les séances sont prises en charge à : • 100 % jusqu'au 12e jour après la naissance. • 70 % après le 12e jour.
6 à 8 semaines après l'accouchement	La consultation post-natale est obligatoire. Prenez rendez-vous avec un médecin, ou si votre grossesse a été normale et l'accouchement sans complication, avec une sage-femme.	L'examen est pris en charge à 100 %.
2 mois après l'accouchement	Séances de rééducation périnéale. Suite à votre grossesse, votre périnée est souvent affaibli et a besoin d'être renforcé. Prenez rendez-vous avec une sage-femme ou un masseur-kinésithérapeute (en cabinet ou à l'hôpital).	La rééducation est prise en charge à 100 %.

38 Caisse primaire d'assurance maladie

PARTIE 3

Les besoins vitaux du nouveau-né : **alimentation**, **hygiène** et **sommeil**

LE LIEN D'ATTACHEMENT

À la naissance, le bébé est vulnérable, incapable de répondre de façon autonome à ses besoins vitaux sans un adulte. Pour assurer sa « survie », il crée un premier puis plusieurs liens d'attachement avec les personnes qui l'entourent.

Lorsque l'on évoque les besoins vitaux du nouveau-né, on pense naturellement à l'alimentation, aux soins d'hygiène et au sommeil qui participent à son bien-être et à sa santé. Incapable d'assurer lui-même ses propres besoins, il développe dès la naissance un lien particulier dit « d'attachement » avec les adultes qui s'occupent de lui.

Définition

La théorie de l'attachement, située sur les plans émotionnel et affectif, peut se définir comme la construction d'une continuité relationnelle suffisante respectant les besoins de l'enfant[39].

La figure d'attachement primaire

« Une fois sorti du ventre, l'habitat naturel d'un nouveau-né est la poitrine de sa mère »,
Aurélie Besnard.

À la naissance, si le temps de la rencontre est possible (voir p. 97 et 120), la mère et l'enfant interagissent de manière intense avec le premier regard (ou protoregard) et la première tétée. Ces interactions vont participer à la création du lien d'attachement.

39 YouTube : « L'attachement », Nicole Guédeney.

Dans les premiers mois, la figure de référence parmi l'entourage du bébé est celle qui passe le plus de temps avec lui, pour le nourrir et lui parler, en général la mère, qui devient sa « figure d'attachement primaire ». **Le développement de ce lien émotionnel assure au nouveau-né la base d'une sécurité affective**.

Cette relation peut ne pas être présente dans les premières semaines de vie du bébé, car sa compréhension de lui-même et des autres est limitée. **C'est au fur et à mesure que les adultes interagissent et s'occupent du bébé pendant sa première année** que le lien d'attachement se construit. Ainsi, tous les enfants ont tendance à établir des liens avec des adultes qui prennent soin d'eux et qui leur sont proches (Tereno, 2007).

Les figures d'attachement principales

Il s'agit des adultes qui élèvent l'enfant dès les premiers mois de sa vie. Parmi les figures d'attachement principales, nous trouvons donc la mère, puis le co-parent et les substituts parentaux des modes de garde familiaux (par exemple les grands-parents) et professionnels (assistante maternelle). Chaque figure d'attachement primaire se construit dans les neuf premiers mois de la vie, elle est irremplaçable, spécifique et non interchangeable.

Le bébé est capable de hiérarchiser ces différentes figures d'attachement. Ce classement n'a rien à voir avec la quantité d'amour porté à ces personnes, mais il s'établit en fonction du temps passé avec le bébé et de la régularité des contacts dans les premiers mois de la vie.

Pas de préférence !

Lorsque l'enfant est en état d'alerte, si les deux parents sont présents physiquement à ses côtés, c'est auprès de sa mère qu'il ira se réfugier (si elle est sa figure d'attachement primaire). Attention, le bébé n'aime pas plus sa maman que son papa ! Son comportement est le résultat de la construction de son lien d'attachement depuis la naissance.

L'évolution du lien d'attachement

Les besoins de proximité varient en fonction de l'âge de l'enfant, de ses besoins et de son environnement. Le nouveau-né construit sa représentation du monde en fonction de la réponse de son environnement à ses besoins d'attachement. Par exemple, quand un bébé isolé dans son lit se réveille, il se met à pleurer pour rechercher la proximité avec sa figure d'attachement. Si celle-ci n'arrive pas rapidement ou ne répond pas

à son besoin de contact, il crie de plus en plus fort, de façon proportionnelle à la détresse qu'il rencontre. Si cette situation se répète, ce bébé établit une corrélation entre l'isolement qu'il vit dans son lit et le manque de réponse à ses besoins, ce qui peut se manifester par l'expression d'une détresse au moment du coucher.[40]

Entre 6 et 9 mois, l'enfant développe son système d'exploration. Il est en mesure de s'éloigner tout en respectant une certaine proximité avec sa figure d'attachement. S'il se sent sécurisé, l'enfant est prudent mais à la recherche d'une validation (par exemple un regard encourageant) à la moindre de ses difficultés. L'attachement agit ici comme un stimulant de l'exploration. À ce sujet, Nicole Guédeney précise que « la vraie autonomie est de savoir ce que l'on peut faire tout seul mais de savoir aussi quand on a besoin d'aide ».

À partir de 9 mois, si la distance entre la figure d'attachement et le bébé est supérieure à ce qu'il peut supporter, il est en recherche de proximité, de contact et de disponibilité.

De 12 à 18 mois, l'enfant se déplace de façon autonome. En cas de détresse, il « se colle » à une de ses figures d'attachement pour rétablir la proximité physique (comme les enfants qui refusent d'être laissés à la crèche ou à l'école).

À l'âge adulte, ces mécanismes liés au lien d'attachement perdurent. Lorsque vous n'allez pas bien (ou lors d'un événement très positif), vous cherchez instinctivement le contact de vos propres figures d'attachement.

Le caregiving

D'après Nicole Guédeney, un bébé, lorsqu'il est tout petit, n'est bien que lorsqu'il dort ou, quand il est en état d'éveil, dans les bras des personnes qui l'élèvent (appelées *caregiver*). Un bébé qui arrive au monde éprouve toutes les informations intérieures et extérieures comme **des sollicitations ou des agressions**[39]. Ces informations sont alors perçues comme des signaux de détresse, qui vont activer son système d'alarme et donc son système d'attachement de manière complètement instinctive. Il exprime alors un répertoire de comportements (pleurs, cris…) pour déclencher l'arrivée d'un adulte et rétablir la proximité physique avec la figure d'attachement. C'est l'établissement du contact avec son *caregiver* qui lui permet de retrouver un état émotionnel calme et détendu.

Il est donc important de **répondre de façon adéquate et rapide au besoin d'attachement de l'enfant, de façon répétée, afin de lui permettre de construire un environnement « sécure ».** La réponse des parents aux besoins d'attachement et d'exploration de l'enfant est définie par le *caregiving*.

À retenir

Comme nous l'avons déjà vu, l'ocytocine (voir p. 97) est l'hormone de l'attachement, libérée par l'enfant dans chaque situation de contact et grâce aux échanges de regard : en passant du temps avec lui et en réagissant rapidement et de façon adéquate à ses besoins, vous participez ainsi à en faire un enfant sécurisé, autonome et heureux !
Le lien d'attachement ainsi créé aura des conséquences sur le développement cognitif et émotionnel de l'enfant et sera également une base solide pour la construction de ses relations d'adulte.

40 YouTube : « Boris Cyrulnik et la petite enfance »

L'ALIMENTATION DU NOUVEAU-NÉ

Dans cette partie, nous allons nous intéresser aux besoins nutritifs du nouveau-né en abordant notamment l'allaitement maternel ainsi que l'allaitement au biberon.

Chaque mère doit se sentir **libre de choisir de nourrir son bébé au sein ou au biberon**, quelles que soient les pressions exercées par l'entourage familial, amical, sociétal ou par le corps médical. Certaines voudront juste essayer de donner le sein puis feront le choix d'arrêter. Dans tous les cas, il vaut mieux donner des biberons plutôt que de subir un allaitement contraint et douloureux, sans doute voué à l'échec (Collectif, 2020). **Le confort de la mère doit primer sur le reste.** Le rôle de la famille et des proches a toute son importance dans le soutien de la mère face à sa décision. Sachez que l'allaitement, maternel ou par le biais de lait infantile, couvre à lui seul tous les besoins nutritionnels du nourrisson jusqu'à l'âge de 6 mois (Turck, 2010).

La galactogénèse

Au cours de la grossesse, que l'allaitement maternel soit le projet ou non, le corps se prépare à la production de lait avec la mise en place de la galactogenèse. Celle-ci correspond à l'ensemble des mécanismes glandulaires, nerveux et hormonaux qui provoquent la fabrication du lait.

L'allaitement maternel

Toutes les femmes sont capables d'allaiter l'enfant qu'elles viennent de mettre au monde ! Pendant la grossesse et sous l'effet des modifications hormonales, leur corps se prépare à produire le lait qui servira à nourrir son enfant.

D'après le rapport du professeur Turck (Turck, 2010), « **les contre-indications de l'allaitement sont très rares** : infection par le virus de l'immunodéficience humaine, maladie cardio-vasculaire ou respiratoire sévère, hémopathie ou cancer en cours de traitement chez la mère, galactosémie chez l'enfant. Malgré le passage quasi constant dans le lait des médicaments consommés par la mère, très peu d'entre eux sont incompatibles avec la poursuite de l'allaitement ».

Un choix éclairé…

Aujourd'hui, bien que les laits « maternisés » soient parfaitement adaptés pour couvrir les besoins nutritifs d'un nouveau-né (voir p. 134), les bénéfices de l'allaitement maternel sont indéniables, pour le bébé comme pour la mère.

Recommandation de l'OMS

L'OMS, dans son rapport de mai 2001, préconise « un allaitement maternel exclusif pendant les six premiers mois de la vie, et la poursuite de l'allaitement jusqu'à l'âge de 2 ans, voire au-delà en fonction du souhait des mères ».

Les avantages

Pour le nourrisson, l'allaitement maternel joue un rôle considérable dans l**a prévention du développement de maladies endocriniennes** (diabète, obésité…), d'allergies (avec une diminution du risque d'asthme et d'eczéma) et permet aussi de diminuer le risque de pathologies cardio-vasculaires. Le lait maternel contient également les anticorps maternels, qui stimulent l'immunité du bébé et l'aident ainsi à mieux se défendre contre des germes pathologiques. Chez les enfants nés de **façon prématurée**, l'allaitement maternel favorise la maturation des fonctions digestives et la tolérance à l'alimentation par voie orale. **La succion directement au sein** assure également un bon développement maxillo-facial au bébé et la proximité avec la mère au cours des tétées permet un bon développement cognitif pour l'enfant.
Du côté de la mère, l'ocytocine sécrétée en réponse à la succion du bébé stimule l'utérus pour l'aider à retrouver sa taille normale après l'accouchement. L'allaitement diminuerait également le risque de cancer du sein avant la ménopause et de cancer de l'ovaire, de diabète de type 2 et de la dépression post-partum. Enfin, il participe très activement à la création et au développement du lien d'attachement entre l'enfant et sa mère (voir p. 120).

À qui s'adresser ?

La question du choix de l'allaitement maternel est à aborder au cours de votre grossesse, dans un premier temps avec vous-même, avec le co-parent puis avec votre entourage proche. Le projet d'allaitement maternel ne concerne pas seulement la mère et son bébé, mais bien **une maman dans un environnement familial soutenant, bienveillant et réconfortant.**
Le 3e trimestre de grossesse est la période idéale pour se pencher sur cette question et accéder à des **informations**. Vous êtes en contact avec des professionnel·le·s pour la préparation de l'accouchement :

> Une des séances de préparation à l'accouchement animée par une sage-femme est dédiée à cette thématique.

> Vous pouvez rencontrer une consultante en lactation. La présence du co-parent est fortement conseillée : en plus d'engranger des informations, sa participation est une belle marque de soutien dans ce projet d'allaitement ! Si vous le souhaitez, la consultante assurera un suivi après l'accouchement, en post-partum.

> Informez l'équipe médicale de la maternité de votre souhait d'allaiter (notez ce souhait dans le carnet de naissance si vous en avez un) afin que du personnel formé vous aide à mettre en place la lactation.

Les consultantes en lactation

La consultante en lactation IBCLC (International Board Certified Lactation Consultant) est une référence en allaitement. Formée sur le thème de l'allaitement, elle accompagne les parents dans leur projet, de la préparation prénatale au sevrage en passant par toutes les étapes de l'allaitement.

La place du co-parent dans le projet d'allaitement maternel

Au cours de cette nouvelle aventure qu'est l'arrivée d'un bébé, la place de la personne accompagnante est primordiale et ses rôles seront multiples. En devenant un·e véritable allié·e dans le projet d'allaitement, il·elle doit se projeter en tant que parent non nourricier (pendant la période de l'allaitement exclusif) et trouver sa place au sein de ce nouvel équilibre familial. De nombreuses choses sont à faire pour **prendre soin d'un nouveau-né… et de sa maman** qui lui donne le sein, qui est une activité très prenante et fatigante surtout dans les suites immédiates du post-partum !

Ne cherchez pas l'égalité dans la répartition des tâches quotidiennes à tout prix mais, au contraire, dirigez-vous vers une équité afin de co-construire ensemble ce nouvel équilibre familial.

> Le co-parent devient **un maillon de cette chaîne alimentaire**, en préparant notamment les repas. Il·elle participe ainsi pleinement à l'alimentation du bébé en assurant le bon équilibre des repas (voir p. 240).

> Prendre le relais sur **les tâches du quotidien et s'occuper du bébé** permet aussi à la maman de se reposer et d'être ainsi capable de maintenir une bonne lactation. La fatigue est un des facteurs pouvant entraîner une diminution de la production de lait.

> **Assister aux séances de préparation à l'accouchement et aux consultations prénatales** permet au co-parent de se sentir complètement impliqué·e dans ce projet. Toutes ses questions, dont celles concernant l'allaitement, y trouveront réponse.

Message

Cher co-parent, prenez votre place au sein de ce nouveau cercle familial, en prenant soin d'y apporter une écoute attentive ainsi que tout votre soutien ! Pensez à prendre également soin de vous, et dans tous les cas, sachez que la communication avec votre conjointe est la clé de la réussite !

Physiologie et mise en place de la lactation

Pendant toute la gestation et sous l'influence des hormones de grossesse, les glandes mammaires se développent de sorte que leur structure et leur fonction les rendent capables de produire du lait.

D'un point de vue anatomique, le sein est constitué d'un tissu adipeux qui recouvre les glandes mammaires. Celles-ci sont formées par **un réseau de canaux lactifères** rayonnant à partir du mamelon situé à la surface du sein, jusqu'aux lobules situés plus en profondeur. Chaque lobule est constitué par une grappe d'alvéoles qui seront les **zones de synthèse du lait.** C'est la forte concentration en œstrogènes et en progestérone au cours de la grossesse qui va induire notamment les modifications physiologiques nécessaires à la lactation, comme le développement des canaux lactifères et la formation des lobules et alvéoles. La prolactine, quant à elle, sera responsable de la production d'enzymes nécessaires à la production de lait (voir p. 160).

La chute brutale des hormones au cours de l'accouchement permet la mise en route de la lactation. L'ocytocine et la prolactine prennent alors le relais et induisent **la production du colostrum** par la glande mammaire.

Le colostrum, premier lait de couleur jaunâtre après l'accouchement, est extrêmement nourrissant et riche en anticorps. **Son rôle est de favoriser l'élaboration de l'immunité du bébé.** Il possède les mêmes caractéristiques olfactives que le liquide amniotique, ce qui permet une reconnaissance sensorielle de la maman par le bébé. L'excrétion de colostrum par les mamelons lui servira de guide afin qu'il rampe jusqu'à un de ceux-ci pour effectuer sa première tétée (voir p. 103). **Si le temps de rencontre entre la mère et son enfant est respecté, les conditions sont réunies pour une mise en place de l'allaitement réussie !**

À savoir

- **À la naissance, certains bébés ne tètent pas mais lèchent le mamelon. I s'agit d'un comportement complètement normal de reconnaissance.**
- **Les premières succions du bébé peuvent provoquer des contractions utérines parfois douloureuses, appelées « tranchées » (voir p. 109).**

La montée de lait

Dans le cas d'un accouchement par voie basse, **la montée de lait apparaît généralement au cours du 3e jour.** Ce temps peut être prolongé de quelques jours si vous avez eu une césarienne ou si l'accouchement par voie basse a été fortement médicalisé.

Il n'existe pas de réserve de lait dans les seins, **c'est la succion qui permet sa production.** Une fois au sein, le bébé enveloppe le mamelon et l'aréole (partie plus foncée autour du mamelon) avec ses lèvres et enroule sa langue pour former une gouttière autour du mamelon. Il tète alors en réalisant des mouvements de va-et-vient puissants, ce qui peut parfois être impressionnant et douloureux les premiers temps.

Pour favoriser la montée de lait :

> Mettez le bébé au sein régulièrement.

> Faites des séances de contact en peau à peau. Comme nous l'avons déjà vu, le contact permet la sécrétion d'ocytocine chez la mère, et la succion engendre la production de prolactine grâce à la stimulation de terminaisons nerveuses localisées autour du mamelon.

> **En cas de montée de lait « tardive »**, vous pouvez stimuler la production de lait à l'aide d'un tire-lait entre les mises au sein.

> Pour que les tétées soient efficaces et confortables, n'hésitez pas à solliciter les conseils de personnes formées à l'allaitement maternel : elles vous aident à installer correctement votre bébé ainsi que vous-même.

Positions d'allaitement

Un guide recense les différentes positions d'allaitement (illustrées par des photographies). Vous le trouverez sur le site de La Leche League[41], une des associations de référence pour l'allaitement maternel.

Les quelques premiers jours qui suivent l'accouchement, les seins sont gonflés et tendus, et il n'est pas rare d'avoir une sensation de chaleur au niveau de la poitrine : c'est la montée de lait ! Si votre poitrine a augmenté de volume au cours de votre grossesse, la montée de lait va provoquer une augmentation

41 www.lllfrance.org

spectaculaire de la taille de vos seins ! Celle-ci se caractérise par un engorgement créant un œdème autour de la glande mammaire.
Pour soulager l'inconfort ressenti lors de la montée de lait ou lors d'un engorgement mammaire, vous pouvez suivre nos conseils expliqués plus loin (voir p. 128).

En cas de montée de lait « pharaonique », c'est-à-dire une très forte production de lait :

> Plus le bébé tète, plus vos seins se désengorgent, ce qui permet de drainer la glande mammaire et de réguler la lactation.

Au bout de quelques jours, le colostrum est remplacé par un lait plus clair et plus abondant. Les tétées deviennent plus longues et plus espacées, et leur fréquence est régie par les phases d'éveil du nouveau-né. À ce stade, le bébé demande le sein à chaque fois qu'il se réveille, d'où l'importance de repérer les premiers signes d'éveil.

Les signes d'éveil du bébé

Reconnaître ces signes vous permet d'avoir le temps de vous installer confortablement et de bien positionner votre enfant au sein. Quand il s'éveille, le nouveau-né se met à tourner la tête, et s'il est contre votre ventre en peau à peau, il commence à glisser vers le sein.

Les pleurs interviennent lorsque le bébé a « trop attendu » et ne vous permettent pas de réaliser la tétée dans des conditions optimales. Il faut dans un premier temps réussir à calmer votre bébé. Bien souvent, dans ces conditions assez stressantes, vous risquez d'oublier de bien vous installer (ce qui peut induire des douleurs posturales).

Plus votre enfant est en peau à peau contre vous, plus il vous est facile de repérer ses signes d'éveil. **Pour une production de lait efficace, il est fortement conseillé de le mettre au sein à sa demande** (il est encore fréquent d'entendre qu'il faut respecter des temps de trois ou quatre heures entre les tétées, ce qui est une aberration).

Il est tout à fait normal qu'un nouveau-né perde du poids dans les jours qui suivent sa naissance (jusqu'à 10 % de son poids initial) : elle est due principalement aux dépenses d'énergie par le nouveau-né pour s'adapter à son nouvel environnement. Des conditions de naissance du bébé se produisant avec le moins de stress possible réduisent la perte de poids.

Fréquence et durée des tétées

L'allaitement à la demande (plutôt qu'« à la montre ») est à préconiser sans aucun doute ! Comme tous les mammifères, notre corps est physiologiquement capable de produire du lait de façon instantanée, dont la qualité et la quantité seront parfaitement adaptées aux besoins de votre bébé en temps réel. Le lait maternel étant très digeste, il n'y a donc aucune raison de respecter un délai de plusieurs heures entre les tétées (sauf en cas de contre-indication justifiée et expliquée par le personnel médical).

Si vous percevez bien les signes de réveil du bébé et que la prise au sein est efficace, seul l'allaitement à la demande permet au nourrisson de couvrir et réguler l'ensemble de ses besoins nutritionnels.

La fréquence des tétées évolue pendant les premières semaines avant de se stabiliser. Dans les jours qui suivent la naissance, un nouveau-né tète par « grappe » : il a besoin de nombreuses phases de tétée successives suivies de phases de sommeil. Les mises au sein ne sont alors pas régulières et le bébé peut téter entre huit et douze fois par jour, parfois plus.

La durée de chaque tétée ne doit pas dépasser les 45 minutes car le nourrisson ne peut pas être efficace sur une durée plus longue.

Attention

La phase d'apprentissage de la succion au sein dure en moyenne de 4 à 6 semaines. Si vous souhaitez prolonger l'allaitement maternel au-delà de cette période, n'intégrez pas de biberons (ou d'autres dispositifs). Ils pourraient générer un risque de confusion entre sein et tétine, et augmenter le risque d'arrêt précoce de l'allaitement maternel.

Dès que votre lactation est bien en place, vous êtes capable de produire du lait en quantité et à la composition adaptée à votre enfant à chaque fois qu'il le demandera ! **Si vous devez vous absenter sur une courte période** (quelques jours) alors que vous allaitez de façon exclusive votre bébé, équipez-vous d'un tire-lait et exprimez le lait de vos seins entre six à huit fois par jour afin de maintenir votre lactation.

L'allaitement mixte et le risque de confusion

L'allaitement mixte est l'alternance d'une prise au sein et d'une prise au biberon contenant une préparation pour nourrisson (PPN). Souvent, l'introduction de biberons est une demande de la part du co-parent pour participer à l'alimentation du bébé, mais elle peut également être envisagée pour la reprise du travail.

Voici quelques informations concernant le risque de confusion entre le sein et la tétine, afin de pouvoir prendre une décision éclairée sur ce sujet.

Pour le bébé, la succion au sein et à la tétine du biberon est physiologiquement différente : téter au sein lui demande beaucoup plus d'effort qu'au biberon. Le nouveau-né peut donc préférer la facilité du biberon et délaisser le sein, ce qui risque d'entraîner un sevrage précoce de la production de lait maternel (surtout si l'introduction du biberon est réalisée avant les 6 semaines de vie, moment d'apprentissage de la succion par les nouveau-nés).

Pour faire face à la diminution de la stimulation des seins par la succion du bébé et éviter un sevrage précoce de la lactation, il est possible d'exprimer du lait à l'aide d'un tire-lait au moment de l'introduction du biberon pour continuer à stimuler la lactation. Cependant, en termes de production de lait, cette technique ne remplace pas une tétée réalisée par votre bébé.

L'introduction du biberon est donc à éviter si le projet d'allaitement maternel est envisagé sur une période longue. Par contre, si vous souhaitez aller vers un arrêt progressif de l'allaitement maternel (à court terme), c'est une bonne solution pour effectuer une transition en douceur. Dans tous les cas, s'il s'agit juste de répondre aux besoins du co-parent, il semble plus judicieux d'avoir une discussion afin de comparer les bénéfices-risques d'une telle pratique et ainsi de trouver d'autres manières pour qu'il·elle se sente impliqué·e dans le soin et la relation avec son bébé (voir p. 164).

Le cas des naissances multiples

Avoir des jumeaux (ou plus) n'est pas du tout incompatible avec la mise en place d'un allaitement maternel exclusif. Il est tout à fait **possible de nourrir vos bébés au sein l'un après l'autre,** voire même, avec un peu d'aisance, de les allaiter tous les deux en même temps. Bien souvent les naissances multiples sont accompagnées d'accouchements prématurés impliquant la gestion d'éventuelles autres difficultés. S'il s'agit d'un projet qui vous tient à cœur, n'hésitez donc pas à vous documenter sur le sujet et à prendre contact avec des professionnel·le·s ou des structures qui vous guideront :

> Les consultantes en lactation par exemple (voir p. 124).

> Des associations locales et nationales sont spécialisées dans l'accompagnement des parents qui attendent des « multiples »[42] (partages de ressources en ligne, rencontres entre parents…).

> Tournez-vous vers la Caisse d'allocations familiales (CAF) afin de mettre en place une aide via un·e technicien·ne de l'intervention sociale et familiale (TISF), en fonction de vos ressources. Il s'agit d'une personne formée qui intervient à domicile pour soulager et épauler la famille dans la gestion du quotidien.

Les difficultés pendant l'allaitement

Nous avons vu que les premières tétées peuvent s'avérer douloureuses et les mamelons (surtout pour une première grossesse et sans antécédents d'allaitement maternel) restent souvent très sensibles pendant la première semaine. Plus tard, au cours de la période d'allaitement, des phénomènes d'engorgement mammaire peuvent survenir, avec un risque potentiel de mastite (infection mammaire).

Des douleurs persistantes au niveau des seins, couplées à d'éventuelles « poussées » de fièvre, peuvent être la conséquence d'une mauvaise position du bébé au sein, parfois induite par des problèmes de santé (torticolis, frein restrictif…). Seul·e·s des professionnel·le·s spécialisé·e·s en allaitement maternel sont capables de vous éclairer afin d'identifier les causes de ces désagréments.

42 Comme la fédération « Jumeaux et plus » : www.jumeaux-et-plus.fr

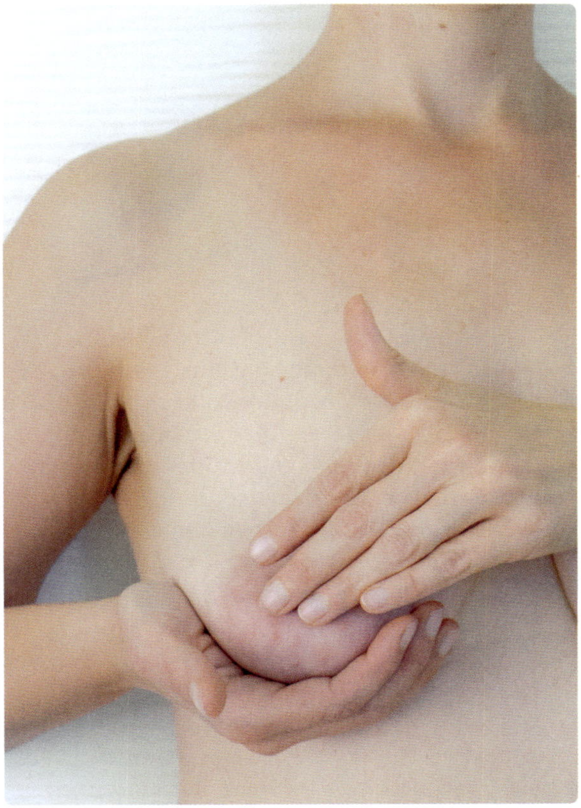

Attention

Si vos symptômes se répètent ou persistent, consultez rapidement votre médecin et parlez de vos difficultés à la personne qui vous accompagne pour l'allaitement.

Dans un premier temps, vérifiez (ou faites vérifier) la position de votre bébé au cours des tétées.

> Le bébé doit s'approcher de votre sein avec la tête légèrement inclinée vers l'arrière (comme « pour renifler votre sein ») et sa tête ne doit être pas tordue ni tournée vers son épaule.

> Il faut que ses lèvres englobent la zone du mamelon en entier. Alors que certains prennent facilement le sein, d'autres bébés ont besoin d'être guidés pour effectuer une bonne succion.

> Après chaque tétée, vous pouvez également exprimer un peu de votre lait pour réaliser des pansements de lait maternel.

> Des poches de froid placées dans une serviette et appliquées sur les seins soulagent la douleur.

Faire un pansement de lait maternel

À la fin de la tétée, exprimez votre lait et enduisez une compresse de celui-ci. Posez la compresse sur votre mamelon en la recouvrant d'un morceau de film alimentaire. Ajoutez un corps gras (type lanoline ou équivalent végétal) afin d'en améliorer la cicatrisation.

Laissez le pansement sur les seins maximum 4 heures et renouvelez-le entre chaque tétée.

Si la douleur persiste et que vous ne voyez pas d'amélioration après avoir modifié la position, **surveillez le mouvement de succion du bébé.** Un nourrisson tète le mamelon en utilisant tout son corps (et pas seulement sa bouche). S'il est « douloureux » et présente d'éventuelles séquelles liées à un accouchement difficile, il peut ne pas être capable de réaliser des mouvements de succion efficaces.

> Vous pouvez consulter un ostéopathe/chiropracteur spécialisé en pédiatrie rapidement après la naissance.

> Observez la fréquence de mise au sein : est-ce que le bébé est allaité à la demande ? Est-ce que les signes d'éveil sont bien perçus ?

> Un nouveau-né dont le rythme physiologique n'est pas bien respecté va peut-être téter de façon un peu trop « énergique » car il aura peur de ne pas savoir quand la prochaine tétée aura lieu…

De nombreux paramètres peuvent avoir un impact sur l'efficacité de la succion. Par exemple, un bébé qui ne tète que le bout du mamelon ne stimule pas suffisamment la production de lait et peut entraîner **la formation de crevasses** pouvant parfois saigner (parfois dès les premiers jours d'allaitement)…

> Réalisez des pansements au lait maternel sur les crevasses.

> Variez les positions d'allaitement afin que la même zone du mamelon ne soit pas toujours sollicitée.

> Si la crevasse est « ouverte » depuis longtemps, consultez un médecin qui vous prescrira une crème antibiotique compatible avec l'allaitement à appliquer localement sur vos mamelons.

L'engorgement mammaire est provoqué par une augmentation rapide de la production de lait par la glande mammaire, entraînant une congestion douloureuse des seins et un œdème. Il s'agit d'un processus

physiologique normal facile à soulager. Plusieurs solutions existent pour soulager l'engorgement.
Voici quelques conseils pour vous aider à soulager l'inconfort ressenti lors de la montée de lait ou lors d'un engorgement mammaire :

> **Mettez le bébé au sein** le plus souvent possible afin de diminuer la tension de votre poitrine.

> **Alterner les applications de froid et d'eau chaude** (sous la douche) peut aider à décongestionner et à drainer les seins douloureux.

> Utilisez **la technique de l'expression manuelle** : sous une douche ou à l'aide d'un verre d'eau chaude, massez-vous les seins en réalisant, manuellement, des mouvements de légère compression partant de la base de chaque sein vers le mamelon (voir p. 125). Elle est aussi utilisée pour exprimer le colostrum au moment de la naissance.

> Appliquez sur votre poitrine un **cataplasme d'argile verte** (voir ci-contre) matin, midi et soir et laissez-le en place, bien humide, environ une heure.

Recette de cataplasme à l'argile verte

Mélangez un volume d'argile verte surfine avec un volume d'eau. Homogénéisez la préparation afin d'obtenir une pâte similaire à la consistance de la boue et placez-la entre deux compresses à appliquer directement sur la poitrine.
Ne mettez jamais l'argile en contact avec du métal ou du plastique.

> Réalisez **un enveloppement des seins avec des feuilles de chou vert**, véritables alliées pour réduire l'inflammation ressentie au cours de la montée de lait (du fait de leur composition riche en flavonoïdes, phénols et composés soufrés). L'application de « froid », avec des poches de gel ou des sachets de petits pois surgelés, peut également vous aider à mieux supporter ces désagréments.

À savoir

Boostez les bienfaits des feuilles de chou : rincez les feuilles à l'eau froide et assouplissez-les avec un rouleau à pâtisserie. Placez-les dans un sac à congélation et au congélateur pendant 15 minutes. Appliquez les feuilles sur vos seins en les glissant dans votre soutien-gorge (ou brassière d'allaitement) entre les tétées.

Les mastites, dues à un défaut de drainage du sein suite à un engorgement mammaire mal traité, provoquent une inflammation locale au niveau du sein parfois accompagnée d'un syndrome grippal (fièvre).

> En plus des solutions présentées pour soulager l'engorgement, consultez rapidement votre médecin afin d'éviter tout risque d'abcès pouvant entraîner un risque de septicémie.

Enfin, **la candidose mammaire** (ou « muguet ») est une mycose traditionnelle de l'allaitement provoquée par le développement anormal du *Candida albicans*. Elle se caractérise par une douleur intense de type brûlure au niveau des mamelons, puis à l'intérieur du sein quand la mycose « remonte » le long des canaux lactifères. Cette douleur peut persister entre les tétées.

> En cas de candidose installée, consultez votre médecin qui vous prescrira un traitement antifongique local ou central. Si elle est localisée uniquement dans la bouche du bébé, un traitement n'est pas nécessaire pour la mère.
> Réalisez des bains de « bout de sein » dans une solution d'eau et de bicarbonate de sodium (pour créer un pH défavorable au développement de la mycose), plusieurs fois par jour pendant toute la durée de traitement du bébé, avant et après chaque mise au sein.
Les facteurs favorisant la candidose sont les suivants : l'existence chez la mère d'un autre site de candidose (vaginale par exemple), la prise d'un traitement antibiotique, la surinfection d'une crevasse mammaire, le port de coussinets d'allaitement favorisant la macération, le manque d'hygiène corporelle. L'excès de sucre dans l'alimentation favorise aussi cette prolifération.

Les freins restrictifs buccaux

Nous avons rencontré Romane Pinel, chiropracteur à Rennes, spécialisée dans la prise en charge pédiatrique et formée à la kinésiologie appliquée et aux freins restrictifs, pour en apprendre davantage sur les freins restrictifs buccaux.

Un frein restrictif buccal est en fait une corde de tissu, non musculaire, qui se situe dans la bouche et qui empêche la structure de fonctionner correctement. Selon l'IATP (*International Affiliation of Tongue Tie Professionnals*), un frein de langue restrictif est « un résidu embryologique de tissu au niveau de la ligne médiane entre la surface inférieure de la langue et le plancher buccal qui restreint les mouvements linguaux normaux » : le frein est trop court et ne permet pas de mettre la langue au palais. **Il existe trois freins restrictifs buccaux :**

- Le frein de langue : c'est la membrane entre la partie inférieure de langue et le plancher buccal.
- Le frein de lèvre : il s'agit de la membrane entre la lèvre (majoritairement la lèvre supérieure) et la gencive, pouvant parfois s'insérer sur le bout de la gencive (entre les dents quand elles ont poussé).
- Le frein de joue correspond à la membrane située entre la joue et la gencive. Il peut y avoir un frein de joue d'un seul côté ou des deux côtés, on peut également en avoir plusieurs d'un même côté.

Les symptômes chez le bébé sont multiples : une mauvaise prise de sein (le bébé n'ouvre pas assez la bouche, mauvais placement de la lèvre souvent pincée, mâche ou mord le sein), un mouvement excessif de la mâchoire, un creusement des joues excessif lors de la succion, des tétées souvent longues à l'issue desquelles le bébé s'endort souvent, une perte de lait par les commissures des lèvres, une boule (ampoule) de succion sur la lèvre, etc. **La mère** peut souffrir de crevasses, de saignements, d'engorgement, de mastite… sans parler de la déception et de la culpabilité face à cet allaitement compliqué et douloureux.

Le diagnostic peut être établi par des professionnels de santé formés et notamment les médecins ORL et les dentistes formés aux freins buccaux restrictifs. Certains autres professionnels formés spécifiquement aux freins buccaux restrictifs comme des orthophonistes, des chiropracteurs, des consultantes en lactation, orientent en général vers un ORL et/ou dentiste spécialisé en cas de doute.

Au vu des symptômes, **la suppression du frein buccal** (frénectomie ou frénotomie) s'avère parfois nécessaire. L'intervention, qui doit être effectuée par un professionnel formé, ne dure que quelques minutes, et peut s'effectuer au ciseau ou au laser, avec une préférence pour ce dernier. Vous pouvez consulter le forum de Maman Lune sur Internet[43] ainsi que les annuaires de Caroline Deville (médecin formée) et d'Aurélie Petitclair (chiropracteur formée) référençant les professionnels formés.

Solutions naturelles pour augmenter la lactation

La stimulation de la glande mammaire en réponse à la succion de votre bébé, ou induite par un tire-lait, augmente et maintient la production de lait. Les aliments et les boissons galactogènes sont aussi très efficaces. Quelles que soient les raisons qui vous poussent à augmenter votre lactation, sachez que l'insuffisance physiologique de lait est très rare !
> Buvez de l'eau tout au long de la journée sans attendre la sensation de soif : de 2,5 à 3 litres par jour pendant l'allaitement. Le lait maternel est composé d'environ 87 % d'eau !

43 http://mamanlune.com

> Les fruits à coque oléagineux (amandes, noisettes, noix et noix de cajou) sont d'excellents stimulants pour la production de lait. Ils sont faciles à emporter avec vous et peuvent être intégrés dans vos plats quotidiens.

> La levure de bière : bien connue de nos grand-mères, elle joue un rôle dans l'augmentation de la lactation. Intégrez-en dans vos salades ou vos autres plats (toujours hors cuisson).

Attention

- Par précaution, ne consommez pas de levure de bière si vous prenez des antidépresseurs, des antalgiques ou des inhibiteurs de la monoamine-oxydase.
- Elle ne convient pas non plus aux intolérants au gluten.

> Le fenouil est un puissant stimulant de la production de prolactine et d'œstrogènes, hormones impliquées dans la galactogénèse. Ingrédient de toutes les tisanes dédiées à l'allaitement, il peut être associé à d'autres plantes comme l'anis et le fenugrec.

> L'avoine (sous forme de flocons par exemple) est un aliment galactagogue impliqué dans la production d'ocytocine, très facile à intégrer dans vos plats au quotidien.

> L'eau de cuisson du riz (bio de préférence et rincé avant cuisson) soutient aussi la lactation. Récupérez cette eau après cuisson du riz et filtrez-la. Vous pouvez en boire un verre 30 minutes avant chaque tétée. Elle se conserve plusieurs jours au réfrigérateur.

Conseils pour un sevrage en douceur

Vous commencez à réfléchir à l'étape du sevrage... Tout d'abord, félicitez-vous pour tous les efforts fournis dans cette aventure qu'est l'allaitement maternel ! Qu'il ait duré quelques heures ou quelques semaines, voire plusieurs mois, vous donnez ou avez donné le meilleur de vous-même, à travers la qualité de votre lait et de tous ces moments de proximité, essentiels au bon développement de votre bébé et à la création d'un lien d'attachement sécurisant.

D'un point de vue physiologique, **l'arrêt de la lactation se met en place petit à petit lorsque les seins ne sont plus stimulés par la succion** du bébé (ou par un tire-lait).

La régulation et l'arrêt de la lactation sont régis par une protéine (FIL), présente dans le lait, située dans la glande mammaire. Cette protéine, lorsque le lait n'est pas exprimé, reste donc au niveau de la glande mammaire et envoie des signaux au cerveau afin d'arrêter la production de lait.

Pour stopper la lactation, il suffit donc de remplacer les tétées les unes après les autres, de façon progressive, par autre chose en fonction de l'âge du bébé. Lorsque l'on va « sauter » une tétée, de légers engorgements mammaires apparaissent parfois. Vous pouvez les soulager en utilisant les techniques expliquées précédemment (voir p. 129).

Progressivement, **les tétées sont supprimées les unes après les autres** jusqu'au sevrage complet de l'enfant en fonction du rythme de la mère (il faut au maximum éviter un sevrage brutal). **On introduit donc d'autres formes d'alimentation**, afin de compléter les besoins nutritionnels liés à la diminution d'apport de lait maternel, qui évolueront en fonction de l'âge de l'enfant :

- **À l'âge de 4 mois**, chaque tétée est remplacée par un biberon contenant du lait artificiel de type préparation pour nourrisson (PPN), dont la composition est très proche du lait maternel. À l'introduction des biberons, certains enfants expriment dans un premier temps leur mécontentement et réclament le sein. **Avant l'âge de 2 mois, l'introduction d'un biberon va être assez aisée.** Après, c'est peut-être plus compliqué et lui expliquer devient nécessaire. Vivre ce sevrage comme une étape (et non comme un deuil) peut vraiment aider l'enfant vers le biberon. Sachez aussi qu'il peut être plus facile de réaliser l'introduction des premiers biberons lorsque la maman n'est pas présente dans la même pièce.
- **Vers 6 mois**, quand approche l'étape de la diversification alimentaire, pour les tétées coïncidant avec les moments des repas, il est possible d'introduire des produits laitiers sous la forme solide. Pour la suppression des tétées en dehors des temps de repas, un lait artificiel de type préparation pour nourrisson (PPN) est nécessaire. Plus l'enfant grandit, moins le biberon en tant qu'objet est obligatoire. Vous pouvez lui proposer, par exemple, de boire dans une tasse ou dans un gobelet.

EXEMPLES DE SCÉNARIOS AMENANT À STOPPER L'ALLAITEMENT MATERNEL

La décision de mettre fin à l'allaitement maternel est prise par la maman qui allaite ?

OUI

Est-ce un choix réfléchi, sans contraintes et définitif ?

- **OUI** : Bravo pour tous vos efforts ! Vous allez pouvoir mettre en place un sevrage progressif.
- **NON** : J'aimerais poursuivre mais j'ai des contraintes (reprise du travail, absence...). Des solutions existent (tire-lait...). Parlez en à une consultante en lactation ou à un·e autre professionnel·le formé·e à l'allaitement.

NON

Si la décision est la conséquence d'une pression de votre entourage (conjoint·e, famille, ami·e·s...), l'axe principal est la communication. « C'est votre corps, c'est votre choix ! »

Si la décision est la conséquence d'une recommandation médicale, renseignez-vous pour savoir s'il existe des solutions de traitement compatibles avec la poursuite de l'allaitement maternel.

● **Aux alentours de 1 an, la moitié des apports nutritionnels doit passer par le lait.** L'introduction de produits laitiers sur le temps des repas est donc nécessaire et doit être complétée la journée par un apport de lait artificiel de type préparation pour nourrisson (PPN). **Vers 2 ans**, une complémentation par des préparations de type PPN n'est plus nécessaire (demandez l'avis de votre médecin).

À savoir

Si, lors du sevrage, vous ne pouvez pas mettre votre bébé au sein pour cause de maladie, de traitement incompatible, d'hospitalisation ou autre, utilisez la technique du tire-lait. Pour cela, tirez votre lait :

- 3 à 4 fois par jour le 1er jour.
- 3 fois le 2e jour.
- 2 à 3 fois par jour le 3e jour.
- 2 fois le 4e jour.
- 1 à 2 fois par jour le 5e jour.
- 1 fois par jour le 6e jour.

Tout au long du sevrage, encore une fois, le contact physique, l'emmaillotage dans les bras de la mère, les échanges de regard, tous les échanges physiques et émotionnels qui participent à la création du **lien d'attachement** de l'enfant sont essentiels. Continuez à être proche de votre bébé dans des moments de contacts proximaux et qualitatifs avec lui.

Pour les femmes qui reprennent une activité professionnelle ou autre, et qui ne seront donc plus là pour donner toutes les tétées à leur bébé, il est possible de continuer l'allaitement maternel en introduisant des biberons (de votre lait ou de PPN). On appelle ça **l'allaitement mixte** (voir p. 128).

Si vous devez réaliser un sevrage brutal (en cas d'accident de la vie par exemple) et que « demain, il faut que ça s'arrête », il vous faut désengorger vos seins afin de diminuer les tensions au niveau de votre poitrine (voir p. 129). Attention, l'utilisation du tire-lait peut vous soulager ponctuellement, mais il continue de stimuler la lactation. Utilisez-le donc le moins possible. Quant à l'enfant, il a une énorme capacité d'adaptation, expliquez-lui et surtout faites-lui confiance !

La conservation du lait maternel

(d'après les données de La Leche League)

Pour celles qui utilisent un tire-lait (manuel ou électrique), le lait maternel peut être facilement conservé. Les durées de conservation varient en fonction des températures auxquelles le lait est stocké. Pour éviter les risques de développement bactérien, respectez des règles d'hygiène élémentaires : accessoires du tire-lait, mains et contenants de stockage lavés avec un produit nettoyant et séchés avant le recueil du lait maternel. Les contenants doivent être propres et fermés de façon hermétique. **Pour la congélation**, il semble que le verre (de préférence teinté) soit le meilleur choix, suivi du plastique transparent (polycarbonate) et du plastique opaque (polypropylène). Les sacs de congélation prévus pour le lait maternel sont également un bon choix.

Tableau récapitulatif des durées maximales de stockage en fonction de la température :

Conditions de stockage	Température de stockage	Durée de stockage
À température ambiante	19 à 22 °C	4 à 6 heures (8 heures max)
À température ambiante fraîche	15 °C	24 heures
Au réfrigérateur	0 à 4 °C	8 jours max
Dans le compartiment pour surgelés d'un réfrigérateur	6 °C	2 semaines
Dans le compartiment 3 étoiles d'un combiné réfrigérateur-congélateur	18 °C	3 à 4 mois
Dans un congélateur séparé	En dessous de 18 °C	Plus de 6 mois

Ces durées de conservation ne sont pas cumulables. On ne pourra pas, par exemple, laisser du lait au réfrigérateur (4 °C) pendant une semaine et le congeler ensuite.

Ressources pour un allaitement réussi !

En France, le taux d'allaitement est assez bas par rapport à d'autres pays voisins car, en général, les femmes sont encore mal accompagnées et peu soutenues dans leur projet d'allaitement maternel (reprise du travail précoce...). Heureusement, depuis quelques années, l'allaitement recommence à être fortement conseillé et encouragé dans les maternités et par le corps médical...

> Les professionnel·le·s formé·e·s à l'allaitement maternel (sage-femme, consultante en lactation, doula, pédiatre, PMI...) sont votre premier soutien pour l'allaitement.

> Le site de La Leche League propose des ressources et des études sur tous les sujets liés à l'allaitement maternel.

> Vous trouverez de nombreuses informations sur la compatibilité médicamenteuse et l'allaitement maternel sur le site de LECRAT.fr (Centre de référence sur les agents tératogènes) ainsi que de nombreuses informations sur e-lactancia.org.

> Enfin, réalisez un cours de portage destiné à l'allaitement maternel pour connaître les bonnes positions et être à l'aise pour nourrir votre bébé au sein en toute sérénité, même quand il est dans l'écharpe !

Quand on n'allaite pas : par choix ou par obligation

Il n'existe pas deux femmes, deux bébés, deux situations identiques... Quelle que soit la décision prise quant au fait d'allaiter ou non, il est important de ne pas juger un choix plus qu'un autre, mais au contraire d'être dans l'accompagnement positif et bienveillant de la mère et de son enfant.

Choix ou pas : déculpabiliser

Le choix d'allaiter ou non doit être celui de la mère et non un choix imposé par l'entourage ou par le corps médical. Si elle veut arrêter parce qu'on le lui a conseillé pour des raisons de fatigue par exemple, il est important de s'assurer qu'elle partage bien les arguments donnés. Aurore Besnard[44] rappelle qu'il existe des solutions pour soutenir les mères qui rencontrent des difficultés avec l'allaitement ou encore qui sont épuisées. Si vous avez le désir d'allaiter mais que cela vous semble compliqué (une mise en place difficile, la fatigue, la peur, le partenaire s'y oppose...), adressez-vous à des professionnels formés qui sauront vous conseiller et vous accompagner.

Si en revanche vous ne souhaitez pas allaiter par choix, vous avez raison ! C'est votre corps, ce sont vos seins, c'est vous qui allez devoir gérer les tétées de jour comme de nuit (même si votre partenaire peut vous aider et vous soutenir). C'est vous qui potentiellement allez être plus fatiguée et éventuellement confrontée à quelques complications (douleurs, engorgements, crevasses, mastites, etc.). C'est encore vous qui allez devoir faire attention à ce que vous mangez puisque tout passera dans le lait... Bref vous avez le droit de choisir ! Le corps médical s'assurera qu'il s'agit bien d'un choix réfléchi et ensuite vous accompagnera normalement avec douceur et bienveillance dans ce choix. Si toutefois ce n'est pas le cas, encore une fois, entourez-vous de professionnels bienveillants et capables de vous soutenir sans culpabiliser !

Ce qui compte le plus pour votre bébé c'est qu'il soit contre vous, pour qu'il soit touché, choyé, câliné, embrassé, rassuré... Pratiquez le peau à peau le plus souvent possible, portez-le souvent (dans les premières semaines), parlez-lui doucement et souvent, bref donnez-lui tout l'amour que vous avez à lui transmettre. Tout cela participe à **créer le fameux lien d'attachement !** Bien entendu, l'allaitement y participe aussi mais il est loin d'être la seule façon d'y parvenir.

Malgré le recours à un professionnel, allaiter peut vous faire souffrir. Par exemple :

- Vous devez mordre un foulard ou serrer les dents pour ne pas hurler de douleur pour allaiter votre enfant.
- Vos mamelons sont en sang ou très douloureux dès que le bébé est au sein.
- Vous êtes exténuée.
- Vous redoutez la mise au sein.
- Vous n'arrivez plus à regarder votre enfant quand vous le nourrissez.
- Vous ne cessez de pleurer ou de déprimer pendant qu'il tète.
- Votre moral est en berne...

Dans ces situations, peut-être faut-il vous interroger sur la pertinence de poursuivre l'allaitement dans ces conditions ? **Si une situation difficile persiste, elle a forcément un impact sur la mise en place du lien d'attachement**.

Parfois l'allaitement est impossible pour des raisons médicales ou parce que la production de lait n'est pas au rendez-vous... Si vous avez subi une ablation unilatérale du sein, allaiter est plus compliqué (mais pas impossible). Une consultante en lactation vous dira si elle peut ou non vous accompagner dans ce projet, renseignez-vous si cela vous tient à cœur. Un allaitement artificiel mis en place suite à un échec de l'allaitement maternel peut être mal vécu par certaines mères. Si c'est le cas, n'hésitez jamais à en parler avec votre sage-femme, votre doula, votre médecin et votre entourage proche.

Stopper la montée de lait

Si vous ne souhaitez pas (ou plus) allaiter, il existe des solutions naturelles pour stopper la montée de lait. Pour rappel, moins vous stimulez vos seins et notamment vos mamelons, moins ils produisent de lait. Notez tout de même que l'arrêt de la lactation peut prendre du temps.

Si vous souhaitez donner le colostrum au bébé, vous pouvez l'exprimer manuellement selon ces conseils :

> Lavez vos mains.
> Préparez un récipient propre et suffisamment large.
> Massez-vous délicatement les seins afin de faciliter le réflexe d'éjection.
> Vous pouvez vous pencher légèrement vers l'avant afin que le lait puisse tomber dans le récipient.
> Avec votre pouce et votre index, formez un « C », comme une pince (voir ill. page suivante)
> Placez votre index et votre pouce de chaque côté, à environ 2 à 5 centimètres du mamelon. Avec la pratique, vous trouverez facilement la bonne distance.
> Enfoncez alors vos doigts dans votre sein tout en rapprochant votre pouce et votre index en les

44 Aurore Besnard est consultante en lactation IBCLC (Ille-et-Vilaine).

refermant comme une pince. La pression n'a pas besoin d'être trop forte, cela ne doit pas vous faire mal.

> Reproduisez ce mouvement plusieurs fois de façon rapprochée (comme le ferait votre bébé en tétant). Vos doigts doivent rester enfoncés dans le sein de façon constante mais jamais étirer le mamelon (cela vous ferait mal et serait peu efficace).

> Vous devez faire tout le tour du sein en déplaçant vos doigts autour afin de bien vider le sein.

Ne soyez pas surprise si le lait coule tout doucement au début, il va finir par sortir par petits jets. Plus vous pratiquerez cette technique, plus le processus sera rapide et efficace.

En cas d'engorgement mammaire douloureux, tous les conseils présentés plus haut (voir p. 129) peuvent être appliqués : pose de cataplasme d'argile, utilisation de feuilles de choux, de poches de froid... L'idée est de soulager votre poitrine sans qu'elle ne soit stimulée afin de stopper la production de lait.

L'homéopathie

Selon les médecins et sages-femmes, une ordonnance peut vous être donnée lors d'une consultation prénatale ou lors de votre hospitalisation.

Ce traitement homéopathique préventif est à débuter le plus rapidement possible **après l'accouchement** si l'on n'a pas le désir d'allaiter :

> Ricinus communis 30 CH : 1 dose à prendre le matin, 4 jours de suite.

> Lac caninum 30 CH : 5 granules une fois par jour, pendant 10 à 15 jours.

Dès l'apparition des symptômes (tension mammaire...), le plus rapidement possible, nous vous conseillons de prendre :

> Apis Mellifica 15 CH : 3 granules toutes les 15 minutes pendant 2 heures.

> Bryona Alba 9 CH : 3 granules par heure pendant 3 heures.

Dès l'amélioration des signes, diminuez progressivement les prises, pour arriver à 3 prises par jour, qui seront continuées pendant 10 jours.

À savoir

L'homéopathie est à prendre à distance des repas. Pendant le traitement, ne consommez pas de menthe et évitez toute consommation de tabac.

La phytothérapie

Le gattilier et la sauge participent à diminuer puis stopper la lactation chez les femmes.

> **Le gattilier** en gélules (en pharmacie spécialisée ou en magasin bio) : à consommer jusqu'à l'arrêt de la lactation, si vous ne mettez plus votre enfant au sein exclusivement.

> **La sauge officinale** en tisane : 1 cuillère à soupe de sauge séchée (ou une belle poignée de sauge fraîche et ciselée) dans une tasse de 250 ou 300 ml contenant de l'eau entre 80 et 85 °C. Laissez infuser environ 10 minutes avant de filtrer. Boire 3 à 4 tasses par jour (dans les jours qui suivent l'accouchement si vous ne souhaitez pas ou ne voulez pas allaiter ou durant les quelques jours qui suivent le début de la mise en place du sevrage).

Attention

- Consommez le gattilier et la sauge uniquement en tisane si vous allaitez encore (à distance des tétées). En revanche, vous pouvez les employer sous une autre forme (gélules, etc.) si l'allaitement est arrêté.
- Le gattilier et la sauge sont déconseillés aux femmes ayant des antécédents de cancers hormonodépendants.
- De plus, il est préférable de ne pas mettre votre enfant au sein si vous consommez de la menthe sous forme de tisane (l'utilisation culinaire est autorisée).

> **Le persil frais** : ciselez 1 et 2 bouquets par jour dans vos plats (hors cuisson), vos salades, vos crudités, etc. **En tisane** : 2 poignées de persil ciselé par tasse d'environ 250 ml d'eau, 4 à 6 fois par jour (pas après 17 heures car il est riche en vitamine C). Laissez infuser 8 à 10 minutes dans une eau chauffée à 80-85 °C, filtrez avant de boire. À faire sur quelques jours. **En cataplasme** : mixez du persil frais avec un verre d'eau, mettez le mélange sur un mouchoir en tissu que vous appliquerez directement sur les zones douloureuses. Laissez poser une bonne heure (attention, évitez les mamelons).

> **La menthe** (sauf si prise d'homéopathie) et le **jasmin** en tisane peuvent être pris en parallèle du persil.

> Introduisez à chaque repas du **chou** (à distance des tétés), **du cerfeuil, de l'aneth**, réputés également pour favoriser l'arrêt de la montée de lait.

> **Les feuilles de chou frisé** en cataplasme (voir p. 130) font couler le lait sans stimuler les seins. Cette technique peut être utilisée jusqu'à la disparition de la montée de lait et mise en place en prévention dès la maternité si l'on n'a pas le désir d'allaiter.

L'aromathérapie

L'huile essentielle de menthe poivrée est à préconiser uniquement si vous ne suivez pas de traitement homéopathique, si vous n'avez pas de troubles neurologiques, si vous ne mettez plus au sein votre enfant et ne lui donnez plus de votre lait, car elle est neurotoxique, donc dangereuse pour les enfants. Elle est antalgique, favorise les désengorgements et aide à stopper la lactation.

> Prenez 1 à 2 gouttes 3 à 6 fois par jour (maximum 6 gouttes par jour) sur une cuillère de miel, sur une mie de pain ou un morceau de sucre.

> Vous pouvez aussi mélanger 4 gouttes avec 1 cuillère à café d'huile végétale d'arnica (à défaut de l'huile d'olive, d'amande douce, d'avocat ou de sésame de qualité biologique). Massez doucement la poitrine (hors les tétons) 3 à 4 fois par jour pendant 2 à 3 jours.

Ne faites pas de peau à peau avec votre bébé durant les deux heures qui suivent l'application de ces huiles. Par précaution, nettoyez vos seins avec de l'huile végétale (ou avec de l'alcool glycériné) avant de le mettre en peau à peau.

Attention

L'huile essentielle passe dans le lait : ne vous massez pas les seins tant que vous allaitez même si vous réduisez le nombre de tétées car l'huile essentielle de menthe poivrée est dangereuse pour votre bébé comme évoqué ci-dessus.

D'autres thérapies

D'autres approches alternatives peuvent vous aider à mieux gérer les douleurs et diminuer la quantité de lait comme l'hypnose, l'EFT ou l'acupuncture (voir « Quelques thérapies brèves » en annexe).

Attention aux idées reçues !

On entend souvent parler de **bander les seins** pour favoriser l'arrêt de la montée de lait. Même si les avis divergent sur le sujet, nous vous déconseillons cette technique car il y a de fortes chances qu'elle augmente votre douleur liée à la congestion mammaire (en tout cas au début).

De même, il ne vous est pas recommandé de vous **restreindre dans vos apports hydriques**. Après l'accouchement, vous avez besoin de boire pour récupérer mais également pour retrouver un certain volume d'eau dans votre corps.

Enfin, nous vous recommandons d'éviter **le tire-lait** qui ne ferait que continuer la stimulation de la lactation, en tout cas sans avis médical. Préférez plutôt l'utilisation du verre d'eau chaude ou de l'expression manuelle sous la douche (voir p. 135). Bien entendu, n'hésitez pas à vous faire accompagner par un professionnel de santé tel qu'une sage-femme.

Préparations pour nourrisson (PPN) et biberons

Il est important de vous renseigner sur les préparations pour nourrisson et de bien choisir celle que vous donnerez à votre bébé. En effet, la qualité et la formulation des PPN a un impact direct sur la santé de votre enfant. Plus vous choisirez une PPN de qualité (riche en nutriments essentiels, bien équilibrés et bien assimilés par l'organisme), mieux ce dernier se portera et conservera un terrain sain et équilibré. Mais comment s'y retrouver parmi la liste conséquente de PPN proposées en pharmacies, grandes surfaces, magasins biologiques, etc. ?

Leur composition et la réglementation évoluent en même temps que les découvertes scientifiques sur le sujet. La composition de base de ces préparations pour nourrisson reste très souvent le lait de vache. Les industriels essayent aujourd'hui de produire des laits infantiles les plus proches possible du lait maternel en s'inspirant de ses qualités nutritionnelles et immunitaires. Pour cela, comme le rappelle Candice Lévy dans son excellent livre *Quels laits pour mon bébé ?* (Lévy, 2019) :

- « La teneur en protéines du lait de vache est réduite, de même que le rapport caséines/protéines solubles » et que le taux de sodium trop fort pour un bébé.
- Des graisses végétales sont ajoutées pour répondre aux besoins nutritionnels de l'enfant en acides gras essentiels.
- Depuis une cinquantaine d'années, on pense enfin à ajouter des micronutriments, toujours pour répondre au bon développement du bébé : du fer, de la vitamine D et d'autres vitamines.

Peu à peu, une véritable harmonisation s'est créée au niveau européen pour les préparations pour nourrisson (PPN) concernant la réglementation de la composition et des appellations. D'ailleurs, la réglementation de la nutrition infantile en Europe a encore évolué en février 2020 avec de nouvelles normes qui sont entrées en application en février 2021.

Qu'est-ce qu'une préparation pour nourrisson ?

Une PPN sert à nourrir un bébé qui n'est pas ou plus allaité par sa mère et doit répondre à un certain nombre de critères réglementaires. Elle est majoritairement issue **du lait de vache qui a été transformé pour améliorer sa digestibilité et sa qualité nutritionnelle.** Notez que le lait de vache non transformé n'est absolument pas adapté au bébé de moins d'un an ! Il est donc vivement déconseillé d'en donner à votre enfant avant ses 12 mois. Le marché des PPN est très surveillé et très réglementé.

En France, il existe **quatre catégories de lait infantile :**

- PPN prématuré (« pré »)
- PPN, lait premier âge (0-6 mois)
- Préparation de suite, lait 2e âge (6-12 mois)
- Lait dit de croissance (12-36 mois)

Toutes les PPN contiennent **des vitamines** (A, B, C, D3, E et K1), **des minéraux et oligo-éléments** (magnésium, zinc, cuivre, potassium, manganèse, fer, sodium), mais la formulation est souvent différente selon les fabricants. Certains vont aussi ajouter d'autres choses comme des ferments lactiques.

Pour fabriquer une PPN, on va modifier la teneur en nutriments afin de les rendre plus digestes et plus assimilables pour le bébé. De même, si le fabricant souhaite créer un lait infantile spécifique pour cibler un problème en particulier (le RGO par exemple), il va alors modifier la proportion de certains nutriments pour sa nouvelle PPN.

Comment choisir ?

Bien choisir le lait infantile, c'est d'abord prendre soin de tout l'écosystème intestinal et donc digestif de votre petit qui est en train de se former et est encore, par définition, immature. Il vous faut donc choisir la composition la plus adaptée à son immaturité intestinale pour ne pas encrasser inutilement son système digestif et nuire à son bon développement. Pour commencer, il nous semble primordial d'apprendre à **bien lire les étiquettes.** Ensuite, nous vous conseillons de privilégier un lait infantile dont les matières premières sont de qualité, de vérifier le bon respect des apports en nutriments et de vous assurer de la pertinence globale de la composition de celui que vous choisirez.

La première des choses que nous vous recommandons est de vous orienter vers une PPN de qualité **biologique**. Assurez-vous qu'elle contient le moins de traces de traitements chimiques possible. Ces résidus peuvent avoir des conséquences dramatiques sur le développement cérébral, cognitif et endocrinien des enfants, sans compter que l'organisme de votre bébé est encore fragile et d'autant plus vulnérable à la présence de toxines ou de toxiques. Les laits infantiles bio doivent répondre aux mêmes contraintes imposées par la réglementation en vigueur et aux obligations du mode de certification biologique ! Ce qui est plutôt rassurant.

Nous vous recommandons donc vivement d'éviter les PPN contenant de la **maltodextrine**, qui est un sucre à haut index glycémique. Les scientifiques s'interrogent, en effet, sur le lien entre la présence de maltodextrine et l'apparition de certains troubles de santé comme les caries (même s'il existe d'autres causes), les hypoglycémies réactionnelles, les réactions allergiques (asthme, irritations de la peau, etc.) et le fait qu'elle solliciterait trop le pancréas.

Certains laits infantiles contiennent également du **sirop de glucose** (qui a la même origine que la maltodextrine). Candice Lévy conseille plutôt le sirop de riz pour remplacer naturellement la maltodextrine.

Une attention particulière doit être portée aux protéines. Si elles sont trop présentes dans l'alimentation du bébé, cela peut fortement fatiguer ses reins et son foie, surcharger son organisme en toxines, influencer les risques d'allergies/intolérances digestives mais aussi multiplier les risques de surpoids plus tard… sans parler de sa santé générale.

Si vous optez pour une PPN issue du lait de vache, privilégiez un taux de protéines bas ainsi qu'une faible teneur en caséine : Candice Lévy conseille un rapport caséine/protéines proche de 0,66. Sachant que le taux de protéines du lait maternel est de 1 g/100 ml et celui de la vache de 3,5 g/100 ml (**l'apport de protéines recommandé pour les nourrissons par les règles européennes se situe entre 1,5 et 1,9 g/100 ml**), une transformation est donc nécessaire pour que le lait infantile convienne aux bébés. Comme les laits infantiles 1er âge ont une plus faible teneur en protéines que les PPN 2e âge (6-12 mois), **le 1er âge est à privilégier jusqu'aux 12 mois de votre bébé** (ses besoins en protéines ne sont pas très importants et n'évoluent que très peu entre 0 et 12 mois). Au moment de la diversification alimentaire, il consommera un peu de protéines supplémentaires donc s'il prend en plus une PPN 2e âge (plus riche en protéines que le premier âge), il y a un risque qu'il consomme trop de protéines pour son âge ! Il est aussi important de savoir que le rapport caséine/protéines est de 40/60 dans le lait maternel et de 80/20 dans le lait de la vache, d'où l'importance d'être vigilant sur les chiffres de ce rapport dans les PPN.

Attention

Les protéines issues du lait animal sont constituées de protéines solubles et de caséine. Cette dernière est une grosse molécule très allergisante pour le bébé et qui se digère lentement.

En cas d'antécédents familiaux importants d'allergie au lait de vache ou en cas d'allergie ou d'intolérance avérée au lait de vache chez votre enfant, vous pouvez vous tourner vers une PPN à base de protéines de lait de chèvre par exemple. On sait aujourd'hui que le lait de chèvre se rapproche davantage dans sa composition du lait maternel et qu'il est moins riche en caséine que le lait issu de la vache (coagulation moins dense dans l'estomac). Il se digère donc plus rapidement et mieux que le lait de vache. Les PPN à base de lait de chèvre sont sensiblement équivalentes d'un point de vue nutritionnel aux PPN issues du lait de vache.

Les bébés végétaliens

Il existe des PPN adaptées aux besoins des bébés végétariens, mais beaucoup moins pour les petits végétaliens ! Certaines PPN bio et végan (végétalienne) ne sont pas autant enrichies qu'une PPN « standard ». Prudence donc ! Assurez-vous que la vitamine D3 contenue dans la PPN soit bien végétale et donc issue de lichen (et non de la lanoline, de source animale). Et pour les bébés végétariens et végétaliens, vérifiez que le DHA soit bien végétal et non tiré des poissons.

Les PPN à base de protéines hydrolysées ou PPN HA (hypoallergénique). Le risque allergique y est réduit car la caséine est en partie hydrolysée[45]. Les protéines sont dites solubles et sont alors plus proches des protéines que l'on retrouve dans le lait maternel. Ces PPN sont intéressantes à utiliser en prévention, par exemple s'il y a des antécédents familiaux d'allergies ou d'intolérances alimentaires, ou pour diminuer les épisodes d'eczéma, de troubles digestifs ou encore respiratoires. Vérifiez l'absence de caséine, la faible teneur en protéines, qu'il soit enrichi en DHA/ARA, sans maltodextrine et privilégiez un hydrolysat de lactosérum plutôt que les autres.

Enfin, vous trouverez les **PPN d'hydrolysat de protéines de riz** qui nous semble le plus intéressant. C'est une alternative adaptée si l'on souhaite éviter les PPN à base de lait de vache ou de chèvre. Le goût peut être particulier pour certains bébés, nous vous conseillons donc de l'introduire progressivement.

> Si vous observez un ralentissement du transit de votre enfant lors de l'introduction de ce lait, n'hésitez pas à lui faire suivre une cure de pré- et probiotiques.

Pour finir, assurez-vous de la **qualité des lipides** dans la PPN que vous choisissez. Les lipides sont essentiels à la bonne formation cérébrale, nerveuse et de la vision des enfants (et des grands). Tout manque pourrait perturber la bonne croissance et le bon développement du cerveau de votre enfant. Toutes les PPN contiennent des acides gras saturés (huile de palme ou huile de coco), des oméga 3 (huile de colza) et 6 (huile de tournesol) avec un rapport de 1/5. Depuis 2020, il y a aussi du DHA (oméga 3 à chaîne longue). Vérifiez bien ces données sur la PPN que vous sélectionnerez. Vérifiez l'**absence d'huile de palme** qui ne nous semble pas adaptée aux bébés. À tendance pro-inflammatoire, elle peut constiper, diminuer l'absorption intestinale des graisses, du calcium et participer à la diminution de la masse osseuse. L'huile de coco peut aisément remplacer l'huile de palme dans les PPN.

Quelques cas particuliers

S'il existe un contexte d'allergie familiale, priorisez un lait infantile hypoallergénique ou une PPN à base d'hydrolysat de protéines de riz.

Si votre bébé souffre de fortes coliques ou diarrhées, il existe des laits anti-colique fermentés (contenant des ferments lactiques) bénéfiques pour le microbiote et donc la bonne digestion. Ce type de PPN peut occasionner une constipation passagère. Pensez également à vérifier avec votre pédiatre du côté des allergies/intolérances alimentaires (produits laitiers notamment), et consultez la partie 5 de ce livre.

45 L'hydrolyse correspond à la décomposition chimique d'un corps par fixation d'eau.

Récapitulatif pour choisir un lait infantile

Choisissez un lait infantile en tenant compte des éléments suivants :

- **Une qualité biologique.**
- **Une teneur en caséine basse.**
- **Une teneur en protéines basse.**
- **Une teneur en protéines solubles élevée.**
- **Sans huile de palme.**
- **Une teneur et une qualité des acides gras essentiels (dont le fameux DHA) respectées.**
- **Observez votre enfant au réveil et au cours de la journée : est-il de bonne humeur ? Est-il apathique ? A-t-il bon appétit ?... Autant de signes qui peuvent indiquer s'il supporte ou non son lait infantile actuel.**
- **Soyez attentif aux signes cliniques : a-t-il des problèmes digestifs ? Souffre-t-il ?**
- **Donnez un lait infantile à votre enfant jusqu'à ses 12 mois au minimum.**
- **Demandez conseil à votre pédiatre en cas de doute pour le choix de la PPN.**

S'il souffre de RGO (reflux gastro-œsophagien) ou de régurgitations, un lait infantile anti-reflux (ou AR) épaissi en amidon de maïs ou en caroube est souvent proposé. Cependant, l'amidon de maïs ou de pomme de terre n'est pas toujours bien supporté par les bébés et la caroube peut constiper, soyez donc attentif·ve. Ces PPN peuvent constiper et occasionner des gaz et ballonnements, inconfortables pour votre petit. Candice Lévy conseille plutôt de prendre une PPN standard et d'y ajouter de la farine de kudzu, de la fécule de dictame ou de l'arrow-root (les laits épaissis obligent l'estomac à garder un lait infantile pourtant inadapté aux bébés). En cas de RGO, vérifiez que votre enfant n'ait pas une intolérance ou une allergie aux protéines de lait de vache. En effet, dans 50 % des cas de RGO, les bébés sont soulagés lorsqu'on enlève les PPN à base de lait de vache. Référez-vous également à la partie 5 pour consulter les solutions naturelles à mettre en place contre le RGO.

En cas de constipation, il existe des PPN spéciales transit, mais elles peuvent aussi entraîner des fermentations par excès de lactose et irriter les muqueuses intestinales. Pensez à donner des probiotiques en cure à votre bébé pendant plusieurs mois. Vous pouvez aussi lui masser le ventre (voir p. 178). Pensez aussi à vérifier son alimentation quand elle sera diversifiée et à l'hydrater en suffisance.

Les laits de croissance

Le lait de croissance est destiné aux enfants de 12 à 36 mois, il s'agit de lait UHT (lait de longue conservation, stérilisé par upérisation à haute température) enrichi en vitamine C, en fer et en acide linoléique et linolénique, et contenant souvent de l'arôme de vanille. Les laits de croissance ne sont encadrés par aucune législation. En France, le Collège national des généralistes enseignants ne recommande pas son emploi pour les enfants de 1 à 3 ans, tout comme d'autres pays. Il semblerait que les quantités recommandées pour certains nutriments ne soient pas toujours respectées par les fabricants. De même, la consommation de lait de vache non transformé est à exclure absolument avant 1 an au minimum sous peine de générer de graves problèmes métaboliques chez votre bébé. Même après cet âge, le lait de vache non transformé n'est pas recommandé car il n'est pas adapté aux jeunes enfants. Cela peut engendrer divers problèmes et notamment des carences, une augmentation du risque d'obésité, des troubles du comportement, des vomissements, un excès d'apport en protéines et donc une surcharge des reins, etc. Prudence donc !

La préparation du biberon

À la maternité, on vous donne du lait artificiel prêt à l'emploi pour éviter les manipulations et donc de potentielles contaminations. Une fois chez vous, vous devez préparer chaque biberon vous-même. Pensez à stériliser le ou les biberons achetés et les tétines si vous les utilisez pour la première fois.

Pour préparer le biberon :

> Il vous faut d'abord une eau légèrement tiède, soit à la température du corps (37 °C). Pour la qualité de l'eau à privilégier, voir plus loin.

> Ajoutez ensuite la bonne quantité de lait en poudre (les quantités d'eau et de lait en poudre sont indiquées sur les boîtes de PPN).

Les boissons végétales

Les boissons végétales sont fabriquées à partir de végétaux comme certaines céréales (riz, épeautre, millet, avoine...), certains oléagineux (noisette, amande, noix de cajou...) et même certains légumes secs comme le soja, l'amarante ou le quinoa. **Ces boissons ne sont pas des PPN et ne peuvent donc pas les remplacer !**

Il est important de **distinguer les boissons végétales liquides et en poudre** : les premières ne répondent pas aux besoins nutritionnels des bébés et ne sont donc pas adaptées pour diversifier leurs apports en nutriments après 6 mois. En revanche, de par leur procédé de fabrication et de transformation, les boissons végétales en poudre contiennent des valeurs nutritionnelles intéressantes afin de compléter et diversifier l'alimentation des bébés de plus de 6 mois et uniquement lorsque la diversification alimentaire est bien mise en place et acceptée par l'enfant. L'OMS confirme en 2010 que ces boissons végétales en poudre possèdent les qualités nutritionnelles attendues. Notez que ces dernières sont recommandées pour varier l'alimentation des enfants à partir de 12 mois (sauf contre-indication médicale) et donc diversifier les apports en termes de nutriments. Il existe beaucoup de boissons végétales et chacune a ses propres spécificités et intérêts au niveau nutritionnel. Nous pouvons vous conseiller d'alterner entre deux boissons végétales en poudre (par exemple une boisson de riz en alternance avec une boisson d'amande) afin de diversifier les apports de votre enfant.

> Agitez le biberon en le faisant rouler entre vos mains quelques secondes jusqu'à ce que le liquide soit parfaitement homogène.

Avant de donner à boire à votre bébé, **pensez à toujours tester la bonne température** du liquide sur le dessus de votre main ou sur votre poignet. Cela évite bien des désagréments et des risques de brûlures !

> Si le biberon est trop chaud, passez-le sous l'eau froide quelques instants avant de tester à nouveau la bonne température.

> S'il est trop froid, réchauffez-le quelques instants et vérifiez à nouveau la température.

Conseil

Pour stériliser les tétines et biberons avant leur première utilisation, nous vous conseillons de le faire au bain-marie. Il est inutile d'investir dans un stérilisateur pour si peu... Plus besoin de stérilisation ensuite ! Il vous suffira de les laver à l'eau chaude et de les essuyer avec un torchon propre.

L'eau représente presque 80 % du poids total du bébé à la naissance qui va se nourrir ensuite principalement d'eau à travers le lait maternel s'il est allaité (le lait maternel contient environ 87 % d'eau) ou via les PPN. La qualité de l'eau est donc primordiale pour assurer une bonne vitalité aux organes du corps mais également pour favoriser un état de bonne ou de meilleure santé de l'organisme. Rappelons aussi que la présence d'eau favorise l'élimination des déchets via les émonctoires (organes d'élimination).

Tout d'abord, **renseignez-vous sur la qualité de l'eau de votre département**. Nous vous recommandons beaucoup de prudence quant à l'utilisation de l'eau du robinet car elle contient souvent des résidus de pesticides et d'herbicides, mais aussi de métaux lourds, nitrates, amiante, bactéries, microbes et chlore. Ces derniers sont dangereux pour l'organisme et donc pour la santé sur le court, moyen ou long terme.

Nous vous conseillons donc vivement de vous tourner vers **une eau de qualité en bouteille ou une eau filtrée**. L'eau en bouteille ne nous paraît pas idéale car la plupart sont faites en plastique. Des transferts de matière sont possibles dans l'eau. Si toutefois vous optez pour une eau en bouteille, pensez à la prendre faiblement minéralisée afin de ne pas surcharger ni fatiguer les reins de votre bébé (Mont Roucous, Montcalme, Mont-Dore, etc.). Multiplier les emballages plastiques a un impact catastrophique au niveau écologique : l'achat de bouteilles en plastique doit faire partie de nos préoccupations et être évité... La solution d'un appareil filtrant et qualitatif, comme le filtre à eau Berkey ou d'un appareil à osmose inversée, peut s'avérer efficace pour éliminer une très grosse majorité des résidus présents dans l'eau du robinet. Il est évident que, même plus grand, votre enfant aura encore besoin d'une eau de qualité, nous vous conseillons donc de poursuivre l'hydratation de celui-ci avec une eau filtrée comme évoquée ci-dessus.

Purifier l'eau

Le principe de l'osmose inversée est simple: faire traverser l'eau de conduite (eau de ville par exemple) au travers d'une membrane semi-perméable composée de trous de 0,0001 µm. Cette membrane rejette 95 à 99 % des polluants de l'eau. Le filtre à eau Berkey est un système de purification de l'eau efficace à destination des particuliers. Il utilise la technologie de filtration de l'eau par gravité pour éliminer les éléments toxiques, les parasites, les bactéries et des centaines d'autres contaminants de l'eau, tout en préservant les bons minéraux… et tout cela sans jamais utiliser d'électricité!

Les biberons en verre sont ceux que nous vous conseillons vivement d'acheter. Les biberons en plastique, même s'ils sont sans BPA, sont à éviter à cause des transferts possibles de matière.
Les bébés allaités préfèrent souvent les **tétines de biberon** rondes assez longues avec une base large. Nous vous recommandons également, sur les conseils d'Aurore Besnard, de favoriser les tétines ayant un débit assez lent pour gérer tranquillement les déglutitions et éviter le risque de suralimentation. Rappelez-vous que, comme pour les adultes, la sensation de satiété du bébé ne vient qu'au bout d'une quinzaine de minutes.

Donner une tétine au bébé n'est ni bien ni mal. Chaque enfant est unique et chaque situation l'est aussi… Chacun fait comme il peut sur le moment avec ses ressources propres, la situation à laquelle il est confronté et ses croyances. Pour autant, Aurore Besnard et Aurélie Desnos[46] proposent de donner la tétine à un bébé uniquement si elle correspond à son besoin. Il est, en effet, dommage de la proposer trop rapidement sans avoir cherché à comprendre son besoin du moment: a-t-il besoin d'être changé de position? Sa couche doit-elle être changée? A-t-il envie de contact? Est-il fatigué?
Selon Aurore Besnard, si on donne trop vite la tétine à un bébé qu'on allaite au sein, la tétine risque de « remplacer » une ou plusieurs tétées. Cela peut alors induire doucement une baisse de la lactation de la maman et des apports en lait du bébé. Si un bébé, qui dort et pleure peu pour réclamer le sein, a une tétine dans la bouche, son allaitement peut devenir difficile, surtout pendant le premier mois. Aurélie Desnos déconseille la tétine le premier mois de vie de l'enfant surtout si celui-ci est allaité. De plus, quand l'enfant passe du sein à la tétine ou inversement, cela peut créer une confusion et favoriser des mordillements du mamelon de la maman, et donc compliquer un allaitement au sein.

46 Aurélie Desnos est infirmière puéricultrice libérale en Ille-Vilaine.

Comment se passe l'allaitement artificiel?

La fréquence des biberons évolue au fil des jours. Lors des premiers jours de vie de votre bébé, l'allaitement se passe comme un bébé allaité au sein. C'est-à-dire que le premier jour, votre nourrisson mange de façon assez irrégulière et se nourrit sûrement assez peu (quatre ou cinq fois pendant les premières 24 heures). Il dormira probablement beaucoup mais **pensez à le nourrir s'il passe au moins cinq heures sans boire**. Son estomac est tout petit (environ la taille d'une cerise). Les deux jours suivants, l'allaitement devient plus régulier, sûrement toutes les trois à quatre heures. Aux alentours du 2e et 3e jour, votre bébé fait un pic de croissance, il réclame plus et peut même avoir envie de téter sans arrêt et surtout la nuit! Les pics de croissance interviennent en général (même si cela est variable d'un bébé à l'autre) au 2e ou 3e jour de vie, puis dans les 10 ou 15 premiers jours, à 3 mois, à 6 mois, à 9 mois et enfin à 12 mois.
Après ses premiers jours de vie, un bébé allaité artificiellement boit en moyenne entre 6 et 9 biberons par jour. Cela fait un biberon environ toutes les 3 à 4 heures. Certains ont des besoins plus importants, ils devront donc boire plus régulièrement. Comme le rappelle Céline Bazin (Bazin, 2021), sage-femme en Belgique, souvenez-vous que l'allaitement artificiel doit rester à la demande, votre bébé doit se réveiller pour qu'on lui propose un biberon.

Aurélie Desnos recommande de **tenir le bébé semi-assis** sur le côté lors de l'allaitement artificiel. Ainsi, l'enfant reposera sur l'un des bras de l'adulte. Elle nous rappelle que la position doit absolument permettre le confort du bébé et de l'adulte:

> **Prévoyez un accoudoir ou des coussins sous le bras pour éviter des tensions inutiles, voire même des**

blocages ou des tendinites à la longue… L'essentiel est d'observer votre bébé pour savoir s'il est confortable dans la position que vous avez choisie.
Selon la consultante en lactation IBCLC et animatrice de La Leche League France, Léa Cohen, donner au bébé un biberon positionné quasiment à l'horizontale aurait des bénéfices : l'enfant serait rassuré, rejetterait moins le biberon et ne prendrait pas plus de lait qu'il n'en a envie. Cette technique est idéale pour passer d'un allaitement maternel à un allaitement au biberon (Wilson-Clay, 2005). Cette façon de faire permet d'offrir le biberon au bébé, exactement comme on le fait avec un gobelet.
> Asseyez le bébé sur vos jambes, contre vous.
> Proposez-lui le biberon, tenu quasiment à l'horizontale (au lieu d'être tenu à la verticale). Le lait est donc toujours à l'horizontale dans le biberon.

Le bébé peut avaler de l'air et « s'étouffer » quand il se sent « gavé » par le lait qui n'arrête pas de couler de la tétine.
> Si c'est le cas, laissez le bébé boire 2 ou 3 gorgées, puis abaissez le biberon afin de vider la tétine. Il peut alors respirer et reprendre son souffle.
> Ensuite, attendez qu'il vous demande pour téter à nouveau.
> Donnez-lui le biberon, laissez-le boire 2 ou 3 gorgées, puis abaissez à nouveau le biberon, et ainsi de suite. L'enfant peut prendre moins de lait avec cette façon de procéder puisqu'il s'arrête quand il n'a plus faim. Cela peut prendre 20 à 30 minutes (comme une tétée au sein).
Selon l'âge, **certains enfants ne voudront pas boire au biberon.** D'ailleurs, il n'est pas absolument nécessaire que les enfants apprennent à boire avec un biberon et une tétine : très tôt, ils peuvent apprendre à se servir d'une tasse ou d'un gobelet. Cette façon de boire est nommée « l'alimentation à la tasse » (Kleintjes, 2016). Il est toutefois recommandé d'utiliser une tasse qui ne peut pas casser avec un bord rond.
> Mettez la tasse à la bouche de l'enfant de manière à ce que le lait atteigne sa mâchoire inférieure. Il peut alors lécher et avaler le lait et, au fil du temps, il boira de vraies gorgées.

Le rot correspond à l'air accumulé dans son ventre au cours de la tétée. En avalant le lait, votre bébé avale aussi de l'air. Gêné par l'air accumulé dans son estomac, il s'arrête de boire et des douleurs abdominales peuvent parfois se manifester.
Un bébé allaité au sein est bien moins susceptible de roter qu'un autre nourri au biberon. Quand l'enfant boit le lait au sein, il gère le flux, tète en général moins longtemps à la fois et avale donc moins d'air. Mais il peut tout de même avoir besoin de faire un rot de temps en temps !
Voici la méthode la plus fréquente pour aider votre enfant à faire un rot :
> Mettez un lange sur votre épaule (pour éviter de salir votre vêtement en cas de petite régurgitation).
> Placez le bébé en haut de votre torse d'un côté ou de l'autre (vers l'épaule gauche ou vers l'épaule droite), votre bras du même côté soutient les fesses de votre enfant. Son ventre repose sur votre épaule, son estomac doit être contre votre clavicule et sa tête est dans votre cou.
> Tapotez-lui alors très délicatement entre ses omoplates avec votre autre main.
Vous pouvez également utiliser cette seconde technique :
> Asseyez le bébé sur vos genoux.
> Votre main droite est dans son dos et votre main gauche maintient son torse. Avec votre index et votre pouce, soutenez sa tête au niveau de ses joues.

LE SOMMEIL DE L'ENFANT

Mieux comprendre la physiologie du sommeil est indispensable pour mettre en place des stratégies bénéfiques à l'enfant et pour accompagner son endormissement.

À quoi sert le sommeil ?

Le sommeil est une fonction biologique essentielle puisque nous ne pouvons pas vivre sans sommeil. Il s'agit d'une baisse de l'état de conscience qui sépare deux périodes d'éveil. C'est notre « horloge interne » qui nous permet de réguler physiologiquement les cycles de veille et de sommeil.

Le sommeil est nécessaire au corps et au cerveau pour bien fonctionner pendant l'éveil. Contrairement à ce que l'on peut penser, c'est un phénomène actif divisé en deux grandes parties : **le sommeil lent (ou calme) et le sommeil paradoxal.** L'organisation cyclique du sommeil est souvent représentée par l'image du train qui passe. Chaque train constitue un cycle de sommeil, lui-même sous-divisé en cinq wagons. Chaque cycle de sommeil dure environ 90 minutes, et après un bref réveil, un autre train entame un nouveau voyage en passant par les cinq stades de sommeil. Une nuit de sommeil dite « normale » chez l'adulte est constituée de quatre à six cycles successifs. Chez l'enfant, la durée du sommeil particulièrement élevée à la naissance se réduira de façon progressive avec l'âge.

TRAIN DU SOMMEIL

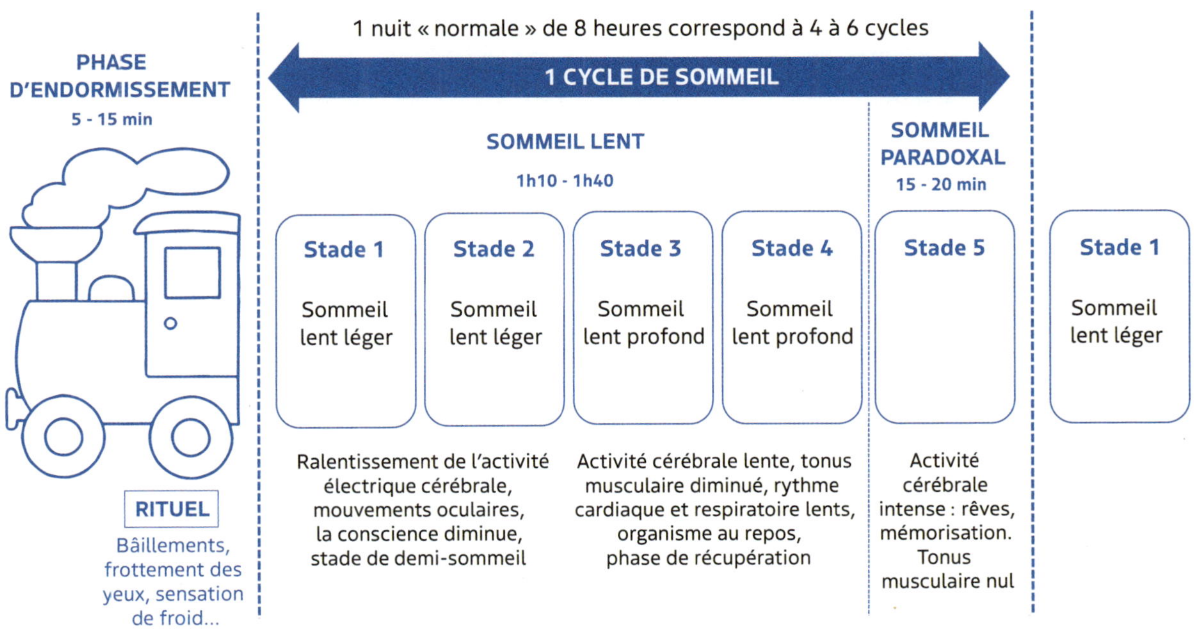

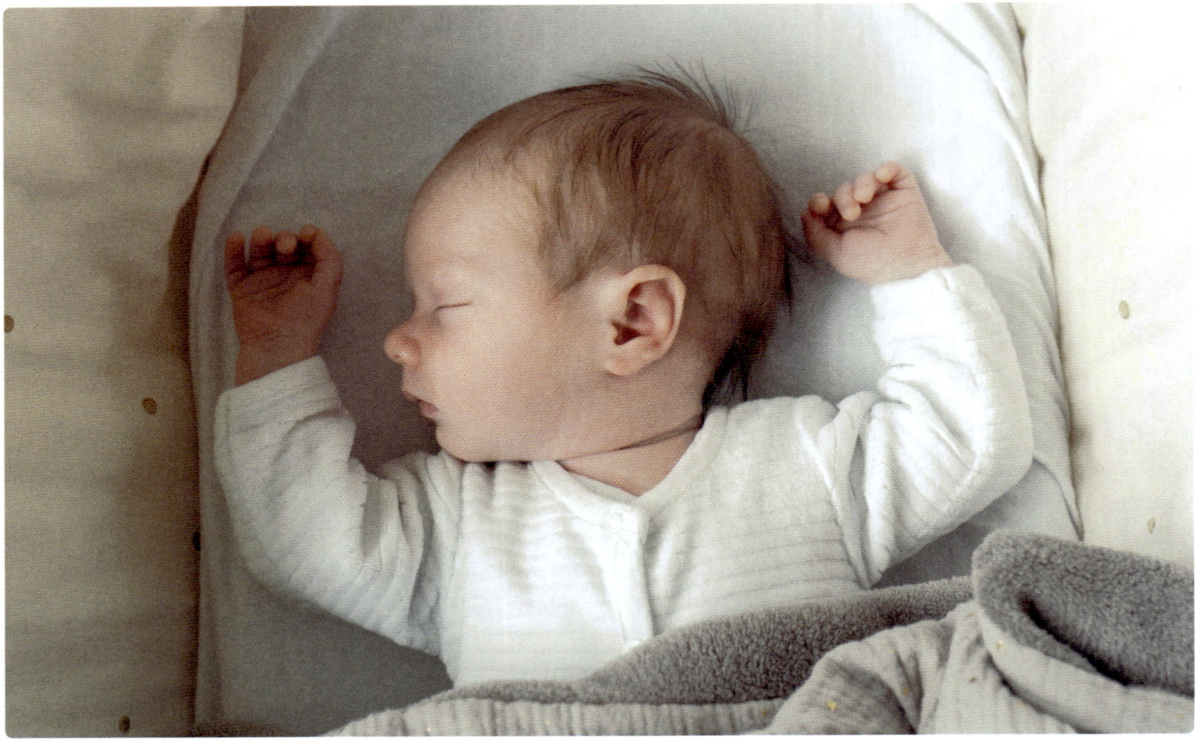

Au cours du sommeil lent, les métabolismes sont ralentis, le corps se repose. C'est à ce moment-là que l'organisme fait des économies d'énergie et qu'il reconstitue également ses réserves. Chez l'enfant, c'est au cours de ces phases de sommeil lent qu'est sécrétée **l'hormone de croissance**, qui lui permet donc de bien grandir. **La prolactine**, l'hormone nécessaire au développement du système immunitaire, est, elle aussi, exprimée durant ces phases de sommeil calme. À l'inverse, au cours du sommeil paradoxal, le métabolisme cérébral est très actif. C'est au cours de cette phase que nous sommes capables de rêver. Ce sommeil est indispensable à la **réactivation périodique et à la reprogrammation génétique des comportements innés**. **L'intégration des apprentissages de la journée** se fait également à cette étape du sommeil.

L'approche physiologique

Chaque individu, au cours de la journée, alterne des états de veille et de sommeil. Cette alternance est déterminée par des facteurs endogènes (propres à l'être humain) et exogènes (émanant de l'environnement dans lequel nous vivons). Parmi les facteurs endogènes, on trouve entre autres **l'ocytocine (hormone de la confiance et de l'amour)** et **le cortisol (hormone du stress)**. Ce dernier agit comme un antagoniste de **la mélatonine (hormone du sommeil)**. Ainsi, un taux de cortisol élevé amène un état d'alerte et de stress, qui empêche la mise en place du sommeil. L'ocytocine, quant à elle, permet de diminuer l'expression du cortisol.

Concrètement, l'interaction de ces différentes hormones montre que plus un enfant est accompagné au coucher avec douceur, empathie et bienveillance, plus il sécrète de l'ocytocine : apaisé, il se trouve dans de bonnes conditions pour s'endormir. Au contraire, un enfant stressé (par exemple, s'il pleure quand vous le laissez seul dans sa chambre) produit du cortisol qui bloque la production de l'hormone du sommeil. Celui-ci finira par s'endormir de fatigue, d'épuisement, et ses cycles de sommeil seront perturbés.

On sait que **les enfants qui subissent des stress assez intenses** présentent des troubles au moment de la phase de sommeil lent, ce qui a un impact notamment sur la croissance. **Pour des stress plus légers**, les perturbations de cette phase du sommeil provoquent au réveil de l'enfant des signes d'irritation et de fatigue.

Il est possible d'encourager la sécrétion de mélatonine et donc de favoriser l'endormissement :

> Placez l'enfant dans la pénombre ou l'obscurité avec, si besoin, une lumière tamisée le temps du rituel.

> La production de mélatonine est influencée positivement par une alimentation riche en tryptophanes, magnésium et vitamines B présents dans les noix, les noisettes, les amandes, les légumes secs, les bananes, les flocons d'avoine…

À savoir

Le sucre est un aliment qui favorise la production de cortisol. Il bloque donc la sécrétion de mélatonine, l'hormone du sommeil. Encore une bonne raison de l'éviter !

L'approche « quantitative »

Un nouveau-né dort selon ses besoins, en moyenne entre 14 et 18 heures par jour et généralement par épisode de 2 à 4 heures. Si votre bébé est en pleine santé dès la naissance, il n'est pas nécessaire de le réveiller pour le nourrir. À la naissance, un nouveau-né n'est pas capable de faire la distinction entre les cycles du jour et de la nuit. Il acquiert cette notion autour de la 5e ou 6e semaine de vie. Ensuite, l'enfant est supposé dormir davantage la nuit que la journée (voir le tableau p. 148).

Afin de l'accompagner dans la découverte de ce rythme nycthéméral (alternance jour/nuit), on peut **créer deux environnements différents associés à chaque partie de ce cycle**. Ainsi, pour la nuit, on peut placer l'enfant dans une pièce silencieuse et obscure. À l'inverse, lorsqu'il veut se reposer en pleine journée, on peut le mettre dans un endroit au calme (mais pas forcément silencieux), en laissant passer la lumière afin de privilégier la pénombre au noir total.

SCHÉMA CIRCADIEN

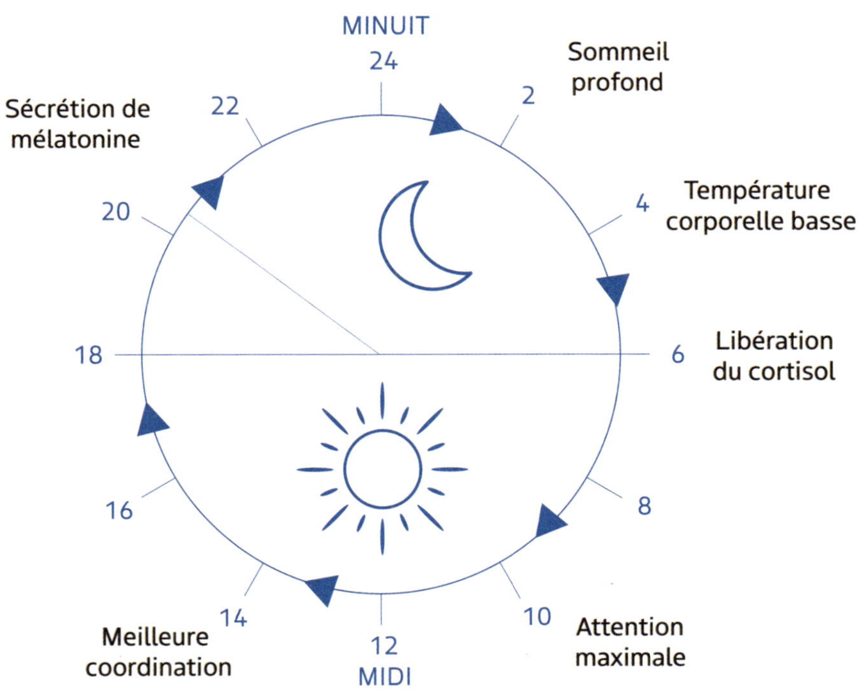

TEMPS DE SOMMEIL SELON L'ÂGE DE L'ENFANT (d'après bebeaucalme.fr)

ÂGE DE L'ENFANT	SOMMEIL DE NUIT	SOMMEIL DE JOUR	TOTAL
1 mois	8 h 30	7 h 30	16 h
3 mois	6 à 10 h	5 à 9 h	15 h
6 mois	10 à 12 h	3 à 4 h 30	14 h 30
9 mois	11 h	3 h (2 siestes)	14 h
12 mois	11 h	2 h 30 (2 siestes)	13 h 30
18 mois	11 h	2 h 30 (1 à 2 siestes)	13 h 30
2 ans	11 h	2 h (1 sieste)	13 h
3 ans	10 h 30	1 h 30 (1 sieste)	12 h
À partir de 4 ans	11 h 30	variable	11 h 30

En journée, on peut le stimuler en le laissant évoluer dans des pièces lumineuses et en favorisant les promenades afin de le confronter à la lumière naturelle du soleil.
Bien que l'existence d'une organisation cyclique du sommeil existe dès la naissance de l'enfant, cette organisation va subir d'importantes transformations au cours des premières années de vie, ce sont **les phases de régression du sommeil**. Étroitement liées au développement cérébral, ces phases de régression du sommeil surviennent au moment où débutent les acquisitions fondamentales, telles que la marche ou l'apprentissage du langage (sans oublier toutes les régressions qui peuvent être liées au vaccin, aux dents, aux maladies…). On parle donc de phases de régression physiologiques :

- Vers les 4 mois du nourrisson.
- Entre 8 et 10 mois (angoisse de la séparation).
- Vers 12 mois (premiers déplacements).
- Vers 18 mois (angoisse de la séparation).
- Vers 24 mois avec l'acquisition du langage.
- La dernière est celle liée à l'entrée à l'école maternelle.

Co-construire le sommeil du bébé

Plus il y a de sérénité sur le sujet du sommeil, plus le bébé sera calme ! Et même s'il se réveille la nuit, vous serez plus en mesure de prendre soin de lui. À l'inverse, moins vous serez prêt·e·s à accueillir ses réveils nocturnes, plus votre enfant le ressentira et se réveillera.
Au cours du 1er trimestre de vie de l'enfant, veillez à ce que votre bébé dorme au moment où il en a besoin (et si possible avant les premiers signes de fatigue). Il est important de lui apporter tout ce dont il a besoin au moment où il en a besoin ! Après 9 mois passés dans le ventre de sa maman, le contact physique, de proximité avec sa figure d'attachement, de chaleur, d'odeur familière sont primordiaux pour lui :
> Faites-le dormir dans vos bras, à l'aide d'un système de portage ou bien contre vous.
> Si vous en avez la possibilité, essayez de caler vos moments de repos et de les partager avec votre bébé. Ils le sécuriseront dans son sommeil et vous en profiterez pour vous reposer.

À savoir

Pendant le 1er trimestre du bébé, **la notion d'habitude n'existe pas.** N'ayez donc pas peur d'en « prendre de mauvaises » si votre enfant ne s'endort pas seul dans sa chambre, ni sans vos bras ou encore en tétant !

Faites en sorte que l'enfant se réveille à l'endroit où il s'est endormi, cela lui permettra de créer un lien de confiance. On peut facilement imaginer l'angoisse ressentie par un enfant qui s'endort dans les bras de ses parents puis se réveille seul dans son lit. L'important est qu'il se sente dans un environnement sécure, en confiance auprès de ses figures d'attachement. Pas question donc de le laisser pleurer ni de lui refuser le contact, il a besoin de vous ! Bien sûr, vous aussi, vous avez besoin de satisfaire vos besoins vitaux (douche, toilettes...) et de prendre soin de votre équilibre mental et psychologique : pensez à solliciter votre conjoint·e ou toute autre personne prête à vous relayer auprès du bébé.

L'importance de la sieste

Chaque enfant a des besoins spécifiques. En étant attentif·ve aux comportements de votre enfant (signes de fatigue, irritabilité, perte de concentration...), vous pourrez évaluer ses besoins en sommeil et adapter les temps de repos dont il a besoin.

Les enfants grandissent, apprennent et se développent rapidement. Tout est nouveau pour eux et ils ont tant de choses à découvrir au cours d'une journée ! **Les temps de sieste permettent à leur cerveau de se reposer et d'enregistrer toutes ces nouvelles expériences**. Des études ont mis en évidence que des enfants de l'école maternelle qui font une sieste après une nouvelle activité d'apprentissage retiennent mieux ces nouvelles connaissances (Kurdziel, 2013). Les temps de repos sont également **essentiels pour la régulation de l'humeur** : les enfants fatigués sont plus anxieux, plus hyperactifs, plus grognons et il est alors plus difficile de contenir leurs tempêtes émotionnelles... Enfin, la sieste est tout simplement bonne pour la santé, car d'après certains spécialistes, le sommeil joue un rôle essentiel dans la prévention de certaines maladies (comme le diabète, les problèmes cardio-vasculaires, l'obésité et la dépression).

Respectez ces temps de pause et accompagnez votre enfant à la sieste dès l'apparition des premiers signes de fatigue. Attention, **il est inutile de forcer un enfant à dormir alors qu'il n'en a pas besoin** : déjà c'est absolument contre-productif, il ne dormira pas ! Et vous risquez également de perturber son rapport au coucher... À la place, **proposez-lui un temps calme** : seul, dans sa chambre, votre enfant peut faire des activités de lecture (ou autre) dans le calme pendant un temps défini ensemble. Avant l'âge de 6 ans, la nuit ne suffit généralement pas pour reposer totalement l'enfant et la sieste est là pour compléter ces heures de sommeil.

Où et comment coucher son bébé ?

Plusieurs types de couchage sont possibles (lit « classique », matelas au sol, berceau en cododo...) et sont décrits plus haut (voir p. 86).

Le choix du cododo

Nous vous proposons ici de revenir sur la technique du cododo qui nous semble être une option intéressante (si et seulement si des consignes de sécurité strictes sont respectées).

Même si l'OMS préconise de faire dormir l'enfant dans la même pièce que ses parents, chacun·e dans son propre lit, il est aussi possible de faire le choix du « vrai » cododo en partageant le lit avec le bébé. Selon La Leche League, la proximité créée par le cododo permettrait de favoriser la montée de lait et la mise en place de l'allaitement. Celles qui allaitent gagnent ainsi en confort : installée contre son bébé, il est plus facile de repérer les premiers signes d'éveil et ainsi répondre rapidement à ses besoins. Les tétées étant souvent plus fréquentes la nuit, **les mamans allaitantes témoignent de nuits plus paisibles grâce au cododo**.

Quel que soit votre choix, écoutez-vous et communiquez au sein de votre couple afin de savoir si le cododo convient à tou·te·s.

Quelques consignes pour un cododo en toute sécurité :

> Votre lit doit être préparé avec **un matelas ferme, plat et propre**. Il est possible pour chaque parent de garder un oreiller, sans autres accessoires dans le lit.

> **Le bébé ne doit pas être placé entre ses parents**, mais du côté de la maman, le corps tourné vers lui. En effet, l'imprégnation hormonale de la mère lui permet de sentir constamment la présence de son bébé (sauf en cas de fatigue intense : prendre des précautions et trouver une alternative au cododo). Le co-parent ayant un sommeil beaucoup plus lourd, l'enfant pourrait se trouver coincé entre les parents (mouvements dans le sommeil, écrasement...). **Soyez vigilant·e aussi à ce qu'il ne puisse pas tomber du lit**, ni se retrouver coincé entre un matelas et un mur.

> **La température idéale pour le coucher est située aux alentours de 18 °C.** Il n'est pas nécessaire de trop

couvrir votre bébé, la combinaison body-pyjama-gigoteuse suffit amplement. Attention également à ce que la couette ne recouvre pas sa tête. Si vous êtes amené à le laisser seul dans votre lit, pensez à retirer les oreillers et la couette, et assurez-vous qu'il ne puisse en aucun cas tomber.

> **Ne partagez pas votre lit avec un enfant plus grand**, ni avec des animaux de compagnie.

> **Ne faites pas de cododo avec votre bébé si** vous ou votre conjoint avez fumé, bu et/ou consommé de la drogue.

Quand le bébé est plus grand, il peut ensuite s'installer dans sa chambre (ou pas !). Plusieurs solutions s'offrent à vous, mais nous **encourageons vivement le lit au sol**, qui permet à l'enfant de gagner en confiance et en autonomie dans la gestion de son sommeil. Ce type de lit permet à l'enfant de ne pas se sentir « coincé » et d'avoir une vue globale de sa chambre. Si au début, il n'a pas la capacité de se mouvoir seul, lorsqu'il grandira, il pourra aisément s'y installer ou en sortir de manière autonome. Cette capacité participera à diminuer l'angoisse liée à la nuit et à la séparation avec les parents.

Lit au sol

Posez le matelas sur un sommier ou sur un tatami (et pas directement sur le sol) afin de laisser passer l'air et d'éviter le développement de moisissures dues à la condensation.

Pour que l'enfant se sente bien dans sa chambre, et que le lit soit associé à un moment de détente et à des émotions positives, il est important de **ne pas utiliser la pièce (ou le lit) pour punir l'enfant ou l'isoler**.

L'importance des rituels d'endormissement

La mise en place de rituel avant le coucher est une sorte de conditionnement. L'objectif est d'accompagner sereinement votre bébé vers l'endormissement en créant un espace-temps sécurisant, empathique et bienveillant. **Ce rituel doit avant tout convenir à votre enfant ainsi qu'à vous-même.**

En répétant les mêmes actions chaque soir, vous créez une ambiance apaisante et sécurisante tout en passant le message que c'est l'heure du coucher.

> Commencez ce rituel par une série d'actions répétées dès le passage par la salle de bain !

> Toujours dans le même ordre, faites se succéder le moment du change, du pyjama puis de l'entrée dans la chambre que vous pouvez accompagner de la même chanson (voire de la même musique), qui se termine par la lecture d'une petite histoire.

> Puis les mêmes mots (éventuellement couplés à la même série de petits bisous : front, nez, joue, bouche...) indiqueront à votre enfant que le temps est arrivé pour lui de se reposer seul, sereinement.

Si ça ne fonctionne pas du premier coup et que votre enfant pleure ou vous appelle, rassurez-le en lui montrant que vous n'êtes pas loin, que vous pouvez revenir le voir... **En cas d'agitation**, une petite séance de massage accompagnée de vos mots doux peut l'apaiser. Les câlins augmentent la sécrétion d'ocytocine (hormone de la confiance et de l'amour).

Si exceptionnellement vous n'êtes pas présent·e·s au moment du coucher, prévenez l'enfant et rassurez-le. Indiquez-lui qu'à votre retour, vous passerez dans sa chambre pour le voir et lui faire un bisou même s'il dort (attention, ne dites ça que si vous avez vraiment prévu de le faire).

Lorsque l'enfant est plus grand, il est possible d'intégrer d'autres rituels :

Pratiquez ensemble quelques **exercices de yoga ou de méditation** afin de favoriser le retour au calme avant le coucher.

Vous pouvez aussi mettre en place **la respiration koala** (Couturier, 2015) : elle est très douce à réaliser avec votre enfant, et très efficace aussi en cas de colère ou après une dispute.

> Placez-vous ventre contre ventre avec votre enfant et enveloppez-le dans vos bras.

> Le contact facilite la synchronisation et la respiration, qui va devoir être calme et profonde. L'idée est ensuite de respirer à l'unisson.

Les mobiles

Plutôt stimulant, le mobile avec musique ou lumière n'est pas nécessaire au rituel d'endormissement. Et s'il s'arrête avant que l'enfant ne soit endormi, un adulte doit venir le relancer ! Par contre, ces mobiles s'avèrent très utiles pour stimuler les phases de réveil.

L'HYGIÈNE DU BÉBÉ

En venant au monde, le bébé passe du milieu humide intra-utérin au milieu aérien extérieur. Sa peau, fragilisée par ce changement brutal, nécessite des soins appropriés.

La peau joue un rôle très important dans le bon fonctionnement de notre corps. C'est encore plus vrai pour celle des bébés qui est très sensible et immature à la naissance.
La peau est un organe vivant en perpétuel renouvellement. C'est l'organe le plus lourd et le plus étendu du corps humain. Chez l'adulte, elle pèse environ 3,5 kg et représente 1,75 m² de surface).

Anatomie et physiologie de la peau

Complexe, la peau est constituée de différentes couches (épiderme, derme et hypoderme) et elle renferme des annexes cutanées représentées par les glandes (sébacées et sudorales) et les phanères ou orifices pilo-sébacés (cheveux, poils et ongles).

L'épiderme sert de barrière au contact du monde extérieur. Composée de plusieurs couches de cellules empilées les unes sur les autres, son épaisseur correspond à celle d'une feuille de papier et varie d'un endroit à l'autre du corps (très fin au niveau des paupières, plus épais au niveau de la paume des mains et la plante des pieds). On trouve dans l'épiderme quatre types de cellules différentes ayant chacune une fonction spécifique : les kératinocytes, les mélanocytes, les cellules de Langerhans et les cellules de Merkel.
Le film hydrolipidique (ou « film cutané de surface ») est constitué, comme son nom l'indique, d'une partie lipidique et d'une partie aqueuse, formant une émulsion entre elles. La partie aqueuse est principalement formée par la sueur, excrétée par les pores de la peau et sécrétée par les glandes sudorales (ou sudoripares). La partie lipidique est constituée de sébum et de lipides fabriqués par les cellules de l'épiderme. Ce film hydrolipidique a pour fonction principale de renforcer la barrière formée par l'épiderme, afin de lutter contre la pénétration de substances étrangères, et ainsi protéger le corps d'agressions chimiques. Le film hydrolipidique permet également de maintenir l'humidité de la peau en empêchant l'évaporation. Il s'agit aussi de la surface où la flore cutanée (composée principalement de bactéries) est présente et prévient de la contamination par d'autres micro-organismes potentiellement plus pathogènes.
Le derme est un tissu conjonctif solide qui est situé sous l'épiderme et constitue le support solide de la peau. Les cellules présentes dans le derme sont principalement des fibroblastes, et sont responsables de la synthèse des fibres de collagènes et d'élastine, qui confèrent à la peau résistance et élasticité. Sa constitution permet de restituer l'eau à l'épiderme afin d'assurer son hydratation. C'est à cet endroit de la peau que sont situés les mécanorécepteurs, qui peuvent être stimulés par le biais de massages et qui ont pour principale fonction de nous faire acquérir un de nos cinq sens, celui du toucher.
L'hypoderme correspond à la partie la plus profonde, majoritairement constituée par une couche de graisse. Il va constituer la réserve énergétique de la peau. Ses principales fonctions sont d'amortir mécaniquement les chocs, de modeler la silhouette (car il n'est pas présent partout avec la même épaisseur) et il a également un rôle d'isolant thermique.

La peau est également constituée de structures annexes comme les glandes sébacées produisant le sébum et les glandes sudorales sécrétant la sueur.

Ces deux substances se mélangent pour former le film hydrolipidique, véritable barrière protectrice de la surface de notre peau.
Les glandes sébacées sont réparties principalement sur le haut du corps (tête, cou, épaules, décolleté et haut du dos), et forment de petits sacs situés dans le derme communiquant jusqu'à la surface de la peau par de petits canaux, situés au niveau d'un poil ou d'un duvet. C'est à l'intérieur de ces sacs qu'est formé et stocké le sébum, ensuite évacué à la surface. Le sébum, constitué principalement de lipides, est fongistatique (stoppe la croissance des champignons) et bactériostatique (stoppe la croissance des bactéries). Il est aussi responsable de l'odeur corporelle spécifique à chaque individu. **C'est notamment grâce à cette odeur spécifique que le bébé est capable de reconnaître sa maman. La sécrétion sébacée (ou séborrhée) est quasiment absente pendant les premières années** de la vie jusqu'à l'adolescence. Certains facteurs externes, comme l'alimentation ou l'exposition au soleil, influencent la sécrétion et la composition du sébum. C'est au niveau du follicule pilo-sébacé (à la base d'un poil) que se développent les boutons d'acné.
Les glandes sudorales sont situées également au niveau du derme, elles sont à l'origine de la production et de la sécrétion de la sueur à la surface de la peau, constituante de la partie aqueuse du film hydrolipidique. Deux types de glandes sudoripares existent chez les mammifères : les glandes eccrines et les glandes apocrines. Les glandes eccrines sont situées sur l'ensemble du corps de façon hétérogène et ont pour rôle principal d'assurer **la thermorégulation** de l'organisme en le refroidissant. Les glandes apocrines, elles, vont précisément être localisées au niveau du derme profond dans les régions de l'oreille, sous les yeux, sous les aisselles, au niveau de l'aréole du sein, du nombril et au niveau des régions génitales. Leur rôle principal chez les mammifères est d'intervenir comme **système de reconnaissance olfactif.**

Déodorants et transpiration

Lors de son émission, la sueur est inodore ! Ce sont les bactéries qui sont responsables de son odeur. Évitez donc les déodorants anti-transpirants (qui bloquent la transpiration nécessaire à la thermorégulation) et préférez ceux qui diminuent la formation d'odeurs. Par mesure de précaution, il est déconseillé aux femmes enceintes ou allaitantes d'utiliser un déodorant contenant des huiles essentielles : ne se mélangeant pas avec l'eau, elles ne peuvent pas être rincées et pénètrent la barrière cutanée pour atteindre la circulation sanguine de la femme enceinte et du bébé. Il en est de même pour la femme allaitante à travers son lait.

La peau protège le corps des agressions extérieures (mécaniques, chimiques ou toxiques), joue un rôle dans l'immunité (lutte contre des micro-organismes pathogènes) et dans l'homéostasie (thermorégulation). C'est également un **organe émonctoire** (élimination des déchets par la sueur et le sébum). Enfin, la peau est un **organe de lien et d'échange** (le siège du sens du toucher) : il s'agit d'un organe social, qui accueille aussi bien les caresses que les coups...
Vous l'aurez compris, la peau joue un rôle très important dans le bon fonctionnement de notre corps, il est donc essentiel d'en prendre soin ! Et c'est encore plus vrai chez les bébés qui, à leur naissance, ont une peau très sensible.

Les spécificités de la peau du bébé

Bien qu'anatomiquement similaire à celle des adultes, la peau du nouveau-né présente des spécificités qui lui sont propres. Encore immature au début de la vie, ce n'est que vers l'âge de 2 ou 3 ans qu'elle acquiert pleinement les différentes fonctions décrites plus haut.
Au cours du développement embryonnaire, les différents tissus (épiderme, derme et hypoderme) et annexes (glandes sébacées et sudorales) liés à la peau se mettent en place.

Le vernix caseosa

À la fin du 5e mois de développement, les glandes sébacées du fœtus sécrètent le *vernix caseosa* (signifiant littéralement « vernis de fromage » en latin) : associé aux cellules de kératine produites par l'épiderme, cet enduit blanchâtre, cireux et imperméable, va protéger le fœtus du milieu aqueux (le liquide amniotique) qui l'entoure, en évitant notamment qu'il se dessèche. Propre à l'être humain, le *vernix caseosa* serait responsable de l'odeur si particulière des bébés à la naissance et interviendrait comme un réel mode de communication non verbale précoce entre la mère et son enfant. Il participerait ainsi à favoriser le lien d'attachement entre les parents et l'enfant. Lors de l'accouchement par voie basse, il sert de lubrifiant naturel et permet ainsi de limiter les frottements entre le bébé et les tissus de la mère afin de favoriser sa descente et son expulsion.

Après la naissance, le *vernix caseosa* continue de jouer un rôle essentiel en favorisant l'adaptation du nouveau-né à son nouveau milieu aérien : hydratant et imperméable, il protège la peau du bébé des agressions extérieures et lui permet de lutter contre une chute de sa température corporelle.

Il a également un réel intérêt pour la construction de son système immunitaire, puisqu'à l'intérieur de l'utérus, le bébé est dans un environnement stérile et qu'à la naissance il arrive dans un environnement très riche en bactéries. Lors du passage dans les voies génitales de la mère, lors d'un accouchement par voie basse, le bébé récupère les bactéries présentes dans le vagin et dans la zone périnéale qui colonisent son corps et son système digestif. Elles constituent son premier microbiote intestinal (voir l'encart ci-contre). Véritable mécanisme de défense, ces bonnes bactéries participent au développement du système immunitaire du bébé et à la lutte contre des infections extérieures. **Pour laisser le vernix pénétrer naturellement sa peau, il est donc préférable de ne pas laver le nouveau-né dès la naissance.** On peut d'ailleurs aider sa pénétration **en réalisant de petits massages**.

Recommandations

L'OMS préconise de retarder au minimum le premier bain à six heures après la naissance, voire jusqu'au 3e jour de vie.

La perméabilité

Les différentes couches de la peau sont très fines chez les bébés (et encore plus chez les prématurés). La fonction barrière et protectrice n'est donc pas encore totalement efficace. Au cours des premiers mois de vie, la perméabilité des tissus est exagérée, l'organisme est donc plus sensible aux agressions extérieures. La peau se déshydrate plus vite et l'utilisation de produits d'hygiène et cosmétiques peut s'avérer toxique pour le nouveau-né. Au vu du rapport taille-poids, la surface corporelle d'un enfant est 3,5 fois supérieure à celle d'un adulte : la surface d'absorption est donc beaucoup plus grande chez le nourrisson que chez l'adulte.

Pour ces raisons, il est essentiel d'utiliser des produits d'hygiène uniquement lorsque c'est nécessaire (et non pas pour un but purement esthétique ou olfactif). Notez que c'est l'action mécanique qui lave, l'emploi de détergent (contenu dans les produits d'hygiène) n'est donc pas indispensable. Si toutefois vous souhaitez utiliser de tels produits, il paraît important de privilégier l'utilisation de cosmétiques naturels (sans produits chimiques, sans odeur et sans huile essentielle) adaptés à une utilisation chez le bébé.

Accouchement par césarienne et microbiote

Les bébés nés par césarienne ne bénéficient pas de l'ensemencement bactérien naturel lors du passage dans les voies génitales maternelles. De plus, les femmes qui accouchent par césarienne se voient souvent administrer des antibiotiques afin de réduire les risques d'infection post-opératoires. **Ces médicaments affectent également le bébé puisqu'en passant la barrière placentaire, ils entravent le développement du microbiote du nourrisson.** C'est principalement pour cette raison que les enfants nés par césarienne sont plus « fragiles » que ceux nés par voie basse. Aujourd'hui, on sait qu'il est possible de restaurer facilement les bactéries bénéfiques de la mère pour le nouveau-né (Song, 2021) en réalisant un ensemencement bactérien à l'aide d'un tampon de gaze, préalablement inséré dans le vagin de la mère (si rien ne s'y oppose au niveau médical) puis passé sur la peau du bébé. Dans le cadre d'une césarienne programmée, si vous êtes convaincue du bienfait de cette technique et qu'il n'y a pas de contre-indications, notez ce souhait d'ensemencement vaginal sur votre projet de naissance et parlez-en avec l'équipe médicale.

L'adaptation physiologique de la peau du bébé

L'apparition d'anomalies cutanées (boutons, rougeurs…) fait l'objet de très nombreuses consultations chez le médecin dans les semaines qui suivent la naissance : dans la majorité des cas, il s'agit de phénomènes physiques d'adaptation complètement bénins.

La peau d'un enfant ne devient complètement fonctionnelle que vers l'âge de 2 ou 3 ans. Par exemple, la fonction sudorale ne permet pas encore la régulation de la température corporelle et la sécrétion du sébum n'est pas optimale, car elle est encore trop pauvre en lipides. Ce sont ces phénomènes qui assèchent la peau des nouveau-nés. De plus, l'imprégnation hormonale due au passage dans les voies génitales de la mère est parfois responsable de l'apparition de boutons (l'acné du nourrisson par exemple).

Comme nous l'avons vu, la peau d'un bébé est fragile, il est important de limiter l'utilisation de produits cosmétiques qui peuvent s'avérer trop agressifs et dénaturants.

> Si vous allaitez, un des meilleurs soins que vous pouvez apporter à votre bébé est **l'application de votre lait.**

> Sinon, **un simple lavage à l'eau est recommandé.**

Dans le cas de sécheresse cutanée intense (souvent au niveau du visage) :

> Appliquez de temps en temps une huile végétale de qualité biologique (amande douce, chanvre, beurre de karité).

Ces réactions physiologiques sont normales, laissez à la peau du bébé le temps de s'adapter à ce nouveau monde !

Les rituels d'hygiène au quotidien

Lors de la toilette quotidienne, les soins sont vécus par le bébé comme un moment de détente et de partage avec la personne qui s'occupe de lui. Si vous utilisez des produits d'hygiène, ils doivent être adaptés pour respecter sa peau fragile.

Le change

À chaque changement de couches, qu'elles soient jetables ou lavables, **le nettoyage des fesses du bébé se fait à l'eau** avec l'aide d'un gant de toilette ou de lingettes lavables. Vous pouvez également utiliser un savon surgras adapté à la toilette en cas de selles. Dans tous les cas, évitez l'application systématique de crème ou de lotion qui pourrait à terme être irritante pour le soin du siège de votre bébé. De la même façon, l'utilisation de lingettes jetables est complètement déconseillée (et il s'agit en plus d'un véritable désastre écologique).

Lorsque vous n'avez pas accès à un point d'eau, lors de sorties par exemple, équipez-vous d'une gourde remplie d'eau ou d'un liniment oléo-calcaire (voir p. 85) ne nécessitant pas de rinçage.

Le bain

Le bain rappelle au nouveau-né son long séjour bien au chaud dans le ventre de sa maman. Véritable moment de détente et de partage, **choisissez un moment opportun pour donner le bain**, en fonction de l'état d'éveil de votre bébé. Le bain peut être également un bon moyen de calmer un enfant agité. **Pour rappel, les nouveau-nés n'ont pas du tout besoin d'être lavés tous les jours, deux bains par semaine suffisent largement.**

Avant le bain, préparez minutieusement tout le matériel (voir p. 84) dont vous aurez besoin :

> Placez à portée de main, gant de toilette, serviette ou sortie de bain, vêtements propres… bref, tout ce dont vous aurez besoin pour ne pas stresser, ni faire de mauvais gestes.

> Faites couler en avance l'eau du bain en prenant soin que sa température se situe autour de 37 °C (jamais plus). Utilisez un thermomètre pour la mesurer, ou à défaut, plongez votre coude dans l'eau (et non la main, qui peut être peu sensible aux températures élevées). La chaleur de l'eau doit être agréable.

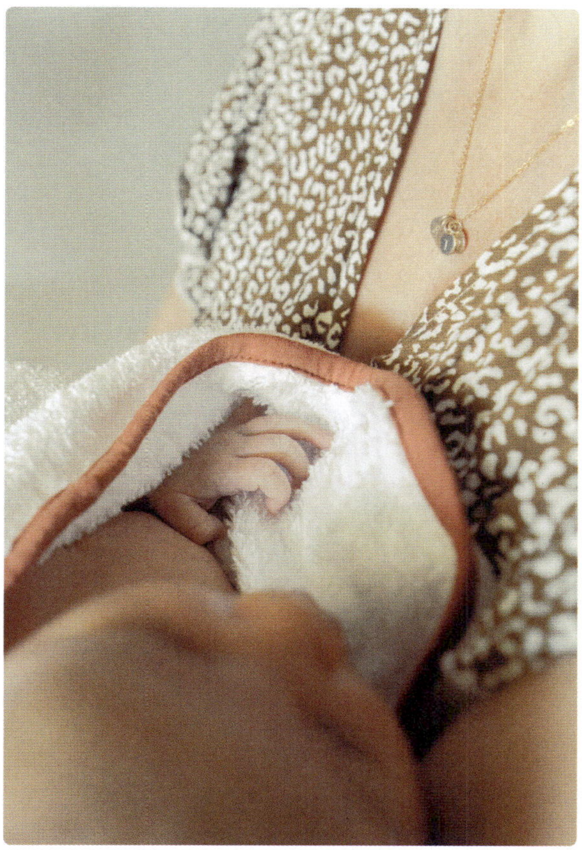

Quand le bébé est dans son bain :

> Tenez-le d'une main en soutenant bien sa tête, et nettoyez-le de l'autre en commençant par la tête.

> **Pour le nettoyage du visage**, pensez bien à utiliser un coin du gant de toilette différent pour chaque œil.

> **Pour le corps**, pensez à passer au niveau des plis (aisselles, nuque…). Lavez les parties génitales en dernier. **Pour les filles**, respectez le lavage de la vulve de l'avant vers l'arrière (pour ne pas risquer l'infection génitale due aux bactéries fécales). **Pour les garçons**, lavez le pénis et le scrotum, en faisant attention de ne pas tirer sur le prépuce.

Quand le bain est terminé :

> Essuyez votre enfant à l'aide de serviettes douces, en prenant soin de ne pas frotter sa peau.

> Soyez vigilant·e au séchage des plis de la peau (la persistance de l'humidité à ces endroits peut être responsable d'irritations, de rougeurs, voire de développement de mycoses cutanées).

> N'oubliez pas non plus de bien sécher le cordon ombilical, si ce dernier n'est pas encore tombé.

Pour celles qui allaitent (ou qui ont du lait maternel à portée de main) :

> Vous pouvez en mettre directement dans l'eau du bain. Il adoucit l'eau du bain et hydrate la peau.

Pour des effets comparables, sans lait :

> Réalisez une infusion d'avoine : placez des flocons d'avoine dans un gant de toilette que vous fermerez à l'aide d'un élastique ou d'une ficelle, et laissez infuser dans l'eau du bain.

Vous pouvez aussi prendre **un bain partagé avec votre bébé, en peau à peau :**

> Assurez-vous qu'un autre adulte est disponible pour récupérer le nouveau-né à la sortie du bain.

Le bain libre est une autre possibilité :

> Placez une serviette de toilette dans le fond de votre baignoire, qui servira à poser le bébé, et remplissez la baignoire avec quelques centimètres d'eau seulement. Il aura ainsi toute la liberté de mouvement, et la place pour s'étirer.

Attention

Quelle que soit la méthode, on ne laisse JAMAIS un bébé (ou un enfant) seul dans un bain, même pour un court instant. Un nourrisson peut se noyer en très peu de temps et dans une très petite quantité d'eau.

Le premier bain du bébé

Si vous accouchez à la maternité, le personnel soignant présent doit respecter le protocole mis en place et montrer aux parents les gestes de sécurité et apprendre à laver un nouveau-né. Comme il doit le faire avant votre sortie de l'hôpital, le premier bain est souvent réalisé dans les deux à trois jours suivant la naissance.

D'un point de vue strictement physiologique, **le premier bain d'un nouveau-né pourrait être donné au bout de deux semaines** sans aucun problème ! Un bébé n'est pas sale à sa naissance et les zones du corps souillées par les selles ou l'urine sont nettoyées régulièrement. D'ailleurs, plus le premier bain est retardé, plus le risque d'allergie est diminué (grâce à la présence du vernix protecteur à la surface de la peau). Toutefois, en général, les bébés apprécient le moment du bain qui leur rappelle les sensations ressenties lorsqu'ils étaient dans l'utérus de leur mère. L'eau les rassure car c'est un milieu qu'ils connaissent bien !

Si vous souhaitez donner le bain à votre bébé, **vous n'avez besoin que d'eau** : l'olfaction étant un sens très important dans la création du lien d'attachement entre les parents et leur enfant, l'utilisation de produits d'hygiène odorants pourrait perturber les phénomènes de reconnaissance.

La pratique qui consiste à savonner un bébé en dehors de l'eau sur la table à langer pour ensuite le rincer dans le bain ne se pratique plus. Cette technique n'est absolument pas confortable pour lui. En plus d'avoir froid et de potentiellement risquer de perdre du poids (liées aux besoins énergétiques nécessaires pour se réchauffer), le bébé vit un moment désagréable. Pensez à demander à l'équipe soignante la façon dont elle compte s'y prendre avant de démarrer le bain.

Les soins spécifiques du nourrisson

De retour à la maison, des soins particuliers, directement en lien avec la naissance, sont à assurer pendant quelque temps.

Le cordon ombilical

Une fois coupé, le cordon ombilical doit absolument rester propre et sec afin d'éviter l'apparition d'infections. Ce soin, qui peut s'avérer impressionnant au début, ne cause aucune douleur au bébé.
Pour faciliter sa chute et sa cicatrisation (qui deviendra par la suite le nombril), **un bon nettoyage à la base du cordon est à réaliser chaque jour jusqu'à ce qu'il tombe :**

> Avant de réaliser ce soin, lavez bien vos mains.
> Imbibez un coton tige avec du lait maternel (ou une préparation d'eau savonneuse).
> Nettoyez avec précaution tous les plis présents à la base du cordon (côté corps).
> Puis, séchez toute la surface nettoyée à l'aide d'un coton tige bien sec.

Lors des changements de couche de votre enfant, gardez toujours le cordon ombilical au sec à l'extérieur de la couche. Une fois le cordon tombé (généralement au bout d'une semaine), poursuivez les soins jusqu'à la cicatrisation complète du nombril.

Le visage : yeux, nez, oreilles et peau

Chaque partie du visage du bébé a ses spécificités et nécessite des soins journaliers particuliers.

> Commencez par débarbouiller son visage à l'eau tiède, à l'aide d'un gant de toilette ou de lingettes lavables.
> **De temps en temps et le soir de préférence**, vous pouvez remplacer l'eau par un hydrolat de lavande ou de camomille. En plus d'être de véritables lotions hydratantes, ils apportent apaisement et relaxation.

Pour le soin des yeux, il est préférable d'utiliser des compresses stériles :

> Imbibez une compresse avec du sérum physiologique, ou avec du lait maternel, et nettoyez l'œil de

l'intérieur vers l'extérieur. Changez-en pour chaque œil.

Il n'est pas rare de voir des bébés avec des yeux couverts de **sécrétions blanchâtres**, qui peuvent être dues soit au fait que le canal lacrymal n'est pas encore fonctionnel, soit à l'apparition d'une conjonctivite néonatale. Le contact du bébé avec les bactéries présentes dans les voies génitales de la mère lors de l'accouchement peut être responsable d'une infection localisée au niveau des paupières. **Si votre bébé se réveille avec les yeux collés :**

> N'essayez pas d'enlever les sécrétions.

> Utilisez une compresse imbibée de sérum physiologique ou de lait maternel pour lui couvrir l'œil.

> Puis, faites-lui un nettoyage des yeux en changeant de compresse entre chaque passage. En cas de conjonctivite, répétez les opérations de nettoyage des yeux plusieurs fois par jour et n'hésitez pas à contacter un médecin.

Le lavage du nez fait également partie des soins indispensables à réaliser chaque jour.

> Roulez un morceau de coton afin de faire une mèche, que vous imbiberez de sérum physiologique ou de lait maternel.

> Utilisez cette mèche pour nettoyer chaque narine en introduisant ce morceau de coton dans le nez du bébé puis en le tournant.

Lait maternel

Pour les soins au lait maternel, exprimez manuellement une toute petite quantité de lait dans un récipient bien propre juste avant de réaliser les soins. Vous pouvez utiliser des pipettes de sérum physiologique vides afin de les remplir avec votre lait.

Les oreilles n'ont pas besoin d'être nettoyées en profondeur. Vous pouvez éventuellement les essuyer si elles présentent des coulées de cérumen en surface. **N'introduisez jamais de coton tige à l'intérieur de l'oreille du bébé !**

Les ongles

Au cours des premiers jours après la naissance, les ongles de votre bébé sont encore collés à sa peau. Il est nécessaire d'attendre que ses ongles poussent, se décollent et soient assez longs pour pouvoir les couper.

> Coupez les ongles de votre enfant quand il dort !

> N'oubliez pas les ongles d'orteil : coupez-les bien droit afin de prévenir l'apparition d'ongle incarné.

Soulager un érythème fessier

L'érythème fessier se manifeste par l'apparition de rougeurs au niveau des fesses, des cuisses et des organes génitaux du bébé. Ces plaques rouges, souvent douloureuses pour lui, peuvent également être associées à une sensation de chaleur. Bien souvent, cette inflammation du siège est produite par le contact prolongé de la peau et d'une couche souillée, c'est pour cette raison qu'il est impératif de changer votre bébé très régulièrement. Pour les soins, référez-vous aux conseils page 188.

Confiance
MARIE
PASSIONNÉMENT
MOTHER'S
Coffee
Reliable

PARTIE 4

Et la maman ?
Tout savoir sur le post-partum

LES MODIFICATIONS PHYSIOLOGIQUES

Souvent inabordé lors des suivis classiques de préparation à la naissance, le post-partum est riche en modifications physiques, conséquences du chamboulement subi par les femmes après avoir donné naissance.

Pour mieux comprendre les fluctuations hormonales du début de la grossesse jusqu'à la période du post-partum expliquées ci-dessous, il est important que chaque femme apprenne à connaître et à comprendre son cycle menstruel (voir « Généralités sur le cycle féminin » en annexe). Se pencher sur ce sujet après la naissance du bébé permet aussi de mieux appréhender le retour des règles.

La grossesse puis l'accouchement

Les hormones ne sont ni plus ni moins que des messagers dont le rôle est de transmettre des ordres, en transitant par le sang, depuis leur lieu de production jusqu'à l'organe cible.
Au moment de la fécondation de l'ovocyte par un spermatozoïde, les cellules trophoblastiques du placenta sécrètent la gonadotrophine chorionique humaine (HCG) environ six jours après la conception. Cette **hormone HCG** est donc produite en tout début de grossesse. Son rôle est de maintenir l'activité du corps jaune qui sécrète la progestérone (nécessaire à l'implantation de l'œuf dans l'utérus) et les œstrogènes (hormones de croissance). Son taux va augmenter au cours du 1er trimestre de la grossesse jusqu'à atteindre un pic pour redescendre ensuite au cours des 2e et 3e trimestres. **C'est cette hormone que détecte un test de grossesse** ou qui est dosée lors d'un prélèvement sanguin (elle permet de dater la fécondation). Aux alentours de 15 semaines d'aménorrhée, la sécrétion de HCG est stoppée car le placenta est alors capable de produire lui-même de la progestérone. **La fatigue, les nausées du 1er trimestre sont souvent associées à l'hormone HCG.**
Les trois premiers mois de la grossesse, vous vous retrouvez dans un véritable bain de **progestérone** (ou hormone progestative) ! Après la fécondation et la nidation de l'œuf, **elle aide le corps à maintenir le bébé dans l'utérus et adapte le volume sanguin.** En inhibant les contractions utérines, elle maintient l'utérus au repos jusqu'à l'accouchement. **En fin de grossesse, son taux chute, ce qui permet à l'utérus de se contracter pour expulser le bébé.** La progestérone influe sur l'énergie changeante de la femme enceinte au cours de la grossesse et la prépare à l'allaitement en participant au développement des glandes mammaires. Pendant la grossesse, la progestérone est sécrétée par le placenta.

Les œstrogènes sont des hormones de croissance. Pendant la grossesse, ces derniers sont d'abord produits par le corps jaune puis c'est le placenta qui prend le relais, tout comme pour la progestérone. Le taux d'œstrogènes augmente un peu plus tardivement que celui de progestérone et présente une accélération plus forte dans les derniers mois de la grossesse. Les œstrogènes ont **une action relaxante sur les différents tissus du corps et favorisent la croissance de l'utérus.** De la même façon que la progestérone, les œstrogènes participent à la préparation des seins à l'allaitement (l'œstriol provoque la synthèse de prolactine qui est l'hormone galactogène). **Ils stimulent aussi la production de nouvelles cellules comme celles du placenta, des seins, des cheveux, de la peau…** Voici pourquoi les femmes sont « souvent » rayonnantes lorsqu'elles sont enceintes. Enfin, ils participent à augmenter la laxité des ligaments, ce qui permet notamment au bassin de s'élargir avant l'accouchement. Le taux d'œstrogènes chute brusquement à la naissance.

Lorsque le terme approche, **le taux d'ocytocine** (voir aussi p. 97) **augmente pour déclencher le travail et stimuler les contractions.** Cette hormone, **très importante pour l'allaitement**, sécrète elle-même de **la prolactine**, indispensable à la production de lait et considérée comme essentielle au lien d'attachement. Dans les jours qui suivent l'accouchement, la prolactine sécrétée augmente et permet la fameuse montée de lait. Elle bloque aussi l'ovulation pendant les trois premiers mois suivant l'accouchement et uniquement si vous donnez le sein toutes les quatre heures (journée et la nuit). Comme nous l'avons déjà évoqué, l'ocytocine est aussi **l'hormone de l'attachement mutuel et du plaisir** (ou l'hormone de l'amour). Elle a un rôle dans le lâcher-prise et c'est elle qui est notamment sécrétée lors des rapports sexuels.

Juste après la naissance, la progestérone, qui est alors produite par le placenta, est évacuée très rapidement. **Le profil hormonal redevient d'un coup le même que pendant les règles** et ce changement brutal est plus ou moins bien vécu selon les femmes. Après l'accouchement, certaines peuvent avoir une baisse de moral importante, un besoin de solitude et de tranquillité, une fatigue importante, etc. (la fatigue s'explique aussi par l'accouchement en lui-même).
Pendant la phase où le cycle est mis en pause suite à l'accouchement, à part la prolactine sécrétée pour l'allaitement, **les autres hormones sont très peu présentes, ce qui explique la fatigue importante des premiers jours.** Ensuite, le corps remonte petit à petit la pente et la fatigue s'estompe. On parle de « résilience » du corps de la femme.

Attention

Pendant le post-partum, les hormones se remettent en action assez rapidement et la femme peut redevenir fertile avant même son retour de couches si elle n'allaite pas. Dans les six semaines post-accouchement, il peut donc y avoir une nouvelle grossesse, même si le retour de couches n'a pas eu lieu !

Le retour de couches

On parle de retour de couches quand les menstruations (ou règles) reviennent après une grossesse. Il s'agit du moment où **le cycle menstruel reprend sa place**. Les règles sont souvent plus abondantes qu'avant la grossesse. S'il n'y a pas de contraception, il est difficile de prévoir avec exactitude le moment où les règles vont réapparaître, ce qui varie selon les femmes : de quelques semaines pour celles qui n'allaitent pas à plusieurs mois (voire deux ans ou plus) pour celles qui allaitent.
En tout cas, la plupart des femmes observent que le retour de leur cycle marque souvent l'arrivée d'un cycle menstruel différent d'avant-grossesse.

LE 4e TRIMESTRE DU POINT DE VUE ÉMOTIONNEL

Aux modifications hormonales importantes chez la maman suite à l'accouchement s'ajoutent des émotions fluctuantes et parfois une grande angoisse face à son nouveau rôle de mère.

La société a une influence considérable sur le vécu de cette période : la maman, d'une plus ou moins grande fragilité, est souvent confrontée à une injonction au bonheur. Ce concept, souvent culpabilisant, peut être très lourd à porter pour celles et ceux qui ont du mal à retrouver un équilibre après la naissance de leur enfant.

Se remettre de l'accouchement

Bien que chaque naissance soit unique, l'accouchement provoque tout un lot de sensations et de ressentis généralement partagés chez les femmes (et les co-parents). Voici quelques conseils pratiques pour mieux gérer ses émotions et sa fatigue.

Faire la paix avec soi-même

Chacune d'entre nous rêve de l'accouchement idéal, mais souvent l'arrivée du bébé ne se passe pas comme nous l'avons imaginé. Déception, culpabilité, regrets peuvent alors s'ajouter à la fatigue et à la fragilité émotionnelle propres au 4e trimestre.

Lâcher prise

Vous vous sentiez prête et, le jour J, tout ne s'est (malheureusement) pas déroulé comme vous l'aviez prévu : vous n'avez peut-être pas « su » gérer la douleur comme vous l'auriez souhaité, votre bébé ne s'est pas présenté aussi bien « qu'il aurait dû », vous ou votre enfant avez eu des complications qui ont nécessité une prise en charge immédiate et donc entraîné une séparation précoce, vous n'avez pas été écoutée ni respectée dans vos choix... Bien que la principale issue soit l'arrivée du bébé, **il y a parfois des raisons de ne pas être « satisfait·e » du déroulement de son accouchement**.

Voici quelques propositions pour vous aider à lâcher prise au sujet de votre accouchement :

> **Prenez le temps d'accueillir vos émotions difficiles** : contentez-vous d'observer chaque émotion sans chercher ni à la supprimer ni à en cultiver l'inverse. Concentrez-vous sur cette émotion et regardez ce qui se passe à l'intérieur de vous : qu'est-ce que j'observe quand je pense à cela ? Quels sont mes ressentis ?

> **Accordez-vous le droit d'être humaine dans toute sa dimension**, avec ses réussites et ses faiblesses. Soyez douce envers vous-même, votre bébé est là et c'est maintenant l'essentiel. Vous avez fait de votre mieux, avec votre condition physique et émotionnelle de l'instant ainsi qu'avec le soutien dont vous avez bénéficié (ou non).

> **Parlez de votre accouchement** et expliquez vos ressentis à une personne-ressource, qui saura prendre le temps de vous écouter, d'accueillir votre récit et vos émotions, sans jugement. L'accouchement est un sujet encore trop tabou : toutes ensemble, parlons de nos accouchements à

nos proches, aux co-parents, aux médecins et aux soignant·e·s, aux futures mamans, à nos enfants…

> **Prenez le temps d'écrire** le récit de votre accouchement. Écrire permet de déposer ses émotions et de prendre un peu de hauteur. Gardez ce témoignage, mettez en place un rituel en brûlant la feuille de papier pour vous libérer ou envoyez votre récit à l'équipe soignante de la maternité dans laquelle vous avez accouché (n'attendez rien en retour, faites-le juste pour partager votre témoignage).

Se libérer de la culpabilité

La culpabilité est un état émotionnel où **l'individu, à travers le filtre de ses croyances et de ses propres perceptions, est convaincu d'avoir mal agi.** Dans le cadre de l'accouchement, on peut s'en vouloir de ne pas avoir été capable de gérer les contractions, d'accoucher par voie basse, d'avoir supporté la mise au sein… Pour les parents, il existe un nombre incalculable de situations pouvant conduire à un sentiment de culpabilité ! **La culpabilité génère du remords** et peut ne pas nous laisser tranquille. Elle peut aussi guider nos comportements futurs avec l'intention de « réparer ». Afin de ne pas la laisser s'installer, il est important de chercher à s'en libérer.

Voici quelques pistes de réflexion pour essayer de neutraliser le sentiment de culpabilité :

1/ Posez-vous cette question : **« De quoi est-ce que je me sens coupable exactement ? »** Notez vos réponses dans un carnet. Prenez le soin d'écrire librement tout ce que vous ressentez, sans avoir de jugement envers vous-même.

2/ Répondez à la question : **« Pourquoi est-ce que je me sens coupable ? »** Prenez le temps d'analyser les circonstances. Souvent, on se sent coupable de ne pas avoir été capable de faire ceci ou cela, mais étions-nous en mesure de réaliser ces tâches ? Avons-nous été correctement accompagnées, soutenues, encouragées ?

3/ **Mesurez les conséquences de ce qui s'est passé.** Qu'est-ce que ces conséquences changent-elles dans votre vie concrètement ? Est-ce que tout le

monde est en bonne santé ? Y a-t-il eu des conséquences graves pour votre bébé ?
4/ **Changez de perspectives !** Prenez du recul et analysez la même situation en vous mettant à la place d'un proche, d'une amie. Comment le·la jugeriez-vous ?
5/ **Mettez en place des actions concrètes :** partagez ce que vous ressentez auprès de votre bébé, car c'est également une partie de son histoire. Parlez-lui, dites-lui que vous auriez aimé que cela se passe autrement, rassurez-le. Partagez également vos ressentis avec votre conjoint·e. Et surtout, soyez empathique avec vous-même !

Gérer la fatigue physique

Même si, en tant que mammifère, notre corps est préparé à donner naissance, il reste un exercice violent non négligeable. Alors que pour tout sportif habitué aux performances intenses, la phase d'effort est suivie d'une phase de récupération, pour la nouvelle maman, il n'en est rien ! L'épreuve de l'accouchement va engendrer l'installation d'un état général de fatigue, l'un des défis les plus difficiles de la maternité ! Voici quelques conseils à mettre en place pour vous aider à mieux vivre cette période :

> **Acceptez d'être fatiguée !** Avec tout ce que vous venez de traverser, votre état est normal et extrêmement fréquent, voire généralisé.

> **Faites-en part à vos proches** et sollicitez leur aide ! Être maman ne signifie pas être invincible et être capable de tout faire toute seule tout le temps, encore plus dans les premières semaines qui suivent la naissance. Alors, ne minimisez pas votre état de fatigue et dites-le à vos proches.

> **Prenez soin de vous.** Faites-vous plaisir en dégustant de bons petits plats par exemple (si possible préparés par votre entourage comme nous l'avons évoqué précédemment). Reprenez des forces grâce à une alimentation riche et équilibrée. Et laissez-vous du temps pour retrouver votre « corps d'avant », ce n'est pas du tout le moment de faire un régime !

> **Reposez-vous dès que votre bébé dort.** Faites la sieste en même temps que lui. Lâchez prise sur les autres tâches non urgentes afin d'optimiser votre récupération avec des temps de sommeil.

> **Prenez des temps pour vous.** Laissez votre bébé au co-parent et allez prendre l'air ou faire une balade en pleine nature. Accordez-vous un peu de bon temps avec un massage…

Soin holistique post-accouchement

Le massage « rebozo » tient son nom du traditionnel châle tissé utilisé au Mexique par les femmes pour resserrer le bassin. Réalisé à « quatre mains » par des femmes, ce soin est destiné à la jeune maman en post-partum. Il permet d'offrir un véritable temps de retour à soi et, à travers les massages et les tensions exercées, d'accompagner la transition. À ce moment où l'équilibre du corps et de l'esprit peut être perturbé, il s'agit d'un beau cadeau à se faire offrir…

La place du co-parent dans le post-partum

Bien que le co-parent ne subisse pas les changements physiques entraînés par la grossesse, il est aussi sujet aux changements hormonaux suite à la naissance du bébé, ce qui marque la transition à la parentalité. Une étude réalisée chez les hommes met en évidence une baisse significative du taux de testostérone dans les premières semaines suivant l'accouchement (Gettler, 2011). De la même façon que pour la mère, le contact avec le nouveau-né active la production d'ocytocine chez le co-parent.

Même si sa durée n'est pas suffisamment longue, le co-parent a droit à un congé de paternité de 28 jours. Nous vous encourageons à le prendre dans son intégralité afin d'être présent le plus possible auprès de la maman (certains pères n'osent pas le demander à leur employeur).
Pendant cette période de présence auprès de votre conjointe et de votre bébé, vous aurez la responsabilité d'un·e véritable accompagnant·e :

> **Impliquez-vous au maximum dans les soins** (change, portage, peau à peau…) afin de développer le lien d'attachement avec votre enfant.

> **Gérez le quotidien** (les courses, les visites, les autres enfants, le linge, le ménage, la cuisine…) pour libérer la maman d'une charge mentale supplémentaire.

> **Soyez aux côtés de la maman**, donnez-lui des

espaces de parole afin qu'elle puisse aisément se confier à vous sur ses ressentis, sur ce qui la traverse et écoutez attentivement ses besoins.

> **Mettez en place des relais pour la gestion des nuits** pour permettre à votre conjointe d'avoir des temps de sommeil plus long. Si elle allaite votre enfant, elle se réveillera plusieurs fois par nuit pour le nourrir, mais il faut aussi se lever pour changer la couche du bébé : proposez votre aide pour effectuer cette tâche !

> Sur votre temps de présence à la maison, **laissez-lui la possibilité de sortir** prendre l'air ou voir des ami·e·s.

> **Mettez en place des initiatives pour anticiper votre reprise du travail.** Quand vous retournerez à votre vie professionnelle, votre conjointe se retrouvera seule à la maison avec votre enfant. S'occuper d'un nourrisson est une activité à temps plein, elle ne sera donc pas en « congé » !

Congé de paternité

En France, depuis le 1er juillet 2021, la durée du congé de paternité et d'accueil de l'enfant est de 28 jours. Les pères peuvent en bénéficier ainsi que toute personne partageant la vie de la mère, quelle que soit la situation familiale[1]. Ce délai a été allongé afin que le deuxième parent puisse **prendre le relais de la mère et garantir la protection de sa santé et de celle de l'enfant.**

Les modifications psycho-émotionnelles

L'arrivée d'un enfant modifie l'organisation de la vie quotidienne de la famille, mais elle provoque également des bouleversements psychologiques et émotionnels plus ou moins importants chez la mère qu'il est important de prendre en compte.

Le concept de matrescence

La matrescence met en évidence les similitudes liées à la transformation identitaire que l'on constate à deux périodes de la vie : la maternité et l'adolescence. De façon comparable aux bouleversements hormonaux, corporels et émotionnels subis au cours de l'adolescence, « l'accouchement entraîne une série de changements spectaculaires sur l'état physique de la nouvelle mère, son état émotionnel, ses relations aux autres et même dans son identité de femme » (Raphael, 1976).

À savoir

Le terme de **matrescence** a été créé au cours des années 1970 par l'anthropologue américaine Dana Louise Raphael afin d'apposer deux mots (*maternité* et *adolescence*) ainsi que des concepts sur le fait de devenir mère.

Alors que tout le monde est aux petits soins pour le bébé, la maman qui vient de donner naissance peut se sentir complètement perdue face à tous les changements et sentiments qui les traversent. Dans cette situation, de nombreuses femmes ressentent alors un profond décalage entre leur propre réalité et ce que l'imaginaire collectif leur avait promis (l'apaisement, le bonheur et l'amour inconditionnel immédiat pour leur bébé). **Elles se sentent inquiètes et peuvent même aller jusqu'à douter de leur propre capacité à être mère.** Cet état peut être confondu avec le baby-blues et la dépression du post-partum (voir plus loin) mais **il s'agit d'une période de transition complètement normale**.

Pendant le post-partum, les mères sont souvent submergées par **des sentiments totalement ambivalents : le rejet et l'attraction.** L'ocytocine libérée par la maman indique à son cerveau que l'enfant doit être le centre de son attention, elle va donc être complètement attirée par lui. D'un autre côté, elle peut se sentir prise au piège dans sa nouvelle identité de mère, car elle se sent dépossédée de sa personnalité sociale et peut développer un sentiment de rejet de sa nouvelle identité de mère. C'est la dualité de la matrescence.

Pour sortir de la sensation de n'être plus qu'une mère, il faut parler de ses ressentis à son entourage. L'isolement est la pire des situations et peut déboucher sur une véritable dépression du post-partum.

> Abordez le sujet avec votre conjoint·e, vos ami·e·s, votre médecin... Poser des mots sur ce qu'on ressent

1 www.service-public.fr

Éviter le baby-clash

La naissance d'un enfant est rarement sans conséquence pour le couple. D'après le psychiatre Bernard Geberowicz, 100 % des parents traverseraient des tensions ou des turbulences à l'arrivée de leur premier enfant. Afin que ces difficultés rencontrées ne se transforment pas en un véritable « baby-clash » et que la séparation ne devienne pas la seule échappatoire, il donne quelques solutions.

• Il est **essentiel d'anticiper les difficultés, les désillusions** que l'on peut rencontrer en s'informant et en échangeant avec son partenaire. Par exemple, discuter ou rediscuter du partage des tâches dans le quotidien et des responsabilités avant même l'arrivée du bébé évite la déception ou en tout cas la rend moins forte.

• **Hiérarchiser les priorités de chacun et du couple** semble essentiel. Il va vous falloir jongler entre vous occuper de votre bébé, de votre vie professionnelle, sociale, amoureuse, personnelle, etc. Pendant les premiers mois, il est difficile (voire impossible) de tout concilier et mener de front, choisir les priorités s'impose pour économiser votre énergie.

• **Attention à conserver l'intimité de son couple.** En effet, l'espace du couple peut être quelque peu ébranlé les premières semaines suivant la naissance de votre enfant, tout sera centré sur lui, il donnera le rythme de vos journées (et de vos nuits), il dormira souvent dans votre chambre, vous vous sentirez fatigué·e, etc. Mais votre couple est aussi une priorité et vous devez y retrouver votre place respective.

• **Se serrer les coudes au sein du couple**, faire preuve d'empathie et de bienveillance l'un envers l'autre mais aussi communiquer de façon apaisée (voir p. 289) est primordial pour éviter le baby-clash.

permet aussi au co-parent de comprendre sa propre transition.

> Laissez-vous du temps pour traverser cette période.

La matrescence est vraiment marquée à l'arrivée d'un premier enfant car la maman n'a pas été préparée à faire face à toutes les émotions qui émergent. Comparé parfois à un travail de deuil de notre vie d'avant, ce temps de transformation peut être long. Après la phase de colère, de regret et de doutes viendront celles de la négociation avec la réalité puis de l'acceptation de tous ces changements.

> Visualiser cette étape de vie comme un cycle peut participer à mieux vivre cette transformation.

Phobies et angoisses

Au cours du post-partum, il n'est pas rare d'être traversée par des « phobies d'impulsion » (flash où nous voyons notre bébé en danger de mort) ou des cauchemars. Ces phénomènes sont tout à fait normaux et transitoires. Mais si ces phobies persistent et deviennent obsédantes, c'est peut-être le signe clinique d'un état dépressif.

Le baby-blues

De nombreuses femmes vivent **un contrecoup émotionnel violent** qui apparaît dans les quelques jours qui suivent la naissance du bébé. Au cours de cette période, notre esprit est en état de surexcitation alors que notre corps subit une fatigue intense. C'est pourquoi, à ce moment-là, la maman peut être traversée par des bouleversements émotionnels de grande amplitude. On peut passer du rire aux larmes en moins de 30 secondes !

Elle peut également avoir l'impression de ne pas être capable d'être une bonne mère, par exemple quand le nouveau-né pleure de façon inexpliquée et qu'elle peine à le calmer. La fatigue accumulée au cours des jours précédents, associée aux doutes sur sa propre capacité à s'occuper d'un enfant, peut avoir un réel impact sur son moral.

> Une nouvelle fois, parlez de vos ressentis à votre entourage, et essayez de leur formuler clairement vos besoins du moment.

Bien que le baby-blues puisse être une conséquence directe de la chute hormonale entraînée par l'accouchement, à ce jour aucune étude scientifique ne permet d'expliquer cet état. Les mauvaises conditions d'accouchement, le manque d'empathie du personnel soignant, les trop nombreuses visites, le manque de soutien du co-parent, les commentaires de l'entourage... peuvent très sûrement expliquer l'installation de cet état émotionnel.

La plupart du temps, heureusement, cette phase émotionnelle ne dure pas et finit par s'estomper rapidement.

La dépression du post-partum

La dépression du post-partum est à distinguer du baby-blues. Alors que ce dernier se manifeste dans les jours qui suivent la naissance et disparaît quelques jours plus tard, la dépression, elle, peut s'installer des semaines après l'accouchement et durer plusieurs mois (voire des années).

Attention

Même si l'entourage est soutenant et bienveillant pendant le post-partum, il peut être nécessaire de chercher de l'aide auprès de psychologues ou de psychiatres (le suicide est la première cause de mortalité des femmes dans l'année qui suit l'accouchement).

La maman peut ressentir une tristesse profonde, une incapacité à pouvoir gérer ses émotions (colère, tristesse...) et se retrouve dans **une véritable crise mélancolique**. **La dépression impacte la mère mais aussi son bébé**, dont elle ne peut pas s'occuper à cause d'un état de fatigue intense. Au cours de cette période, l'alimentation est aussi parfois perturbée et entraîne une perte ou une prise de poids excessive. À tous ces symptômes s'ajoutent des sentiments de culpabilité et de dévalorisation...

D'après le Professeur Wissam El-Hage (El-Hage, 2020)[2], **il existe des facteurs de risque** pour une mère à développer des symptômes dépressifs :

- Être une femme seule (célibat, divorce, séparation).
- Avoir un parcours avec des interruptions de grossesse ou des problèmes d'infertilité.
- Le vécu subjectif de l'accouchement est important. Dans les maternités, la prise en compte des éléments objectifs passe bien avant le vécu subjectif : l'impression d'un travail trop long, d'une perte de contrôle avec l'impression que des complications surviennent, les violences gynéco-obstétricales (l'impression de ne pas avoir été écoutée, de ne pas avoir été entendue par la sage-femme, non-respect de son intimité...).
- Les personnes très anxieuses et très stressées.

L'équipe soignante à la maternité et **l'entourage de la maman peuvent identifier de possibles risques dépressifs**, à condition d'en connaître les signes et d'être en mesure de les écouter :

> Mettez en place des espaces de parole permettant à la maman de se livrer sur son ressenti. Questionnez-la au sujet de ses émotions...

> Écoutez avec attention et empathie.

> N'essayez pas de minimiser la souffrance et le ressenti de la maman.

> Soyez présent·e si possible pendant les crises émotionnelles.

Une chose est sûre, **la dépression du post-partum n'a aucun lien avec le fait d'aimer ou non son enfant !** Il s'agit d'une véritable crise émotionnelle liée aux changements d'identité de la nouvelle mère (voir p. 165).

Quand l'accouchement est traumatique

Malheureusement il arrive (trop) fréquemment que l'accouchement soit ressenti par les femmes comme un véritable traumatisme. Le manque d'accompagnement et d'information, les conditions d'accouchement, l'hypermédicalisation des naissances, les violences obstétricales (voir ci-contre) peuvent être à l'origine du **développement de symptômes post-traumatiques.** Les accouchements non planifiés (qui arrivent en avance par exemple) et l'instrumentalisation des naissances (forceps, ventouses, expression abdominale...) peuvent aussi avoir de véritables conséquences sur l'expérience vécue par les femmes. Ces facteurs de risque associés à un manque de soutien social s'avèrent très largement délétères dans le ressenti de cette étape de vie si importante. Enfin, l'accouchement peut « réveiller » d'anciennes souffrances liées à des expériences traumatiques du passé (violences physiques et sexuelles par exemple).

À savoir

Le syndrome de stress post-traumatique lié à l'accouchement concerne entre 1 et 6 % des jeunes mères (Collectif, 2020). Si vous en êtes victime, tournez-vous vers une prise en charge psychologique ou psychiatrique.

2 Directeur du centre d'investigation clinique à Inserm (CHRU Tours) et spécialisé en psychiatrie de l'adulte, Wissam El-Hage travaille sur les troubles de stress post-traumatiques et de dépression résistante.

Les violences obstétricales et gynécologiques

« Aucun acte médical ni aucun traitement ne peut être pratiqué sans le consentement libre et éclairé de la personne et ce consentement peut être retiré à tout moment. » Article L. 1111-4 al.4 du Code de la santé publique.

Encore tabou dans notre société, il n'existe pas de définitions concrètes concernant les violences obstétricales. Cependant, il en résulte bien des traumatismes, qui eux sont bien présents chez les femmes qui en auront été victimes.

En effet, tout le monde a le droit d'avoir accès à une information médicale éclairée de la part des professionnel·le·s de santé. Et cela commence par la prise en compte des besoins et des inquiétudes des patientes par l'équipe soignante, ainsi que par le recueil du consentement pour tout acte médical réalisé. Par exemple, à ce jour, de nombreuses épisiotomies sont effectuées sans que la femme ne soit prévenue... Bien souvent, les violences obstétricales ne sont même pas conscientisées par les femmes qui les subissent, car la relation inégalitaire qui existe entre un médecin et sa patiente place la personne qui soigne en position d'exercer des abus sur la personne soignée sans devoir en rendre compte. Les violences subies peuvent être directement liées au développement de symptômes de stress post-traumatiques ou à la dépression du post-partum...

Face à des professionnel·le·s de santé, vous avez des droits :

- Vous pouvez demander l'accès à une information médicale personnalisée et éclairée.
- Vous pouvez poser des questions sur la nécessité de tout acte médical pouvant être envisagé et d'être tenue au courant des alternatives possibles.
- Vous pouvez demander un autre avis médical.

De leur côté, les soignant·e·s ont l'obligation de fournir toutes les informations nécessaires à la bonne compréhension de l'acte médical envisagé et de recueillir en amont le consentement de la personne.

Si vous êtes victime de violences obstétricales :

- Ne restez pas seule et parlez-en à votre entourage proche.
- Rapprochez-vous d'associations d'aide aux victimes : associations d'usagers du système de santé agréées et le Collectif interassociatif autour de la naissance (Ciane)[3].
- Réclamez votre dossier médical et prenez rendez-vous auprès de l'équipe qui vous a suivie pour demander des explications sur les actes médicaux réalisés et subis.

Retrouvez toutes les démarches dans la brochure *Accouchement, mes droits, mes choix,* sur le site de la Fondation des Femmes[4].

3 www.ciane.net / collectif@ciane.net
4 https://fondationdesfemmes.org

LA SEXUALITÉ
DU POST-PARTUM

La reprise de la sexualité est une question qui inquiète souvent les parents. Il est donc important de trouver un nouvel équilibre qui convienne au couple et où les besoins et le désir, ou le non-désir, de chacun sont entendus et respectés.

Il semblerait que la reprise de la sexualité se fasse aux alentours de six semaines (parfois moins, parfois plus). Mais une majorité de femmes et d'hommes rencontrent quelques difficultés à la reprise des rapports dans leur couple. Plusieurs facteurs peuvent influencer ces difficultés potentielles, surtout suite à la naissance d'un premier enfant.

Quels facteurs de difficulté ?

Selon le mode d'accouchement, des douleurs peuvent survenir au moment des rapports sexuels ainsi qu'une baisse de l'estime de soi du côté de la femme. L'accouchement par voie basse instrumentale (forceps ou ventouse) augmente le nombre de douleurs potentielles au niveau périnéal. Certaines femmes peuvent se sentir mutilées dans le cas de l'épisiotomie, par exemple. La pratique de la césarienne peut, quant à elle, participer à la diminution de l'estime de soi chez certaines femmes quand elle est imposée (par exemple pour raisons médicales). Il est important de bien accompagner ces femmes et de les entourer de toute la bienveillance possible.

L'accouchement en lui-même transforme la femme, notamment au niveau gynécologique. On peut ainsi observer :

- **Une hyperlaxité vaginale** pouvant diminuer les sensations lors de la pénétration au début de la reprise de la sexualité.
- **Un climat hormonal défavorable** dû à la chute des œstrogènes et de la progestérone suite à l'accouchement, et avec eux, de la libido (elle se réactive aux alentours du retour de couches).
- **Une augmentation de la sécheresse vaginale** (moins de lubrification naturelle due à la chute d'hormones).
- **Les lochies** qui durent une à deux semaines après l'accouchement (voir p. 109).
- **Les lésions périnéales :** plus elles sont importantes, moins la sexualité est reprise rapidement puisqu'elles influent sur la durée des douleurs ressenties (déchirures, épisiotomie, hémorroïdes, etc.).
- **La prise de poids, les vergetures, les varices, les incontinences**, etc. participent à diminuer l'estime d'elles-mêmes des femmes.
- **L'allaitement** peut aussi jouer un rôle dans la reprise ou non des rapports. Une hyperprolactinémie (taux de prolactine très élevé dans le sang) empêche la fonction ovarienne de se réveiller, retarde le retour de couches et provoque un climat moins propice à l'acte sexuel pour certain·e·s (sécheresse vaginale et écoulement mammaire de lait). La libido aura donc nettement tendance à diminuer pendant la phase d'allaitement, sans pour autant que cela soit systématique.
- **Si le bébé dort dans la chambre des parents**, en tout cas au début, sa présence peut être un frein à la reprise de la sexualité dans leur couple.
- **La fatigue** des jeunes parents peut largement influer sur le désir de l'un ou de l'autre…

Quand le couple doit devenir parents

L'arrivée d'un enfant entraîne un profond bouleversement du quotidien. Le bébé est omniprésent et change le rythme de vie de ses parents qui doivent apprendre à être parents, à trouver leur place, leur rôle dans cette nouvelle famille en construction. Il semblerait qu'accepter son nouveau rôle de parent, essayer de s'adapter au mieux au nouveau rythme de vie et surtout de communiquer dans le couple, ait une influence non négligeable dans la reprise des rapports sexuels.

La mère ressent souvent de l'anxiété, du désarroi, de la peur, des doutes dans son nouveau rôle de maman, elle se questionne beaucoup et a besoin d'être entourée avec bienveillance. **Toute son énergie et sa tendresse vont vers son enfant.** Peu à peu, il va falloir qu'elle puisse refaire une place à son partenaire mais cela lui demande de l'adaptation pour **passer du rôle de mère à celui de femme et d'épouse.**

Pour le co-parent, cela n'est pas forcément toujours simple. Il doit aussi apprendre son rôle de parent, **reprendre son rôle de conjoint et entourer au mieux la maman.** Il devra aussi aider à gérer le reste de la fratrie quand il y a plusieurs enfants dans la famille.

D'après une étude menée par Amélie Jalabert (Jalabert, 2012), sage-femme en Moselle, la reprise tardive des rapports sexuels dans le couple s'explique avant tout par la fatigue et la peur des douleurs ressenties pendant l'acte sexuel, puis par la baisse du désir, l'allaitement maternel mis en place et les saignements de la mère. Le désir semble bien avoir diminué pendant le post-partum par rapport à l'avant-grossesse pour les femmes surtout mais également (dans une moindre mesure) pour les hommes. Pour une reprise sereine des rapports sexuels, les femmes semblent attendre avant tout de la communication avec leur partenaire, de la douceur, et d'éprouver du désir dans les deux sens. En post-partum, on observe que la fréquence, le désir et la satisfaction des rapports sexuels ont souvent diminué par rapport à avant l'arrivée de l'enfant.

Retrouver une sexualité sereine et épanouie

Laissez-vous du temps (si vous en avez envie), soyez bienveillant·e et doux·ce avec vous-même et avec votre conjoint·e ! Devenir parent est une vraie aventure qui prend du temps. Vous devez déjà vous remettre physiquement de la grossesse mais aussi de l'accouchement, des changements physiques et également hormonaux, découvrir votre bébé, apprendre à le comprendre, gérer le quotidien, vous adapter à votre nouveau rythme de vie, trouver un nouvel équilibre avec votre partenaire.

> Reconnectez-vous à lui·elle : organisez des moments seul·e·s autour d'un repas, lors d'une balade sans le bébé, en cuisinant, en prenant un vrai temps d'échange tous les jours (voir p. 289)...

> Créez de petits moments plus intimes : un câlin dans le canapé, se tenir la main, s'embrasser, s'enlacer, se masser mutuellement le dos, les pieds, les mains, etc. Rien de mieux que se toucher pour se reconnecter à l'autre !

Réinventer sa sexualité permet de se retrouver et de se redécouvrir à travers de nouvelles sensations. Pour de nombreux parents, **une sexualité non pénétrative** dans un premier temps permet de se retrouver, de se rassurer ou de découvrir une nouvelle forme de sexualité. Faites en fonction de votre couple et de vos envies respectives du moment.

> Vous pouvez (avec votre partenaire) vous concentrer mutuellement davantage sur les baisers, les enlacements, les caresses et sur votre clitoris (si vous en avez l'envie uniquement) par exemple.

Comme nous l'avons déjà évoqué, **la sécheresse vaginale** est plus présente jusqu'au retour de couches :

> Utilisez une lubrification : soit de l'huile de coco si vous n'utilisez pas de préservatif (risque de déchirure du préservatif), soit un lubrifiant acheté en pharmacie ou magasin biologique sans parfum ni additif.

Céline Bazin (sage-femme) rappelle que, dans les couples hétérosexuels, **l'homme doit impérativement mettre un préservatif si sa partenaire a encore des saignements** pour éviter que le sperme ne stagne dans l'utérus et n'infecte la plaie placentaire

(le sperme est stérile, mais comme aucune étude n'a été faite sur le sujet, mieux vaut être prudent).
Si vous avez eu **des points de suture au niveau du périnée**, mieux vaut attendre la complète cicatrisation avant une reprise des rapports.

À savoir

Les seins sont directement liés à l'utérus : si vous allaitez votre enfant, un orgasme avec votre conjoint·e peut provoquer une érection du mamelon et faire sortir un peu de lait (sous l'action de l'ocytocine). Durant une tétée, il est possible aussi de ressentir une chaleur importante et des picotements au niveau de votre vagin. Rassurez-vous, c'est une réaction hormonale tout à fait normale !

La contraception pour les jeunes parents

Il existe diverses méthodes de contraception (naturelle ou non) pour vous éviter d'être de nouveau enceinte rapidement après avoir accouché, si cela n'est pas votre souhait immédiat. Une information pendant la grossesse est souvent la bienvenue pour vous laisser le temps de réfléchir aux différentes données, d'échanger avec votre partenaire, de vous renseigner par vous-même, etc. Si toutefois cela n'a pas été possible en amont de l'accouchement, une sage-femme viendra vous en parler à la maternité ou chez vous si vous accouchez à domicile.

Charge sexuelle

« La charge sexuelle, c'est la part de charge mentale liée à la santé reproductive et sexuelle des femmes », d'après la dessinatrice Emma[5] sur le site du planning familial.
Rappelons que cette charge ne concerne pas seulement les femmes ! Lorsque l'on est en couple hétérosexuel, il s'agit d'un sujet qui doit être porté par chaque personne y prenant part.

5 https://emmaclit.com/

Si vous allaitez

- **La méthode MAMA :** c'est une forme de **contraception naturelle assurée par l'allaitement à la demande** en respectant un délai maximum de quatre heures entre les tétées, nuits comprises, et un allaitement exclusif (ni eau, ni diversification, ni lait artificiel). Pour suivre cette méthode, il ne faut pas que vous ayez eu votre retour de couches. La prolactine sécrétée augmente dans les jours qui suivent l'accouchement et permet de bloquer l'ovulation, seulement si les conditions de délai entre les tétées sont bien respectées. Cette méthode n'est vraiment **efficace que les trois premiers mois suite à l'accouchement.** Entre trois et six mois après l'accouchement, l'ovulation est bloquée par la prolactine seulement à 90 %. Pensez donc à prendre une contraception adaptée si besoin. Sachez tout de même que même avec cette méthode, il y a 4 % de grossesses !
- La contraception masculine thermique est intéressante notamment pendant le *post-partum*.
- **L'utilisation du préservatif** est idéale pendant le post-partum (voire même après si cela convient au couple).
- **La symptothermie** est très intéressante mais cette technique nécessite d'être formée en amont avec une professionnelle pour être sûre de son efficacité. Si vous ne souhaitez pas suivre de formation, votre conjoint doit pratiquer la contraception masculine en parallèle afin d'éviter une nouvelle grossesse.
- **La pilule micro-dosée progestative** est efficace uniquement 10 jours après sa première prise. Elle est à prendre une fois par jour toujours à la même heure à partir de deux ou trois semaines après l'accouchement. Une fois l'allaitement terminé, demandez conseil à votre sage-femme ou votre gynécologue pour un éventuel autre moyen de contraception.
- **L'implant** a la taille d'une allumette et est placé sous la peau dans le bras (cela peut être fait dès l'accouchement). Sa durée de vie est de 3 ans.
- **Le DIU** (dispositif intra-utérin) **ou stérilet :** trop invasif, il ne peut pas être posé juste après un accouchement, le temps que l'utérus reprenne sa forme et son volume « normal ».
- **La ligature des trompes :** il s'agit d'une contraception définitive. La décision nécessite d'être mûrie en amont et ne doit pas être prise au moment de

l'accouchement (un délai légal de 4 mois est à respecter avant l'opération).

- **La vasectomie ou stérilisation masculine** est une contraception définitive qui ne peut être pratiquée que chez les hommes âgés d'au moins 18 ans et après un délai de réflexion de 4 mois après la première consultation médicale.

Si vous n'allaitez pas

En plus des moyens contraceptifs ci-dessus :

- **L'anneau vaginal** peut être mis en place dès la 4e semaine après l'accouchement. Il suffit d'introduire l'anneau dans votre vagin et de le garder en place 21 jours. Puis, enlevez-le pendant 7 jours, les saignements arrivent alors.
- **Le patch** peut aussi être collé dès la 4e semaine après l'accouchement. Il se colle sur la peau et son emplacement est à changer chaque semaine pendant 3 semaines (fesses, bras, épaules). La semaine où vous n'avez pas le patch, les saignements ont lieu.
- **La pilule classique** peut être prise dès la 4e semaine après l'accouchement. Il faut la prendre chaque jour pendant 21 jours à heure fixe. Puis, vous arrêtez 7 jours durant lesquels les saignements se manifestent.

Nous vous recommandons de bien vous renseigner sur la méthode de contraception que vous choisirez pour être sûr·e qu'elle est la plus adaptée à vous et à vos choix. Parlez-en avec votre partenaire et avec des professionnels à l'écoute et bienveillants.

PARTIE 5

Approches naturelles et thérapeutiques

DU RETOUR À LA MAISON À 3 ANS

SOIGNER **LES MAUX**

Quand un mal apparaît, qu'une maladie se signale, il convient de soigner et de soulager votre enfant. Voici des solutions naturelles, des conseils complémentaires, des pistes et des astuces pour prendre soin de lui.

Souvent, la médecine traditionnelle pose un diagnostic sur un problème de santé localisé puis donne des conseils médicamenteux pour arrêter les symptômes et soulager le patient. Mais il convient également **d'avoir une démarche holistique et de s'interroger sur l'origine du problème** pour éviter que celui-ci ne revienne. C'est en cela que **les médecines alternatives** sont intéressantes. Parmi elles, **la naturopathie** vise à améliorer le bien-être de la personne de façon naturelle, d'abord par des conseils alimentaires puis, en fonction des spécialisations, grâce à la phytothérapie (soins par les plantes), à l'aromathérapie (soins par les huiles essentielles et hydrolats) ou par les soins corporels (massages bien-être, réflexologie, etc.). La naturopathie considère toujours la personne dans son ensemble, en prenant en compte l'aspect physique et l'aspect psychologique (voire énergétique), et s'intéresse à son hygiène de vie générale. L'approche holistique de la naturopathie est malheureusement trop peu proposée par les médecins par manque de temps et/ou de formation.

Avertissement

Les solutions naturelles qui vous sont proposées dans ce livre ne se substituent en aucun cas à un suivi médical régulier ou à un traitement médical donné par le médecin.

Le bébé et son bidon

Le bébé et son ventre sont une des grandes préoccupations des parents pendant la petite enfance et notamment au cours des premiers mois de sa vie. Les pleurs intenses qui arrivent toujours au même moment de la journée ou qui se reproduisent jour après jour peuvent être attribués par les médecins à des troubles digestifs tels que les fameuses coliques du nourrisson, le reflux gastro-œsophagien, l'acidité, les troubles du transit, les maux de ventre divers… Pas toujours simple de s'y retrouver !

Coliques

Elles se traduisent par des douleurs digestives particulières, certainement dues à l'immaturité des systèmes digestifs et nerveux du nourrisson, qui le rendent hypersensible. En général, **elles arrivent vers la 3e semaine de vie et durent jusqu'à ses 3 mois environ, elles le font souffrir environ trois heures par jour (souvent en fin de journée) et reviennent au moins trois fois par semaine.** Les pleurs de coliques sont fréquents (jusqu'à 20 % des bébés sont concernés) mais leur origine est floue.

En dehors de ces crises, l'enfant semble aller bien et a un comportement normal. Malheureusement, lorsqu'elles surviennent, il pleure intensément, semble véritablement souffrir et gigote beaucoup. Ces coliques laissent souvent les parents impuissants et inquiets, mais **elles sont normales.**

Attention

Les coliques peuvent parfois être **le signe d'une intolérance alimentaire** au lait maternisé notamment ou à quelque chose que la maman a mangé et qui passe au nourrisson par son lait. Si vous soupçonnez ce genre de problème, parlez-en à votre médecin.

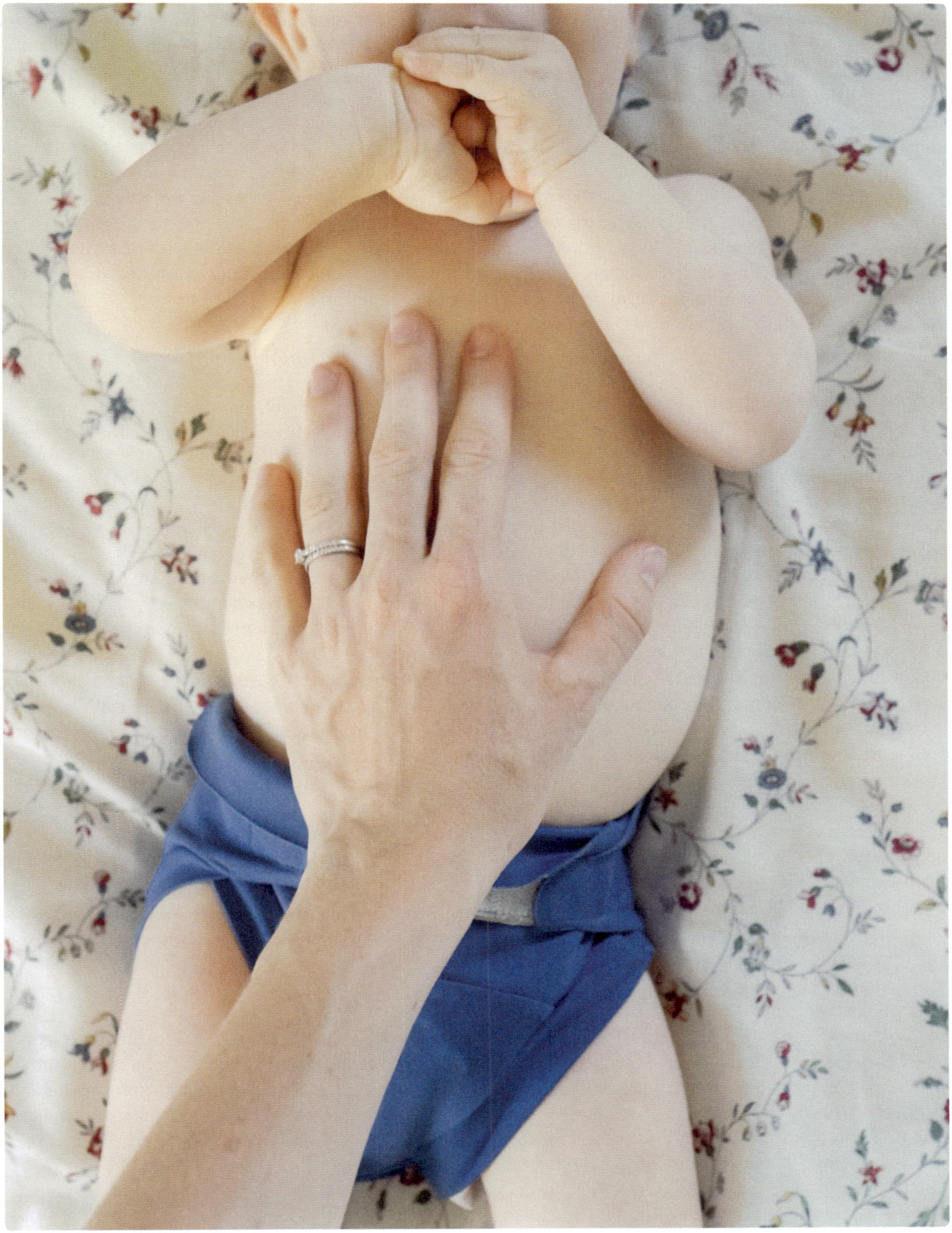

Pour lutter contre ces douleurs, nous vous conseillons quelques solutions naturelles qui ne dispensent nullement d'aller voir le médecin !

Les probiotiques sont des souches de bactéries qui participent à réensemencer la flore intestinale, constituée de millions de bactéries permettant la bonne digestion, l'immunité et l'équilibre du système nerveux. Il est très utile de proposer ce genre de cure après la naissance pour tous les bébés et notamment ceux nés par césarienne puisqu'ils n'auront pas pu profiter de la flore vaginale de leur maman, bénéfique à leur système immunitaire. Les probiotiques sont aussi à donner suite à une cure d'antibiotiques pour rebooster la flore intestinale.

> La cure de probiotiques peut se faire sur 1 à 3 mois.

> Donnez-les de préférence à distance des tétées avec un peu d'eau. À défaut, mélangez-les avec le lait du biberon mais surtout ne mélangez pas avec un lait chaud, mais légèrement tiède sous peine de tuer les souches.

Les massages du ventre diminuent les douleurs de votre enfant et lui donnent plus de confort. Massez-le à distance des tétées ou des biberons, avec une huile végétale neutre comme l'huile de calendula :

> Mettez-le à plat dos sur votre lit, sur un canapé ou sur une table à langer. Installez-le sur une serviette pour plus de confort et pour éviter de mouiller le tissu par un pipi.

> Si la température le permet (environ 23 °C), mettez-le nu pour qu'il ne soit pas entravé par sa couche ou ses vêtements.

> Chauffez vos mains et de l'huile de massage. Vérifiez toujours la bonne température sur votre main avant de l'appliquer !

> Massez-le avec la paume de votre main par des mouvements circulaires respectant le sens de la digestion (dans le sens des aiguilles d'une montre) autour du nombril en élargissant peu à peu les cercles. Vous pouvez mettre deux doigts de chaque côté de son nombril et faire de petites rotations (sans appuyer trop fort), tout en relevant ses pieds vers son ventre avec votre autre main et faire des rotations de gauche à droite avec ses pieds.

Le contact avec votre main participe aussi à rassurer l'enfant. Vous pouvez également lui faire faire du « pédalo » :

> Prenez délicatement ses chevilles dans vos mains et pliez ses jambes l'une après l'autre avec douceur en alternant, sans jamais forcer contre son ventre.

Voici deux autres variantes pour le massage du ventre :

> Repliez les jambes du bébé avec délicatesse contre son ventre et basculez-le avec douceur à droite puis à gauche. Ce massage améliore son transit et permet d'évacuer les gaz éventuels.

> Vous pouvez aussi mettre **une noisette d'huile de ricin** et masser autour du nombril de votre petit. Cela active son transit et le soulage grâce aux vertus digestives de cette huile.

Le contact physique

Rien de tel pour apaiser votre enfant que de favoriser au maximum le contact physique : peau à peau, portage, câlins... Bien des douleurs et des blessures seront diminuées, apaisées par ce contact physique privilégié avec votre enfant. Usez-en et abusez-en !

Les eaux florales (ou hydrolats) sont d'un bon secours pour soulager les coliques.

> Vaporisez de l'hydrolat de camomille romaine sur le ventre du bébé.

> Dans un flacon teinté, mélangez à parts égales des hydrolats de camomille, de mélisse et de laurier. Faites-lui boire 1 cuillère à café de ce mélange pur 2 à 3 fois par jour (laissez au moins 1 h 30 d'intervalle entre chaque prise) avec une pipette ou dans un biberon.

Verre teinté

L'utilisation d'un flacon en verre teinté, pour stocker les hydrolats notamment, préserve les principes actifs de la dégradation induite par la lumière.

Les plantes peuvent également être employées pour soulager un bébé. Le fenouil favorise la lactation, a des vertus antispasmodiques et facilite la digestion. La camomille apaise et relaxe tout comme la mélisse qui soulage aussi les maux digestifs nerveux et facilite la digestion.

Si vous l'allaitez, vous pouvez boire des infusions de camomille, de mélisse et de fenouil en alternance :

> **La tisane de camomille ou de mélisse :** faites infuser 1 cuillère à soupe de fleurs de camomille ou de feuilles de mélisse dans 300 ml d'eau à 85 °C pendant 10 minutes à couvert avant de filtrer et de boire.

> **La tisane de fenouil :** faites infuser 2 cuillères à café de graines de fenouil pilées (avec un mortier) dans une eau frémissante pendant 10 minutes à couvert avant de filtrer et de boire.

La chaleur a aussi un effet relaxant et apaisant, à condition qu'elle soit tiède.

> Appliquez une bouillotte en noyaux de cerise ou faite avec des graines sur le ventre de votre bébé.

Attention

Vérifiez toujours la bonne température d'une bouillotte avant de l'appliquer sur votre enfant : elle doit être tiède.

L'homéopathie peut aider le bébé qui a des coliques :

> Chamomilla 15 CH : faites fondre 3 granules dans un fond d'eau avant de le faire boire à votre bébé.

L'alimentation de votre enfant ou la vôtre si vous l'allaitez est à vérifier. Si vous soupçonnez une intolérance voire une allergie alimentaire, le médecin pourra vous guider. En attendant, vous pouvez supprimer ou remplacer certains aliments :

> **Les produits laitiers :** changez de lait maternisé (voir p. 138) en choisissant une formule sans lait animal ou en tout cas sans lait de vache. Arrêtez les produits laitiers provisoirement (au moins jusqu'à guérison) et observez l'évolution. **Si vous allaitez,** nous vous recommandons de faire de même concernant les produits laitiers.

> **Les crucifères** (choux, brocolis, ail, oignons, poireaux, etc.) ou **les légumes secs** sont difficiles à digérer pour les nourrissons. **Si vous allaitez,** diminuez leur consommation ou mangez-en à distance des tétées.

> **Les agrumes, les épices fortes, le café et le chocolat** sont déconseillés (à défaut, prenez-les à belle distance des tétées).

> Un bon **ostéopathe** peut aussi donner du confort digestif à votre petit.

Donnez le biberon ou le sein dans le calme et privilégiez si possible un rythme régulier des prises alimentaires.

Certaines positions améliorent le confort de l'enfant :

> **Quand vous le nourrissez au biberon,** favorisez la position verticale, ce qui lui évitera d'avaler trop d'air (voir p. 143). Cela pourrait, en effet, amplifier ses douleurs.

> À distance des repas ou des tétées, **mettez le bébé à plat ventre sur votre avant-bras** (vous avez une main sur son ventre et l'autre sur son dos). Vous pouvez le masser délicatement avec vos mains.

RGO (reflux gastro-œsophagien)

Tous les bébés souffrent plus ou moins de RGO. Le clapet situé à la jonction de l'œsophage et de l'estomac, n'ayant pas tout à fait terminé son développement, a tendance à s'ouvrir souvent. L'acide gastrique remonte par l'œsophage et produit une sensation de brûlure pouvant être très douloureuse. Plus de 60 % des nourrissons de 4 mois régurgitent au moins une fois par jour. La plupart du temps, ce reflux est **un phénomène physiologique normal qui disparaît naturellement dès que le bébé commence à s'asseoir par lui-même.** Malheureusement ce trouble peut persister encore quelques mois pour certains. Tous les enfants souffrant de RGO ne régurgitent pas !

Soyez attentif·ve, si votre enfant :

- régurgite et/ou vomit souvent,
- pleure souvent de façon intense et reste inconsolable un bon moment,
- dort mal,
- est inconfortable après les tétées, voire se cambre en arrière après son repas,
- n'aime pas, voire refuse la position quand il est allongé sur le dos,
- a des difficultés à prendre du poids,
- a souvent le hoquet,
- a mauvaise haleine,
- a beaucoup de gaz,
- a des selles mousseuses.

> Si vous notez un ou plusieurs symptômes et que vous vous posez des questions, demandez conseil à votre pédiatre/médecin.

En complément de ce qu'il vous proposera, vous pouvez aussi mettre en place un certain nombre d'actions naturelles pour procurer un plus grand confort à votre enfant :

> **Testez l'ostéopathie** qui peut avoir de bons résultats sur ce type de problème.

> **Massez votre bébé** (voir p. 178).

> **Favorisez la position verticale** au maximum lors de la prise des repas, portez votre enfant en écharpe (si la position lui convient), il sera ainsi à la verticale et profitera en plus du contact physique qui l'apaisera. Pensez à surélever la tête de son lit afin qu'il soit incliné, il sera plus confortable. Il existe des systèmes spéciaux pour aménager en toute sécurité le lit de votre bébé en l'inclinant.

> **Pensez à la cure de probiotiques** (voir p. 176), elle sera très bénéfique pour votre enfant.

> **L'homéopathie** est intéressante pour apaiser le bébé (renseignez-vous auprès d'un médecin homéopathe ou de votre pharmacien).

Côté alimentation, suivez les conseils évoqués pour les coliques et si vous le pouvez (et voulez) :

> **Favorisez l'allaitement** (le lait maternel est bien mieux digéré par les bébés que les laits infantiles). Pensez éventuellement à changer de lait maternisé (voir p. 138).

> **Hydratez votre enfant avec de l'eau** pour calmer l'inflammation.

Troubles du transit

La constipation et la diarrhée sont fréquentes chez les enfants. Il est important d'en comprendre les causes et de les soigner pour éviter des complications.

Constipation

La constipation infantile n'est malheureusement pas une chose rare. **Beaucoup de facteurs peuvent influer sur le transit** de votre enfant : un stress, un voyage, un changement de régime alimentaire (la transition d'un lait vers un autre lait infantile, la mise en place du sevrage de l'allaitement au sein...) ou une infection.

Bien sûr, n'hésitez pas à demander l'avis de votre pédiatre ou médecin. Voici quelques petites choses que vous pouvez mettre en place à la maison en complément de ses conseils :

> **Hydratez votre enfant** en suffisance (surtout quand il commence à grandir). L'eau consommée permet d'hydrater les selles qui seront donc évacuées avec plus de facilité et plus régulièrement.

> **Choisissez une eau riche en magnésium** pour les biberons tout en respectant un certain dosage (demandez conseil à votre pédiatre ou médecin ou puéricultrice).

> **Faites-lui faire une cure de probiotiques** sur plusieurs mois (voir p. 176).

> **Massez votre enfant** selon les conseils donnés ci-dessus.

L'alimentation de votre bébé ou la vôtre (s'il est exclusivement allaité) est également à regarder de près (voir aussi p. 138) :

> Faites manger à votre enfant (s'il a une alimentation diversifiée) **des fibres** en suffisance : légumes (et surtout les légumes à feuilles vertes comme les haricots verts) et fruits notamment, mais aussi un peu de féculents semi-complets, du quinoa, du sarrasin cuit, de l'avoine, des oléagineux (noix, noisettes, amandes) en l'absence d'intolérance ou allergie alimentaire bien entendu.

> **Les bouillons de légumes, de poulet ou de poisson** (si alimentation diversifiée) sont aussi excellents pour lutter contre la constipation.

> Si votre enfant n'a pas de souci particulier au niveau digestif et que la diversification se passe normalement (sans contre-indication du médecin), **dès 12 ou 15 mois**, vous pouvez lui donner quelques fruits secs en les réhydratant au préalable : faites-les tremper dans un verre d'eau (quelques raisins, un abricot sec, un pruneau...) pendant une nuit et faites boire à votre bébé le liquide obtenu à raison de 1 cuillère à café 2 fois par jour le lendemain. Augmentez le dosage en fonction de l'âge (**à partir de 12 mois** : jusqu'à 4 fois par jour ; **à partir de 18 mois** : 2 cuillères à café 2 à 4 fois par jour ; **à partir de 2 ans** : 2 cuillères à soupe 2 à 3 fois par jour). **À partir de 12-15 mois** (si alimentation diversifiée), mixez 2 ou 3 pruneaux cuits avec ses compotes pour accélérer son transit (voir le tableau p. 246).

> Donnez régulièrement **du psyllium ou des graines de chia** à votre enfant (s'il les supporte) **à partir de 18 mois** (si alimentation diversifiée). Ces fibres n'agressent pas les intestins et aident à lutter contre la constipation. Dans une soupe, une compote, un yaourt, une boisson végétale ou un lait maternisé, mettez ½ cuillère à café, tournez et laissez épaissir 10 minutes (2 à 3 fois maximum par jour).

> **À partir de 18 mois**, on peut aussi donner **ponctuellement 1 cuillère à café d'huile d'olive** avant les deux repas principaux (s'ils la supportent).

Attention

Les graines de chia et le psyllium absorbent l'eau : assurez-vous que votre bébé s'hydrate en suffisance tout au long de la journée !

Certains aliments ont tendance à constiper : les bananes, les carottes, les pommes de terre, le riz blanc, trop de féculents. Évitez les féculents blancs raffinés (les pâtes blanches ou le pain blanc par exemple) : en plus de favoriser la constipation, ils sont délétères pour la santé (voir p. 18). Enfin, favorisez aussi des heures de repas sensiblement identiques d'un jour à l'autre. Ces conseils alimentaires s'appliquent aussi à vous si vous allaitez !

Diarrhée

Elle est en général due à un microbe. En attendant de consulter votre médecin, voici quelques conseils :

> **Surveillez l'hydratation** de votre enfant car il peut très vite se déshydrater. Faites-le boire régulièrement même par petites quantités (avec d'une pipette par exemple). Il est bien de lui donner du soluté de réhydratation notamment en cas de diarrhée aiguë[6]. Ayez toujours quelques sachets chez vous pour agir rapidement en cas de problème.

> Faites-lui suivre **une cure de probiotiques** (voir p. 176).

> **Surveillez son poids.** Une perte de poids doit vous alerter et vous amener à consulter un pédiatre ou médecin rapidement.

> **Concernant son alimentation :** proposez-lui de manger en petites quantités mais plus souvent. **S'il est diversifié**, servez-lui des aliments comme de la compote de coings, du riz, des carottes cuites, des pommes de terre en fonction de son âge (voir p. 246). Proposez-lui aussi de boire l'eau de cuisson du riz (bio et bien rincé avant cuisson). Provisoirement, **ne lui donnez pas de produits laitiers ni d'aliments gras.** Les bouillons de légumes, de poulet ou de poisson sont excellents surtout pendant ces périodes digestives difficiles. Très riches en minéraux, en oligo-éléments et en eau, ces bouillons seront très bénéfiques.

> N'oubliez jamais de favoriser le contact physique qui apaise et sécurise l'enfant (peau à peau, portage, câlins, etc.).

À savoir

Il ne faut pas chercher absolument à stopper une diarrhée car c'est un moyen pour le corps d'éliminer le ou les microbes, sauf si elle est persistante ou vraiment importante ! N'hésitez pas à consulter votre médecin.

La prise de Smecta (ou de son générique Diosmectite Mylan) est maintenant déconseillée aux enfants de moins de 2 ans par précaution. De plus, l'argile n'est pas recommandée en interne pour les enfants de moins de 15 ans[7].

Si votre enfant prend des antibiotiques, cela peut provoquer des diarrhées. Si c'est le cas :

> Faites-lui prendre en parallèle de l'ultra-levure afin de diminuer les dégâts sur son microbiote.

Après son traitement antibiotique :

> Donnez-lui des probiotiques sous forme de cure sur trois mois.

Saviez-vous qu'une prise d'antibiotiques pendant une semaine dégrade la flore intestinale pendant au moins trois mois ? L'immunité sera donc plus faible durant trois mois étant donné qu'elle dépend beaucoup de la qualité de la flore intestinale (microbiote), d'où l'intérêt de la réensemencer rapidement par une cure de probiotiques adaptés.

Les problèmes de la sphère respiratoire

Le système immunitaire se met en place jusqu'à l'âge de 6 ou 7 ans, les jeunes enfants sont donc plus malades que les aînés. L'exposition à **certains virus** peut favoriser des troubles de la sphère respiratoire haute (rhume, rhino-pharyngite) ou basse (bronchiolite). **La promiscuité** est souvent aussi responsable car ces

6 Note de l'Agence nationale de sécurité du médicament et des produits de santé (ANSM), février 2019.

7 *Ibidem*.

virus se transmettent en général par voie aérienne (éternuements, objets contaminés, mains sales, sécrétions nasales). **Le tabagisme passif** favorise ce genre de problèmes (on ne fume JAMAIS à côté d'un enfant !). Ces troubles peuvent également être provoqués par **une allergie/intolérance alimentaire** notamment au lait de vache (voire les laits animaux en général) et au gluten, ainsi qu'à **une flore intestinale dégradée**.

Otite

C'est une inflammation dans l'oreille résultant souvent d'un bain, d'une rhino-pharyngite, etc. Souvent liée à des rhino-pharyngites à répétition, elle peut être chronique ou aiguë. Nous devons donc **prendre soin des oreilles mais aussi du nez et de la gorge** de nos enfants en cas d'otite. Comme tous les autres troubles, une consultation médicale s'impose pour avoir le diagnostic et éviter toute complication.

L'enfant se touche les oreilles, secoue ou tourne la tête de gauche à droite, pleure, voire même crie fort et il souffre parfois par vague. Soyez vigilant·e car, **chez les jeunes enfants, les troubles ORL peuvent se manifester par des problèmes digestifs** : des diarrhées ou des vomissements et parfois de la fièvre. Voici quelques conseils :

> **Traitez les deux oreilles** même si votre enfant ne se plaint que d'une seule.

> Il est important de **soigner tout problème ORL** afin d'éviter les otites à répétition.

> En règle générale, **évitez les cotons tiges** pour nettoyer les oreilles. Favorisez le lavage à l'eau en séchant bien l'intérieur de l'oreille avec une petite serviette ou un lange.

En cas d'otites à répétition, assurez-vous que votre enfant n'a pas un **terrain allergique** (intolérance/allergie alimentaire notamment).

> Provisoirement, **abandonnez les produits laitiers et diminuez la consommation de féculents** (surtout les pâtes blanches, le pain blanc, etc.) ainsi que le **sucre** et les produits sucrés pour votre enfant (et vous-même si vous allaitez).

> Une **cure de probiotiques**, comme évoqué précédemment, sera la bienvenue pendant quelques semaines !

> La prise d'**hydrolat de camomille** pour drainer en douceur le foie est intéressante. Dans un flacon teinté, mélangez à parts égales de l'eau avec de l'hydrolat de camomille. Donnez-en à votre enfant l'équivalent d'une cuillère à café 3 à 4 fois par jour avec une pipette ou un biberon si besoin.

> **L'oignon** est aussi un bon moyen d'enrayer une otite ! Souvent efficace, cette solution (voir ci-dessous) n'est pas très pratique pour le bébé... S'il la refuse, déposez les oignons dans un bol près de lui (attention à ce qu'il ne puisse pas attraper le bol pour ne pas se blesser).

Oignons et otite : recette

Épluchez un oignon et coupez-le en morceaux grossiers, afin d'obtenir l'équivalent d'une cuillère à soupe par oreille. Mettez-les dans un tissu fin (lange ou mouchoir) et repliez le tissu. Fixez ensuite ces compresses à l'aide d'un bonnet noué sous le cou ou d'un bandeau pour les cheveux et laissez « poser » au minimum 20 minutes.

Bronchiolite

Il s'agit d'une inflammation des bronchioles (extrémité des bronches) courante des nourrissons pouvant s'étendre jusqu'aux bronches. Elle touche surtout les enfants de moins de 2 ans. **La bronchiolite se déclenche suite à la transmission d'un virus** comme le virus respiratoire syncytial (VRS) ou d'autres virus comme celui du rhume, de la grippe. Elle peut se transmettre par la promiscuité et fait souvent suite à une rhino-pharyngite.

Les symptômes

Voici les symptômes qui doivent vous alerter et vous amener à consulter un médecin rapidement :

- Une toux persistante.
- Une gêne respiratoire.
- Une respiration accélérée, saccadée.
- Des sécrétions nasales.
- Une légère fièvre.
- De l'agitation et/ou de la fatigue.
- Des difficultés pour s'alimenter.
- Des pleurs.

Tout d'abord, apprenez à repérer précocement les symptômes de la maladie pour intervenir rapidement

Attention !

Certains signes graves nécessitent d'appeler le 15 ou de se rendre aux urgences :

- Si votre enfant fait des pauses respiratoires.
- Si sa respiration devient très compliquée et très ralentie.
- S'il refuse de s'alimenter depuis plusieurs repas.
- Si son rythme cardiaque et sa respiration s'accélèrent.
- S'il émet des râles importants quand il respire.
- Si ses ongles, ses lèvres et sa peau virent au bleu.

et en amont. Ainsi, un enfant qui se touche fréquemment l'oreille, secoue la tête, etc. peut souffrir d'une otite. Un enfant enrhumé avec le nez qui coule (ou est bouché), qui éternue beaucoup, qui tousse, voire qui a un peu de fièvre, doit aussi vous mettre la puce à l'oreille. Le plus inquiétant pour un parent est de voir son enfant avoir des difficultés à respirer… **Selon l'avis** médical**,** il n'est pas forcément utile d'aller à l'hôpital (sauf pour les bébés de moins de 3 mois) qui reste un lieu de contamination important. Cependant, pour la bronchiolite, les bébés, notamment avant 3 mois, ceux nés prématurément ou ceux souffrant d'une pathologie particulière, risquent des complications. Il convient donc d'aller rapidement voir un médecin ou pédiatre ou d'appeler le 15 qui vous indiquera la marche à suivre.

Quand cette maladie est prise à temps, le traitement par de **la kinésithérapie respiratoire** (pratiquée par un kinésithérapeute spécialisé) est souvent très efficace (avec une guérison dans environ 80 % des cas). Cette thérapie consiste à vider les bronches de votre bébé. Il peut cependant persister une gêne respiratoire pendant 10 à 15 jours. Malheureusement **dans 20 % des cas, la bronchiolite peut s'aggraver**, s'installer dans la durée et engendrer d'autres problèmes tels qu'une otite ou, plus grave, de l'asthme du nourrisson, une pneumopathie, etc.

Conseils préventifs

Dans votre quotidien, il est indispensable d'adopter **quelques mesures d'hygiène** notamment pendant l'automne et l'hiver, périodes durant lesquelles le système immunitaire est plus faible et où les virus sont de sortie :

> **Lavez vos mains** avec du savon très régulièrement (ainsi que celles du bébé et des membres de son entourage).

> **Éternuez dans votre coude** en détournant la tête.

> **Aérez les pièces de la maison tous les jours** (même en hiver) au moins 15 minutes, quand l'enfant ne se trouve pas dans la pièce.

> Faites faire à votre enfant **une cure préventive de probiotiques** au début de l'hiver surtout si aucune cure n'a été faite dans l'année.

Le lavage de nez de votre bébé, qui n'est pas encore capable d'évacuer seul ses sécrétions, est indispensable. Aidez-le en utilisant du sérum physiologique ou de l'eau de mer adaptée aux nourrissons et procédez au lavage plusieurs fois par jour (4 à 8 fois) :

> Préparez des pipettes de sérum physiologique et allongez le bébé sur le dos ou sur le côté, en tournant sa tête vers le côté.

> Introduisez délicatement la dosette à l'entrée de la narine du haut. Videz la dosette dans la narine, en appuyant dessus d'une main et en fermant la bouche du bébé de l'autre main.

Certains préféreront utiliser **un mouche-bébé**, pensez à bien le nettoyer avec de l'eau et du savon après chaque utilisation.

Quand votre enfant sera un peu plus grand, n'hésitez pas à le sensibiliser à l'utilisation du **lota (jala neti)** utilisé en Inde. Il s'agit d'une sorte de poire de lavement en forme de lampe d'Aladin :

> Remplissez le lota avec de l'eau salée légèrement tiède.

> Introduisez le bec à l'entrée d'une narine tout en inclinant la tête du côté opposé au-dessus d'un évier.

> L'eau s'écoule par l'autre narine et nettoie la cavité nasale et donc les sécrétions.

Au début, l'utilisation du lota n'est pas toujours agréable, puis avec un peu d'entraînement, on se familiarise avec le geste et il devient vraiment très efficace en prévention. Il est intéressant de se laver le nez devant son enfant, de lui montrer le geste, de lui acheter un lota adapté à son âge, de le laisser se familiariser avec l'objet avant de lui proposer d'essayer (rarement avant 6 ans).

Vérifiez **la température** de la chambre de votre enfant et des pièces de vie qui ne doit pas dépasser 19 °C. **L'air** ne doit pas être trop sec :

> Utilisez un déshumidificateur ou placez un saladier d'eau dans les pièces.

Si l'enfant est malade

Suivez les conseils préventifs ci-dessus, plus ceux-ci :

La position allongée peut lui être très pénible s'il respire mal (asthme par exemple).

> Pour dormir, redressez-le pour le mettre en **position semi-assise**.

Si votre enfant a une alimentation diversifiée et qu'il a quelques difficultés à se nourrir :

> Proposez-lui des aliments liquides sous forme de purée, bouillie, compote.

Votre enfant doit boire en suffisance car les risques de déshydratation sont réels… Comme il respire moins aisément, il transpire davantage. De plus, moins il est hydraté, plus les sécrétions sont épaisses, plus il est hydraté, moins les sécrétions sont épaisses et plus elles sont faciles à évacuer.

> **Pensez SURTOUT à bien l'hydrater.**

> Si votre enfant refuse de boire, faites-le boire l'équivalent d'une cuillère à café toutes les 5 minutes avec le biberon ou une pipette.

Les probiotiques participent à réensemencer la flore intestinale qui représente environ 80 % de l'immunité, d'où l'intérêt de la soutenir en période hivernale et lors des premiers signes de maladie. Pour renforcer le système immunitaire de votre enfant :

> Faites-lui suivre une cure de **probiotiques.**

Pour lutter contre la maladie, une cure de **vitamine C** peut aussi être la bienvenue pour booster le système immunitaire :

> Si votre enfant a commencé la diversification alimentaire, donnez-lui des compotes avec un peu de myrtilles mixées ou de mangue, et faites-lui boire un peu de jus d'orange.

> Vous pouvez aussi ajouter un peu de persil (très riche en vitamine C) dans une purée de légumes.

De plus, nous vous conseillons vivement de **stopper complètement et provisoirement toute consommation de produits laitiers** qui peuvent largement favoriser les sécrétions, ainsi que le sucre.

Faites aussi **attention à la consommation de gluten** (blé, orge, seigle, avoine – sauf si certifiée sans gluten –, kamut et triticale) et ralentissez pendant quelques jours la consommation d'œufs.

L'allaitement maternel participe grandement à la prévention des bronchiolites puisque vous donnez vos anticorps à votre bébé qui aura alors plus de facilité à lutter contre les agressions des virus, dont celui de la bronchiolite. Cependant, si vous allaitez, soyez aussi vigilante à votre propre nourriture puisque tout est transmis à votre bébé via votre lait. Stoppez ponctuellement toute consommation de produits laitiers et réduisez votre consommation de gluten (et bien entendu de plats préparés et industriels, le sucre raffiné, etc.).

Ensuite, vous pouvez **utiliser des huiles essentielles** pour assainir l'espace et le débarrasser des germes :

> Diffusez dans sa chambre **2 gouttes d'huile essentielle de ravintsara** quelques minutes et uniquement quand votre bébé n'est pas là, s'il n'a pas de problème respiratoire et n'est pas asthmatique. Une fois la diffusion finie, ouvrez les portes et la fenêtre afin de créer un petit courant d'air pendant quelques minutes.

Diffusion

Pour les diffuser, les huiles essentielles ne doivent pas être chauffées au risque de perdre leurs vertus voire de présenter un danger pour la santé. **Utilisez toujours un diffuseur d'huiles essentielles à froid.**

À partir 24 mois, n'hésitez pas à masser votre enfant avec les huiles essentielles suivantes (vérifiez auprès de votre médecin pour être sûr·e qu'il n'existe pas de contre-indication) :

> Mélangez 1 goutte d'huile essentielle de ravintsara ou de tea tree (arbre à thé) dans 1 cuillère à café d'une huile végétale neutre (l'huile d'olive, de colza, d'amande douce). **Massez** au niveau du dos, du thorax et des voûtes plantaires 3 fois par jour pendant 5 jours, puis faites une pause de 2 jours avant de recommencer.

> L'huile essentielle de camomille romaine est aussi intéressante à employer car elle est anti-inflammatoire et apaisante. L'enfant se sentira moins oppressé : la posologie et la localisation d'application sont les mêmes que pour l'huile essentielle de ravintsara ou de tea tree. Vous pouvez l'appliquer en alternance avec l'huile essentielle de ravintsara ou de tea tree : 2 fois par jour l'huile essentielle de ravintsara ou de tea tree et 1 fois par jour l'huile essentielle de camomille romaine.

Si votre enfant a moins de 24 mois, vous pouvez remplacer les huiles essentielles par des hydrolats. L'usage est le même mais les hydrolats sont beaucoup moins puissants donc plus sécurisants que les huiles essentielles :

> Donnez 1 cuillère à café d'hydrolat de ravintsara ou de tea tree 3 par jour (dans un biberon, mélangé avec un peu d'eau) et 1 cuillère à café par jour d'hydrolat de camomille romaine.

L'homéopathie peut aussi être intéressante, demandez conseil à un médecin homéopathe ou à votre pharmacien en fonction des symptômes de votre enfant.

Bronchite

Si votre enfant tousse, crache des glaires de toutes les couleurs, est fatigué, courbaturé, fiévreux, se sent mal, si ses poumons le brûlent, si la bronchite dure plus de 15 jours et se complique, il s'agit peut-être d'une **bronchite aiguë**. Les asthmatiques sont des enfants plus à risque que les autres. Si une bronchite dure au moins trois mois et se répète deux années consécutives, on parle alors de **bronchite chronique**. La bronchite est déclenchée ou aggravée par une grippe, un rhume, de l'asthme, du tabagisme passif, la pollution de l'air, un temps humide et froid, un terrain fragile (pathologie particulière, stress, fatigue, etc.), un terrain infectieux ou allergique…

> Pour soigner cette infection, les conseils sont les mêmes que ceux appliqués pour la bronchiolite qui touche les nourrissons.

> Emmenez votre enfant au grand air si vous le pouvez : en forêt, en montagne, à la plage… loin des zones polluées.

Rhume

Le nez bouché, des sécrétions nasales importantes plus ou moins épaisses, des sécrétions dans la gorge (glaires), un mal de tête, de la fatigue, le sommeil et l'alimentation éventuellement perturbés (tétée et biberon notamment car l'enfant ne peut pas respirer par la bouche) sont les symptômes du rhume.

> Les conseils sont les mêmes que pour la bronchiolite et la bronchite.

À savoir

Les rhumes à répétition sont peut-être le symptôme d'une allergie ou d'une faiblesse immunitaire. Parlez-en à votre pédiatre ou votre médecin.

Rhino-pharyngite

Il s'agit d'**une inflammation du nez ou du fond de la gorge.** Rien de grave, mais comme tous les organes respiratoires communiquent, l'inflammation se propage souvent jusqu'aux oreilles notamment et provoque une otite. Les jeunes enfants ne savent pas se moucher, ce qui fait souvent traîner voire récidiver cette inflammation.

> Vous pouvez ici employer des hydrolats : mélangez à parts égales de **l'hydrolat de tea tree et de ravintsara** dans un flacon teinté. Donnez 1 cuillère à café de ce mélange deux fois par jour à votre bébé dans un biberon **(attention, pas avant l'âge de 3 mois)**.

> Comme pour la bronchiolite, pensez à assainir la chambre de votre enfant en diffusant de **l'huile essentielle de ravintsara ou d'eucalyptus radié** en suivant les indications données précédemment.

> Enfin, les conseils sont les mêmes que pour la bronchiolite et la bronchite en mettant l'accent sur le lavage de nez, les mesures d'hygiène et d'aération.

Les problèmes de peau

Eczéma, psoriasis, peau sèche, croûtes de lait, urticaire, impétigo, démangeaisons, érythème fessier. Les problèmes de peau peuvent être divers et variés chez les enfants. Nous ne prétendons pas être exhaustives mais voici quelques exemples qui pourront sûrement vous aider. Pour commencer, nous vous invitons à lire les pages de ce livre sur la peau des jeunes enfants (voir p. 152).

À retenir

Au moindre doute, n'hésitez jamais à vous rendre chez un médecin, qui posera un diagnostic et indiquera un traitement si besoin, ou vous orientera vers un spécialiste.

Croûtes de lait

Durant les premiers mois de vie, le sébum sécrété par la peau du bébé peut former des sortes de croûtes, des plaques sur le visage et le cuir chevelu. Pas d'inquiétude, ce n'est pas grave.

Voici nos conseils :

> **Massez le cuir chevelu et/ou visage** de votre enfant avec un gant de toilette humide et un peu de savon saponifié à froid et bio. Frottez doucement afin d'enlever les croûtes de lait. Attention, ne les enlevez jamais de force !

> Une fois par jour, enduisez le cuir chevelu (et si besoin le visage) de votre bébé avec **une huile végétale** (huile d'amande douce ou huile d'olive).

> Vous pouvez aussi vaporiser de **l'hydrolat de tea tree** sur le cuir chevelu.

> Les croûtes de lait peuvent être favorisées par l'utilisation de produits peu naturels : éliminez-les !

> Si les croûtes persistent plus de trois mois, demandez un avis médical.

Démangeaisons

Elles sont aussi appelées « prurit » et peuvent être d'origine allergique.

> Suivez les mêmes conseils que pour l'eczéma (voir ci-contre).

> Choisissez une lessive écologique, hypoallergénique, sans parfum, sans conservateur ni colorant et au pH alcalin (voir p. 84)… ou faites-la vous-même, c'est facile, rapide, économique, écologique et bon pour la santé. Et n'utilisez pas d'adoucissant !

Eczéma

Il existe **l'eczéma suintant et l'eczéma sec**, plus courant. Lors des poussées d'eczéma, certaines parties de la peau s'épaississent et démangent énormément, ce qui peut être parfois très douloureux. Il s'agit d'une pathologie bénigne mais qui peut clairement dégrader la qualité de vie des personnes qui en souffrent. Plus de 20 % des enfants seraient actuellement touchés. **Rouge, gonflé, l'eczéma gratte et évolue en croûtes.** Un liquide translucide peut humidifier les endroits touchés et des sortes de toutes petites cloques apparaissent parfois en surface.

Faites bien **attention à ce que vous mettez sur la peau** de votre enfant. Tout d'abord, vérifiez la qualité de **votre eau** : est-elle douce ou dure ? Pour certains enfants souffrant d'eczéma, ajouter un adoucisseur d'eau à vos robinets aide souvent à réduire un problème de dureté.

En règle générale, nous vous recommandons de vous tourner vers des **produits d'hygiène de qualité biologique**, d'utiliser uniquement des huiles végétales de première pression à froid (liquides ou baumes) ou des savons saponifiés à froid. Pour les peaux fragiles et réactives, un savon à base d'huile d'olive ou de calendula (souci) est plus intéressant.

Attention à l'excès de propreté qui peut perturber la flore bactérienne locale, agresser la peau fragile du bébé et favoriser une inflammation.

> **2 à 3 bains par semaine** sont suffisants !

> Privilégiez **les bains** (plutôt que douches) avec une eau tiède (ni trop chaud ni trop froid).

> Dans l'eau du bain : ajoutez 1 cuillère à soupe d'**huile végétale** ou 1 ou 2 cuillères à soupe de **fécule de pommes de terre ou de maïs.** Vous pouvez aussi infuser 200 g de **flocons d'avoine** mixés dans 1 litre d'eau bouillante jusqu'à ce que l'eau devienne tiède. Filtrez puis ajoutez ce mélange à l'eau du bain. Cela apaise la peau et la nourrit.

Pensez aussi à hydrater autant de fois que nécessaire la peau de votre enfant avec une huile végétale de qualité ou un baume :

> Utilisez **l'huile de bourrache** en application locale : en plus d'être anti-inflammatoire, elle

régénère, assouplit et nourrit la peau. Les huiles de nigelle, d'onagre, de calendula ou de rose musquée fonctionnent aussi.

> Faites **des cataplasmes d'argile verte** pour diminuer l'inflammation : dans un bol en verre ou en céramique, mélangez de l'argile verte en poudre ou concassée, recouvrez d'eau filtrée et laissez l'argile absorber l'eau. Le mélange doit avoir la consistance de la boue : s'il est trop sec, ajoutez de l'eau, et s'il est trop liquide, ajoutez un peu d'argile. Appliquez avec les doigts sur les zones concernées en couche épaisse. Quand les côtés commencent à sécher, enlevez le cataplasme. Pensez toujours à hydrater la peau avec un baume à base d'huiles végétales ou de l'huile végétale de calendula car l'argile a tendance à assécher la peau.

On oublie également trop souvent de s'intéresser aux **vêtements** et à la **lessive**...

> Favorisez les **vêtements de seconde main** (déjà beaucoup lavés, toute trace de produits potentiellement irritants ayant servi à la fabrication est partie) et les vêtements **en coton biologique**.

> Évitez les vêtements synthétiques ou floqués.

> Choisissez une **lessive écologique et hypoallergénique** pour laver le linge de votre enfant ou faites-la vous-même avec du savon de Marseille (contenant 72 % d'huile d'olive), de l'eau chaude et un peu de bicarbonate de soude.

> Évitez d'employer des adoucissants qui ont une tendance allergisante.

Ensuite, pour éviter le risque d'infection ou d'entretenir l'inflammation due au grattage de l'eczéma :

> **Coupez les ongles** de votre enfant.

> Expliquez-lui de **se tapoter la peau** plutôt que de se gratter (s'il est en âge de comprendre).

Pensez aussi à vérifier que votre enfant n'a pas un **terrain allergique** qui peut favoriser ce type de maladie (pollen, poils de chien et de chat, acariens, poussière, moisissure, etc.).

Nous vous conseillons également de prêter attention à son **alimentation**. En effet, comme pour les troubles des voies respiratoires, elle a un impact sur notre peau qui est aussi un organe d'élimination (émonctoire) :

> Favorisez une alimentation **pauvre en sucre et en féculents** (surtout le gluten).

> **Réduisez ou éliminez (provisoirement) les produits laitiers.** Ils ont une forte tendance inflammatoire et sont producteurs de sécrétions pouvant être éliminées par la peau.

> **Éliminez les produits préparés**, transformés et industriels.

> **Faites la part belle** aux légumes, aux fruits, aux pommes de terre, aux patates douces, aux courges en tout genre, au poisson, aux œufs (sans excès), à la viande blanche...

> Pour la réparation de la peau, **favorisez les bons acides gras essentiels** contenus notamment dans les huiles végétales crues (colza, lin, chanvre, caméline, noix, etc.), les huiles des petits poissons gras (sardines, harengs, maquereaux), les oléagineux (amandes, noix, noisettes) selon l'âge des enfants (voir p. 246).

> **En cas d'allaitement**, arrêtez ponctuellement les produits laitiers, diminuez votre consommation de féculents et de sucre, et privilégiez les légumes, les fruits, les oléagineux, les petits poissons gras, les huiles végétales crues, etc.

Une cure de **probiotiques** pour prendre soin de la flore intestinale est aussi essentielle en cas de problèmes de peau...

> Faites faire à votre enfant une cure sur 3 mois (à prendre à distance des repas ou des tétées).

Les **cures thermales** pour les bébés de plus de 6 mois peuvent apaiser l'eczéma, le psoriasis et autres problèmes de peau. Les brumisateurs d'**eau thermale** sont également à utiliser pour apaiser les démangeaisons et les inflammations cutanées.

Les problèmes de peau tels que l'eczéma et le psoriasis peuvent être provoqués et/ou amplifiés par **un choc émotionnel**, une grosse peur, une angoisse ou un stress intense. Veillez donc à apaiser votre enfant (voir p. 189) et privilégiez le contact physique :

> Pratiquez le peau à peau, le portage, les câlins, etc. Contre vous, votre bébé sera bercé et rassuré par votre rythme cardiaque, le contact de votre peau le sécurisera également.

Pour soulager sa peau, **les hydrolats** sont intéressants : dans un flacon teinté, mélangez à parts égales des hydrolats de rose, de lavande fine (ou vraie ou officinale) et de camomille romaine. Mélangez bien, imbibez largement un lange, un mouchoir ou des compresses de ce mélange et tamponnez délicatement sur les zones concernées (à refaire plusieurs fois dans la journée). Vous pouvez laisser agir une quinzaine de minutes.

Impétigo

Il s'agit d'une infection bactérienne de la peau due à un staphylocoque ou un streptocoque qui touche particulièrement les enfants bien que cela puisse aussi concerner les adultes. Votre médecin ou pédiatre pourra poser le diagnostic. **Cette infection est contagieuse et même auto-contagieuse.**

> Lavez vos mains souvent ainsi que celles de l'enfant, coupez-lui les ongles des mains régulièrement afin qu'il ne s'égratigne pas.

> **Lavez régulièrement son linge à part** de celui du reste de la famille et dédiez-lui une serviette et un gant de toilette.

> Utilisez **des hydrolats** : dans un flacon teinté, mélangez à parts égales des hydrolats de lavande fine (ou vraie ou officinale), de thym et de laurier noble. Agitez le flacon puis imbibez largement un lange, un mouchoir ou des compresses de ce mélange avant de tamponner délicatement les zones concernées. Laissez poser une quinzaine de minutes. Attention, lavez bien le lange et le mouchoir après utilisation à haute température pour éviter de contaminer de nouveau l'enfant.

Psoriasis

Il prend l'apparence de plaques rouges de grande taille aux contours bien précis et apparaît surtout (mais pas que) sur des zones de frottements. Non contagieux, il possède une composante héréditaire et émotionnelle. Il peut donc être intéressant d'analyser si votre enfant n'a pas eu un choc émotionnel ou une émotion forte avant l'apparition du psoriasis.

> Suivez les mêmes conseils que pour l'eczéma et consultez un médecin pour un diagnostic sûr.

Urticaire

Qu'il s'agisse d'une manifestation cutanée allergique ou non, **l'urticaire se présente souvent sous forme de plaques rouges qui peuvent gratter.** Elles peuvent survenir suite à une exposition au soleil ou à l'eau, à un gros stress, à une émotion forte, à un effort sportif, à la prise d'un médicament, à l'ingestion de certains additifs alimentaires (contenus dans certains bonbons notamment). Les signes évocateurs d'une crise d'urticaire chez un enfant : boutons ou plaques rouges et gonflées, démangeaisons. L'urticaire fait mal et peut revenir régulièrement.

> Consultez un médecin dès les premiers symptômes.

> **Le froid soulage les crises :** appliquez des poches froides, préalablement refroidies dans le réfrigérateur, sur les zones concernées une dizaine de minutes (pas plus !).

> Attention à la chaleur : évitez d'exposer votre enfant au soleil, les bains ne doivent pas être trop chauds, la température des pièces ne doit pas non plus être trop haute.

Érythème fessier

Face à l'érythème fessier, un seul mot d'ordre : ne laissez pas les fesses du bébé macérer dans la couche ! L'urine et les selles sont acides et fragilisent largement sa peau délicate. Il est important de diminuer l'inflammation pour éviter une éventuelle mycose ou même une infection. L'érythème fessier peut être aussi **provoqué par une poussée dentaire** : pensez à vérifier si une ou des dents sont en train de sortir.

Voici quelques conseils pour soulager votre bébé (si au bout de quelques jours, l'érythème persiste ou s'aggrave, n'hésitez pas à aller consulter un médecin) :

> Si possible, laissez-le sans couche et les fesses à l'air.

> Changez-le très régulièrement.

> Nettoyez ses fesses uniquement avec de l'eau et du savon, tamponnez délicatement pour les sécher.

> Vaporisez de **l'hydrolat de lavande et de l'hydrolat de camomille romaine** sur les zones concernées en alternance avec de l'eau thermale (à reproduire tout au long de la journée). Laissez les fesses du bébé à l'air si vous le pouvez jusqu'à ce que ses fesses soient sèches.

> **L'argile blanche** est très efficace : saupoudrez-en sur ses fesses avant de lui mettre la couche (comme vous le feriez avec du talc). Si vous n'avez pas d'argile, utilisez de **la fécule de maïs ou de pommes de terre**. Vous pouvez aussi réaliser un cataplasme d'argile blanche (même procédé que pour l'argile verte, voir p. 130).

> Si vous allaitez votre enfant, imbibez **une compresse de lait maternel** et appliquez-la sur la zone douloureuse. Laissez poser 15 minutes.

Si l'érythème fessier est associé à **des bactéries ou des champignons :**

> Utilisez une huile végétale à action antibactérienne et/ou antifongique comme **l'huile de noix de coco ou l'huile de nigelle** : nettoyez la zone et appliquez quelques gouttes de ces huiles directement sur les lésions.

À savoir

Des tétées trop rapprochées peuvent aussi favoriser l'érythème fessier ! En effet, cela favorise l'acidité digestive, et donc des selles et de l'urine plus irritantes qu'en temps normal.

Les problèmes de dents

Les poussées dentaires sont très douloureuses et la douleur apparaît bien avant que la dent ne soit visible. Chaque enfant la ressent de façon différente (l'épaisseur de la gencive n'est pas la même pour tous, la douleur n'est pas la même selon la dent qui arrive...).

> **Masser les gencives** est la première chose à faire pour soulager votre bébé, seulement avec le doigt.

> **Le froid apaise** car il a un effet anesthésiant : donnez à votre enfant des petits jouets spéciaux à mâchouiller et mis au préalable au réfrigérateur. Vous pouvez congeler des morceaux de fruits (bouts de pommes, de poires, etc.) et les lui donner après les avoir laissés légèrement décongeler. Attention à ce qu'il n'avale pas de morceaux et que le froid ne le « brûle » pas !

> **L'homéopathie** est intéressante pour les poussées dentaires : dans un biberon avec un peu d'eau, faites fondre une dose de Camilia 4 CH ou 5 CH quatre fois par jour avant de la donner à votre enfant.

> Vaporisez de **l'hydrolat de camomille romaine** dans la bouche de votre bébé et massez-le. Ou mettez dans un biberon avec un peu d'eau 1 cuillère à café de cet hydrolat deux fois par jour pour un bébé de plus de 6 mois.

En grandissant, votre enfant pourra avoir **divers maux dentaires**, il est important de le faire suivre chaque année par un dentiste à partir de 3 ans (ou plus tôt en cas de problème spécifique).

Les problèmes liés au sommeil (angoisse, anxiété...)

Le sommeil est un point sensible pour de nombreux parents car il n'est pas toujours aisé d'obtenir de leur enfant un sommeil serein et sans heurt au cours de la nuit. Bien souvent, le coucher est difficile ou bien des réveils nocturnes, des cauchemars, des pipis au lit, des pleurs, des peurs surviennent. Le moment de se coucher est souvent vécu pour les plus petits comme une séparation difficile.

Dormir est un besoin vital, nécessaire à l'équilibre psychologique et physique de chacun. Quand les enfants dorment, ils sécrètent la fameuse hormone de croissance et la prolactine qui participent à la stimulation de leur système immunitaire. Un bon sommeil permet également le développement du système nerveux, la mémorisation, etc. **Plus l'enfant est jeune, plus il a besoin de sommeil**.

Le manque de sommeil est nuisible à la qualité de vie de toute la famille : l'intimité du couple peut être dégradée par les pleurs, les appels et les cauchemars... La qualité de sommeil est également moins bonne, l'état émotionnel est plus fragile, les moments de tranquillité, de calme, de partage avec le reste de la famille deviennent trop rares pour se ressourcer. Vous êtes alors plus à fleur de peau, moins patient·e, plus irritable, vos ressources s'amenuisent et votre disponibilité vis-à-vis de votre enfant également.

Attention

Si votre enfant dort mal, assurez-vous déjà qu'il ne souffre pas de reflux gastro-œsophagien ni d'un autre mal (otite par exemple) ou d'une intolérance/allergie alimentaire qui pourrait perturber son bon sommeil. N'hésitez pas à demander conseil à un professionnel de santé.

Voici quelques conseils d'ordre général que vous pourrez aussi appliquer vous-même. Référez-vous également à la partie de ce livre sur le sommeil de l'enfant (voir p. 145).
Rappelez-vous toujours qu'**un enfant sécurisé est plus apaisé** et qu'un enfant apaisé se sent sécurisé.
Essayez de **trouver une solution à tout ce qui peut insécuriser l'enfant** (ambiance conflictuelle et tendue à la maison, pas de contact suffisant avec l'enfant, bruits importants, etc.).

Multipliez les contacts physiques avec vos jeunes enfants. La sécurité émotionnelle de l'enfant est primordiale pour favoriser un meilleur sommeil.
> Faites des peau à peau et du portage le plus souvent possible, des câlins et des massages régulièrement...

Favorisez la qualité des échanges relationnels avec votre enfant au cours de la journée. Les moments réguliers et qualitatifs du bébé avec sa ou ses figures d'attachement sont à privilégier. Si l'enfant est plus grand, prenez le temps de parler avec lui à propos de sa journée, de son ressenti et de ses émotions...
> **Soyez pleinement présent·e** à ce moment d'échange physique ou de paroles (si vous êtes pressé·e, cela risque de réactiver l'insécurité de votre enfant).
> Commencez par **identifier les signaux de stress** : peur du noir, mal au ventre, refus de se coucher...
> Si votre enfant évoque sa peur de se retrouver seul, sa peur du noir ou de faire des cauchemars, écoutez-le. Surtout, **ne vous moquez pas de lui** mais prenez vraiment en considération ce qu'il vous confie.

L'inconscient de votre enfant enregistre les changements positifs et y associe un sentiment de tranquillité et non plus de peur. Notre proposition d'histoire fonctionne souvent très bien avec les enfants à partir 24 mois (Bartoli, 2015) :
> Demandez-lui de vous décrire le méchant de son cauchemar et proposez-lui quelques changements pour le rendre moins méchant : lui mettre un nez de clown, le faire sourire, lui faire des cheveux roses, changer les couleurs de ses habits, etc.
> Ou proposez de « rétrécir » le méchant du cauchemar ou de le transformer en petite fourmi, et le rendre ainsi inoffensif pour l'enfant...

Le fait de **ritualiser le coucher**, comme nous l'avons déjà vu, participe à rassurer l'enfant et lui permet de mieux dormir (voir aussi p. 150). Soyez bien clair·e sur les étapes et le déroulé du rituel.
> Avec le co-parent, déterminez le rituel que vous mettez en place et expliquez les règles à votre enfant. Pour plus de clarté, détaillez les étapes par des images (que vous affichez sur le mur de sa chambre par exemple).
> **Décidez avec lui au préalable** du nombre d'histoires que vous lirez par exemple (il n'y en aura pas plus, soyez clair·e là-dessus avec l'enfant).
> **Rendez l'enfant acteur** du rituel : c'est lui qui choisit l'histoire, qui tourne les pages ou qui allume la veilleuse, etc. Pour le bon déroulement des histoires, mettez en place un calendrier d'organisation familiale des dodos où vous allez clairement et simplement identifier (par exemple par une photo du parent) qui lit l'histoire chaque jour de la semaine (nous vous recommandons que les deux parents s'investissent à tour de rôle).
> **Ne rentrez pas dans la négociation** avec votre enfant.
> Rappelez-lui régulièrement et en amont comment les choses vont se passer.
Il est aussi intéressant d'intégrer au rituel du soir un petit moment de **massage** pour amplifier le lâcher-prise et la détente de l'enfant (voir p. 220).

Grigri rassurant

Si votre enfant est grand, vous pouvez installer avec lui un attrape-rêve dans sa chambre ou placer une pierre de quartz rose (une grosse pierre lisse afin qu'il ne puisse pas la mettre dans la bouche ni se blesser avec) sous son oreiller en lui expliquant qu'elle va l'aider à s'endormir et veiller sur lui. Certains enfants sont rassurés par ces grigris « précieux » et dorment mieux...

Favorisez **un environnement adapté au sommeil** :
> La chambre de votre enfant doit être **calme**, et la température aux alentours de **19 °C.**
> **L'obscurité est conseillée.** Si vous optez pour une veilleuse, veillez à choisir un modèle discret et installez-la loin de l'enfant (son visage ne doit pas être éclairé). N'exposez pas un enfant aux écrans avant l'âge de 3 ans, surtout le soir : la lumière diffusée

modifie la production de mélatonine et affecte le rythme veille-sommeil.

> Un mobile n'est pas indispensable (voir p. 150).

Les veilleuses

L'Association française de pédiatrie ambulatoire (AFPA) déconseille l'utilisation des veilleuses. Dans le cerveau, l'hypothalamus (structure du système nerveux central) est constitué de cellules photosensibles qui peuvent être gênées par la lumière d'une veilleuse au moment de l'endormissement.

L'action relaxante et apaisante **des huiles essentielles et des hydrolats** favorise le sommeil :

> Une heure avant le coucher, diffusez 3 ou 4 gouttes **d'huile essentielle** de lavande fine, de mandarine verte ou jaune, ou d'orange douce pendant 10 minutes (l'enfant ne doit pas être présent pendant la diffusion), puis ouvrez bien les portes pour faire circuler l'air (pas de diffusion à chaud mais uniquement à froid).

> À partir de 3 ans, vous pouvez ajouter 1 goutte d'une de ces mêmes **huiles essentielles** (lavande fine, mandarine verte ou jaune, ou orange douce) sur le col du pyjama de votre enfant au moment de le coucher. Avant 3 ans, mettez 1 goutte sur un mouchoir posé près de lui (en bas de son lit ou sur une étagère à côté de son lit).

> Vaporisez de **l'hydrolat** de lavande, de tilleul, de mandarine ou d'orange douce au niveau du plexus solaire ou de la voûte plantaire de votre enfant. Massez délicatement la zone.

Attention

Ne diffusez pas d'huile essentielle dans la maison ou dans sa chambre si votre enfant est asthmatique ou s'il souffre de problèmes respiratoires.

Les fleurs de Bach permettent notamment d'apaiser les émotions engendrées par des transitions ou des changements de situation (changement de nourrice, entrée à l'école, etc.) et donc de favoriser le sommeil de votre enfant :

> Donnez-lui du noyer (Walnut) sous forme de cure : 5 gouttes par jour dans une gourde à boire tout au long de la journée (ou 1 goutte avec un peu d'eau à distance des repas 4 à 5 fois par jour).

En cas de choc émotionnel ou pour aider à faire le deuil d'une personne ou d'une situation (déménagement, divorce, maladie...) :

> Donnez à votre enfant de l'étoile de Bethléem (Star of Bethléem) sur trois mois minimum (même posologie que pour le noyer).

Pensez à vérifier l'alimentation :

> Le soir, évitez les repas contenant trop de protéines, trop sucrés ou trop salés ! Le sucre excite, perturbe la bonne digestion et sensiblement le sommeil. **Mangez tôt et pas trop copieux.**

> Assurez-vous du **bon équilibre alimentaire** de votre enfant (voir p. 239). Par exemple, des carences en vitamines, minéraux et oligo-éléments peuvent majorer les manifestations de stress ou d'anxiété.

Il existe encore d'autres solutions pour accompagner les enfants et diminuer leur anxiété, leur nervosité ou leur angoisse pour qu'ils retrouvent un sommeil bénéfique. Pour les plus grands, vers l'âge de 2 ou 3 ans, la sophrologie et la cohérence cardiaque peuvent être une aide précieuse.

Réveils nocturnes

Les causes des réveils nocturnes peuvent être multiples : un événement de la journée l'a affecté émotionnellement, il a été déplacé dans son sommeil, son besoin affectif n'a pas été comblé… Les réveils nocturnes peuvent également être expliqués par la sensation de faim (un enfant qui n'a pas encore trois repas solides au cours de la journée peut avoir faim la nuit). Enfin, peut-être que l'enfant n'est pas encore capable de s'endormir seul.

Cauchemars

Les cauchemars, qui sont souvent des rêves angoissants, **apparaissent aux alentours de 2 ans**. Ils surviennent pendant la phase de sommeil paradoxal et souvent en fin de nuit. Même s'il n'y a généralement pas lieu de s'inquiéter, il convient de communiquer avec votre enfant afin d'en déterminer la cause.

Terreurs nocturnes

Elles sont à différencier des cauchemars : ce sont des formes de somnambulisme (ce qui n'est pas le cas du cauchemar) qui touchent environ 6 % des enfants. La terreur nocturne peut être provoquée par une très grande fatigue, par des changements d'habitudes, des stress de la journée, par un rituel qui n'est pas bien mis en place, une dispute entre les parents ou par un trop plein d'écrans… **Elles arrivent plutôt en début de nuit**, deux à trois heures après l'endormissement. **D'une durée de 2 à 30 minutes, les terreurs peuvent être impressionnantes** (cris, pleurs, forte agitation, sueurs, respiration rapide…). Lorsque la terreur nocturne est terminée, l'enfant se rendort comme si rien ne s'était passé et il n'en gardera aucun souvenir ! Elles ne présentent **aucun danger pour l'enfant** et disparaissent naturellement à mesure qu'il grandit.
Lors d'un épisode de terreur nocturne, il est déconseillé de réveiller votre enfant :

> Restez à côté de lui pendant la terreur et vérifiez qu'il est en sécurité. Vous pouvez même le laisser tranquille s'il ne risque rien.

À savoir

Si vous réveillez votre enfant pendant une terreur nocturne, il pourrait s'en souvenir et développer un stress concernant le sommeil.

Le bien-être du bébé

L'huile essentielle de vanille est très bénéfique pour les bébés ! Des hôpitaux, dont le CHU Hautepierre près de Strasbourg, l'emploient depuis quelques années en service de néonatologie. Diffusée dans les couveuses des nourrissons nés prématurément (de 24 à 26 semaines de grossesse), elle permettrait de **diminuer considérablement le nombre des décès** chez ces bébés (avec une réduction de 50 % des apnées centrales, considérées comme les plus sévères et entraînant bien souvent la mort des nourrissons) et préviendrait les bradycardies (dues à l'immaturité du système nerveux, souvent à l'origine de décès chez les bébés).
L'huile essentielle de vanille apporte un confort psycho-émotionnel qui harmoniserait les fonctions vitales des grands prématurés (et notamment la fonction respiratoire). De plus, il semblerait que sa diffusion entraîne également le réflexe de succion chez les nourrissons. D'après plusieurs études scientifiques (Edraki, 2013) sur le sujet depuis 2004, il apparaît que l'un des constituants de l'huile essentielle de vanille (la vanilline) possède une structure assez proche d'un des constituants du lait maternel. Ainsi, le lien mère-enfant serait prolongé et permettrait de favoriser plus de confort, de bien-être et de sécurité pour les jeunes enfants, et notamment les prématurés et nourrissons. Attention, nous parlons bien ici de l'huile essentielle de vanille (absolu de vanille) et non de parfum synthétique à la vanille pouvant être néfaste pour le bébé !
Pour apaiser votre enfant, vous pouvez donc vous servir de cette huile essentielle à la maison :

> Sur le doudou, déposez 1 à 2 gouttes d'huile essentielle de vanille (absolu) et posez-le dans le lit, à côté du bébé.

> Une heure avant de mettre l'enfant dans sa chambre, diffusez cette huile essentielle pendant 10 minutes (en l'absence de l'enfant).

La cohérence cardiaque pour les enfants

La cohérence cardiaque « permet aux enfants de s'enraciner dans leur corps, leurs émotions, le moment présent et de s'envoler ensuite vers leur avenir en toute liberté, en se laissant porter par la maîtrise de leur souffle, de leurs émotions et de leurs ressources » (O'Hare, 2018). Tout est dit ! **Cette pratique régulière permet véritablement d'être favorable à une meilleure santé et à un mieux-être.** Pour donner aux enfants des racines, vous pouvez les initier à la cohérence cardiaque, et ce de façon régulière. Cela leur apportera plus d'apaisement, d'énergie, de confiance, de facilité pour se recentrer, se concentrer et mémoriser, de conscience de l'instant présent, de bienveillance ainsi que de résilience... Ils pourront alors plus aisément déployer leurs ailes et s'envoler vers le mieux-être, l'épanouissement personnel et plus d'équilibre.

En guidant votre enfant (à partir de 2 ans), vous pouvez lui apprendre à respirer en même temps que vous. Il se rendra compte que la durée de l'inspiration et celle de l'expiration sont identiques.

- Installez-vous dans un endroit calme et assurez-vous de ne pas être dérangé·e pendant la pratique.
- Inspirez ensemble pendant 5 secondes (ou moins si cela est difficile pour l'enfant). Vous allez donc compter jusqu'à cinq (ou moins) en montant doucement votre main (comme une vague qui monte).
- Puis, expirez sur 5 secondes (comptez jusqu'à cinq et faites descendre votre main comme une vague qui descend).
- Refaites ce cycle une dizaine de fois puis observez quelques instants de silence avant de demander à votre enfant comment il se sent et ce qu'il a ressenti. Vous pouvez vous aider de guide audio ou visuel.

SOULAGER **LES BOBOS**

Dans la vie de tous les jours, les enfants explorent, testent leur équilibre, prennent plaisir à jouer, à courir à l'extérieur, à sauter dans l'eau... Les petites blessures, les chocs, les piqûres, les coups de soleil sont évidemment au rendez-vous. S'ils sont en général bénins, une vigilance est nécessaire pour éviter le pire.

Quand l'enfant tombe

Les premières années de vie de nos enfants seront riches en petits accidents, en chutes, en coups, en chocs en tout genre. De quoi bien éprouver nos cœurs de parents !

Gardez toujours des poches de froid au réfrigérateur ainsi qu'une petite poche au congélateur, de la crème d'arnica, de l'homéopathie Arnica 5 CH.

Coup et choc

Les petits coups et les petits chocs ne doivent pas vous inquiéter. En revanche, les chutes plus importantes ou les chocs violents doivent retenir votre attention. Évaluez le type de choc, la hauteur de la chute, la zone du corps concernée, si votre enfant a perdu ou non connaissance, etc.

Attention !

Si votre enfant a **perdu connaissance**, s'est **ouvert de façon conséquente, vomit ou est nauséeux**, s'il n'a **pas un comportement normal** (fatigue intense, incohérence, problème de vue...), appelez aussitôt le 15 ou rendez-vous aux urgences.

En cas de chute, de coup ou de choc (s'il ne présente pas les symptômes nécessitant d'appeler le 15), ayez les réflexes suivants.

> Mettez du froid le plus rapidement possible sur la zone qui a reçu le choc.

> Donnez 5 granules d'Arnica toutes les 15 minutes pendant 1 heure, puis 1 fois par heure, et enfin matin et soir pendant 3 à 5 jours.

> Mettez de la crème d'arnica sur la zone.

> Vaporisez de l'hydrolat d'hélichryse sur la zone du choc ou imbibez largement une compresse de ce même hydrolat et appliquez sur la zone. Reproduisez ce soin 4 fois par jour.

Éraflure, griffure et écorchure

Lorsque ces blessures sont légères, rien de grave, rassurez l'enfant dans un premier temps. En cas de doute, vous pouvez bien entendu appeler votre médecin. La peau légèrement ouverte étant une porte d'entrée à d'éventuelles bactéries, le premier réflexe est de **désinfecter la zone :**

> **Rincez la zone avec de l'eau et du savon** de Marseille ou, pour les enfants de plus de 6 mois, vaporisez de **l'hydrolat de tea tree** (il est antibactérien, antiviral, antifongique) 3 fois le jour de l'incident, puis 2 fois par jour pendant 3 à 5 jours.

Pour favoriser la cicatrisation :

> Faites un cataplasme d'argile verte (voir p. 130) 2 à 4 fois par jour jusqu'à cicatrisation. **L'argile verte est aussi hémostatique** et va donc arrêter le sang éventuel.

> Si votre enfant a plus de 6 mois, vaporisez de l'hydrolat de ciste ladanifère (hémostatique également).

Important

Si votre enfant souffre de **troubles de la coagulation du sang**, ne vaporisez pas d'hydrolat de ciste sur sa plaie ouverte.

Pour obtenir une cicatrice la plus discrète possible :

> Après cicatrisation, massez régulièrement la zone avec de l'huile végétale (huile de coco ou de rose musquée).

Coups de soleil et brûlures

Les coups de soleil sont courants en été, mais ils ont des conséquences souvent néfastes sur la santé des enfants. Tout comme les brûlures, ils sont à éviter et un comportement préventif est recommandé.

Coup de soleil

Il s'agit ni plus ni moins qu'une brûlure qui pourrait être évitée.

Les ultraviolets (UV) du soleil sont dangereux pour tous et notamment pour les enfants qui ont une peau particulièrement fragile. Saviez-vous que la peau d'un enfant prend un coup de soleil deux fois plus vite que celle d'un adulte ? Quelques minutes d'exposition d'un enfant au soleil correspondent à plus d'une heure pour un adulte. Soyez donc prudent·e et souvenez-vous aussi que l'eau, le sable et la neige ont un effet de réverbération, ce qui accentue celui des UV !

Grâce au soleil, notre peau fabrique la vitamine D, essentielle à notre organisme et qui permet notamment la fixation du calcium. Cela ne doit pas vous empêcher de vous protéger et surtout de protéger votre enfant s'il doit rester au soleil plus de quelques minutes :

> Ne laissez jamais votre enfant en plein soleil sans protection : mettez-lui un chapeau ou une casquette, des lunettes de soleil, de la crème solaire adaptée (voir « Les crèmes solaires » en annexe) et éventuellement un tee-shirt anti-UV (ou à défaut un tee-shirt standard, un short, un bermuda ou un pantalon léger).

> Évitez les heures les plus chaudes en été (entre 12 h et 16 h).

> N'exposez jamais un bébé de moins de 12 mois.

> Une vigilance particulière doit être aussi adoptée pour les enfants (et adultes) à la peau claire et pour ceux ayant une peau et des yeux clairs.

Attention

En cas de coup de soleil, demandez un avis médical, notamment quand il concerne un jeune enfant, si le coup de soleil est conséquent ou si vous n'avez pas protégé la tête de votre enfant.

Si le coup de soleil est bénin, les hydrolats peuvent apaiser la peau de votre bébé :

> Dans un flacon teinté, mélangez à parts égales de l'**hydrolat de lavande aspic et de l'hydrolat de camomille**, puis ajoutez une demi-part d'**hydrolat de rose et d'hydrolat de menthe poivrée** (par exemple : 50 ml d'hydrolat de lavande aspic et 50 ml d'hydrolat de camomille romaine + 25 ml d'hydrolat de menthe poivrée et 25 ml d'hydrolat de rose). Imbibez généreusement des langes ou mouchoirs de ce mélange que vous placez sur les coups de soleil. Ce soin est à faire 2 fois par jour.

L'aloe vera est aussi excellent pour soulager les brûlures. Cette plante contient un nombre très élevé d'acides aminés, qui aident à la régénération de la peau et lui offrent donc des vertus cicatrisantes assez exceptionnelles :

> Appliquez du **gel concentré d'aloe vera** sur la zone à traiter et laissez reposer.

Les cataplasmes d'argile verte permettent aussi d'apaiser, de favoriser la cicatrisation et sont anti-inflammatoires (voir p. 130).

Si vous n'avez aucun des produits ci-dessus, utilisez du yaourt. Les ferments lactiques du yaourt ont un effet anti-inflammatoire et contiennent des protéines qui atténueraient également la douleur :

> Étalez **du yaourt** en couche épaisse sur la zone concernée et laissez agir 15 minutes environ.

Les magnétiseurs ou les coupeurs de feu peuvent aussi être efficaces contre les coups de soleil. Si vous en connaissez un bon près de chez vous, n'attendez pas pour le contacter !

Brûlure

La plupart des brûlures se produisent à la maison, il est donc important d'éviter ce genre d'accident autant que possible.

En prévention, sécurisez notamment la cuisine (voir p. 266). Si malgré vos précautions, **l'accident se produit**, ne paniquez pas, gardez votre calme autant que possible pour ne pas inquiéter davantage votre enfant. La priorité est de calmer la brûlure :

> Passez immédiatement la brûlure sous l'eau froide du robinet et laissez-la refroidir sous l'eau courante pendant au moins 10 minutes.

Attention

En cas de brûlure, demandez un avis médical dès que possible (par exemple en appelant le 15) et si la brûlure est importante, rendez-vous rapidement aux urgences !

Si la brûlure n'est pas importante :

> Pensez à l'homéopathie : donnez à votre enfant quelques **granules d'Apis Mellifica 9 CH** ou faites fondre 3 granules dans un fond d'eau dans le biberon. À prendre 5 ou 6 fois par jour.

> Vaporisez de **l'hydrolat de lavande aspic** sur la zone, laissez agir quelques minutes, puis appliquez largement de **l'huile végétale de millepertuis** ou imbibez généreusement une compresse de cette huile végétale avant de la poser sur la zone concernée. Laissez agir 10 minutes environ. Renouvelez l'opération 3 à 5 fois. À refaire 3 fois par jour jusqu'à guérison. L'huile végétale de millepertuis a de nombreux bienfaits dont ceux d'être émollient, adoucissant, apaisant, cicatrisant, régénérant cutané, anti-inflammatoire, antalgique.

> Après ce soin, aidez la peau à se réparer avec de **l'huile végétale** (huile d'olive ou de coco) ou **des beurres végétaux** (beurre de karité par exemple).

> Vous pouvez également suivre les conseils donnés pour les coups de soleil (argile, yaourt, gel d'aloe vera, etc.).

Les piqûres d'insecte ou de méduse

De nombreuses petites bêtes piquent : moustique, araignée, aoûtat, taon, abeille, puce, tique... Les réactions peuvent être complètement bénignes ou au contraire plus fâcheuses, voire graves. Les plus impressionnantes et potentiellement graves sont les piqûres d'abeille, de guêpe ou de méduse. Pour celles-ci, demandez aussitôt un avis médical.

Attention

Suite à une piqûre, si le corps de votre enfant montre des plaques qui le démangent et que son nez coule, pas d'inquiétude. Par contre, s'il présente les précédents symptômes :
+ des difficultés respiratoires et un gonflement important : appelez le médecin ou le 15 aussitôt.
+ des difficultés importantes pour respirer et pour avaler sa salive, fait ou a fait un malaise, a perdu connaissance : appelez le 15 et rendez-vous rapidement aux urgences.

Si la piqûre est bénigne, voici quelques conseils pour calmer les démangeaisons, mais aussi la réaction inflammatoire et la douleur :

> Appliquez **une crème à base d'arnica** régulièrement dans la journée et donnez-lui de l'homéopathie de façon régulière dans la journée : **Apis Mellifica 9 CH** à raison de 3 granules toutes les 15 minutes (à faire fondre dans de l'eau ou à faire sucer à l'enfant s'il est en âge de le faire).

> Appliquez une compresse de **vinaigre** de cidre bio ou de vinaigre blanc sur les piqûres.

> Préparez la pâte suivante : mélangez 1 cuillère à soupe de **bicarbonate de soude** et 1 cuillère à soupe d'eau. Étalez la pâte sur la piqûre. Vous pouvez ajouter à cette pâte quelques gouttes de citron, de vinaigre de cidre ou de vinaigre blanc (qui ont une action contre les démangeaisons).

> Appliquez un cataplasme d'**argile verte** en couche épaisse, il favorise la cicatrisation, l'apaisement, la diminution de la douleur (voir p. 130).

> Imbibez une compresse ou un coton tige avec un mélange d'**hydrolat de lavande aspic et d'huile** végétale et appliquez sur la piqûre (à partir de 3 mois). Si l'enfant a plus de 24 mois, appliquez l'hydrolat sans le diluer.

Conseil

Nous vous recommandons d'avoir toujours sous la main :

- Un tube de crème d'arnica.
- Des granules d'Arnica Montana 9 CH.
- Des granules d'Apis Mellifica 9 CH.

En cas de piqûre de tique :

> Procurez-vous en pharmacie **une pince spéciale** pour arracher la tique avec sa tête.

> Après avoir arraché la tique, désinfectez la zone. Puis, dans les heures qui suivent, **si une auréole apparaît autour de la piqûre, consultez un médecin.**

> Pendant quelques jours (voire 2 à 3 semaines si la piqûre remonte à plusieurs jours), donnez de **l'extrait de pépin de pamplemousse** qui a un effet antibiotique naturel : 1 goutte par jour par année d'âge, à mélanger par exemple dans le biberon de lait ou d'eau. Pensez à le donner à bonne distance de tout autre traitement médical (au moins 4 h).

En cas de piqûre de méduse, appelez le 15 ou consultez un médecin. En attendant :

> Rincez bien la zone avec de l'eau de mer (surtout pas d'eau douce qui rendrait la brûlure encore plus douloureuse). Puis, pour un bébé avant 3 mois, vaporisez de l'hydrolat de lavande aspic ou, à partir de 3 mois, appliquez une compresse (ou 1 ou 2 gouttes directement) d'huile essentielle de lavande aspic sur la piqûre (sans exposer votre enfant au soleil).

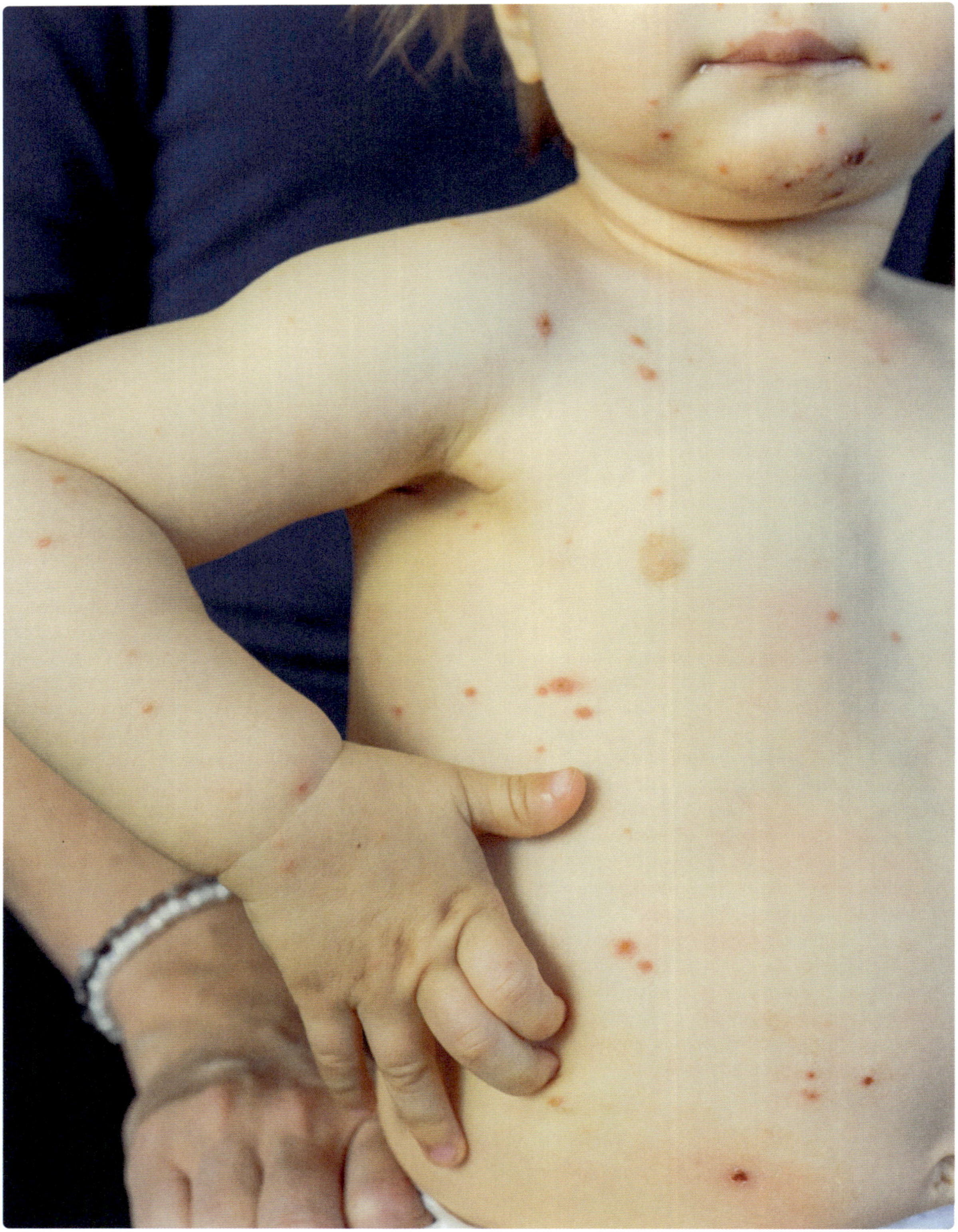

QUELQUES **MALADIES ET DÉSAGRÉMENTS** INFANTILES

Les poux, les vers intestinaux, le mal du transport, etc. sont malheureusement fréquents et peuvent véritablement perturber votre enfant dans son quotidien... Voici comment les repérer et les soulager au mieux.

Syndrome pieds-mains-bouche

Cette maladie très courante se présente sous forme de **petites cloques dans la bouche (identiques à des aphtes), sur les mains et sur les pieds.** Elle disparaît en une dizaine de jours. Très contagieuse, elle se transmet par la salive, les selles et les sécrétions nasales. Elle touche généralement les enfants de moins de 5 ans et n'est pas dangereuse mais peut les gêner lorsqu'ils mangent.

> Surveillez le **lavage des mains** qui doit être régulier et lavez souvent le linge de votre enfant.

> Évitez de lui donner à manger des choses **acides, salées ou trop chaudes**. Favorisez le tiède et le frais ainsi que le mou et le liquide (compote, purée). Pour certains enfants, il est plus aisé de manger à l'aide d'une paille pendant quelques jours.

> Si votre enfant est en âge de comprendre et de recracher, faites-lui faire un **bain de bouche** (voir ci-dessous).

> Et enfin et toujours, favorisez le **contact physique** pour participer à apaiser, soulager votre enfant : peau à peau, portage, câlin, paroles tendres, etc.

Bain de bouche

Pour les enfants à partir de 2 ans ou 2 ans et demi : dans un flacon teinté, mélangez à parts égales des hydrolats de laurier, de thym et de camomille romaine. L'enfant doit recracher après avoir fait tourner ce mélange dans sa bouche. À faire 3 à 5 fois par jour.

Varicelle

Cette maladie est très répandue et très contagieuse (l'incubation dure deux semaines) et nécessite de prendre des précautions avec l'entourage. Selon les enfants, elle peut être plus ou moins importante et plus ou moins étendue. Souvent sans gravité, il convient tout de même de **surveiller votre enfant de près surtout s'il est immunodéprimé ou s'il souffre d'une pathologie chronique sérieuse.** Les complications sont plus importantes chez ces enfants. En cas de fièvre, rapprochez-vous de votre médecin. Malheureusement, **la varicelle démange souvent énormément et peut laisser des cicatrices si on se gratte** (et parfois même sans toucher les boutons). L'objectif principal est de soulager les démangeaisons. Après avoir pris un avis médical, nous vous donnons ici quelques conseils.

Si votre enfant a de la fièvre :

> Faites-le boire très régulièrement, habillez-le légèrement, vérifiez que la température des pièces de vie et de sa chambre ne dépasse pas 19 °C.

> Appliquez des gants humides au pli de l'aine s'il les supporte ou humidifiez ses pieds et son front avec un gant trempé dans du vinaigre de cidre (veillez à ce que cela ne lui coule pas dans les yeux).

Pour apaiser les démangeaisons, éviter le grattage et favoriser la cicatrisation :

> Faites des **cataplasmes** de fécule de pommes de terre, de maïs ou d'argile verte (voir p. 130) que vous appliquez au coton-tige sur chaque bouton.

> Vaporisez régulièrement dans la journée de **l'hydrolat de lavande aspic ou de camomille romaine**

sur les zones concernées de votre enfant (attention aux yeux) à partir de 3 mois, en alternance avec de **l'eau thermale**. S'il se gratte malgré tout, appliquez de **l'hydrolat de tea tree ou de lavande aspic** pour éviter une infection.
> Appliquez généreusement sur les parties du corps concernées de l'**huile végétale de calendula, de rose musquée ou de millepertuis** (ou à défaut d'huile d'olive). Le beurre de karité est également adapté.
> Demandez conseil à un médecin homéopathe ou à un pharmacien pour prendre de **l'homéopathie** adaptée. En première intention et pendant les 5 premiers jours, donnez à votre enfant Vaccininotoxinum 9 CH à raison de 5 granules par jour (à sucer ou à faire fondre avec un peu d'eau, à distance des repas).
> Faites prendre **un bain tiède** régulièrement à votre enfant (sauf si la chaleur aggrave sa douleur ou qu'il a de la fièvre), dans lequel vous aurez délayé auparavant 2 cuillères à soupe de **fécule** de pommes de terre ou de maïs. Il est aussi possible de mettre dans un sachet en tissu **des fleurs et feuilles de tilleul** d'Europe dans l'eau chaude du bain et d'attendre qu'elle tiédisse avant d'y glisser votre enfant.

Vers intestinaux

Ils sont très répandus et très contagieux, en particulier chez les enfants qui ne raffolent pas de se laver les mains. Si votre enfant est **fatigué, râleur, dort moins bien, est agité, souffre de prurit anal autour de la pleine lune, mange moins bien par moment ou se plaint de maux de ventre,** pensez aux vers intestinaux. Surveillez ses selles, vous verrez peut-être des vers ! Il est intéressant de **traiter tous les membres de la famille** aux changements de saison et au minimum une fois par an ! Si vous avez un animal de compagnie tel qu'un chien ou un chat, les risques de contamination sont multipliés. Voici quelques conseils :
> Surveillez **l'hygiène** de toute la famille et notamment le lavage régulier des mains, lavez souvent le linge.
> **Traitez les animaux domestiques** de votre maison qui sont souvent des nids à parasites !
> Dans un flacon teinté de 100 ml, mélangez à parts égales de l'hydrolat de lavande fine avec de l'hydrolat de camomille romaine et donnez 2 cuillères à café par jour à votre enfant (de plus de 6 mois) pendant 3 jours. Renouvelez l'opération les jours de pleine lune ainsi que les jours de lune noire.
> Certains magasins biologiques ou pharmacies spécialisées vendent des produits naturels adaptés aux jeunes enfants et à base d'ail (les enfants les apprécient car ils sont sucrés).
> Le **sirop du massif de la Chartreuse** est très intéressant pour toute la famille et pour les enfants **uniquement à partir de 3 ans**. Ce sirop est un mélange de plantes (matricaire, citronnelle, fenouil, romarin, cannelier, marjolaine et houblon) très efficace.
> Certains rebouteux ou magnétiseurs règlent aussi ce genre de problème.

Poux

Ce problème concerne essentiellement les écoliers mais il se peut que votre enfant en attrape s'il est en collectivité ou par le reste de la fratrie. Certains enfants ont des « têtes à poux » et d'autres pas... Si l'eau ne gêne nullement le pou, l'huile végétale l'étouffe, en particulier **l'huile de coco** (l'huile d'olive ne fonctionne pas sur les poux). Le problème principal de ces petites bêtes est qu'elles se reproduisent très très vite, infestent les vêtements, le linge de lit et de bain.
> Lavez tout en machine (le linge de l'enfant à part).
> Attachez les cheveux de votre enfant s'il les a longs car les poux ne sautent pas mais s'agrippent.
> Achetez un peigne anti-poux : seul il ne suffit pas mais sera d'une aide utile pour les éradiquer.
> Traitez dès que vous voyez un pou et pendant plusieurs semaines afin d'éradiquer les poux mais aussi les lentes (œufs des poux). Nous vous recommandons de traiter également toute la famille.
> Prévenez aussitôt la collectivité que fréquente votre enfant.

En prévention :
> Vérifiez régulièrement la tête de votre enfant (et en particulier s'il se gratte) et attachez ses cheveux s'ils sont longs.
> Mettez **2 gouttes d'huile essentielle de lavande fine dans le flacon du shampoing** habituel et mélangez bien avant utilisation.
> Vous pouvez aussi mettre **2 gouttes d'huile essentielle de lavande fine sur le col** de son manteau, de

sa chemise ou sur son pull quand il part le matin.

> Vaporisez de l'**hydrolat de lavande** sur sa chevelure.

Recette anti-poux

- 20 cl d'huile de coco tiède (au bain-marie)
- 10 cl d'huile de neem
- 2 gouttes d'huile essentielle de lavande fine (lavande vraie ou officinale)

Mélangez l'huile de coco, l'huile de neem et l'huile essentielle de lavande. Enduisez généreusement la chevelure de votre enfant en passant partout. Passez le peigne anti-poux et laissez poser une nuit (une serviette de bain sur son oreiller pour ne pas tacher les draps) ou au moins 2 heures.

Le lendemain, faites le shampoing de votre enfant (il vous en faudra probablement deux ou trois à la suite pour enlever le gras). Passez de nouveau le peigne anti-poux, et refaites de même 2 ou 3 jours plus tard, puis encore de même 2 ou 3 jours plus tard, puis 8 à 10 jours plus tard. Pensez à toujours laver les draps de votre enfant à chaque fois.

Mal des transports

Tous les types de mouvement sont susceptibles de provoquer le mal des transports, mais il est principalement causé par le bateau, le train, l'avion ou la voiture en mouvement. Certains manèges dans les parcs d'attractions peuvent aussi en être la cause. Le mal des transports, qui touche surtout les enfants de 2 à 12 ans, se produit **quand le cerveau reçoit des messages contradictoires.** Par exemple, quand votre enfant est en voiture, son corps ressent le mouvement, mais s'il ne regarde pas par la fenêtre, ses yeux lui disent qu'il ne bouge pas. Recevant des messages incompatibles, le cerveau devient alors confus et déclenche une réponse qui peut rendre l'enfant malade. Il peut alors ressentir **des maux d'estomac, des nausées voire des sueurs froides, une baisse d'énergie et une perte d'appétit, pouvant aller jusqu'aux vomissements.** Un jeune enfant n'est pas toujours en mesure d'exprimer ce qu'il ressent, mais **sa pâleur, son agitation, ses bâillements et ses pleurs** doivent vous mettre la puce à l'oreille.

Nos conseils faciles à mettre en œuvre pour le transport en voiture :

> Ayez une **conduite souple.**

> Assurez une circulation d'air afin qu'il ne fasse **pas trop chaud** dans l'habitacle.

> Faites prendre une **légère collation** à votre enfant avant le départ. Les douleurs dues à la faim semblent amplifier les symptômes. Évitez les aliments acides, y compris les jus de fruits et les boissons gazeuses. Le porridge, le pain et les bananes sont de bons choix. Vous pouvez lui proposer des collations légères régulièrement.

> Essayez de **détourner l'attention** de votre enfant s'il a des nausées : écouter la radio, parler ou chanter.

> Proposez-lui de regarder à l'extérieur, évitez la lecture, le coloriage, les écrans ou tout ce qui **concentre son regard sur un seul point** de la voiture.

Si aucune de ces solutions ne fonctionne :

> Sortez votre enfant de la voiture et couchez-le sur le dos pendant quelques minutes. Vous pouvez aussi appliquer un **linge humide** sur son front.

Vous pouvez également suivre les conseils suivants :

> Faire sentir du citron à votre enfant peut aussi aider. Vous pouvez ainsi déposer 1 goutte d'**huile essentielle de citron** sur son col de chemise (à partir de 3 ans). Avant 3 ans, vaporisez de l'hydrolat de citron sur le haut de sa chemise (attention, pas d'exposition au soleil pendant les heures qui suivent la vaporisation sur la peau).

> Faites-lui boire quelques gorgées de **tisane de mélisse**. Celle-ci apaise, déstresse et facilite la digestion (à faire pour les enfants de 3 ans et plus).

> Testez le **bracelet anti-nausée** qui appuie sur des points d'acupuncture spécifiques.

> Les effluves des principes actifs **de persil, de menthe et de basilic** ont un effet anti-nauséeux. Accrochez quelques belles tiges de ces plantes autour du cou de votre enfant (surveillez qu'il ne se blesse pas et ne mange pas les herbes).

L'ACCOMPAGNEMENT MÉDICAL DE L'ENFANT

Le suivi médical est fortement conseillé pour les jeunes enfants. Selon ses besoins en termes de santé (maladies, vaccins, conseils...), plusieurs types de structures et de professionnel·le·s existent.

La PMI, le médecin traitant et le pédiatre

Le service de protection maternelle et infantile (PMI) est un service du département placé sous l'autorité du président du conseil départemental et chargé d'assurer la protection sanitaire de la mère et de l'enfant. La PMI organise en particulier **des consultations et des actions médico-sociales de prévention et de suivi pour les femmes enceintes, les parents et les enfants de moins de 6 ans**, ainsi que des activités de planification et d'éducation familiales. Ce service joue également **un rôle essentiel en matière d'accueil des jeunes enfants :** instruction des demandes d'agrément des assistantes maternelles, réalisation d'actions de formation, surveillance et contrôle des assistantes maternelles ainsi que des établissements et services d'accueil des enfants de moins de 6 ans. Enfin, la PMI participe aux actions de prévention et de prise en charge des mineurs en danger.

Les consultations infantiles sont gratuites pour les familles et menées par des médecins avec la participation de puériculteur·trice·s et d'auxiliaires de puériculture. Ensemble, ils assurent **le suivi médical préventif de l'enfant** (dont les examens obligatoires de 0 à 6 ans) : surveillance de la croissance, vaccination, alimentation, développement de l'enfant, etc.

Au sein de la PMI, il existe aussi **des permanences en puériculture**, assurées par des puériculteur·trice·s et/ou auxiliaires de puériculture qui sont là pour vous écouter, échanger avec vous et répondre à vos questions (sur l'alimentation, l'allaitement, le poids de votre bébé, son sommeil, son éveil, les difficultés rencontrées, etc.). Ces permanences sont gratuites et se font avec ou sans rendez-vous. Sachez que les puériculteurs·trice·s peuvent aussi se rendre à votre domicile sur rendez-vous.

Le médecin traitant peut tout à fait assurer le suivi médical de votre enfant, conjointement ou non avec le pédiatre selon les problématiques rencontrées. Un certain nombre de rendez-vous et d'examens médicaux sont obligatoires pour les enfants de 0 à 18 ans (voir p. 116). Votre médecin traitant peut s'en charger. Si votre enfant souffre d'une pathologie particulière ou de troubles chroniques, il est intéressant qu'il soit suivi conjointement par un pédiatre (par exemple un gastro-pédiatre en cas de troubles digestifs). Le médecin généraliste peut s'occuper du suivi médical courant et passer le relais au pédiatre pour des problèmes plus spécifiques.

Le pédiatre est le spécialiste des enfants. Il est donc toujours intéressant de faire suivre son enfant par un pédiatre en qui vous avez confiance de la naissance à 18 ans. Le pédiatre doit être l'interlocuteur favori en cas de difficultés rencontrées avec ou par l'enfant, en cas de problème de santé chronique ou de pathologie, tout simplement parce qu'il est plus spécialisé que le généraliste. En l'absence de souci, le suivi

avec le pédiatre peut avoir lieu une fois par an (plus si besoin) et le suivi courant assuré par le médecin traitant.
Il existe des spécialités en pédiatrie comme la cardiologie, l'endocrinologie, la neurologie, la pneumologie, la gastro-entérologie, l'hématologie et la néphrologie. Vous pouvez ainsi vous orienter vers un pédiatre spécialisé en cas de besoin. Les pédiatres peuvent aussi avoir des champs d'expertise bien précis comme la néonatologie, la psychiatrie pédiatrique, la prise en charge de pathologies infectieuses, etc.

Les puéricultrices libérales

Une puéricultrice (ou un puériculteur) possède un diplôme infirmier avec une spécialisation pour les soins des enfants. Elle s'occupe de la santé de l'enfant : en secteur conventionné (domaine paramédical et soins infirmiers) et en secteur non conventionné (domaine paramédical et accompagnement des parents dans leur fonction parentale). Le non-conventionné ne sera donc pas remboursé. On peut consulter une puéricultrice avant l'arrivée du bébé pour répondre à toutes nos questions de parents et ce suivi peut se poursuivre en postnatal.
Selon Aurélie Desnos, **leur rôle est avant tout préventif** (d'où l'intérêt de la voir régulièrement). La puéricultrice répond aux questions de la vie quotidienne en famille, s'assure du bon développement de l'enfant (rôle informatif) et conseille les parents dans l'éducation qu'ils souhaitent pour leur bébé. Bien sûr, en cas de suspicion de problème ou en cas de doute, la puéricultrice envoie vers un médecin, un pédiatre ou tout autre professionnel en rapport avec le problème détecté.
Le suivi gratuit d'un enfant de 0 à 6 ans par une puéricultrice est possible en PMI.
Les puéricultrices libérales non conventionnées sont souvent des interlocutrices très intéressantes du fait de leur **double casquette d'infirmière d'enfants et d'accompagnatrice à la parentalité.** Elles prennent le temps de discuter avec les parents : le premier rendez-vous dure environ 1 h 30 et les suivants entre 30 minutes et 1 heure (ce qui n'est pas toujours le cas avec le corps médical).

QUAND **LA MALADIE** OU **LE HANDICAP** S'INVITE DANS NOS VIES...

L'annonce de la maladie, d'un accident ou d'un handicap d'un enfant est bien souvent très difficile à vivre pour l'enfant bien sûr mais aussi pour ses parents et sa fratrie. Parfois, la nouvelle est vécue comme un choc psychologique ou un véritable traumatisme.

Le soutien de la famille, des proches mais aussi du personnel médical (médecins, psychologues, etc.) est utile, voire indispensable. Il existe de nombreux groupes de parole pouvant être un véritable soutien pour vous et la fratrie. Au sein des hôpitaux, des associations interviennent ou sont en lien avec les équipes médicales qui peuvent donc vous orienter vers elles. Avant toute chose, il vous faut savoir que vous pouvez bénéficier de congés spéciaux et que vous avez des droits, selon les situations et les ressources de la famille. Une assistance sociale pourra vous accompagner dans ces démarches.
Pour la rédaction de ce chapitre, nous avons choisi de mettre en avant les témoignages de deux mamans...

Sur les pas de Rachel

D'après le témoignage de Lise Gigory, maman d'Elsa et de Rachel, atteinte de paralysie cérébrale à sa naissance.

Lise et Vincent sont les heureux parents d'**Elsa** quand cinq ans et demi plus tard, en 2016, toute la famille accueille **Rachel**, conçue par fécondation *in vitro*. Dès sa naissance, la petite fille présente des comportements étonnants : elle ne supporte pas son premier

Très vite, le médecin traitant lui détecte un RGO (reflux gastro-œsophagien) qu'il pense être la cause de ses pleurs et de son hyperextension.

bain, développe une peur de l'eau et les premiers examens montrent que Rachel est un bébé hypertonique, déjà capable de bien redresser sa tête. Bien qu'étonnée par ces signes, rien à ce moment-là ne permet de dépister un éventuel problème moteur[8]...
Le début de la vie de Rachel est compliqué : elle passe tous ses temps d'éveil à pleurer. Très vite, le médecin traitant lui détecte un RGO (reflux gastro-œsophagien) qu'il pense être la cause de ses pleurs et de son hyperextension. L'assistante maternelle en charge de sa garde rompt le contrat au bout d'un mois.
Malgré un énorme soutien et un relais assuré par les grands-parents, la famille est épuisée, éprouvée par la souffrance permanente de ce bébé. Pour souffler un peu, Lise et Vincent programment des moments

8 Les parents de Rachel apprendront plus tard que ces signes auraient pu faire déjà penser à une paralysie cérébrale.

pour se retrouver en couple, tous les deux mois environ. C'est au premier anniversaire de Rachel, lors d'une visite médicale, que l'inquiétude des parents quant à son développement moteur est enfin entendue. Le pédiatre demande immédiatement un rendez-vous chez un neuropédiatre pour des examens complémentaires. À un an, Rachel n'est pas en mesure de tenir en position assise. Ses parents savent que chaque enfant a une cinétique de développement moteur différent, mais la non-acquisition de la position assise, associée à d'autres observations, les inquiète depuis longtemps. Pour la spécialiste, le RGO ne peut être le seul responsable de ce mal-être et de ce « retard » de développement moteur. Bien qu'aucun diagnostic ne soit posé, cette annonce sonne comme un soulagement ! Les parents ne sont pas « fous » et avaient bien vu qu'il se passait quelque chose chez Rachel ! Les analyses sont lancées mais, malheureusement, rien n'est trouvé qui puisse expliquer la souffrance de la petite fille.

À savoir

Dans 20 % des cas, l'imagerie par résonance magnétique (IRM) et l'électroencéphalogramme (EEG) ne permettent pas d'établir un diagnostic pour la paralysie cérébrale.

Le suivi de Rachel est ensuite assuré par le Centre d'action médico-sociale précoce (CAMSP), structure pluridisciplinaire dont les missions sont le dépistage, le diagnostic, le traitement, la rééducation et le suivi des enfants présentant un handicap avant leur scolarisation. En parallèle, un kinésithérapeute s'occupe de faire travailler Rachel sur le regroupement (pour contrer l'hyperextension) et le passage dos-ventre.
À l'occasion d'un rendez-vous chez le psychologue pour Elsa qui ne va pas bien, la thérapeute observe Rachel. La petite fille lui fait penser aux enfants atteints d'IMC[9]. De retour à la maison, Lise effectue des recherches sur le sujet et, en parcourant de nombreux témoignages sur Internet, trouve de grandes similitudes entre les écrits des autres parents et le quotidien de Rachel. Lise découvre des associations comme Enorev créée par les parents de petites filles atteintes, elles aussi, de paralysie cérébrale

Grâce à ces échanges avec d'autres parents, toute la famille a gagné en confiance et est sortie de l'isolement face au handicap.

affectant principalement le fonctionnement moteur des jambes, comme Rachel. La puissance des réseaux sociaux lui permet d'entrer en relation avec des parents d'enfants atteints de paralysie cérébrale. Les échanges sont constructifs. Lise et Vincent apprennent l'existence de protocoles opératoires novateurs et accèdent à des informations sur le matériel du quotidien adapté au handicap. Grâce à ces échanges avec d'autres parents, toute la famille a gagné en confiance et est sortie de l'isolement face au handicap.

Enorev

Cette association (https://enorev.fr) fait la promotion d'autres formes de rééducation que celles dispensées en France, un espoir pour l'accompagnement de jeunes enfants atteints de ce handicap. Plus ces rééducations sont réalisées tôt au cours du développement de l'enfant, plus elles semblent efficaces (grâce à la grande plasticité cérébrale chez les très jeunes enfants).

Toutes ces recherches et le réseau des parents donnent à Lise et Vincent l'impulsion de créer leur association « Sur les pas de Rachel ». Elle permet de communiquer autour de la paralysie cérébrale. Des actions sont également menées dans le but de récolter des dons pour le financement des stages de rééducation. À la création de l'association, Rachel est âgée d'un an et demi.
Les protocoles opératoires pour la paralysie cérébrale ne se pratiquent pas en France mais à l'étranger (Pologne et Espagne). Après discussion avec les professionnel·le·s qui suivent Rachel, Lise et Vincent se tournent vers un stage au centre de rééducation

9 IMC (infirmité motrice cérébrale) est l'ancienne appellation de la paralysie cérébrale.

Marzenia situé à Goldap en Pologne, dont les frais s'élèvent à 7 000 € (non pris en charge par la CPAM car à l'étranger). Ce sont les actions mises en place par leur association qui ont permis de financer ce voyage de quinze jours. Rachel a deux ans et demi quand elle participe à ce stage, organisé sur mesure afin de répondre de façon spécifique aux besoins et au rythme de l'enfant. Et c'est une réussite !

Dès son retour en France, Rachel commence à faire d'énormes progrès sur le plan moteur : elle qui n'était pas capable de se tenir debout est maintenant en mesure de faire quelques pas, aidée d'un déambulateur. Ses parents constatent également avec surprise qu'elle peut manger seule ! La famille est ravie d'avoir pris cette décision (qui n'avait pas été franchement soutenue à l'unanimité par les professionnel·le·s français·e·s qui suivaient Rachel).

Poursuivant avec confiance les recherches, ils découvrent un protocole opératoire en neurochirurgie, la SDR (*Selective Dorsal Rhyzotomie*) qui permettrait de réduire la spasticité[10] des jambes de Rachel. Cette opération existe aussi en France (donc remboursée), mais les protocoles sont différents. Pour prendre cette difficile décision, les parents ont le sentiment d'être très seuls. Au vu des résultats promis par l'opération en Allemagne, ils sont enthousiastes, mais les professionnel·le·s français·e·s ne les soutiennent pas... Ils choisissent finalement de prendre le risque de l'opération. Et c'est encore un succès ! L'intervention permet à Rachel de faire de nombreux progrès sur le plan de la motricité fine et d'initier le langage, qui était encore presque inexistant avant de partir.

Aujourd'hui, Rachel a cinq ans et c'est une petite fille épanouie. Toute la famille poursuit les recherches pour l'aider dans sa progression face à la maladie. Pleine d'énergie, Lise monte actuellement le projet « À pas de Chenilles ». Elle veut regrouper des professionnel·le·s de plusieurs disciplines paramédicales (kiné, ergothérapeute, orthophoniste, psychomotricien·ne...) pour proposer une structure de soin à destination des jeunes enfants porteurs de handicap. De son côté, Elsa est maintenant très proche de Rachel. Longtemps frustrée de ne pas pouvoir interagir par le jeu, grâce au progrès de sa sœur, Elsa partage avec elle de véritables moments de vie. Leur dernière action pour l'association : toute la famille a gravi le sommet du Puy de Sancy, un véritable défi sportif réussi « haut la main » !

10 La spasticité correspond à une raideur musculaire involontaire, le plus souvent au niveau de certains muscles présentant un déficit moteur (www.crc-sep-nice.com).

La petite boule dans la tête, quand le couperet tombe

Témoignage de Noëlie, maman de Léa et d'Eli, atteint d'une tumeur au cerveau.

L'annonce de la maladie

« Tout allait bien pour nous quatre : moi, Julien mon mari, Léa notre dernière et Eli notre aîné. Nous vivions une vie assez tranquille avec quelques tracas mais pas plus que les autres familles. Bref, la vie !

Depuis sa naissance, Eli a toujours été un peu plus fragile que la majorité des autres enfants mais rien de plus. Vers ses cinq ans, j'ai commencé à sentir que quelque chose n'allait pas. Je ne savais pas vraiment l'expliquer mais je le trouvais particulièrement fatigué, très cerné, parfois dans la lune mais rien de vraiment alarmant. C'est à son entrée en CP que les choses se sont un peu aggravées. Des apnées du sommeil ont été diagnostiquées, ce qui expliquait en partie la fatigue. La maîtresse, pas particulièrement bienveillante, nous disait qu'il n'écoutait pas les consignes, qu'il fallait toujours répéter, que c'était fatigant. Puis, le Covid-19 s'est invité et, avec lui, le confinement est arrivé : une parenthèse heureuse pour nous quatre nous permettant d'arrêter le temps et de nous retrouver, juste nous... Pour autant, je me suis très vite rendu compte que quelque chose clochait pour Eli. Lors de l'école à la maison, Eli « buggait » au moins une fois par jour. Nous étions en train de parler ou de faire un exercice et, tout d'un coup, il n'était plus là, il

Le 4 juin 2020, le diagnostic, implacable couperet glaçant, tombait sur nos vies.

ne répondait plus, il avait le regard vide, ne bougeait plus et ne réagissait plus à mes interrogations, à mes claquements de doigts ou à mes contacts physiques. Cela durait quelques secondes, puis il « revenait » à lui et s'écroulait de fatigue avec la nécessité de s'allonger au moins deux heures. Il n'avait aucun souvenir de ce qui venait de se passer. Puis, cela s'est intensifié rapidement jusqu'à se produire plus d'une dizaine de fois, voire une vingtaine de fois par jour. Son pédiatre, très à l'écoute et réactif, a demandé un avis neuropédiatrique suspectant de l'épilepsie. Des hallucinations visuelles sont alors arrivées, nous laissant dans l'inquiétude la plus profonde et une IRM du cerveau a été prescrite en urgence.

Le 4 juin 2020, le diagnostic, implacable couperet glaçant, tombait sur nos vies. Notre petit garçon de sept ans avait une tumeur au cerveau située en partie dans la zone de la vision et elle était entourée de veines, donc difficile à atteindre. En quelques secondes, notre monde s'est écroulé, notre vie s'est arrêtée, nous sommes tombés KO, dans une véritable descente en enfer. Mais pas le temps de rester à terre et de digérer : il fallait maîtriser les crises d'épilepsie pour qu'une opération soit potentiellement envisageable, donc direction l'hôpital. On ne devait pas s'écrouler pour le soutenir et être présents auprès de notre Léa. Il nous fallait aussi voir le neurochirurgien afin de savoir si la tumeur était opérable ou s'il était trop tard pour une intervention. Il a fallu s'accrocher, tenir bon, mobiliser tous nos neurones pour écouter les risques de l'opération et les potentielles séquelles post-opératoires, et pour entendre que oui, la vie d'Eli était en jeu. Ensuite, nous avons dû digérer l'information que la tumeur pouvait être cancéreuse et que, si cela se confirmait, une radiothérapie et une chimiothérapie seraient mises en place rapidement après l'opération... Mais le neurochirurgien, le Professeur R., a affirmé que tout pouvait aussi bien se passer.

Nous étions face au neurochirurgien, Eli, son papa et moi. Nous l'écoutions hébétés entourant notre petit garçon de nos bras, tentant de faire bonne figure devant lui, les yeux tout de même remplis de larmes mais tentant de sourire à travers nos masques chirurgicaux pour le rassurer d'un regard. Nous nous sommes accrochés tous les deux, nous les parents, comme des naufragés à cet espoir que cela pouvait bien se passer. Nous en avions besoin pour tenir le coup, faire bonne figure devant nos deux enfants, devant nos familles, devant toutes et tous. Nos projets personnels et professionnels sont partis en fumée, notre bonheur s'est évaporé, notre joie de vivre a été anéantie : nous étions dévastés, ravagés par la douleur sans pouvoir l'exprimer ouvertement pour protéger nos enfants. Nous voulions profiter de chaque seconde à ses côtés, le rendre le plus heureux possible, être tous les quatre. Son papa le câlinait sans cesse et moi je le serrais dans mes bras aussi fort que je le pouvais et je le regardais dormir la nuit pendant des heures, serrée contre lui, écoutant son cœur qui battait contre le mien.

(...) nous étions dévastés, ravagés par la douleur sans pouvoir l'exprimer ouvertement pour protéger nos enfants.

Les nuits blanches se sont enchaînées jusqu'au jour de l'opération le 9 juillet. La chirurgie s'est bien passée et après quelques jours en réanimation et en service de chirurgie, Eli est sorti ! Quel bonheur, quelle joie de rentrer chez nous ! Nous étions dans une bulle, sur un nuage... Puis trois semaines plus tard, le Professeur R. m'a appelée : tumeur non cancéreuse mais qui peut récidiver. Je n'ai retenu que la première partie ! Et à partir de ce moment-là et pendant trois mois, nous avons vécu dans l'euphorie la plus totale. Nous étions sur un nuage, la tête dans les étoiles.

Un tsunami émotionnel pour la famille

Trois mois plus tard, l'état d'Eli s'est à nouveau dégradé : fatigue, fatigabilité, maux de tête, sensibilité accrue au bruit et à la lumière. Il ne pouvait pas reprendre l'école à plein temps. Je me suis organisée différemment pour mon travail (j'étais à mon compte) avec mon mari pour m'occuper d'Eli. Je travaillais tôt le matin ou tard le soir sur mes projets personnels et Julien, mon mari, a aussi adapté au mieux son emploi du temps professionnel. Eli a dû subir de nombreux examens : IRM, électroencéphalogramme,

La chirurgie s'est bien passée et après quelques jours en réanimation (...), Eli est sorti ! Quel bonheur, quelle joie de rentrer chez nous !

électrocardiogramme, analyses au niveau hématologie, endocrinologie, cardio, neurologie, ainsi que de multiples bilans sanguins et des rendez-vous en tout genre, etc. Et plus on faisait d'examens, plus notre garçon s'éteignait. Conclusion des médecins : il faudra du temps pour récupérer physiquement et au niveau neurologique. Une surveillance était tout de même nécessaire. Son neurochirurgien a été admirable. L'année suivante, il a décelé un profond traumatisme chez Eli et a demandé un suivi psychologique. Eli souffrait également d'un syndrome de stress post-traumatique. Il nous a aussi conseillé un suivi pour toute la famille. Nous en avions bien besoin. Il s'est avéré que nous étions tous les quatre profondément atteints par cet événement. Léa, notre fille, a été véritablement traumatisée par la maladie de son frère et a passé plus d'un an avec des crises d'angoisses dès que son frère devait passer un examen médical et qu'elle était séparée de lui. Elle a eu une peur panique de la mort pendant de longs mois, son sommeil a été très aléatoire pendant de longues semaines. Quant à son papa, il avait la plus grande difficulté à remettre les pieds dans un hôpital et ne pouvait donc aller à aucun rendez-vous médical pour Eli, trop traumatisé par ce qui s'était passé. Et pour ma part, j'ai passé de très longs mois à être terrorisée par l'idée de perdre mon enfant, à avoir envie de vomir continuellement, à avoir une gastrite qui me brûlait l'œsophage et la gorge, rendant difficile l'alimentation, et à avoir une peur viscérale qui ne me quittait jamais. Je me suis aussi abrutie de travail en multipliant les formations et les projets professionnels. Cela m'évitait de penser à ce qui pouvait se produire pour Eli. C'était un cercle vicieux : nous allions tous mal et aucun de nous ne pouvait aider l'autre malgré tous les efforts que l'on pouvait faire individuellement. Nous nous consumions tous et nous nous vidions de toute notre énergie et de notre joie de vivre.

L'intervention du Professeur R. nous a sauvés. Nous avons pris conscience du traumatisme psychologique pour chacun d'entre nous. Nos enfants ont été aidés par des psychologues compétents et l'hôpital a coordonné le suivi avec une profonde bienveillance ainsi qu'un accompagnement médical adapté pour Eli. Pour ma part, j'ai préféré arrêter mon activité professionnelle quelques mois pour me remettre physiquement et psychologiquement car j'étais au bout du rouleau, me laissant complètement dériver. J'étais tout simplement en burn-out.

Bien sûr, cette épreuve a été colossale pour Eli. Malgré son jeune âge, il a compris qu'il risquait de mourir. Aujourd'hui, il sait qu'il va mieux mais qu'il aura un suivi toute sa vie. Il a grandi et mûri plus vite que les autres enfants. Il a été confronté à la mort très (et trop) tôt et cela est difficile à gérer pour un enfant. Il est évident que l'enfant malade, accidenté ou handicapé doit être bien entouré et soutenu par les siens et par l'équipe médicale (psychologues compris). Mais ce soutien est aussi essentiel pour toute la famille : parents et fratrie.

Ne vous négligez pas, vous êtes le pilier de la famille ! Sans vous, tout s'écroule. Il m'a fallu du temps pour comprendre que si je ne prenais pas soin de moi, je ne pourrais pas prendre soin de mes enfants non plus. **Les enfants sont de véritables éponges émotionnelles. Pas besoin de mots, ils comprennent et ressentent tout ce qui se passe chez vous.** Si vous êtes triste ou avez peur, ils le sentent et cela les met dans un profond sentiment d'insécurité. Vous imaginez ? Leur pilier a peur : alors comment peuvent-ils ne pas avoir peur eux-mêmes ? Il n'y a aucun jugement de ma part, bien au contraire, je suis passée par là, je veux juste vous dire que vous êtes des êtres humains, vous avez le droit d'avoir peur, d'être triste, terrorisé, à bout... Pour autant, **vous avez aussi le droit et le devoir de prendre soin de vous-même et de votre couple** en vous accordant du temps, du repos, des échanges avec des personnes-ressources (personnel médical, proche soutenant, etc.). Il est aussi important de comprendre que **mettre des mots sur ce que vous ressentez peut aider vos enfants.** Le fait de leur exprimer votre fatigue, par exemple, et de préciser que vous avez mal dormi ou que vous êtes un peu tracassé par le rendez-vous avec le médecin peut les

libérer puisqu'ils comprennent que cela n'est pas de leur faute...
Je n'ai qu'un conseil à vous donner : **entourez-vous des bonnes personnes qui sauront être soutenantes pour vous accompagner dans l'épreuve que vous vivez et ne rompez pas le dialogue avec votre partenaire.** »

Conseils aux parents face à la maladie ou au handicap de leur enfant

Pour terminer ce chapitre, voici quelques conseils donnés au cours de nos rencontres, à destination des parents :

- **Faites-vous confiance face au corps médical :** si vous ressentez quelque chose ou que vous observez des signes qui vous paraissent « étonnants » chez votre enfant, parlez-en à votre médecin traitant. Si ce dernier ne vous écoute pas, allez en voir un autre qui pourra accueillir votre ressenti avec bienveillance ! Cependant, il faut garder en tête que dans de nombreux cas, il faut souvent **attendre la première année de l'enfant pour commencer à réaliser des observations qui serviront à établir des diagnostics.** La plateforme TND est un outil de coordination et d'orientation destinée à tous (parents, professionnel·le·s...) qui a pour rôle d'accompagner les enfants de moins de 7 ans présentant des signes d'alerte dans leur neurodéveloppement en proposant un meilleur accès au diagnostic. Vous pouvez la consulter et en parler à votre médecin si besoin.
- **Renseignez-vous auprès des instances publiques :** plateforme TND, MDPH (Maison départementale pour les personnes handicapées), CAMSP (Centre d'action médico-sociale précoce), MPRE (Médecine physique et de réadaptation)...
- **Si vous réalisez vous-même vos propres recherches, soyez prudents :** autant nous avons pu mettre en avant la richesse des informations fournies par les réseaux sociaux, sites Internet... autant il est nécessaire de garder de la distance vis-à-vis de tout ce que vous allez trouver sur la toile ! Chaque situation est différente et il n'est pas possible de transposer le vécu d'une personne sur une autre.
- **Au sein de votre couple :** communiquez, communiquez et communiquez ! Vous êtes les gardien·ne·s de cette famille qui traverse une zone de très forte turbulence. Alors, devenez de véritables partenaires et permettez-vous des espaces de parole où vous pouvez tout vous confier (émotions, peurs...). N'hésitez pas à aller chercher de l'aide, en couple ou individuellement, auprès de psychologues ou autres professionnel·le·s de l'écoute.
- **Ne cherchez pas de coupables** par rapport à la situation (au sein de la famille) : peut-être que de nombreux examens médicaux seront nécessaires pour déterminer un diagnostic, qui mettront peut-être en évidence des gènes impliqués ou non dans la maladie de votre enfant par exemple. Ce n'est pas parce qu'on est porteur d'un gène particulier que l'on est responsable de ce qui arrive ! Si jamais vous ressentez de la culpabilité par rapport à la situation vécue, essayez de ne pas la laisser s'installer et chercher de l'aide à l'extérieur.
- **Mettez en place un réseau de personnes-ressources** (si possible) pour vous aider. Qu'il s'agisse de garder les enfants de temps en temps, de vous accompagner à des rendez-vous, de vous aider, de vous écouter... l'aide est précieuse ! Ne restez pas seul·e face aux difficultés rencontrées et sollicitez votre entourage.
- **N'oubliez pas de prendre soin de vous,** en vous accordant du temps, des moments de bien-être (ce n'est pas parce que votre enfant ne va pas bien qu'il faut se laisser couler aussi). Il·elle a besoin de vous, donc prenez soin de vous.
- **Attention à ne pas « négliger » les autres membres de la fratrie,** eux aussi souffrent de la situation. Impliquez-les dans les soins, les processus, les discussions autour de la situation rencontrée. Prenez le temps de partager des moments de qualité avec eux. Partagez-leur vos émotions, vos peurs... Et si besoin, mettez en place un suivi psychologique adapté.

PARTIE 6

Les premiers pas du bébé **vers l'autonomie**

DE LA NAISSANCE À 1 AN

UNE PERSONNE INTELLIGENTE **QUI NE PEUT EXISTER SEULE**

Les nourrissons ont besoin de l'aide des adultes pour subvenir à leurs besoins vitaux. Mais répondre de façon efficace à ces besoins ne suffit pas pour que l'enfant se développe normalement...

Comme l'évoque Isabelle Filliozat (Filliozat, 2011), « un enfant, c'est plus compliqué qu'une plante verte ! », par ces termes, il faut comprendre que la seule satisfaction des besoins physiologiques de l'enfant ne suffit pas à contribuer à son épanouissement et à son développement.

L'enfant, aussi petit soit-il, est une personne à part entière, et comme tout humain, c'est un être fondamentalement social. Pour se développer, un bébé a donc besoin de construire des relations harmonieuses et positives avec les autres membres de sa famille ainsi qu'avec son entourage. D'ailleurs, dès son arrivée au monde, la création du lien d'attachement entre l'enfant et ses parents est un véritable besoin fondamental (voir p. 120). En effet, plus un enfant se développe dans un environnement sécurisé, plus il est capable de réaliser des apprentissages et partir à l'exploration du monde[11].

Pour comprendre les principales étapes de développement d'un bébé, il faut d'abord voir ce qui se passe au niveau de son développement cérébral, centre des fonctions primitives, cognitives et émotionnelles.

Le cerveau de l'enfant : un organe complexe et immature

Avant de commencer, vous pouvez également consulter la description anatomique du cerveau en annexe.

11 YouTube : « La biologie de l'attachement », Boris Cyrulnik (neuropsychiatre).

« Avec ses 80 milliards de neurones et son million de milliards de connexions, le cerveau des bébés à la naissance est plus complexe que l'Internet mondial ! »

Olivier Houdé (professeur de psychologie)

Le développement du cerveau humain

Bien que les différentes structures qui composent le cerveau humain apparaissent très tôt au cours du développement embryonnaire, la durée du développement du cerveau après la naissance est particulièrement longue. À la naissance, le nourrisson possède déjà 100 milliards de neurones, mais moins de la moitié de ces neurones sont connectés entre eux[12]. Ces connexions s'établissent après la naissance. C'est au cours de cette période dite de « plasticité cérébrale » que le bébé est donc capable de réaliser des connexions, sous l'influence de facteurs génétiques mais également de sa propre expérience (apprentissage, attachement...). Alors qu'à chaque minute de la vie d'un bébé, 2 millions de synapses se mettent en place, elles ne deviennent totalement organisées que vers l'âge de 15 à 20 ans.

12 Fondation La main à la pâte : « Le développement du cerveau à la naissance » (www.fondation-lamap.org).

Durant les premières années de l'enfant, le néocortex est en pleine formation et n'exerce pas encore complètement sa fonction de régulation sur le cerveau primitif et émotionnel. Ces deux structures cérébrales sont alors dominantes au cours de la première année de vie de l'enfant. Des chercheurs ont montré qu'à 5 mois, le cerveau d'un bébé est déjà capable de dénombrer et de reconnaître les erreurs de dénombrement (système limbique) (Wynn, 2002). Ces expériences permettent de mettre en évidence que les bébés sont donc des êtres naturellement intelligents. De la même façon, des études sur les capacités sociales précoces des enfants ont mis en évidence que les bébés montraient plus d'intérêt face aux comportements altruistes. Les enfants peuvent donc être définis comme étant des êtres prosociaux[13] dès le plus jeune âge. Ces découvertes sont d'une importance capitale pour l'amélioration de la relation adulte-enfant. Ces exemples permettent de mettre en évidence que l'enfant évolue très rapidement au contact de son environnement, et qu'au cours de la première année de vie, chaque échange et chaque apprentissage ont un impact sur la construction de son cerveau déjà capable de beaucoup de choses. C'est donc à cette période sensible que l'enfant a besoin d'avoir une relation qualitative avec ses parents et son entourage proche afin que son cerveau puisse se développer dans des conditions optimales !

Les BabyLab

Si vous souhaitez participer avec votre enfant à la recherche en neurosciences, sachez qu'en France des structures de recherche sont dédiées à ce thème : les BabyLab. Le but de ces unités de recherche est de découvrir et de comprendre le développement de l'enfant.

Le développement cérébral du point de vue cognitif et émotionnel

La maturation du cortex préfrontal impliqué dans **le contrôle des impulsions et des émotions ne commence qu'entre l'âge de 5 et 7 ans** (« l'âge de raison » !). Cette partie du cerveau permet à l'individu de se raisonner et de prendre du recul sur une situation. Et ce n'est que vers l'âge de 17 ans que les lobes temporaux et frontaux du néocortex deviennent matures...

Bien que nos enfants nous montrent chaque jour leur capacité à réaliser des choses extraordinaires tant en termes d'exploration, d'apprentissage que de mémorisation, ils ne sont pas capables intellectuellement de gérer leurs émotions. **Avant l'âge de 5 ans, un enfant n'est donc pas en mesure de faire face aux tempêtes émotionnelles** qui le submergent. Il ne possède tout simplement pas l'aptitude cérébrale pour les gérer. C'est pourtant à cette période de l'enfance qu'il va être constamment au contact de la frustration : de plus en plus autonomes, ils restent tout de même très dépendants des adultes, ils ont aussi du mal à se faire comprendre, sont stimulés par la nouveauté et sont limités physiquement par leur petite taille... On peut facilement comprendre que certaines situations puissent mal tourner si leur « besoin » de l'instant n'est pas satisfait ou s'ils n'ont pas la capacité de surmonter la frustration engendrée par un « non » par exemple !

En cas de tempête émotionnelle vécue par l'enfant, **la meilleure façon de réagir est de l'accompagner.**

> Dites-lui que vous le comprenez et expliquez pourquoi ce n'est pas possible de subvenir à ce besoin à cet instant.

> Soyez empathique avec lui et proposez-lui vos bras. Rien que le fait d'avoir entendu son besoin et de le lui dire permettra de se sentir compris.

> Et n'hésitez pas à proposer une solution alternative.

De même, afin d'éviter de surprendre un enfant en interrompant son activité en cours, il est bon de lui **donner un repère de temps en amont** : « Dans cinq minutes, il faudra ranger, car on doit aller se préparer pour... »

Comprendre les émotions de l'enfant et chercher à l'apaiser n'est pas la même chose que de céder et d'accéder à toutes ses envies. Il s'agit juste de l'accompagner pour l'aider à traverser sa tempête émotionnelle et pour qu'il se sente en sécurité affective. Grâce à cet accompagnement, il sait qu'il peut compter sur ses parents, dans n'importe quelle situation.

Voici un exemple de situation :

> « Maman, je ne veux pas aller au dodo, j'ai envie

13 Les comportements prosociaux réfèrent à des actes volontaires dirigés vers autrui dans le but de lui apporter un bénéfice ou d'améliorer son bien-être.

de continuer à faire du dessin, je n'ai pas terminé, laisse-moi continuer ! » (Phrase accompagnée de pleurs et de cris de l'enfant).

> Vous pouvez lui répondre de la façon suivante : « Écoute-moi, il va être l'heure de se préparer à aller au dodo car pour être en forme demain tu as besoin de tes heures de sommeil. Je comprends qu'il est important pour toi de terminer ce beau dessin que tu as commencé et je vois que ça te rend triste de ne pas le terminer. C'est pourquoi je te propose de te laisser 5 minutes pour essayer de le finir, et s'il n'est pas terminé, tu pourras le finir demain. Est-ce que ça te convient comme programme ? »

Les principales phases de développement

Nous vous proposons de voir ici les grandes phases de développement de l'enfant tout au long de sa première année.

De 0 à 3 mois

Le plus grand besoin d'un bébé à cette période est de **se sentir sécurisé auprès de ses parents.** Un bébé n'a aucune notion de temps (notion qui commencera à partir de 2 ou 3 ans pour « l'hier » et « le demain ») et perçoit uniquement **les rythmes** (tétée, éveil, sommeil) qui vont constituer la base de l'expérience temporelle. Un nourrisson n'est donc pas capable d'attendre : lorsqu'il s'exprime, souvent par des pleurs, il attend une réponse immédiate de la part de ses parents. Les pleurs interviennent alors pour signaler un besoin physiologique (manger par exemple) mais peuvent aussi être associés à un état de détresse. Plus l'enfant reçoit des réponses appropriées et immédiates de la part de ses parents, plus il se sent en confiance dans son environnement. Observez votre bébé et vous serez en mesure de reconnaître les signes d'éveil et de comprendre son rythme pour répondre à ses besoins de façon instantanée. De la même façon, pour développer le lien d'attachement et l'accompagner dans la découverte de cette nouvelle vie sur Terre, un bébé a besoin de contact physique, de se sentir contenu dans les bras de ses parents, d'être au contact de leur odeur...

Le bébé prend conscience petit à petit de son corps et de son environnement. Juste après la naissance, sa vue n'est pas bien développée et il ne perçoit les visages qu'à une distance inférieure à 30 centimètres (distance entre le visage de la mère et de son bébé au sein ou au biberon). En grandissant, l'acuité visuelle se développe et il commence à regarder autour de lui. C'est le moment des premiers regards prolongés « les yeux dans les yeux ». Puis, il est de plus en plus intéressé par les jouets, placés entre ses mains ou se balançant sur un mobile. À cet âge, la mémoire fonctionne bien et il est capable de reconnaître distinctement les voix des membres de sa famille, les bruits familiers de son environnement et de percevoir la musique.

De 4 à 6 mois

À cette période, le bébé est de plus en plus autonome. Son corps se muscle peu à peu et il devient capable de tenir des objets dans sa main. Il devient un être de plus en plus sociable et commence à interagir avec les membres de son entourage, d'une autre façon que par des pleurs. C'est aussi l'âge où **le caractère commence à s'affirmer** et le bébé devient capable d'exprimer son plaisir ou son déplaisir face à une situation. Allongé sur le dos, il joue et peut tenir ses pieds entre ses mains pour les porter à sa bouche. Sur le ventre, il est capable de maintenir sa tête en l'air un petit moment. Vers l'âge de 6 mois, les nourrissons deviennent **de plus en plus curieux** et se diversifient dans leur façon de jouer. Ainsi ils commencent à apprécier les relations de cause à effet et sont enchantés d'entendre un bruit associé au fait qu'ils secouent le hochet.

De 7 à 12 mois

Au-delà de 6 mois, le bébé est **un petit garçon ou une petite fille en devenir.** Si on les laisse évoluer en motricité libre, cette période est très riche en apprentissages et en découvertes, d'un point de vue du développement corporel et émotionnel. L'enfant prend vraiment conscience de son environnement et il sait **différencier les endroits où il passe du temps** : la maison, la crèche, la maison de l'assistante maternelle… Sur le plan vocal, il s'entraîne à réaliser **beaucoup de sons différents.** Il reconnaît son prénom, le mot « non » et comprend de plus en plus des mots simples du quotidien comme « le bain » ou « la chambre ».

C'est aussi le moment où **les capacités de mémorisation s'accroissent,** et où l'enfant prend de plus en plus plaisir à jouer à « cache-cache ». Son tempérament continue de s'affirmer et, maintenant, il exige ce qu'il désire et refuse ce qui lui déplait ! Durant cette période, certains enfants commencent à faire **du cabotage**, c'est-à-dire qu'ils se mettent debout et se déplacent en se tenant d'un meuble à l'autre. La manipulation des objets devient de plus en plus fine. Même si chaque jour qui passe met en avant de nouvelles capacités, à cet âge, l'enfant n'en reste pas moins un bébé qui a encore des besoins énormes de câlins et de proximité avec les parents.

Le parentage proximal et la motricité libre

Dans sa première année, l'enfant part peu à peu à la conquête du monde qui l'entoure. La mission de ses parents est de l'entourer affectivement et de l'encourager, sans le sur-stimuler, dans cette exploration.

Le parentage proximal

Le parentage proximal se base sur la théorie de l'attachement décrite par le psychiatre John Bowlby dans les années 1960 (voir p. 130). Il s'agit de **réunir toutes les pratiques qui permettent de donner à l'enfant un sentiment de sécurité physique, affective et émotionnelle.** Concrètement, le parentage proximal est basé sur le portage, l'allaitement à la demande, le cododo, le peau à peau à la naissance et le fait de ne pas laisser bébé pleurer inutilement… L'implication des deux parents est nécessaire pour un parentage proximal réussi !

L'aspect physiologique

La relation proximale permet la libération de molécules chimiques responsables du bien-être et du

plaisir chez l'enfant et chez ses parents. Ainsi, l'ocytocine, l'endorphine et la sérotonine, les hormones associées à de telles sensations, sont sécrétées lors des relations chaleureuses, affectueuses et intimes. Elles interviennent aussi dans la régulation des principales fonctions physiologiques comme l'alimentation et le sommeil. Il n'existe aucune contre-indication à pratiquer le parentage proximal avec son enfant !

À savoir

Des stress importants ressentis par l'enfant en bas âge peuvent avoir des conséquences redoutables sur le développement cérébral et entraîner des troubles du comportement.

Les bienfaits du portage

« En portant mon bébé dès les premiers jours de sa vie, je me suis sentie véritablement mère, mammifère, sauvage ! Comme si c'était inné et qu'il s'agissait tout simplement d'un processus naturel. » Aurélie

Le portage consiste à porter son enfant contre soi. Mise en place dès la naissance, cette pratique assure à l'enfant une continuité gestationnelle : après neuf mois au chaud dans le ventre de sa mère, un nouveau-né a un énorme besoin de contact avec ses parents. Le portage va aider l'enfant à se développer émotionnellement et musculairement (il est totalement adapté à ses besoins physiologiques) :

Le portage **participe au développement de l'équilibre** de l'enfant et à celui des muscles dorsaux et cervicaux.

Le portage **aide au développement cognitif, moteur et sensoriel** de son enfant. Sécurisé dans les bras de ses parents, l'enfant découvre le monde à son rythme. Quand il est porté, sa tête se trouve juste en dessous de celles de ses parents, ce qui lui permet d'explorer les activités du quotidien.

Il intervient dans le développement du lien d'attachement (voir p. 130) grâce au contact proximal entre l'enfant et ses parents, aux échanges de regards, au bercement de l'enfant par la voix des parents...

Le portage **réduit nettement les pleurs du bébé.** En portant leur enfant, les parents sont aux premières loges pour repérer les signes d'éveil ou d'agitation, et peuvent y répondre ou y remédier rapidement.

Il participe à la **régulation du rythme cardiaque** du nouveau-né. Tout comme le peau à peau, le portage favorise l'endormissement : l'enfant lové contre ses parents serait moins distrait par les stimulations extérieures.

Bien au chaud contre le torse de ses parents, **l'enfant ne dépense pas trop d'énergie pour la régulation de sa température corporelle.** Attention à ne pas trop couvrir un bébé quand il est porté, car il peut vite avoir chaud !

La position verticale facilite le rot et diminue les reflux gastriques ainsi que les coliques des nouveau-nés. C'est donc un très bon moyen **pour faciliter la digestion du bébé !**

Et du côté des parents?

Le portage permet d'avoir son bébé contre soi tout en conservant une liberté de mouvements et de déplacements, avec les mains disponibles pour autre chose. **Porter son bébé permet de renforcer la confiance en soi face à son (nouveau) rôle de parent.**

Vous l'avez compris, le portage ne présente que des points positifs, à condition de respecter quelques règles de sécurité. De nombreux moyens de portage existent : de la simple écharpe de portage en tissu à nouer jusqu'au porte-bébé physiologique plus sophistiqué, il y en a pour tous les goûts !

Conseil

Nous conseillons vivement aux parents de **participer à un cours assuré par une monitrice de portage** pour connaître les règles de sécurité à respecter, apprendre à bien installer le bébé et pour tester différents moyens de portage avant d'investir (ou de louer).

La motricité libre

La motricité libre (ou « libre mouvement ») est une théorie des années 1960 et mise en place par la pédiatre hongroise Emmi Pikler. Grâce à ses travaux et ses observations, elle démontre que le jeune enfant, dans un contexte particulier et grâce à ses compétences personnelles, peut accéder seul à toutes les étapes d'une motricité de qualité (Pikler, 1979).

Chez tous les enfants (sauf en cas de handicap nécessitant des soins spécifiques), **le développement moteur et la motricité fine** s'acquièrent naturellement et dans un ordre précis. Le développement moteur correspond à l'acquisition des mouvements amenant un déplacement de l'enfant dans les différentes dimensions de l'espace à sa disposition. La motricité fine résulte du développement par l'enfant de ses petits muscles des doigts et des mains. Grâce à elle, l'enfant est donc capable de prendre et manipuler de petits objets et d'utiliser ses deux mains en même temps pour effectuer des tâches manuelles. **Sans intervention de l'adulte, ces découvertes libres du monde donnent aux enfants de véritables sentiments d'accomplissement et de sécurité.**

Dans l'ordre, un bébé passe, au cours de son développement moteur, de la position « coucher sur le dos » à celle « coucher sur le ventre », puis à la position assise, pour enfin arriver à se mettre debout et à être capable de marcher seul. Attention, chaque enfant a son propre rythme et la vitesse à laquelle il va passer ses étapes lui est propre. Il n'y a donc aucun sens à comparer les aptitudes de plusieurs enfants du même âge.

Pour pratiquer la motricité libre, il n'y a pas besoin de grand-chose : une couverture ou un tapis d'éveil pour installer le bébé et quelques jouets (voir p. 80) ! Au fil des mois, le bébé s'approprie cet espace et progresse : allongé sur le dos, il réussit à se tourner pour être sur le ventre, puis il apprend à pousser sur ses bras pour se mettre sur le côté et enfin s'asseoir. Pour les parents, l'idée est de trouver le juste équilibre pour lui donner envie de découvrir ces nouvelles acquisitions sans le sur-stimuler.

Pour que l'expérience des apprentissages de l'enfant en motricité libre soit possible, il est nécessaire d'aménager l'environnement dans lequel l'enfant évolue afin qu'il puisse agir en toute sécurité. C'est à nous, adultes, de **lui libérer l'espace afin de ne pas toujours être dans la contrainte du « non » et de ne pas risquer l'accident domestique.** De la même façon, afin que l'enfant puisse avoir une liberté totale dans ses mouvements, le conseil est de l'habiller avec des vêtements qui le lui permettront.

La stimulation poussive de la part des adultes n'est pas souhaitable, voire contre-productive. Si l'on force un bébé à se tenir assis, alors qu'il n'en est pas capable seul, le risque est qu'il n'arrivera pas à se relever seul s'il chute, et pourra engendrer chez lui un sentiment d'insécurité, voire même des difficultés physiques pour son développement futur. C'est la même chose pour l'apprentissage de la marche. Un seul mot d'ordre, respectez le rythme de votre enfant et encouragez-le !

**En résumé,
la motricité libre permet :**

- de donner à l'enfant la possibilité d'être libre dans ses mouvements et ses déplacements,
- d'éviter de mettre l'enfant dans une position qu'il n'a pas préalablement acquise lui-même,
- aux parents de se « retenir » d'intervenir pour ne pas priver l'enfant de son plaisir dans la découverte de ce qui l'entoure.

EXERCICES POUR **LE DÉVELOPPEMENT** MOTEUR, COGNITIF ET ÉMOTIONNEL

Nous vous proposons ici des conseils pratiques pour encourager la détente et l'éveil des sens de votre enfant dans la vie de tous les jours.

Détente et relaxation

Afin de participer à détendre et relaxer votre bébé (et vous-même par la même occasion), nous vous proposons ici quelques outils simples et efficaces à mettre en place régulièrement selon vos disponibilités et votre organisation personnelle. Les séances de détente peuvent avoir lieu une à plusieurs fois par semaine, voire tous les jours si vous en avez le temps et l'envie, tout comme votre bébé qui doit aussi montrer son accord.

Peau à peau et portage

Comme nous l'avons déjà évoqué (voir p. 97), la connexion du bébé à l'autre se fait en grande partie par le toucher, avec notamment le « peau à peau » et le portage. Ces deux techniques sont essentielles pour créer le lien qui se met en place grâce à la sécrétion d'ocytocine (hormone du bonheur) chez le bébé mais également chez les deux parents. User et abuser du portage et du peau à peau avec le bébé dans ses premiers mois de vie est essentiel.

Les sages-femmes que nous avons rencontrées[14] rappellent que le portage et le peau à peau sont des outils primordiaux pour **réparer des blessures, des événements difficiles ou douloureux** (lors d'une séparation de la maman avec son bébé à la naissance, en cas de deuil dans une famille, s'il existe un contexte de maladie dans la famille, etc.).

Cependant, si ces techniques ne sont pas réalisables pour une raison ou une autre, l'attachement peut se mettre en place aussi par les câlins, la connexion visuelle à son bébé, le fait de lui parler, de le changer, de le toucher, de le masser...

14 Charlotte Besson, Laure Formeaux et Violaine Péan, sages-femmes à La Ferté-Bernard (Sarthe).

Créer un « espace cocon »

Afin de favoriser les temps de détente et de relaxation avec votre bébé, vous pouvez créer **un espace cocooning et calme avec toujours les mêmes rituels** pour signifier à votre enfant que ce temps de détente est arrivé. Choisissez toujours le même lieu que vous aménagez rapidement pour le temps de relaxation. Ce peut être la chambre du bébé :

> Sur le sol, installez des coussins, des tapis, des couvertures ou des serviettes.

> Baissez l'intensité lumineuse, en éteignant les lumières, en fermant un peu les volets ou en tamisant la lumière.

> Des couleurs douces, voire sombres, et une petite musique douce en fond sonore favorisent aussi la détente.

> Assurez-vous également de ne pas être dérangé·e pendant ce moment : éteignez vos téléphones, prévenez les autres membres de la famille s'ils sont

présents, soyez dans l'instant, pleinement disponible et présent·e pour votre bébé.
Vous pouvez ensuite vous installer :
> Allongez-vous et mettez le bébé sur vous (en peau à peau par exemple) ou couchez-vous à côté de lui en tenant sa main.
> Vous pouvez simplement écouter la musique en ayant un point (ou plusieurs) de contact avec votre enfant. Il est aussi possible de fredonner une mélodie, de parler doucement à votre petit.
Faites-vous confiance et laissez parler votre intuition !

Le massage détente

Le massage participe pleinement à la détente et à l'apaisement (émotionnel et physique) et participe à la connexion entre les parents et l'enfant.
Les massages étaient peu employés dans notre société occidentale moderne jusqu'à il y a encore peu de temps. C'est une pratique ancienne puisqu'on en retrouve des traces dans l'Antiquité. Aujourd'hui, cette pratique est toujours très employée de manière traditionnelle dans certaines cultures comme en Inde et en Afrique où les bébés et les enfants sont beaucoup massés.
Ce contact est **bénéfique pour le corps** (détente musculaire, circulation sanguine superficielle augmentée, souplesse, tonicité, aide à la prise de conscience de son unité corporelle par le bébé, respiration cutanée, etc.) mais également pour **l'équilibre psychologique**. Il participe aussi à **une meilleure santé** (stimulation de certains points d'énergie, de points du système immunitaire, etc.).

À savoir

Un enfant peut être massé dès le plus jeune âge. Évitez cependant le massage juste après la naissance pour ne pas éliminer le fameux vernix caseosa dont le nouveau-né a tant besoin (voir p. 152) et favorisez alors le contact physique.

Préparer le massage

- **Créez l'espace cocooning** comme évoqué plus haut.
- Vérifiez **la bonne température** de la pièce : votre enfant sera tout nu et ne doit pas avoir froid.
- Assurez-vous que le bébé et vous-même êtes **à l'aise.**

> Par terre : vous en tailleur et le bébé posé sur un coussin sur vos genoux, ou le bébé posé sur vos jambes allongées.
> Debout : le bébé sur une table à langer en hauteur pour préserver votre dos.

- Pour une sensation agréable, massez votre enfant avec une huile végétale. Le massage n'en est que plus doux et votre bébé profite des bienfaits de l'huile choisie. Nous vous conseillons **une huile végétale de qualité biologique** extraite à froid :

> Utilisez de l'huile d'olive, de sésame ou d'amande douce.
> À défaut, vous pouvez le masser avec un lait hydratant (bio et sans colorants, parfums ou conservateurs), pensez à enlever le surplus de lait hydratant à la fin du massage avec un gant ou un mouchoir.

- **Chauffez l'huile végétale** afin qu'elle ne refroidisse pas votre bébé et **réchauffez vos mains** juste avant le début du massage.

Attention

Vérifiez toujours la bonne température d'une huile de massage sur votre peau avant de l'appliquer sur celle de votre enfant afin d'éviter tout risque de brûlure !

- **Expliquez à votre enfant** ce que vous allez faire. Cela permet, dès le plus jeune âge, de montrer à votre enfant que vous respectez son choix et qu'il est maître de son corps. Jusqu'à environ 3 mois, la vision de votre enfant n'est pas complètement en place, n'hésitez pas à vous approcher à environ 30 cm de son visage pour qu'il vous voie. Vous pourrez ainsi échanger ensemble par le regard, les expressions du visage...

> Observez-le et vérifiez qu'il vous donne bien son accord (un bébé qui se détourne, refuse le contact, n'est peut-être pas d'accord avec ce temps de massage).
> Si malgré plusieurs tentatives, il se dérobe et/ou ne semble pas apprécier les massages, remettez à plus tard.

Comment masser son bébé ?

Ne vous mettez pas la pression avec un protocole particulier et essayez de masser tout le corps si vous avez le temps. **Commencez le massage par de**

délicats mouvements, comme des caresses. Petit à petit vous pourrez « appuyer » légèrement plus mais pas trop fort, rappelez-vous toujours que vous massez un bébé et non un adulte. Essayez de toujours garder le contact physique avec votre enfant durant le temps de massage, en ayant **toujours au moins une main sur son corps.**

Important

Privilégiez toujours la sécurité du bébé. Ne vous éloignez jamais de lui.
Si vous êtes interrompu·e, prenez-le contre vous, emmailloté bien au chaud dans un lange ou une serviette.

Voici un exemple de déroulé donné à titre indicatif (n'oubliez pas de laisser votre intuition vous guider) :
Dans la position à plat dos, allez de la tête aux pieds :
1/ **La tête :** mettez vos mains à plat sur le crâne puis faites de légères rotations, tout en douceur. Passez ensuite au visage en massant délicatement avec vos pouces et vos index.
2/ **Les épaules et les bras :** placez vos mains près du cou et massez en descendant jusqu'aux mains de votre bébé. D'autres techniques consistent à tenir le poignet du bébé et à remonter en direction de l'épaule avec l'autre main.
3/ **Les mains :** comme elles sont souvent fermées, ouvrez-les délicatement puis massez l'intérieur de la main puis chacun des doigts.
4/ **La poitrine :** massez le bébé pour le détendre de manière douce et agréable pour lui. Massez par exemple de bas en haut, de haut en bas ou avec de petits mouvements circulaires. Faites-vous confiance et laissez parler votre intuition (le fameux « massage intuitif »). Bien entendu, observez toujours votre enfant et ses réactions. Si cela semble inconfortable, s'il pleure ou se débat, arrêtez.
5/ **Le ventre :** les mains à plat ou à l'aide des pouces, massez dans le sens des aiguilles d'une montre en commençant autour du nombril puis en élargissant les mouvements petit à petit. Votre autre main doit rester en contact avec bébé (main sur la tête, sur la poitrine par exemple).
6/ **Les jambes :** certaines techniques proposent un massage de haut en bas et d'autres de bas en haut dans le sens de la circulation sanguine.
7/ **Les pieds :** massez de bas en haut, de haut en bas ou avec de petits mouvements circulaires.
8/ **L'arrière du corps :** retournez le bébé pour le mettre à plat ventre (attention à bien le retourner délicatement. Si vous ne vous sentez pas à l'aise sur cette partie, ne la faites pas). Commencez le massage au niveau des fesses et remontez vers le dos avant de finir par la nuque.

Quand et combien de temps ?

Même si l'on peut masser son enfant à tout moment de la journée, un massage à distance des repas est plus confortable pour lui. De même, un massage **le matin ou après le bain** favorise une relaxation plus profonde. Vous pouvez aussi le masser **le soir, avant le coucher,** pour le préparer au sommeil.
Vous pouvez masser votre enfant **entre 5 et 30 minutes**, selon votre disponibilité et la sienne bien entendu ! Un nourrisson qui vient de naître a un temps d'attention très court. S'il montre des signes de lassitude (il se tortille, pleure, bouge) ou s'il est fatigué, arrêtez le massage. **Ce moment doit être plaisant et non vécu comme une contrainte par votre enfant** (ou par vous). Il est probable que les premières fois soient très courtes et que le temps de massage augmente petit à petit au fil du temps. N'hésitez pas à essayer d'instaurer un petit rituel pour **ancrer le massage dans les habitudes.**

La réflexologie plantaire

En théorie, on peut masser les pieds de son bébé dès la naissance. Marie Poussin, réflexologue plantaire spécialisée en périnatalité (Ille-et-Vilaine), conseille aux parents de consulter un professionnel pour connaître les mouvements à pratiquer sur leur bébé. Comme tout massage, la réflexologie participe à créer du lien avec l'enfant. Il est important de toujours s'assurer que c'est le bon moment pour lui.
La réflexologie plantaire entraîne des réactions rapides et efficaces chez les jeunes enfants de 0 à 3 ans dont le bagage émotionnel n'est pas encore tout à fait en place. Elle a de nombreux bienfaits notamment au niveau digestif (elle apaise les coliques), dentaire (elle calme des douleurs des poussées), ORL, respiratoires (comme l'asthme) et cutané (l'eczéma par exemple). Ce type de massage joue aussi sur la qualité du sommeil, aide le bébé à calmer le stress,

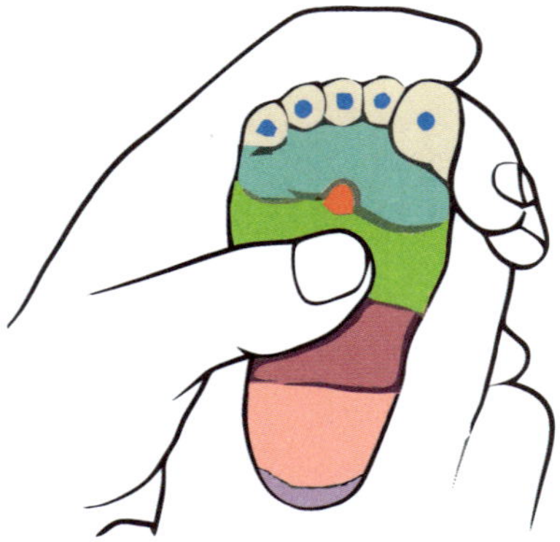

les angoisses de séparation et à traverser les diverses étapes émotionnelles.
Il est très intéressant de pouvoir toucher les mains et/ou pieds de son enfant pour stimuler tout son corps, et cela est d'autant plus important pour les bébés qu'on ne peut pas ou peu prendre dans ses bras ou en peau à peau par exemple pour des raisons médicales. Dès qu'il est en capacité de le faire, votre enfant peut apprendre à s'auto-masser (avec l'aide d'un professionnel si besoin) et pourquoi pas à pratiquer sur ses parents, ce qui favorise son lien avec eux.

Combien de temps ?

Pour un nourrisson, la manipulation est très courte, seulement quelques secondes, et augmente avec l'âge :

> Si votre enfant a 1 an environ, massez chaque pied pendant 1 minute.

> S'il a 3 ans, massez chaque pied pendant 3 minutes.

Comment se repérer ?

Les pieds, tout comme les mains, sont une « cartographie » de tout le corps. Chez les enfants, les zones réflexes sous les pieds sont très larges et vont se préciser en grandissant. Donc si vous ne savez pas quelle zone travailler, n'hésitez pas à masser tout le pied de votre bébé, ce qui va rééquilibrer tout son organisme. La région des orteils représente la tête, en dessous c'est la zone des poumons, puis jusqu'au milieu du pied, celle du haut de l'abdomen. En dessous, on trouve le bas de l'abdomen et au niveau du talon la zone du pelvis et la zone terre mère.

L'éveil des sens

Ses cinq sens permettent à votre bébé d'entrer en contact avec le monde qui l'entoure et leur éveil en douceur favorise son bon développement.

Le toucher

Comme nous l'avons déjà vu, le toucher est un besoin primordial chez le petit enfant, déjà *in utero*, tout comme le fait de se nourrir et de dormir. Un bébé a besoin de contact physique pour être consolé, câliné, sécurisé. Sa peau très sensible lui permet de ressentir tout ce qui va le toucher, l'effleurer, le caresser, etc. Ce sens passe aussi par le massage, le peau à peau et/ou (à défaut) le portage (voir p. 219).

Le massage ludique

Lorsqu'il sera plus grand, proposez-lui **des massages-jeux, vers 2 ans**, comme l'araignée gipsy ou le massage-pizza. Ce dernier, très ludique, est une histoire chantée ou racontée et accompagnée de massages que vous effectuez sur son dos. Il peut aussi vous faire ce massage. Pensez à adapter ce jeu en fonction de votre enfant et de son développement propre (les plus grands ou les plus à l'aise avec le vocabulaire, le toucher et avec leurs mouvements peuvent aussi vous faire ce massage).

> Le pizzaiolo étale la farine (passez la main sur le dos de l'enfant).

> Il ajoute de la levure (mettez les doigts joints sur le dos puis écartez-les).

> Puis, il ajoute du sel (faites comme précédemment).
> Il met de l'eau dans la pâte (faites des zigzags avec les doigts).
> Il mélange bien (faites des mouvements circulaires avec les deux mains).
> Ensuite, il pétrit et malaxe (appuyez un peu plus).
> Il fait une boule de pâte (vos mains vont de l'extérieur vers le milieu du dos).
> Il étale la pâte (vos mains sont rassemblées au centre et partent vers l'extérieur).
> Il ajoute de la sauce tomate, du fromage, des champignons, etc. (tapotez le dos à chaque nouvel ingrédient ajouté).
> Et il enfourne et laisse cuire la pizza (lissez le dos avec vos mains dans le sens de la longueur) !

Vous pouvez aussi proposer **un massage en rapport avec une histoire** connue (ou inventée). S'il s'agit d'un petit ours, dessinez-le sur le dos de votre enfant (de façon simplifiée), et s'il marche, imitez ses pas avec vos doigts.

N'hésitez pas non plus à **masser votre enfant avec une balle** (lisse ou à picots, adaptée aux jeunes enfants). Il peut garder ses vêtements, s'allonger ou s'asseoir. Vous promenez alors la balle sur tout son corps et sous ses pieds (sauf s'il ne le veut pas).

Les textures

Faites-lui aussi **découvrir de nouvelles textures**. Achetez ou confectionnez un tapis d'éveil qui possède ces diverses textures. Il est important de nommer et de commenter ce que vous lui faites toucher.

> Commencez par une ou deux textures, puis ajoutez-en d'autres au fur et à mesure du développement de votre enfant : velours, velours côtelé, laine, coton, soie, cuir, satin, fourrure synthétique, etc.
> N'hésitez pas à le mettre par terre (selon l'âge et la saison) pour lui faire découvrir diverses matières : parquet, carrelage, moquette, herbe, sable, etc.
> Faites-lui aussi toucher des choses dures et d'autres molles.

Il est également possible de **créer « une balade sensorielle »** simple pour votre enfant. Il doit maîtriser la marche et avoir un relativement bon sens de l'équilibre :

> Disposez en ligne droite différents objets aux textures diverses sur lesquels il peut marcher : un coussin soyeux puis un paillasson (s'il n'est pas trop rugueux), du papier bulle, un carré de moquette, un tapis, un tapis de bain.

> Montrez-lui comment parcourir cette balade sensorielle : bras tendus pour garder un meilleur équilibre. Vous pouvez lui donner la main, surtout la première fois, puis laissez-le faire le parcours plusieurs fois s'il le souhaite.

> Ajoutez ensuite de nouvelles matières ou faites un parcours plus sinueux.

Lecture

L'anthropologue anglais Ashley Montagu dresse un noir tableau de notre civilisation du non-toucher dans son livre *La peau et le toucher. Un premier langage* (Montagu, 2014). Selon lui, le toucher est indispensable au nouveau-né mais également aux rapports parents-enfants, à la relation de couple et à toute notre vie sociale en général. Son œuvre est un véritable plaidoyer pour une réhabilitation du toucher dans nos sociétés occidentales !

La **« diversification menée par l'enfant »** (DME) (voir en annexe) permet à l'enfant de stimuler son sens du toucher par le contact avec différentes textures d'aliments. Si vous ne souhaitez pas pratiquer la DME, faites-lui toucher à pleines mains de la farine, des pâtes crues, des légumes secs, des bouts de fruits, etc. tout en le surveillant !

Vous pouvez lui apprendre à **distinguer le chaud du froid** en lui proposant de toucher un plat sortant du réfrigérateur puis de mettre la main sur un radiateur tiède (température acceptable pour un bébé) ou sur une bouillotte à graines tiède (vérifiez toujours la température avant). N'oubliez pas de nommer ce que vous touchez.

En général, les bébés apprécient **la sensation d'un pinceau sur leur peau.** Vous pouvez ainsi promener délicatement un pinceau doux et propre sur le corps ou le visage de votre enfant, tout en surveillant ses réactions : s'il déteste cette sensation, respectez sa sensibilité et arrêtez. Vous pourrez réessayer quelques semaines plus tard mais s'il n'apprécie toujours pas, n'insistez pas.

La manipulation de pâte à modeler, par exemple, est aussi très intéressante pour les bébés à partir de 6 ou 8 mois. Surveillez bien qu'il ne l'avale pas !

Si votre enfant marche, n'hésitez pas à lui ôter ses chaussures ou chaussons et à le faire **marcher pieds nus**, quand cela sera possible, pour stimuler son sens du toucher et développer son équilibre.

L'audition

Votre bébé est aussi très attentif aux sons qui l'entourent, rappelez-vous que tous ses sens sont en éveil et qu'*in utero* il entendait déjà très bien ce qui l'entourait (voir p. 94).

Dès la naissance, l'enfant est très rapidement sensible aux sons environnants et aux voix. Il distingue la voix de sa mère parmi toutes les autres voix, puis celle de son autre parent et de ses frères et sœurs. Il est donc important de parler à votre bébé régulièrement en vous tenant près de lui, de lui raconter des histoires, de le bercer en fredonnant... sans oublier de lui chanter des chansons !

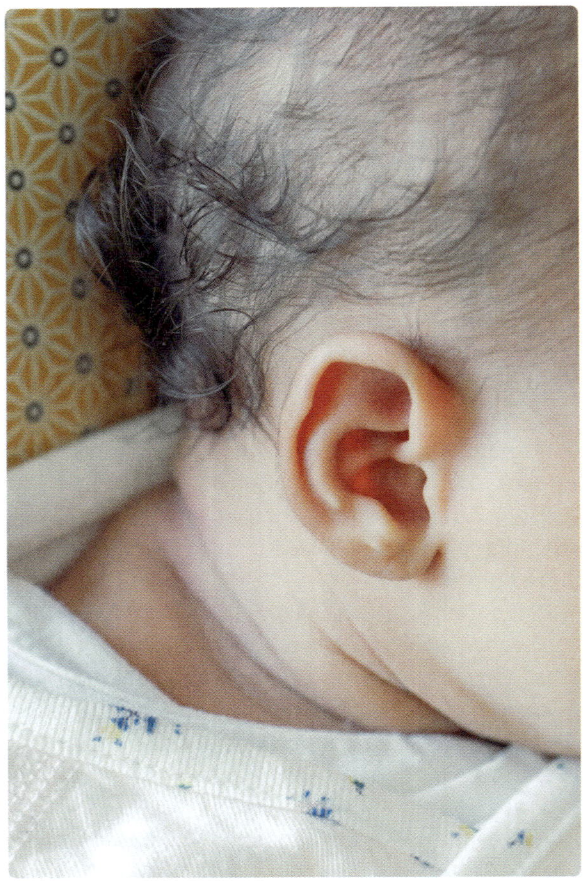

Échanger avec son enfant

Parler et parler encore avec votre enfant le familiarise avec votre langue. Il aura ainsi plus de facilité à y puiser des sons, des mots pour se faire comprendre quand il grandira. Au bout de quelques semaines, l'enfant émet un certain nombre de sons avec sa bouche, vous pouvez alors l'imiter en lui souriant et communiquer avec lui en reproduisant les sons qu'il emploie. Cela lui apporte confiance et lui fait comprendre que vous êtes un partenaire d'échange...

Les autres sons

N'hésitez pas à faire écouter à votre enfant **les sons de la vie quotidienne :** le tic-tac d'une pendule, une voiture qui passe, un klaxon, le bruit du vent dans les arbres, le son de l'eau qui goutte dans l'évier, le bruit que font ses petits jouets quand il joue. Vous pouvez aussi lui proposer de **la musique douce**, comme de la musique classique, ou **des sons précis** : de jolis carillons, les sons d'un bol tibétain ou certains instruments de musique doux comme la Kalimba. Ces sons invitent à la détente et éveillent l'enfant à ce qui l'entoure. Vous pouvez ainsi agiter un grelot sur sa droite puis sur sa gauche, ou lui parler à sa gauche puis à sa droite. Rapidement, il tournera la tête vers la source du son entendu.

À savoir

Les jeunes enfants ont une ouïe très fine. Elle leur permet de percevoir des sons très fins mais les rend aussi plus sensibles aux bruits forts, comme une porte qui claque ou un verre qui tombe à terre, qui peuvent les effrayer et les faire pleurer.

Quand cela est possible, n'hésitez pas à indiquer la provenance des sons à votre enfant au moment où il les entend.

L'éveil de l'audition

Lui parler, lui faire écouter de la musique, chanter, lui faire entendre les sons de la nature (chant des oiseaux...), tout cela participe à son éveil auditif ! Rapidement votre bébé voudra aussi produire des sons avec sa bouche mais avec ce qui l'entoure également. Vous pourrez ainsi lui donner des cuillères en bois pour qu'il tape sur un carton, sur la table, sur une assiette vide, sur une casserole retournée, ou lui donner des grelots, des maracas, un hochet ou de petites bouteilles en plastique remplies de pâtes, de lentilles, de perles (le bouchon étant parfaitement bien scotché bien sûr).

Faire deviner un son est aussi une activité appréciée des jeunes enfants. Voici un jeu que vous pouvez proposer à votre enfant à partir de 12 mois :

> Sur un plateau, posez trois objets produisant un son différent et connu de votre enfant : deux cuillères (pour les choquer l'une contre l'autre), une clochette, un paquet de pâtes...

> Recouvrez ensuite ce plateau d'un torchon puis présentez-le devant votre enfant assis à côté de vous.

> En le laissant toujours caché sous le torchon, prenez un des objets, par exemple les deux cuillères, entrechoquez-les et demandez à votre petit d'écouter.

> Soulevez alors le torchon et nommez l'objet, puis montrez-le-lui afin qu'il l'identifie bien.

> Laissez votre enfant reproduire le son par lui-même.

> Suivez le même processus pour les autres objets. Une fois que votre enfant a gagné en confiance, ajoutez d'autres objets et allez jusqu'à six sur le plateau !

Pour ce jeu, nous vous conseillons d'éviter les instruments de musique qui pourraient distraire votre enfant et ceux qui produisent un son trop fort qui pourrait abîmer son audition. Si vous remarquez un quelconque problème ou une difficulté pendant ce jeu, n'hésitez pas à faire contrôler son audition.

Il est intéressant d'**introduire la musique** à certains moments de la journée, et non en continu sans quoi votre enfant risque de s'habituer à toujours avoir un fond sonore autour de lui. Le silence est important pour se ressourcer.

> L'éveil musical en atelier (avec un groupe), ou seul·e avec votre enfant, est une bonne chose.

> N'hésitez pas à battre le rythme avec vos mains lorsque vous chantez une chanson ou une comptine. Agitez le hochet pour battre la mesure.

Encore !

Les enfants apprécient la répétition. Une sélection de chansons, de musiques ou de comptines à écouter régulièrement peut être rassurante, par exemple avec une boîte à musique qu'ils mettent eux-mêmes en route au moment du coucher.

La vue

À la naissance, la vision n'est pas très développée, le bébé voit mais en noir et blanc, à une distance de 20 à 30 cm et plutôt trouble. Son champ visuel est très étroit et il a du mal à percevoir les transitions entre les zones très claires et les zones foncées. Dès que sa vision devient nette, vers 3 mois, il passe son temps à observer tout ce qui l'entoure, mais ce n'est que vers 4 ans que ce sens atteint son maximum d'acuité !

Dans un premier temps, n'oubliez pas de vous tenir entre 20 et 30 centimètres du visage de votre enfant régulièrement, notamment lorsque vous communiquez avec lui. **Lorsque vous le tenez dans les bras, regardez-le et, surtout, évitez de faire autre chose** pendant la tétée ou le biberon. Beaucoup d'émotions passent par le regard : tendresse, amour, bonheur, complicité, joie, etc. Un bébé est très attiré par les yeux car c'est, au début, une des seules choses qu'il distingue dans votre visage !

Si la vision de votre bébé se met en place vers 6 mois, il ne distingue toutefois les couleurs que peu à peu. Il perçoit d'abord le rouge, puis le bleu et ensuite le jaune. Il voit mieux les couleurs vives que les couleurs pastel. **Avant 6 mois,** vous pouvez mettre en place certaines installations :

> Suspendez au plafond de sa chambre **des rubans de couleurs vives** ou des ballons.

Accrochez **un mobile sur le côté du lit** (plutôt qu'au-dessus car il ne le distinguerait pas). Au fur et à mesure que l'enfant grandit et en fonction de ses sens qui se développent, vous pouvez varier la décoration de la chambre :

> Sur le mur, à côté de son lit, installez **des images, des dessins, des photos, des affiches** avec des couleurs vives ou contrastées.

De 6 mois à 2 ans environ, le bébé prend peu à peu conscience que l'autre enfant qui le regarde dans le miroir, c'est lui (on parle du « stade miroir »). La reconnaissance de soi (entre 18 et 24 mois) est un long processus qui se développe dans l'interaction avec les autres (le jeu du miroir en fait aussi partie) et qui peut prendre du temps.

> Accrochez un miroir (incassable) sur le côté de sa table à langer.

> Mettez votre enfant face à un miroir et observez comment il réagit en se découvrant. Profitez-en pour nommer les différentes parties de son visage en les désignant avec votre doigt.

Très tôt, votre bébé est capable d'observer ce que vous présentez à proximité de son visage :

> Montrez-lui des objets, des jouets ou des peluches appartenant à son environnement et nommez-les. Déplacez chaque objet de gauche à droite pour qu'il le suive des yeux.

Un bébé apprécie particulièrement le jeu de « cache-cache », qui lui permet de comprendre que ce que l'on cache continue d'exister même s'il ne le voit plus :

> Cachez un doudou ou une partie de votre visage : « Elle est où maman ? Elle est où maman ? Elle est là ! » Votre bébé éclatera sûrement de rire.

> Au début, cachez toujours partiellement le doudou, l'objet ou votre visage.

> N'hésitez pas à mettre des intonations dans la voix, n'ayez pas peur d'en faire trop !

Pas d'écran avant 3 ans !

Pour bien se développer, un enfant utilise ses cinq sens tout en s'appuyant sur ses relations avec les autres et notamment les adultes qui répondent à ses sollicitations. Le fait d'exposer un enfant aux écrans, quels qu'ils soient, le rend passif car empêche ce genre d'interactions. En règle générale, les écrans n'ont aucun effet apaisant sur les jeunes enfants, bien au contraire. Un enfant devant la télévision est calme car toute son attention est captée par les images et les sons qui se succèdent à une vitesse folle et dont il n'est pas capable de comprendre le sens. Ce calme temporaire n'est en fait qu'une illusion car il est souvent suivi d'une phase d'agitation…

Et après 3 ans, une consommation excessive d'écrans peut engendrer des troubles de la vue, de la concentration et du sommeil.

Le goût

Ce sens se développe *in utero* puisque le bébé avalait déjà le liquide amniotique dont le goût change selon ce que mange sa maman.

Au début de la diversification alimentaire, prenez garde de n'introduire qu'un seul aliment nouveau à la fois et, de même, préférez les préparations à un seul aliment : purée de carotte, de pommes de terre, de potiron… Votre bébé parvient ainsi à mieux identifier chaque goût et ses préférences alimentaires se mettent en place petit à petit.

> Autant que possible, faites goûter à votre enfant ce que vous préparez ou ce que vous mangez s'il en exprime l'envie (et si cela est adapté à son âge).

> Nommez toujours l'aliment que vous lui faites goûter et laissez-le toujours avoir son propre avis.

> Associez votre enfant (à partir de 24 mois) au choix des menus, à la préparation des repas, en lui permettant de choisir certains produits au marché, en soignant la présentation de l'assiette…

> De même, saupoudrez les plats avec des herbes aromatiques (en petites quantités), pour élargir sa palette de goûts.

L'odorat

Très tôt, le bébé est capable de reconnaître l'odeur de sa mère parmi celles d'autres personnes. Puis il identifie le reste de sa famille. En cas de difficulté (arrivée chez l'assistante maternelle ou à l'école par exemple), votre odeur sur un mouchoir ou un foulard le rassure. L'autre parent peut faire de même !

Éveillez sa curiosité sensorielle en lui permettant de sentir toutes les odeurs de son quotidien :

> **Les ingrédients que vous cuisinez :** les légumes crus, les fruits, les aromates, un carré de chocolat, du café moulu… Installez le bébé avec vous quand vous cuisinez, par exemple dans un transat, il profite ainsi des bonnes odeurs de votre cuisine.

> **Les odeurs extérieures :** les fleurs, l'herbe coupée, le foin, l'odeur du marché, du poisson…

> Le savon avec lequel vous le lavez, l'huile végétale avec laquelle vous le massez, par exemple.

Voici **trois règles importantes** (Bacus, 2012) pour aiguiser l'odorat de votre enfant :

- Isoler une odeur avant de la faire sentir à votre enfant lui permettra une meilleure reconnaissance.
- Prenez votre temps quand vous lui faites sentir une odeur et présentez-la-lui deux ou trois fois.
- Nommez toujours l'odeur que vous présentez et n'hésitez pas à commenter son expérience (« C'est une rose, tu peux sentir… Oh ! tu as l'air d'aimer… »).

Bouger avec son bébé : le yoga

En observant votre bébé, vous remarquez très vite qu'il aime bouger et que sa capacité à se mouvoir ne cesse de progresser au fil des mois. Nous vous proposons ici de **bouger avec lui et de vous adapter sans chercher à lui inculquer une pratique ou une posture particulière.** En effet, beaucoup de jeunes parents voudraient initier leur enfant à certaines pratiques comme le yoga le plus tôt possible. Mais pratiquer le yoga nécessite d'avoir conscience de son corps et de son souffle, ce qui n'est pas le cas avant 3 ans et même bien plus tard... À nous de nous adapter à nos enfants et pas l'inverse !
Si vous observez attentivement votre bébé, vous remarquerez qu'il pratique déjà une forme de yoga ! À vous d'adapter l'environnement et de lui transmettre les bonnes habitudes sans être interventionniste. Le plus important est de **favoriser le temps passé ensemble et le jeu à travers les « postures »** et toujours s'assurer de l'accord de votre enfant.
Soyez attentif·ve à votre propre posture pour éviter tout blocage de dos notamment.
Voici donc quelques propositions.

Avant de pratiquer, certaines précautions sont à prendre :

> Assurez-vous qu'aucune contre-indication médicale n'empêche votre bébé de pratiquer le yoga. Cela est aussi valable pour vous, la maman, si l'accouchement date de quelques semaines (attention aux problèmes de bassin, de hanches et de périnée).
> Votre bébé doit pouvoir bouger, se déplacer, respirer, digérer sans être entravé par des vêtements trop étroits ou une couche trop serrée par exemple.
> Vous devez pouvoir aussi bouger librement.
> Votre bébé doit idéalement être pieds nus si la température et l'environnement le permettent.

De 1 à 3 mois

En fonction de votre bébé (n'oublions pas que chaque bébé est différent et unique), **il a tout besoin d'un environnement sécurisant, calme, rassurant.** Sur cette période, le principal est de l'envelopper, le contenir, le sécuriser tout en essayant d'apaiser ses troubles digestifs souvent présents.
Voici quelques exemples de postures que vous pouvez adopter avec lui :

Lecture

Si le sujet vous plaît, n'hésitez pas à lire des ouvrages sur le sujet comme celui de Sophie Dumoutet, *100 postures de yoga avec bébé, 0-2 ans*, Nathan, 2021.

Posture de la « bonne digestion » : tenez le bébé contre vous avec une main pour tenir sa tête et son dos (si le bébé tient bien assis, il peut être maintenu dans la posture avec les deux mains du parent sous ses pieds). Repliez ses jambes (sauf s'il ne veut pas ou se crispe) pour que ses genoux se trouvent contre son ventre (ou posture du fœtus à la verticale). Maintenez ses pieds avec votre autre main. Cette posture provoque un auto-massage très agréable pour lui et évite les éventuelles régurgitations grâce à la position verticale.

Posture du « bébé sur la branche » : cette posture, sécuritaire et facile, est excellente pour apaiser la digestion, mais elle est à éviter après une tétée ou un biberon ! Allongez le bébé sur le ventre contre votre avant-bras, sa tête au creux de votre coude et ses fesses dans votre main. Ses jambes seront repliées. Massez délicatement son dos avec votre autre main.

Posture fœtale : placez le bébé sur le dos, repliez ses jambes en croisant ses pieds. S'il semble à l'aise, attrapez ses mains et ramenez ses bras près de ses pieds avec douceur. Cette posture, qui lui rappelle celle qu'il avait *in utero*, est très sécurisante. Dans la posture, vous pouvez aussi l'emmailloter dans un lange.

Posture de relaxation : allongez-vous sur le dos, un coussin d'allaitement sous la tête, les épaules et les bras, et un autre sous les genoux. Rentrez très légèrement le menton vers la gorge. Votre bébé est contre vous, dans vos bras, sa tête posée contre une de vos épaules ou votre torse. Entourez-le de vos bras, détendez vos jambes. Relâchez-vous complètement, respirez profondément en vous concentrant sur votre respiration ventrale et sur celle du bébé. Cette posture doit être confortable, n'hésitez pas à rajouter des coussins si besoin.

À partir de 3 mois

À cet âge, le bébé s'ouvre au monde, aime explorer ce qui l'entoure mais également son corps puisqu'il va découvrir que ses membres bougent. Les postures conseillées ici l'aident à redresser le haut de son corps et à passer de la position sur le dos à une position sur le ventre qui permettra les mouvements et les futurs déplacements (ramper, rouler au sol…).

Posture de l'avion (à faire à distance des repas) : allongez-vous, le dos et la tête au sol, le menton légèrement rentré et les jambes repliées contre le ventre. Installez le bébé contre vos jambes, son ventre est contre vos tibias et il regarde vers vous. Tenez-le par le dos avec vos mains. Relevez un peu vos jambes et bercez-le de gauche à droite doucement, en bougeant légèrement.

Posture « je découvre le monde » : tenez le bébé, son dos contre votre ventre, ainsi il regarde devant. Cette posture est excellente pour l'ouvrir au monde, satisfaire son envie de découverte. Cette posture face au monde est excellente pour favoriser la marche chez le bébé. Si ce dernier a tendance à tourner fréquemment la tête pour essayer de se retourner lorsque vous le portez, retournez-le ! Vous pouvez facilement adapter le mode de portage pour placer votre enfant face au monde, dans cette position.

À partir de 7 mois

Le bébé apprécie particulièrement être assis ! Plusieurs positions assises sont possibles.

> L'assise en ouverture : les pieds vers l'avant et les genoux qui tombent sur le côté.

> Les jambes en triangle : une jambe vers l'extérieur et une jambe vers l'intérieur (en posture du héros). C'est une position de stabilité permettant de passer facilement au quatre-pattes.

À cet âge, votre bébé aime également le mouvement et voir le monde sous toutes les coutures, dans tous les sens.

Attention

Ne poussez pas votre bébé vers la marche ! Il la découvrira tout seul quand il sera prêt.

Posture de l'avion : couchez-vous le dos au sol, les jambes repliées contre le ventre. Placez le bébé à plat ventre sur vos tibias, à califourchon sur vos pieds. Tenez bien ses mains, ses fesses ou son bassin dans vos mains. Doucement, relevez vos jambes vers le haut. Le bébé se retrouve la tête vers le bas, parlez-lui doucement et souriez-lui. Dans cette posture, c'est votre ventre qui est sollicité et non vos bras. Attention à toujours assurer au bébé une bonne sécurité.
Vous pouvez aussi simplement vous asseoir sur un gros ballon et tenir le bébé contre vous puis bouger votre bassin sur le ballon, ensuite vous pouvez le soulever au-dessus de votre tête tout en bougeant sur le ballon doucement.

Posture sur un ballon : jouer avec votre enfant sur un gros ballon est excellent pour renforcer son équilibre (en plus d'être drôle !). Asseyez-le sur le ballon. En le tenant bien, balancez-le doucement de droite à gauche, d'avant en arrière, etc. Vous pouvez aussi l'allonger sur le ventre en le tenant par le bassin et observer ce qu'il va faire : se laisser aller sur le ballon ou se redresser… Vous pouvez le faire rouler sur le ballon jusqu'à ce qu'il touche le sol avec ses petites mains, tenez-le toujours par le bassin.

À partir de 12 mois

Le bébé est autonome dans ses mouvements et cherche à explorer. Observez-le et faites du « yoga » le plus possible, tout peut être prétexte à bouger, s'amuser et explorer… Les petits temps de « baby yoga » que nous vous proposons ici lui permettent de stimuler sa curiosité et favorise son éveil. Cette pratique développe également le sens de l'équilibre, la motricité et la confiance en soi.

Prendre le bébé dans vos bras : depuis la posture accroupie, soulevez votre bébé du sol en soulevant vos fesses vers le ciel et en dépliant vos jambes (attention à votre dos). Repliez ensuite les jambes et descendez vos fesses pendant que le haut de votre corps remonte avec le bébé. Basculez le bassin et dépliez votre corps en remontant vers le haut, activez vos abdominaux et votre périnée ! Ce sont vos jambes qui travaillent et non votre dos !

Prendre le bébé sur votre dos : vous êtes accroupie (mais pas trop bas), un genou très proche du sol et l'autre légèrement relevé. Le ventre du bébé est contre votre dos. Avec une de vos mains, tenez-le sous les fesses pendant que l'autre main est dans son dos. Ses jambes passent sur le côté de votre dos, ses genoux sont remontés. Dépliez vos jambes et relevez-vous doucement, bombez le torse, épaules en arrière, menton légèrement rentré.

Chien tête en bas : mettez-vous à quatre pattes, pieds écartés de la largeur du bassin. Sur une inspiration, poussez vos mains dans le sol, les fesses se lèvent en direction du ciel. Vos bras sont alignés avec votre dos, les jambes peuvent être tendues ou pliées, votre dos est droit. Selon son âge et sa mobilité, votre enfant pourra vous imiter ou passer et repasser sous vous en se courbant selon sa taille ou encore être allongé sur le dos et vous observer au-dessus de lui.

Pour quitter la posture : sur une expiration, repliez vos jambes, posez vos genoux au sol pour vous retrouver à quatre pattes. Vous pouvez allonger votre buste sur vos cuisses et mettre votre tête au sol par exemple.

Baby gym

Inspirée par les pratiques des pays du nord de l'Europe, **Inge de Ruijter** propose aux tout petits des ateliers de motricité basés sur l'haptonomie, la communication bienveillante et la liberté de mouvement. Sécurisé par son référent, chaque enfant évolue à son rythme dans différents espaces à sa disposition. Cette approche de la gym pour les bébés est très bénéfique pour leur motricité, leur confiance en eux, leur libre expression, l'éveil des sens et le respect d'eux-mêmes. Vous trouverez plus d'informations et des exemples d'ateliers en annexe (« Les ateliers de motricité pour les tout-petits »).

Le langage des signes

Dès le début de sa vie, le bébé imite de façon naturelle les expressions et les mimiques du visage de ceux qui l'entourent comme le fait de sourire, de laisser sa bouche se mouvoir, etc. Puis, au fur et à mesure de son développement et grâce à la maturation de ses muscles, il gagne en dextérité fine et, vers 8 ou 9 mois, il bouge ses mains pour applaudir, mettre un doigt devant la bouche pour imiter ses parents qui font « chut », fermer les yeux pour signifier l'heure du coucher, etc.
Pratiquer la langue des signes (comme le propose l'école française de la Langue des Signes Française, LSF) avec un bébé a l'avantage d'établir une communication simple et de construire un véritable lien avec lui. C'est également l'occasion de ralentir votre rythme de parent·s, d'être attentif·ve·s à l'expression du bébé, de baisser le ton, d'être pleinement présent·e·s et de mieux le comprendre.
Grâce au langage des signes, le bébé peut exprimer ses besoins et ses émotions. Entre 8 et 10 mois, il comprend plus de mots qu'il n'est capable d'en

exprimer. La langue des signes est donc idéale pour se faire mieux comprendre. Attention, il n'est question d'apprendre à votre enfant que **quelques mots clés du quotidien.**

> Adoptez une posture de proximité en étant toujours de face et à sa hauteur lorsque vous pratiquez ce mode de communication.

> Pensez aussi à signer le mot dès que la situation se présente dans le quotidien.

> Trois ou quatre mots suffisent pour commencer.

> Préférez des signes liés au quotidien de votre bébé comme « téter », « encore », « dormir », « fini », « biberon ».

> Veillez à conserver l'oralité quand vous utilisez les signes.

Lorsque les premiers sont acquis, vous pouvez introduire de nouveaux signes, comme ceux exprimant des émotions. Il est normal que ce type de communication soit plus long à se mettre en place à 6 mois qu'à 12 ! **Laissez à votre enfant le choix de s'emparer ou non de ce moyen de communication sans forcer les choses.** L'objectif premier est un rapprochement et une attention accrue vers son enfant pour une meilleure compréhension de ses besoins...

À savoir

Pour la mise en place progressive du vocabulaire, aidez-vous de comptines par exemple[15] et n'hésitez pas à suivre des ateliers d'initiation. L'application LeDicoElix propose un dictionnaire français langue des signes qui traduit en vidéo le vocabulaire[16].

15 Association L'Arbre Yakafaire : www.larbreyakafaire.fr
16 https://dico.elix-lsf.fr

MODES DE GARDE ET STRUCTURES D'ACCUEIL DE LA PETITE ENFANCE

Pour certains parents, il est (déjà !) venu le temps de réfléchir au choix du mode de garde de leur enfant suite à la reprise de leurs activités professionnelles, ou pour leur permettre de souffler un peu !

Structures et professionnel·le·s pour la garde des tout-petits

En fonction de la région dans laquelle vous habitez et de la pression démographique en rapport au nombre de places d'accueil proposées, il est intéressant d'évoquer cette question au cours de la grossesse… Voici une présentation succincte des solutions d'accueil collectives et individualisées existantes en France métropolitaine. Avant de prendre une décision, qui vous engagera quelques fois pour plusieurs années, prenez le temps de peser les avantages et les contraintes de chaque mode de garde en fonction de vos besoins et de vos réalités personnelles (rythme de vie, travail, distance géographique, besoins de votre enfant, vos besoins à vous…).

Les services d'accueil collectif et régulier

Les crèches collectives, les haltes-garderies, les multi-accueils et les jardins d'enfants sont regroupés sous le terme commun d'« établissements ou services d'accueil collectif des enfants de moins de 6 ans ». Ils proposent un accueil soit collectif régulier, soit à temps partiel ou occasionnel d'enfants de moins de 6 ans par des personnels qualifiés, dans des locaux spécialement aménagés à cet effet[17]. Ces différents établissements peuvent être gérés par une commune, une organisation intercommunale, un centre communal ou intercommunal d'action sociale, une association, une mutuelle, une entreprise, etc.

Les crèches collectives et les micro-crèches

Au sein de ces établissements, les enfants (âgés de 2 mois et demi à 3 ans) sont encadrés par une équipe de professionnel·le·s de la petite enfance. En général, les crèches sont dirigées par une puéricultrice et sont sous la surveillance du service départemental et de la Protection maternelle et infantile (PMI).

La différence entre les crèches collectives et les micro-crèches réside dans le nombre d'enfants accueillis. Les crèches collectives peuvent accueillir jusqu'à soixante enfants (l'effectif est fixé en fonction du nombre de professionnel·le·s de l'établissement), alors que les micro-crèches ont généralement des effectifs limités à une vingtaine d'enfants.

L'avantage incontestable de la crèche est **la découverte de la vie en collectivité.** Les tout-petits apprennent très tôt à se sociabiliser auprès des adultes et des autres enfants. Ainsi, ils sont en capacité dès le plus jeune âge de développer des relations d'attachement multiples, qui viennent élargir les premiers liens d'affection de la sphère familiale. En plus

17 *Établissements d'accueil du jeune enfant*, guide pratique du ministère de la Santé et des Solidarités.

de bénéficier d'un environnement adapté à chaque stade de développement, ils bénéficient du regard bienveillant d'**une équipe encadrante pluridisciplinaire.** L'avantage pour les parents est que, généralement, les plages horaires sont assez larges pour être adaptées aux plus grands nombres.

Les crèches parentales

Elles sont gérées par des associations de parents. Comme toute structure collective d'accueil du jeune enfant, l'ouverture d'une crèche parentale ne peut se faire sans l'autorisation du président du conseil départemental après avoir reçu l'avis favorable du service de la PMI. Ne pouvant pas excéder vingt places, ces structures sont sous la responsabilité des parents impliqués dans l'association et ce sont eux qui participent quotidiennement à l'accueil des enfants, à la gestion et à la vie de la crèche.

Les maisons d'assistantes maternelles (MAM)

Situées en dehors de leurs domiciles respectifs, les MAM regroupent plusieurs assistantes maternelles (quatre maximum) pour gérer en commun un lieu d'accueil collectif pour les tout-petits. Ce type de structure permet de familiariser les enfants à la vie en collectivité tout en leur offrant une prise en charge très individualisée. Généralement, chaque assistante maternelle y est responsable de l'enfant qui lui est attribué (et avec qui les parents ont signé un contrat). Les MAM sont le niveau intermédiaire entre le mode de garde collectif (crèche) et individuel (assistante maternelle). Elles proposent des activités en fonction de l'âge des enfants gardés, une meilleure gestion des contraintes organisationnelles et un rapport privilégié avec chaque enfant.

Les services d'accueil individuels

Vous pouvez également faire le choix d'un mode de garde plus individualisé, où l'enfant évoluera en plus petit comité. L'agrément de chaque assistante maternelle[18] permet d'accueillir à son domicile au maximum et en même temps trois enfants (et quatre avec une dérogation).

Certaines viennent garder votre enfant à votre propre domicile. La garde partagée entre plusieurs familles permet aussi l'emploi d'une assistante maternelle pour les enfants de plusieurs foyers. Généralement, la garde se fait au sein du domicile des familles, avec la mise en place d'un roulement entre les différentes maisons ou appartements.

À savoir

Pour trouver une assistante maternelle dans votre secteur, n'hésitez pas à prendre contact avec votre mairie, qui tient à jour un annuaire des assistantes maternelles en activité.

18 Nous avons fait le choix de ne pas appliquer l'écriture inclusive au terme d'assistante maternelle pour plus de clarté dans le texte (d'après les données de l'ONISEP, ce métier est exercé par 99 % de femmes).

Comment choisir une assistante maternelle ?

Selon Véronique Lecoq[19], confier son tout petit bébé à une personne inconnue peut s'avérer angoissant. Voici donc quelques conseils afin de vous guider dans votre choix.

• Établissez une fiche détaillant **les étapes d'une journée type** de votre enfant (horaires de sieste, habitudes de jeux et de sommeil, repas…). Notez toutes les questions que vous souhaitez aborder le jour de l'entretien avec l'assistante maternelle.

• Faites également **l'emploi du temps pour une semaine type.** Il vous aidera par la suite à définir le contrat (nombre d'heures de garde par semaine et par mois, nombre de jours de présence…).

• N'oubliez pas de **présenter la façon dont vous voyez les choses** (ou au contraire, ce dont vous ne voulez pas…).

Après avoir sélectionné plusieurs profils (si possible) selon vos critères, vos besoins et la disponibilité des personnes, proposez un rendez-vous au domicile de l'assistante maternelle pour une première rencontre (n'hésitez pas à en rencontrer plusieurs). Allez-y avec l'autre parent et accompagné de votre enfant. Au cours de cet entretien (généralement d'une durée d'une heure) :

• Laissez la personne se présenter et exposer son projet éducatif (activités, principes, valeurs…).

• Accompagné·e de votre fiche « étapes de la journée », demandez-lui de vous décrire une journée type. N'hésitez pas à demander des précisions (pour éviter les « surprises » par la suite).

• Abordez avec cette personne sa vision des choses sur les grandes étapes de développement de l'enfant : gestion des pleurs, du sommeil, de la marche, de l'accompagnement à la propreté, des repas… afin de voir si vous êtes en accord.

• Précisez ce qui est important pour vous (par exemple, nous ne souhaitons pas que notre enfant soit en contact avec des écrans).

• Demandez à visiter l'environnement d'accueil des enfants, dont la chambre et le coin du change.

• Renseignez-vous sur le nombre d'enfants accueillis ainsi que leurs âges.

De retour à la maison, fiez-vous à votre instinct (attention à l'influence des hormones pour les mamans !). Discutez du rendez-vous avec le co-parent, faites un bilan sur votre ressenti, sur les points abordés lors de l'entretien. Essayez d'analyser également la façon dont elle a interagi avec votre enfant ou d'autres signes qui vous permettront de prendre une décision éclairée. **Dans tous les cas, ne vous précipitez pas, prenez le temps de la réflexion.** Et si vous avez un doute, quelque chose que vous n'arrivez pas à expliquer, arrêtez la démarche et prenez le temps de rencontrer une autre professionnelle.

Lorsque votre décision sera prise, n'hésitez pas à refaire le point. Attention, tout ne pourra pas être parfait et réalisé selon vos envies, **une assistante maternelle a également ses propres valeurs et ses propres règles de vie au sein de son foyer.** Dans tous les cas, une bonne communication est essentielle tout au long du contrat.

19 Véronique Lecoq est assistante maternelle en Ille-et-Vilaine.

Conseil

Pourquoi ne pas mettre en place un cahier de liaison? Il vous permettra de noter les habitudes de votre enfant et l'assistante maternelle y mentionnera les événements majeurs de la journée.

Une séparation, ça se prépare !

Entre 4 et 7 mois, le nourrisson vit en symbiose avec ses parents, et bien souvent avec sa mère qui est sa figure d'attachement primaire (voir p. 120). La séparation est un apprentissage, et pour ne pas qu'elle soit traumatique, elle doit être douce, progressive et réalisée selon le rythme de l'enfant. Cette période délicate doit se faire en totale sécurité affective.

Pour préparer au mieux l'entrée à la crèche ou la garde chez l'assistante maternelle :

> **Confiez préalablement votre enfant à un proche de confiance** pour le temps d'une heure ou d'un après-midi pour qu'il commence à s'habituer aux départs suivis de retours. Cela lui permettra d'appréhender tranquillement les séparations et de les associer aux retrouvailles.

Quel que soit le mode de garde privilégié, respectez une phase d'adaptation pour que l'enfant puisse apprivoiser doucement son nouvel environnement :

> Si possible, mettez en place, en collaboration avec la structure ou la personne en charge de sa garde, **un protocole pour accompagner l'enfant dans la gestion de la séparation** (la durée est fonction du rythme de l'enfant).

Ainsi l'enfant découvre son nouvel environnement accompagné de ses parents pour progressivement pouvoir rester seul, sans crainte.

N'oubliez pas de placer dans le sac de votre enfant son doudou préféré, la boîte à musique avec laquelle il s'endort et un foulard ou un tee-shirt imprégné de votre odeur. Même si votre bébé est tout petit, il est aussi très important de **lui expliquer chacun des choix le concernant.**

À savoir

Comme l'anxiété exprimée par un bébé fait souvent écho avec celle de sa mère, peut-être faudra-t-il mettre en place pour vous un petit accompagnement dans la gestion de la séparation (par exemple, avec des fleurs de Bach ou l'EFT).

	TEMPS DE PRÉSENCE AVEC LE PARENT	TEMPS DE PRÉSENCE SANS LE PARENT
Jour 1	1 heure	-
Jour 2	1 heure	1 heure
Jour 3	1 heure	3 heures
Jour 4	1 heure	4 heures

PARTIE 7

La diversification **alimentaire** : une approche **naturopathique**

LES **NUTRIMENTS** ESSENTIELS

Chaque jour, le corps consomme de l'énergie et des nutriments pour assurer le fonctionnement des muscles, des organes vitaux, et maintenir la température interne à 37 °C. Pour couvrir les besoins et compenser ces dépenses, il faut se nourrir avec des aliments variés, de bonne qualité et en quantité suffisante.

L'alimentation est primordiale pour le bon développement et la santé future de votre enfant. Pendant plusieurs mois, le lait maternel et/ou le lait infantile sont ses seules sources d'alimentation (voir Partie 3). Mais assez rapidement, au plus tôt à partir de 4 mois révolus, la diversification alimentaire se fait petit à petit. Cette étape stresse souvent les parents qui craignent que leur bébé n'ait pas tous les apports nécessaires à leur bon développement. Nous allons tout vous expliquer.

À savoir

Les apports recommandés en protéines pour un enfant de la naissance à 2 ans sont identiques, quel que soit son poids. Jusqu'à 6 mois, le lait maternel et/ou maternisé lui en fournit en suffisance et sans excès : le lait maternel apporte entre 0,8 et 1,1 g de protéines par 100 ml de lait consommé, et le lait maternisé 1er âge en contient environ 1,5 g pour 100 ml.

Les macro-nutriments

Les macro-nutriments regroupent les protéines, les glucides et les lipides.

Les protéines

Les protéines constituent véritablement les briques de l'organisme. Elles permettent notamment le renouvellement des cellules, l'élaboration des tissus et le renforcement de l'immunité. Les protéines sont constituées de 22 acides aminés qui procurent à la protéine des propriétés chimiques spécifiques, et l'ordre dans lequel ils sont assemblés lui donne une fonction bien précise. Le corps humain peut fabriquer lui-même certains acides aminés, mais les autres, neuf exactement, appelés acides aminés essentiels, doivent être apportés par l'alimentation. **Les protéines dites « complètes »** se trouvent dans la viande, le poisson, les fruits de mer, les œufs, les produits laitiers. **Les végétaux en possèdent aussi mais il s'agit de protéines « incomplètes »** car elles ne possèdent pas tous les acides aminés, à l'exception du quinoa et du sarrasin.

Consommer trop de protéines est dangereux pour le jeune enfant (son système digestif et ses reins sont encore fragiles). C'est souvent lorsque l'on introduit les produits laitiers (yaourts, fromages) et la viande ou le poisson que l'on risque de dépasser les besoins en protéines de l'enfant. À titre d'exemple, un bébé de 6 mois pesant environ 6,5 kg boit environ 900 ml de lait en quatre ou cinq biberons, ce qui couvre parfaitement ses besoins.

Voici où trouver **des protéines végétales :**

- Les légumes secs : soja, lentilles corail et vertes, haricots rouges et blancs, pois chiches, pois, fèves, lupin.
- Les céréales : blé, avoine, seigle, épeautre, millet, riz, orge… ou les pseudo-céréales comme le quinoa, le sarrasin, l'amarante.
- Les oléagineux : amandes, noix, noisettes.
- Les graines : sésame, courge…

Si vous désirez introduire de **la viande** dans l'alimentation de votre enfant (en tenant toujours compte des autres apports pour éviter un excès de protéines), favorisez une viande de qualité et n'en abusez pas car elle est difficile à digérer, acidifiante pour l'organisme et malheureusement souvent chargée en toxines et voire même en toxiques.

Pour **le poisson**, favorisez toujours la pêche responsable et les petits poissons gras tels que les maquereaux, sardines, harengs (ils apportent aussi des oméga 3 excellents pour la santé et le développement notamment cérébral).

Les œufs sont aussi autorisés une fois que la diversification est en place (en respectant bien les différentes étapes de la diversification, voir p. 246).

Enfin, nous vous encourageons à favoriser **les produits laitiers** à base de lait de chèvre ou de brebis, moins toxiques pour l'organisme que ceux fabriqués avec du lait de vache.

Le lait de vache

Certains bébés digèrent mal... Soyez donc attentif·ve à votre enfant et à ses réactions digestives. De plus, ce lait n'est pas adapté à nos besoins humains mais à ceux du veau qui développe en priorité ses muscles et ses os et non son système cérébral, contrairement au bébé humain.

Les glucides

Les glucides désignent **les sucres contenus dans les aliments** et sont importants car ils vont notamment apporter de l'énergie ainsi que des **vitamines du groupe B** si les féculents sont complets ou semi-complets.

Si la tolérance digestive de votre enfant le permet, il est préférable d'éviter les produits raffinés (qui contiennent des glucides) et de **favoriser les féculents semi-complets ou complets :** le riz semi-complet, la semoule semi-complète, le petit épeautre, le quinoa, le sarrasin, etc. Évitez les farines blanches et choisissez plutôt des farines semi-complètes ou complètes, en fonction bien entendu de sa sensibilité digestive. Ces aliments apportent des fibres essentielles au bon transit, un index glycémique bas ou moyen, ce qui favorise une énergie relativement constante, sans gros coup de fatigue, fringales, irritabilité, etc.

Le sucre rapide (sucre de table), que l'on trouve dans les gâteaux, les pâtisseries, les biscuits, les céréales du petit déjeuner ou les produits industriels en tout genre, n'a aucun intérêt nutritionnel à part faire monter la glycémie. Il augmente donc les hypoglycémies, une irritabilité, de la fatigue et une dépendance au sucre. **Pour votre bébé, plus tard vous introduirez le sucre de table, mieux cela vaudra pour lui !** Évitez au maximum le sucre pendant ses deux premières années, en dehors du sucre naturel des fruits par exemple. Lorsque vous préparez des desserts ou des goûters, commencez par **remplacer le sucre blanc par un sucre complet** (rapadura ou sucre de coco, etc.) qui a un pouvoir sucrant plus important (on en mettra donc moins) et contient des fibres et nutriments. Si vous aimez cuisiner, préparez des collations ou des desserts pour votre enfant, plutôt à partir de 3 ans. Ainsi, vous contrôlez mieux leur composition.

Les lipides

Ce sont les gras nécessaires au développement et au bon fonctionnement du système nerveux et cérébral (notamment les cellules et le cerveau) de votre enfant. Ils peuvent aussi agir comme des anti-douleurs naturels. De la naissance jusqu'à 3 ans, les lipides représentent 40 à 50 % des apports caloriques que doit recevoir l'enfant.

Les gras à favoriser sont les acides gras insaturés, les fameux oméga 3, 6 et 9 (voir p. 31).

Les oméga 3 et 6 occupent une place clé dans le développement des membranes cellulaires et un rapport déséquilibré entre ces deux oméga peut être néfaste pour l'organisme des enfants, notamment au niveau nerveux et cérébral. Privilégiez notamment les oméga 3, qui ont tendance à être sous-représentés dans l'alimentation occidentale.

Les huiles végétales crues de noix, de lin, de chanvre, de colza et de caméline contiennent des oméga 3. Elles se conservent au réfrigérateur à l'ouverture et ne se cuisent pas sous peine de perdre tous les oméga 3, il faut donc les ajouter dans l'assiette au moment de manger. Pour la cuisson, utilisez de l'huile d'olive (contenant des oméga 9) sans trop monter la température (à défaut, de l'huile d'avocat ou de coco vierge qui résiste plus à la chaleur).

L'équilibre acido-basique

Il correspond à une stabilité que nous devons conserver au sein de notre organisme entre acidité et alcalinité pour être en bonne santé. Le pH mesure cet équilibre entre 7,35 et 7,45. Au-delà, c'est l'alcalose (trop de bases dans l'organisme) et en dessous, c'est l'acidose (trop d'acides). Un équilibre rompu engendre des troubles plus ou moins graves : maux de tête, fatigue accrue ou troubles chroniques (douleurs articulaires, rhumatismes, problèmes ORL, de peau et digestifs, troubles de la circulation, engelures, baisse de moral…).

Aujourd'hui, 85 % des personnes seraient en acidose à cause notamment de la suralimentation en acides et acidifiants (plats préparés industriels, surconsommation de sucre…), de carences en micro-nutriments, du manque d'activité physique et d'élimination par la peau et les reins, du stress toujours plus présent (qui acidifie l'organisme), d'une mauvaise digestion, etc.

Les micro-nutriments

Les micro-nutriments sont, eux aussi, essentiels à l'alimentation des nourrissons et des jeunes enfants. Ils doivent être apportés dès le début de la diversification alimentaire.

Le fer

Le lait maternel a un taux d'absorption souvent très bon, d'environ 50 % et les laits infantiles sont enrichis en fer, les besoins en fer des bébés sont donc couverts. Mais à partir de la diversification, en général celui-ci diminue et il faut être attentif·ve (voir p. 28).

Attention

La bonne absorption du fer peut être limitée par un excès de calcium et par les protéines des œufs. En revanche, on sait que la cuisson des végétaux et la lactofermentation activent l'absorption du fer par l'organisme.

La vitamine D

Cette vitamine est essentielle pour la croissance osseuse des enfants, car elle permet l'absorption du calcium par l'organisme, ainsi que pour l'équilibre mental. Une carence peut favoriser des états de stress, d'anxiété et une baisse de moral.
Comme nous l'avons déjà évoqué (voir p. 26), la vitamine D est essentiellement fabriquée par notre peau sous l'action du soleil. Mais un enfant de moins de 12 mois ne doit jamais être exposé au soleil et à partir d'un an, il doit être protégé. De plus, de nombreux critères entrent en ligne en compte : la prématurité, la pigmentation de la peau, la quantité d'UV reçus (en fonction de la latitude, de la région, de la saison, de l'altitude, etc.). Il convient donc de **supplémenter votre bébé dès la naissance s'il est allaité et à partir de 6 mois s'il est nourri avec un lait infantile** (la gamme 1er âge est enrichie en vitamine D). Demandez conseil à votre médecin pour le bon dosage adapté à votre enfant.

Le calcium

Le calcium est un minéral particulièrement essentiel au développement osseux de l'enfant (voir p. 30). Un apport trop conséquent de calcium peut entraîner des soucis de santé comme la formation de calculs rénaux ou la calcification vasculaire. Dans la plupart des pays, les apports de calcium recommandés ont été abaissés. Mais en France, les recommandations nutritionnelles en calcium pour les enfants restent élevées. On sait également que le calcium est moins bien absorbé en cas de manque de vitamine D, d'excès de sel et de protéines animales dans l'alimentation.

La vitamine B12

La cobalamine, plus connue sous le nom de vitamine B12, est une vitamine essentielle pour la formation des globules rouges et pour le bon fonctionnement du système nerveux, surtout en phase de croissance. Un manque d'apport de vitamine B12 peut donc être grave ! Cette vitamine ne se trouve pas dans les végétaux, si votre enfant ne peut ou ne souhaite pas manger d'animaux (viande et poisson), il vous faut absolument le complémenter !
L'allaitement suffit à couvrir les besoins du bébé et les laits infantiles sont enrichis en vitamine B12. Une fois suffisamment diversifié et lorsqu'il consommera moins de lait (maternel ou infantile), en général **vers 9 ou 12 mois, pensez à supplémenter votre enfant en vitamine B12 s'il ne mange pas de viande ou de poisson.** Pour avoir les bons dosages spécifiquement recommandés pour votre bébé, orientez-vous vers votre médecin.

L'iode

L'iode est un minéral essentiel à l'organisme et notamment à la fabrication des hormones thyroïdiennes. **De 6 mois à 3 ans, les besoins en iode chez l'enfant sont très facilement apportés par les laits maternels et infantiles** (enrichis en iode).

> Quelques paillettes d'algues kombu chaque jour suffisent à combler les besoins en iode du jeune enfant quand il ne consomme plus ou peu de lait maternel ou infantile.

LES ALIMENTS **SELON L'ÂGE DE L'ENFANT**

La diversification alimentaire est une grande étape dans la vie du bébé et de ses parents. L'âge où un enfant est prêt pour cette étape n'est pas universel, chacun évoluant à son propre rythme.

Les portions dépendent de son appétit et varient grandement entre les enfants et d'un jour à l'autre. Il est important que l'adulte qui propose le repas respecte la faim de l'enfant. Savoir manger et respecter sa faim, en arrêtant quand on arrive à satiété, est un apprentissage important sur le long terme pour la **prévention du surpoids et de l'obésité**, et s'apprend dès le plus jeune âge. Cela favorise également un rapport sain à l'alimentation.

Les règles d'or de la diversification alimentaire

- **Le lait maternel ou infantile** doit rester le socle essentiel de l'alimentation jusqu'à 12 mois. Il est donc important qu'il ait assez faim pour boire son lait.
- **Le début de la diversification** se fait au plus tôt à 4 mois révolus de l'enfant s'il présente un intérêt très prononcé pour la nourriture, sinon elle se fait en général aux alentours de 6 mois (voir le tableau page suivante).
- Il s'agit d'une **véritable découverte sensorielle** et d'une exploration : laissez votre enfant découvrir les aliments à son rythme, ne le forcez pas, n'insistez pas trop non plus. S'il refuse un aliment, vous pourrez le lui proposer à nouveau quelques jours après. Les réflexes nauséeux ou les régurgitations peuvent se produire au début car la mastication et la déglutition s'apprennent au fur et à mesure.
- Proposez **un aliment à la fois en petite quantité** et le même sur trois jours au moins. Si vous introduisez un nouvel aliment, faites-le plutôt pendant le repas de midi.
- Proposez **des aliments bruts**, sans ajout (hors l'huile) de sel ou de sucre par exemple.
- **Respectez l'ordre de la diversification.**
- Le système digestif de votre enfant est encore immature, donc plus fragile et sensible : évitez de lui proposer des aliments trop agressifs pour lui comme les choux et salsifis (réservez-les pour plus tard).
- Soyez généreux sur **les apports en bon gras** (huiles végétales par exemple) et variez les huiles.
- **Soyez inventif·ve et créatif·ve** dans les textures, les saveurs, l'aspect des aliments que vous proposez à votre enfant.

Pour les parents inquiets de **savoir si leur bébé prend assez de liquide**, voici un moyen simple :

> Jusqu'à 12 mois, vérifiez que votre enfant mouille environ 6 à 8 couches par jour.

Comment nourrir son enfant lorsqu'il est malade et qu'il n'a plus d'appétit ? Beaucoup d'enfants malades n'ont plus d'appétit pour la nourriture solide et préfèrent le sein s'ils sont allaités. Ils ont alors besoin de plus de contact, de peau à peau avec leurs parents.

> Le lait maternel contient tout ce dont votre enfant a besoin et, dès qu'il ira mieux, il recommencera à manger normalement.

> Pour les enfants nourris au biberon, s'ils sont demandeurs du biberon à la place de la nourriture solide pendant leur convalescence, donnez-leur.

Introduction des types d'aliments selon l'âge de l'enfant

	AVANT 6 MOIS	6-7 MOIS	7-9 MOIS	9-12 MOIS	12-18 MOIS	18 MOIS - 3 ANS
Lipides	Huiles végétales crues (huile de colza, chanvre, lin, noix, caméline) + huile olive pour la cuisson Avocat	Purées d'oléagineux (noisettes, amandes complètes) à mélanger avec une bouillie ou compote	Purée d'oléagineux sur un morceau de pain (l'enfant doit pouvoir mâcher seul)	Oléagineux (amandes, noisettes, noix) concassés en petits morceaux		
Céréales	Sous forme de crèmes, bouillies (avec ou sans gluten)		Pain (semi-complet, au petit épeautre, avec ou sans gluten)	Porridge avec de l'avoine, semoule, amarante, polenta, graines de sarrasin cuites, quinoa pain semi-complet ou petit épeautre (l'enfant doit pouvoir mâcher seul)	Pâtes semi-complètes ou complètes, riz	
Fruits	Pomme, poire, banane, pêche, abricot, nectarine, coing, mandarine, clémentine, prune, raisin (attention)		fruits exotiques (ananas, litchi, mangue, fruits de la passion), fruits rouges, cerise, melon, orange, pamplemousse, pastèque, rhubarbe		Kiwi, kaki, fruits secs comme les raisins secs (en petites quantités et en surveillant pour éviter les fausses routes)	
Légumes	Carotte, pomme de terre, brocoli, courgette, courges, concombre, betterave rouge, potiron, potimarron, panais, haricots verts ou jaunes, tomate, cresson		Artichaut, choux (à part choux de Bruxelles), épinards, radis, salade, patate douce, champignons, endive, céleri branches ou rave, aubergine		Asperges, choux de Bruxelles, salsifis	
Protéines		Légumineuses dépelliculées (lentilles corail, pois cassés, pois chiches ou en farine pour faire de petites galettes) Viande, poisson, œuf Algues en petite quantité (paillettes ou petits bouts)		Réduits à base de soja : tofu, tempeh		Élargir le choix en laissant la priorité aux légumes secs dépelliculés

Les matières grasses

Lorsque vous diversifiez l'alimentation de votre enfant, **vers 6 mois**, privilégiez donc les bons gras et notamment les oméga 3. Pour un apport en suffisance, nous vous conseillons de lui donner :

> 1 cuillère à café d'huile végétale crue midi et soir (huile de noix, de lin, de chanvre, de colza, de caméline).

> Ou 1 cuillère à café de purée d'oléagineux (de noix, noisettes ou amandes complètes) par collation. Les oléagineux possèdent un fort potentiel allergène : surveillez leur introduction de près.

Vers 18 mois, vous pouvez aussi lui proposer des graines de chia. Ces graines sont de véritables bombes nutritionnelles, idéales pour les bébés végétariens et surtout végétaliens. En plus des oméga 3, elles contiennent de nombreux acides gras, du calcium (six fois plus que le lait de vache), du fer, des protéines. Les graines de chia sont aussi excellentes pour régulariser le transit.

> ½ cuillère à café de graines de chia dans les compotes, les soupes, les purées, les yaourts de votre enfant, 2 à 3 fois par jour.

À savoir

Le lait maternel contient 40 g de lipides par litre, qui se concentrent en fin de tétée pour chaque sein. Il est donc essentiel de ne pas écourter les tétées. Les laits infantiles contiennent cette même proportion de lipides.

Les céréales

Elles vont apporter des fibres, des minéraux, des oligo-éléments, des vitamines du groupe B... Elles participent pleinement à la croissance de votre bébé, lui apportent de l'énergie et sont importantes à son bon développement. Vous pouvez les introduire dès le début de la diversification alimentaire. Commencez par les crèmes de céréales précuites (par exemple la crème d'avoine précuite), qui ont le même aspect qu'une farine :

> Mélangez la crème d'avoine précuite avec de l'eau ou du lait infantile et ajoutez de la compote. Faites chauffer à feu doux jusqu'à obtenir la consistance souhaitée.

Les flocons (de riz, d'avoine, de quinoa, de châtaigne, etc.) peuvent aussi être présentés à votre enfant :

> Réduisez en poudre les flocons ou mélangez-les directement avec du lait infantile ou une boisson végétale à feu doux en tournant régulièrement pendant 5 à 10 minutes (servir tiède).

À partir de 7 ou 9 mois, vous pouvez de temps en temps ajouter un peu de purée de noisettes ou d'amandes complètes pendant la cuisson des flocons (attention à surveiller votre enfant car la noisette et l'amande ont un potentiel allergène assez fort).

Vers 9 mois, proposez-lui de la polenta, de la semoule, de l'amarante, des graines de sarrasin cuites, etc. Et **vers 12 mois**, un peu de pain, des pâtes, du riz... plutôt semi-complet que blanc et donc raffiné (à voir en fonction de la tolérance digestive de votre enfant).

Les protéines

Avant 6 mois, le bébé n'a absolument pas besoin d'un apport de protéines autre que celui apporté par le lait qu'il consomme.

Au moment de la diversification, les protéines sont apportées par la viande et le poisson :

> Proposez à votre enfant 1/2 à 1 cuillère à café de viande ou de poisson par jour, ou un jaune d'œuf cuit, puis entier quand son appétit augmentera.

Dès 6 mois et si vous voulez varier les sources de protéines pour votre enfant (ou s'il est végétarien ou végétalien), vous pouvez lui proposer du tofu :

> 2 à 4 cuillères à café de tofu par jour.

À partir de 9 mois seulement car elles sont un peu difficiles à digérer, introduisez les légumineuses :

> 2 à 4 cuillères à café de légumineuses par jour.

Pour une meilleure digestion, nous vous recommandons de faire tremper vos légumes secs une nuit dans une grosse quantité d'eau avec une cuillère à soupe de bicarbonate de soude alimentaire. Le lendemain matin, mettez les légumes secs dans une passoire, rincez à grande eau avant de faire cuire dans une eau bouillante (attention, le temps de cuisson sera légèrement diminué).

Les fruits et les légumes

Au début de la diversification, vous pouvez proposer les fruits et légumes :

> Faites cuire les fruits et les légumes à la vapeur douce puis mixez-les pour les réduire en une purée ou une compote fine.

Quand la diversification est bien en place et que votre enfant mastique et déglutit avec plus d'aisance, vous pouvez lui donner de petits bouts de fruits ou de légumes.

Pensez aux fruits et aux légumes riches en vitamine C, notamment pour les enfants végétariens (la vitamine C favorise l'absorption du fer) ou végétaliens : le poivron rouge, le persil, le brocoli, les myrtilles, les baies rouges, les agrumes...

La diversification menée par l'enfant

La DME (« diversification autonome » ou « diversification consciente ») vise à rendre l'enfant autonome dans son alimentation. L'enfant n'est pas nourri avec des purées ou des compotes servies à la cuillère mais avec des aliments solides (ne représentant pas de risque d'étouffement), il choisit ce qu'il veut consommer et il mange avec ses mains.

Si la DME vous intéresse, vous trouverez en annexe de plus amples détails sur sa mise en œuvre.

L'hydratation

Lorsque la diversification se met en place, votre enfant diminue peu à peu ses prises de lait maternel ou infantile. **Son hydratation baisse** même s'il consomme des fruits et légumes crus contenant de l'eau. Comme un enfant a souvent du mal à bien s'hydrater, il est essentiel de lui donner les bonnes habitudes dès le plus jeune âge :

> Laissez-lui un biberon d'eau toujours à disposition. Proposez-lui de boire régulièrement et tout au long de la journée, même une seule gorgée.

L'eau permet le bon fonctionnement de l'organisme et facilite notamment la digestion en luttant contre **la constipation**. Si votre enfant souffre de ce mal :

> Pensez à vérifier ses apports hydriques et à les augmenter s'ils sont insuffisants.

Un enfant qui a soif peut recevoir du lait maternel et de l'eau mais si l'enfant n'est pas allaité, on ne lui proposera pas de biberon supplémentaire en lait infantile. En effet, les calories supplémentaires ne sont pas utiles, il vaut mieux leur donner de l'eau.

LES CAS PARTICULIERS

Lorsque l'on consomme un aliment, parfois des effets indésirables se manifestent. Ces réactions alimentaires peuvent être dues à des allergies ou des intolérances. Il est important de faire la différence avec d'éventuels troubles alimentaires.

Allergies, intolérances et choix alimentaires

Les allergies alimentaires et les intolérances alimentaires sont très différentes.

L'intolérance alimentaire

Il s'agit d'une réponse physiologique du corps à l'ingestion d'un aliment mais sans rapport avec le système immunitaire. La réaction qu'elle provoque est due au fait que l'organisme est incapable de métaboliser un aliment ou l'un de ses composants, que ce soit dû à une caractéristique de l'aliment en question ou à une caractéristique propre à l'individu. On peut, par exemple, être intolérant à un sucre tel que le lactose ou à un composé pharmacologique comme la caféine. **Les symptômes de l'intolérance** sont essentiellement digestifs : douleurs abdominales, diarrhées, maux de tête ou éruptions cutanées… Pour les parents, il n'est pas toujours simple de distinguer l'intolérance de l'allergie !

L'allergie alimentaire

Comme toutes les allergies, c'est **une réaction du système immunitaire** à l'ingestion d'un aliment, normalement inoffensif. La réaction allergique, immédiate ou retardée, est plus ou moins grave (comme l'œdème de Quincke ou le choc anaphylactique pouvant entraîner la mort).

En cas d'allergie alimentaire, les anticorps réagissent au contact d'un allergène spécifique et provoquent la libération massive de médiateurs chimiques responsables de l'apparition de symptômes.

On considère qu'environ 6 à 8 % des enfants ont des allergies alimentaires. À elle seule, l'allergie aux arachides touche de 1 à 2 % des tout-petits. Dans la majorité des cas, l'allergie disparaîtra avant l'âge de 5 ou 7 ans. Pour certains allergènes, jusqu'à 80 % des enfants auront cette chance.

Les signes d'une allergie alimentaire peuvent se manifester soit presque instantanément, soit les heures ou les jours qui suivent l'ingestion d'un allergène : troubles digestifs (diarrhées à répétition, vomissements, constipation persistante, maux de ventre, etc.), perte de poids (ou gain de poids trop faible), retard de croissance, eczéma, urticaire, pleurs, irritabilité, difficulté à dormir, changement rapide de l'état général, asthme, difficultés à respirer, enflure des lèvres, de la langue et de la gorge.

Attention

Si vous constatez les signes d'une **réaction allergique grave** chez votre enfant, **contactez les urgences :**

- Son état général change rapidement de façon importante (irritabilité, somnolence, perte de connaissance…).
- Ses lèvres ou sa langue enflent.
- Il respire difficilement.
- Il vomit.

L'allergie alimentaire est l'une des causes les plus fréquentes de **l'anaphylaxie**, une réaction allergique rare mais sévère qui nécessite de bien la comprendre et d'y être préparé. Même de petites quantités d'aliments peuvent provoquer une réaction. Consulter votre médecin ou un allergologue est essentiel pour identifier les déclencheurs d'origine allergique et savoir si votre enfant présente un risque élevé d'anaphylaxie.

Que faire ?

Il est nécessaire de consulter un médecin si votre enfant risque de développer une allergie alimentaire, s'il souffre déjà d'une allergie alimentaire et/ou d'un eczéma important, d'urticaire, d'asthme ou d'allergie au pollen ou graminées, et s'il y a des antécédents d'allergie alimentaire ou autre allergie dans la famille. Un suivi conjoint entre un gastro-pédiatre et un allergologue semble alors important dès que les symptômes se présentent.

Bien sûr en cas d'allergie soudaine, consultez immédiatement un professionnel ou contactez directement le 15.

Les aliments mis en cause en cas d'allergie (et d'intolérance également) sont les protéines ou le sucre du lait de vache (lactose), les arachides, les oléagineux, les œufs, le sésame, le poisson ou produits de la mer, le gluten :

> Supprimez le ou les aliments qui posent problème (temporairement ou définitivement selon les cas et l'avis de votre pédiatre/allergologue).

> Et pensez à le remplacer dans l'alimentation de votre enfant pour lui éviter un manque d'apports nutritionnels.

L'exemple du gluten

Le gluten est l'un des constituants des farines de céréales panifiables tels que le blé, l'orge, le seigle, l'avoine, l'épeautre, le kamut et le triticale. Les protéines du gluten ont une structure spiralée et élastique qui rend les produits de boulangerie faciles à travailler (substance collante qui ne s'émiette pas), particulièrement moelleux, ce qui permet une bonne cuisson. Le gluten est présent dans presque tous les produits transformés et industriels et même parfois dans le chocolat, les bouillons, les aromates, les sauces, les fruits secs...

> Lisez les étiquettes et sélectionnez uniquement les produits certifiés sans gluten en attendant d'en savoir plus sur le diagnostic de votre enfant.

> Remplacez le gluten par le riz, le sarrasin, l'avoine certifiée sans gluten, le quinoa (certains, dont les malades cœliaques, peuvent ne pas le supporter), l'amarante, le millet, etc.

La maladie cœliaque

Il s'agit d'une maladie auto-immune chronique causée par l'ingestion de gluten. Elle engendre des lésions de la muqueuse intestinale en détruisant les villosités essentielles à l'assimilation des nutriments et à la transformation des aliments. On peut être intolérant au gluten sans être malade cœliaque.

Les symptômes d'une intolérance au gluten chez les enfants peuvent prendre diverses formes : des selles molles et fréquentes, des diarrhées associées ou non à des vomissements, un ventre ballonné, une perte d'appétit, une chute de la courbe de poids (voire de la courbe de la taille), parfois des troubles du comportement (nervosité, irritabilité et apathie). Si le diagnostic n'est pas posé rapidement, un état de dénutrition et de déshydratation peut survenir.

Des tests sérologiques sont souvent proposés pour mesurer le dosage des anticorps antigliadine. Mais pour être fiables, ces tests doivent être réalisés de façon précoce car l'enfant doit encore avoir une alimentation intégrant le gluten au moment de la prise de sang (ou arrêt depuis moins de 15 jours). La biopsie intestinale peut être aussi proposée et pratiquée sous endoscopie pour confirmer le diagnostic mais cela est rarement le cas chez les enfants. Enfin, **c'est l'observation clinique qui prime !**

> Observez attentivement votre enfant dans son état physique et psychique quand il consomme du gluten et quand il n'en consomme pas.

> Si les symptômes sont clairement moindres sans gluten, le pédiatre ou l'allergologue propose en général de le traiter par un régime d'exclusion et de voir avec le temps.

Le régime sans gluten est en réalité difficile à mettre en place car il requiert une attention de tous les jours pour traquer le gluten qui se cache dans presque tous les aliments ! Par la suite, avec l'accord du médecin et sous surveillance, de petites quantités de gluten peuvent être réintroduites dans l'alimentation de l'enfant.

Attention aux contaminations croisées !

Dans le cas d'une intolérance très forte ou d'une maladie cœliaque, il ne faut **absolument pas** que les aliments sans gluten soient mis au contact de gluten (via le couteau à pain, les miettes, la farine volatile, les cuillères en bois poreuses ou les éponges).
Une farine sans gluten peut en contenir des traces si elle provient d'un moulin produisant aussi des farines avec gluten et n'ayant pas mis un protocole strict pour éviter les transferts ! Achetez uniquement des aliments certifiés sans gluten.

Végétalisme et végétarisme

Le végétarisme désigne une alimentation qui exclut la consommation de chair animale (viande, poisson et produits de la mer) mais accepte celle des produits sous-animaux comme les produits laitiers (beurre, fromage, yaourt, crème...), les œufs, les produits de la ruche, etc. L'alimentation végétarienne est en très large majorité végétale puisqu'elle se concentre sur la consommation de fruits, de légumes, de légumineuses, de céréales, d'oléagineux, de graines, d'huiles végétales...
Il est tout à fait possible d'être végétarien[20] et de bien vivre sans être carencé ! Il vous faut juste apporter **une attention particulière aux apports d'iode, de fer, de calcium, de sélénium, de protéines, d'oméga 3, de vitamines B12 et D** (ces deux dernières sous forme de complément alimentaire, voir p. 26).
Ayez toujours **dans vos placards** : des légumes secs, des céréales (dont les pseudo-céréales quinoa et sarrasin riches en acides aminés essentiels), des huiles végétales crues, oléagineux, des graines, des algues déshydratées (ou fraîches) de qualité, des fruits, des légumes.
Si vous êtes inquiet·e pour votre enfant, n'hésitez pas à vous faire accompagner par un professionnel tel qu'un naturopathe, un diététicien ou un nutritionniste.

20 Fédération des végétariens de France : www.vegetarisme.fr

Le végétalisme est un mode d'alimentation qui ne comporte que des aliments d'origine végétale : légumes, fruits, légumineuses, graines, oléagineux, algues, huiles végétales.
Il faut dans vos placards les mêmes produits que pour les végétariens (voir ci-contre).
N'hésitez pas à vous faire accompagner par un professionnel si vous souhaitez ce mode alimentaire pour votre enfant. Attention aux risques de carence : surveillez les apports en fer, en protéines, en calcium, en oméga 3, en iode et en sélénium, et supplémentez bien votre enfant en vitamines B12 et D.

Les troubles alimentaires

Certains parents se sentent démunis au moment des repas quand leur enfant s'énerve, refuse de manger, recrache ce qu'on lui propose, se fait vomir... Ces moments peuvent alors devenir une source de stress et de tension familiale importante, et se transformer en véritable cauchemar. Il est naturel d'avoir peur que notre enfant ne s'alimente pas en suffisance et souffre de potentielles carences.

Les données à prendre en compte

La première des choses à faire en cas d'inquiétude sur l'alimentation de votre enfant est de **consulter un·e professionnel·le de santé** (pédiatre, médecin généraliste) qui évaluera les dangers potentiels et vous rassurera ou mettra en place un protocole pour résoudre le problème si nécessaire.
Les courbes de croissance dans le carnet de santé d'un enfant permettent au médecin d'évaluer leur évolution. Interpréter vous-même ces courbes peut vous inquiéter inutilement. Une courbe donne une moyenne (évaluée sur des milliers et des milliers de poids de bébés) et ne sert donc pas à montrer quel est le poids dit « normal » et celui dit « anormal ».
> Surveillez qu'il n'y ait pas de « cassure » dans les courbes de poids et de taille. Si c'est le cas, consultez un pédiatre ou médecin.

Rappelons que chaque enfant se développe de façon propre et donc pas forcément au même rythme que

les autres enfants. Ainsi, certains vont prendre rapidement du poids dans les premiers mois, puis plus ou très peu dans les mois qui suivent. À l'inverse, certains bébés peuvent prendre assez peu de poids au début et par la suite en prendre beaucoup.
Le développement dit « pathologique » répond à un certain nombre de critères établis par des examens réalisés par le corps médical. La seule observation des courbes de croissance ne suffit pas.
> Faire suivre régulièrement son enfant par un médecin permet de s'assurer que tout est normal.

Faites aussi le point sur ce que mange votre enfant. Pour mémoire, l'apport du lait maternel ou infantile est la base de l'alimentation de votre bébé jusqu'à l'âge de 12 mois. S'il mange peu lors de l'introduction de la diversification alimentaire mais que ses apports en lait sont normaux, il n'y a pas lieu de s'inquiéter. En revanche, **s'il mange peu ou pas et qu'il réduit sa consommation de lait maternel ou infantile sur une longue période**, il faut redoubler de vigilance. **Et si, en plus, votre enfant change de comportement**, s'il est fatigué, apathique, s'il pleure beaucoup, s'il dort en excès et ne réagit pas aux stimulations extérieures ou s'il perd du poids, consultez un médecin sans tarder.
Un enfant, comme tout mammifère, adapte naturellement sa nourriture à ses besoins propres. C'est le cas avec l'allaitement maternel (voir p. 123) et il en est de même avec l'alimentation solide. Diverses études ont montré que, dans le cas d'une alimentation où l'enfant mange ce qu'il veut (choix des aliments et quantité) et sans obligation, il ingère une quantité constante de calories, même s'il y a des variations importantes entre les repas. L'équilibre peut se faire sur une ou plusieurs journées.

Les erreurs à éviter

Ne forcez pas votre enfant à manger. Vous risqueriez de créer sans le vouloir un climat de tension anxiogène autour des repas.
L'estomac de votre bébé est tout petit. Une cuillère à café peut lui suffire largement au début, surtout s'il a bu du lait avant ! Une cuillère à café pour lui correspond à environ 125 grammes pour nous (soit un yaourt). Certains enfants boudent parfois le dessert, ce qui peut être tout à fait normal s'il a mangé un repas complet juste avant.
> Observez votre bébé : s'il tourne la tête quand vous approchez la cuillère de sa bouche ou s'il n'ouvre plus la bouche, c'est probablement qu'il est arrivé à satiété.
> S'il recrache ce que vous lui avez donné, ce n'est pas un caprice : il n'a tout simplement plus faim et son corps ne peut plus accepter d'aliments supplémentaires. Il s'agit d'un réflexe de survie normal.
Le chantage, la supplication, la tromperie, la ruse ou la force pour le faire manger est à éviter absolument. En réaction, soit il mange plus qu'il ne voudrait (et pourrait normalement), soit il se bloque complètement.

À savoir

Ne pas écouter la satiété de son enfant, ne pas respecter son rythme propre peut, à la longue, influer sur sa confiance en lui, créer un trouble alimentaire et le déconnecter de ses sensations physiques.

Il est aussi important de **ne pas créer une hiérarchie dans les aliments.** Si vous mettez certains types d'aliments tout en haut de la pyramide (les gâteaux, les biscottes, un bout de pain) en disant à votre enfant : « Si tu finis ton assiette, je te donne une biscotte », encore une fois vous n'écoutez pas sa satiété, ne respectez pas son rythme individuel et risquez de créer une envie qui s'installera dans le temps. On sait aujourd'hui que **les enfants développent un intérêt prononcé pour les aliments qu'on ne les laisse pas (ou peu) manger.**

Les différents troubles alimentaires

On parle de trouble alimentaire quand un enfant est incapable ou refuse de consommer des quantités ou un type d'aliment nécessaires pour assurer une alimentation adaptée à son bon développement physique et psychique. Plus rarement, certains enfants peuvent manger en excès certains aliments.
Les complications consécutives à un trouble de l'alimentation sont diverses. Elles peuvent être :
- Bénignes : quand certains repas sont « sautés » ou sont très (trop) légers avec des comportements conflictuels lors des repas.

- Pathologiques : quand l'enfant a un comportement de refus face à certains types d'aliments.
- Graves : il s'agit des cas de malnutrition, avec un refus de manger qui mène à une dépendance envers l'alimentation par sonde naso-gastrique (alimentation artificielle).

Il existe divers troubles alimentaires comme :

Les troubles du comportement alimentaire restrictifs ou évitants (TCARE) : ils sont la conséquence d'un manque d'intérêt pour la nourriture, d'un faible appétit ou d'une phobie (provenant d'un étouffement, d'une réaction allergique ou d'une gastro-entérite...), des conflits à table ou d'une alimentation sélective de longue date (refus de certains types ou textures d'aliments).

Les troubles de l'oralité alimentaire (ou « troubles alimentaires pédiatriques », TAP) : leurs causes ne sont pas toujours bien identifiées. Ils sont peut-être dus à des freins de langue restrictifs et concernent plutôt les bébés nés prématurément, les enfants souffrant de reflux gastro-œsophagien (RGO), de troubles ORL, d'allergies ou d'intolérances alimentaires, des enfants ayant eu un muguet, une mycose buccale ou un traitement invasif par la bouche. Ils concernent parfois aussi ceux ayant reçu provisoirement une alimentation artificielle pour raison médicale, les enfants souffrant d'un handicap ou d'une maladie génétique (voir « Les troubles de l'oralité » en annexe).

L'anorexie, la boulimie ou l'hyperphagie, la malnutrition...

Les causes

Les causes des troubles de l'alimentation sont variées et peuvent s'expliquer par un certain nombre de facteurs biologiques et environnementaux qui interagissent.

Les facteurs biologiques correspondent aux expériences précoces de procédures ou de traitements médicaux : une hospitalisation précoce ou chronique, des problèmes médicaux qui rendent l'alimentation douloureuse, des expériences traumatisantes (réaction allergique, étouffement, etc.). L'enfant peut continuer de refuser de s'alimenter même lorsque la condition médicale douloureuse est traitée. Il n'a donc pas l'occasion de s'entraîner à s'alimenter et ne développe pas les habiletés nécessaires pour s'alimenter.

Le refus de manger peut donc être grave pour le développement de l'enfant (à bien différencier avec le fait de ne pas vouloir manger certaines choses ou de moins manger de façon ponctuelle).

Les facteurs environnementaux tiennent compte notamment des personnes qui entourent l'enfant. Ainsi, un parent insistant ou obligeant son enfant à manger, utilisant le chantage, la ruse, la cajolerie ou la force, peut parfois aggraver le problème sans le vouloir.

Les signes

À partir de 6 mois, un enfant qui perd du poids, qui n'en prend pas, qui ne grandit pas ou plus doit vous alerter et vous conduire à demander un avis médical. La façon dont un enfant se comporte devant la nourriture dans différentes situations peut aussi vous indiquer un problème plus grave notamment si les comportements restrictifs sont de plus en plus enracinés à la maison et se transportent ailleurs qu'à la maison.

La prise en charge

Puisque les troubles alimentaires peuvent avoir de graves conséquences sur la santé, il est essentiel de voir un professionnel de santé si des comportements alimentaires restrictifs ou évitants apparaissent. L'urgence sera d'abord de **stabiliser le patient sur le plan médical** puis de **proposer une thérapie familiale**. Celle-ci exige une participation et une détermination actives des parents qui, avec l'aide d'un thérapeute, doivent reprendre le plein contrôle sur la préparation et la supervision des repas. D'autres thérapies peuvent aussi vous être proposées.

Le TDAH

Le « trouble déficit de l'attention avec ou sans hyperactivité » (TDAH) est un problème du neurodéveloppement qui entraîne souvent un handicap sévère et persistant résultant de niveaux élevés d'inattention, d'activité et de comportements impulsifs. Pour plus d'informations, voir en annexe.

STIMULER LES SENS POUR UNE ALIMENTATION PLUS SEREINE

L'alimentation est essentielle pour le bon développement de votre enfant, et ce tout au long de sa vie. Mais ce n'est pas tout. Beaucoup de choses se jouent à table dans l'histoire d'une famille...

En créant autour de la table un climat détendu où chacun peut s'exprimer librement et se sent écouté et respecté dans ses besoins, l'alimentation devient plus sereine pour tout le monde.

Intégrer les enfants dans la cuisine

Créer un climat serein passe avant tout par le respect de votre enfant en tant qu'individu. Lui montrer qu'on respecte sa faim, et donc ses besoins, est essentiel dans la construction de son identité et de sa confiance en lui. Il se connecte à lui-même et apprend que ses besoins ont une valeur qui est reconnue au sein du foyer.

Si communiquer de façon non violente et consciente entre tous les membres de la famille est essentiel pour favoriser une alimentation plus sereine et saine, le fait de **stimuler les sens de votre enfant** l'est tout autant. Par exemple,

> Quand il est en âge de s'exprimer, associez-le au choix des menus (ou de certains menus, par exemple une fois par semaine). Cette collaboration lui donne une vraie place dans la famille.

> Adaptez-vous à votre enfant en fonction de son âge et de son rythme : les petits peuvent vous regarder cuisiner, et peu à peu participer à des tâches adaptées (vous passer les légumes, puis plus tard les laver, etc.).

> Organisez l'environnement pour qu'il puisse vous aider facilement et de façon sécuritaire (le mettre à hauteur sur une tour Montessori par exemple ou vous mettre à sa hauteur sur une petite table).

Le toucher

Dès que votre enfant est capable de tenir quelque chose dans sa main, n'hésitez pas à lui faire toucher les légumes ou les fruits que vous préparez pour le repas (en surveillant bien entendu, on ne laisse pas un nourrisson seul avec un aliment dans les mains).

> Toucher la texture de différents aliments procure à l'enfant des sensations différentes...

> Vers l'âge de 3 ans, laissez les ingrédients en libre accès pour qu'il puisse les toucher, les sentir voire même croquer dedans librement.

> Emmener votre enfant au marché lui permet aussi de s'habituer aux différents aliments. Faites-le participer au choix des produits.

La vision

Stimuler la vision de votre enfant est aussi intéressant pour son alimentation. Un enfant (surtout quand il est petit) observe beaucoup ses parents et les gens qui l'entourent. C'est en les observant attentivement et régulièrement qu'il se construit et développe certaines facultés.

> Laissez des fruits et légumes dans une corbeille sur la table afin qu'ils soient toujours visibles et qu'il puisse les identifier tranquillement.

> Soignez la présentation des assiettes pour lui donner envie de manger ce que vous avez préparé. Un plat présenté de façon originale et soignée met plus en appétit que s'il est mal présenté !

> Installez votre enfant près de vous quand vous cuisinez afin qu'il puisse observer ce que vous préparez.

L'odorat

L'odorat est aussi primordial à mettre en avant avec votre enfant. N'hésitez pas à lui faire sentir des aliments, même quand il est tout petit.

> Faites-lui sentir des aromates qui ont une odeur assez prononcée. Froissez entre vos doigts de la menthe, de la mélisse, du thym, du romarin, de la lavande, etc. puis approchez vos doigts du nez de votre petit.

> Vos plats ont tous une odeur différente : faites-les-lui sentir aussi.

> Et sentez vous-même devant votre enfant ce que vous cuisinez.

Le goût

Stimuler le goût permet aussi de construire et d'apporter de la diversité dans la palette gustative de votre enfant.

> Autorisez-le à goûter tout ce que vous êtes en train de préparer, même en cours de préparation (et à la condition que cela soit sécuritaire pour lui).

> Laissez-le lécher ses doigts quand il cuisine avec vous.

> Faites-lui aussi goûter différentes saveurs comme le sucré avec les fruits, le salé avec des algues, de l'acide avec les agrumes, de l'amer avec du cacao. N'oubliez pas de nommer les aliments.

Et l'audition ?

Il paraît plus délicat de favoriser une alimentation sereine et saine en stimulant l'audition... et pourtant celle-ci participe aussi à l'éveil culinaire de votre enfant. Écoutez le bruit des aliments en bouche pour savoir si ça craque, si ça croustille, si c'est dur ou mou, etc.

Questions récurrentes autour de la diversification

Comment faire manger des légumes à mon enfant ? Présentez-lui des légumes le plus tôt possible, cuisinez devant lui, allez au marché ensemble, laissez les légumes visibles et travaillez sur la présentation :

> Faites des spaghettis de légumes, découpez des formes ludiques (par exemple des étoiles de courgettes avec un emporte-pièce).

Mettez des légumes dans les jus :

> Mélangez de l'eau, des épinards et de la banane pour obtenir un jus vert mais hyper-gourmand)

Mettez-en dans les gâteaux, quiches, tartes, gratins :

> Faites des gâteaux à la courgette, à la patate douce, à la carotte... ou des mousses au chocolat à l'avocat.

N'hésitez pas à soigner la décoration de vos assiettes en utilisant les légumes :

> Improvisez des cheveux de carottes (avec des carottes râpées ou des bâtonnets) à un bonhomme de courgettes, etc.

Commencez par de petites quantités puis augmentez au fil du temps.

Comment lui faire manger des légumineuses ?

Achetez des pâtes de légumineuses, comme des pâtes de lentilles corail (en fonction de l'âge des enfants).

Utilisez des farines de légumineuses (en mix avec d'autres farines).

En fonction de l'âge de l'enfant :

> Mettez des haricots rouges dans le chili con carne ou dans sa version sans viande, ajoutez des lentilles dans une version végétale du parmentier, etc.

Il existe également des recettes sucrées avec des légumineuses.

Comment lui faire manger des fruits ?

Présentez-lui des fruits le plus tôt possible, cuisinez devant lui, allez au marché ensemble, laissez les fruits visibles et travaillez sur la présentation :

> Faites des spaghettis, des billes, des étoiles avec les fruits.

> Proposez des compotes de couleur : rose, verte, rouge, orange...

> Préparez des smoothies ou des glaces/sorbets maison, etc.

Comment lui faire manger des oléagineux (fruits à coque) ?
Donnez-lui sous forme de boissons végétales (lait de noisette, d'amande...) enrichies en calcium et utilisez-les dans vos préparations sucrées :

> Préparez la pâte à crêpes avec une boisson végétale.

Vous pouvez aussi utiliser les purées d'oléagineux (purée de noisettes, d'amandes complètes) dans la pâtisserie, pour faire des tartines ou dans des sauces pour des plats. Les oléagineux se consomment aussi sous forme de poudre notamment dans la pâtisserie crue (pâte à gâteaux crue, boules d'énergie, etc.).

Comment faire boire mon enfant s'il s'hydrate peu ?

> Proposez-lui régulièrement à boire.
> Montrez l'exemple.
> Achetez une belle gourde pour votre enfant et laissez-la accessible.
> Faites des soupes, des compotes, des bouillies, des porridges, des légumes, des crudités, des fruits à la croque (pastèque, melon, pomme, etc.).
> Incitez-le à boire de temps en temps avec une paille en aluminium.
> Proposez-lui de mettre une gommette sur une feuille ou un carnet à chaque prise d'eau.
> Et laissez parler votre imagination !

Comment lui faire accepter les morceaux ?
Allez-y très progressivement, ne vous énervez pas et ne le forcez pas. Il n'est peut-être pas encore prêt, attendez un peu et essayez à nouveau plus tard.
Mettez-en moins et en plus petits bouts, puis augmentez au fil du temps.
Si cela persiste, demandez conseil à un professionnel de santé et assurez-vous qu'il ne s'agisse pas d'un trouble de l'oralité (voir plus haut).

Mon enfant mange toujours la même chose et refuse la nouveauté. Que faire ?
Continuez à proposer de nouvelles choses en plus du reste dont il a l'habitude.
Pensez à soigner la présentation, la couleur de l'assiette, cuisinez avec ou devant lui, faites-lui choisir les aliments.
Ne vous énervez pas et ne forcez pas votre enfant, ce serait contre-productif.
Si cela persiste, demandez conseil à un professionnel de santé et il s'agit peut-être d'un trouble de l'oralité (voir plus haut).

PARTIE 8

Papa, maman, **maintenant je suis grand·e !**

DE 1 À 3 ANS

LE DÉVELOPPEMENT DE L'ENFANT APRÈS 1 AN

L'objectif principal de chaque parent est d'apporter à son enfant tout ce dont il a besoin pour grandir, et aussi l'accompagner pour qu'il devienne un adulte responsable, généreux et attentif aux autres. Et le but est donc de réussir ce grand exploit tout en continuant de se respecter soi-même !

En une année, l'enfant a fait d'énormes progrès tant au niveau moteur que cognitif. Il se déplace maintenant à sa manière. Alors que certains privilégient encore le quatre-pattes, d'autres commencent à se tenir debout à la recherche de leur équilibre. Du point de vue de la motricité fine, votre enfant est capable de tourner les pages d'un livre et de passer des objets d'une main à l'autre. Sur le plan cognitif, il comprend les « consignes » simples et devient de plus en plus efficace dans sa communication. C'est l'heure des premiers mots, initiés bien souvent par « papa » (le « p » de papa est plus facile à prononcer que le « m » de maman) et votre enfant pointe du doigt en direction de l'élément qu'il souhaite montrer ou vous tend les objets. C'est aussi le moment des câlins, qu'il adore autant donner que recevoir.

Les principales étapes

Bien qu'il existe des grilles développementales qui permettent d'évaluer de possibles « retards » au niveau neuromoteur chez l'enfant, ayez en tête que chaque enfant a son propre rythme de croisière ! Le cerveau, fonctionnant par économie d'énergie, ne lance pas tous ses programmes de développement en même temps. C'est pour cette raison que certains enfants parlent ou marchent avant les autres. Ne vous laissez pas avoir par la pression sociétale qui déclare « qu'un enfant doit savoir faire ça à tel âge », ce n'est pas vrai ! Cependant, si vous avez un doute, si vous percevez « quelque chose », n'hésitez pas à en faire part à votre médecin traitant ou votre pédiatre.

Important

En tant que parent, il est important de se faire confiance et de persévérer si vous avez un ressenti, un doute sur le développement de votre enfant. Ne restez pas seul·e·s, et n'hésitez pas à consulter plusieurs médecins.
C'est l'attitude adoptée par Lise, la maman de la petite Rachel, atteinte de paralysie cérébrale, dont nous vous invitons à lire le témoignage page 204.

L'acquisition de la marche libre

L'acquisition de la marche libre ou libérée[1] dépend du développement de la motricité globale. Elle s'acquiert **entre les 9 et 20 mois** de l'enfant (la fourchette est large !). Pour apprendre à marcher, un enfant doit avoir développé les grands muscles de son tronc et être prêt affectivement (voir p. 120). L'acquisition de la marche lui donne la possibilité de se rapprocher de façon autonome de ses parents, mais aussi de s'en éloigner pour explorer l'environnement.
De la même façon que pour l'accompagnement d'un bébé dans son développement moteur, **le choix de la**

1 « Tout comprendre du développement psychomoteur de l'enfant », Marion Leuger (psychomotricienne), podcast La Matrescence, clementinesarlat.com

motricité libre est largement conseillé. C'est à l'enfant de découvrir naturellement l'ancrage de ses pieds au sol couplé à l'élévation de son centre de gravité. Pour cela, il faut qu'il ait confiance en lui. En effet, la position du quatre-pattes lui permet de se déplacer en gardant une grande surface de contact avec le sol. En revanche, pour la marche, **il doit faire confiance à la petite surface de ses plantes de pieds !** Pour l'aider dans le déplacement de son centre de gravité (situé au niveau du sternum chez un individu verticalisé) :

> Mettez à sa disposition un chariot de marche (ou tout autre objet pouvant en faire office). Il peut ainsi expérimenter la position verticale.

Accompagné des encouragements et de l'amour de ses parents, il gagne peu à peu en confiance, parvient à se tenir debout sans appui et à amorcer la marche libre.

Comme pour toute étape de développement, il peut être **contre-productif de tenir les mains d'un enfant pour l'aider, voire l'inciter à marcher** : les mains généralement tendues vers le haut, l'enfant enregistre cette information plutôt que se concentrer sur l'ancrage de ses pieds au sol. Tous les enfants marchent un jour ou l'autre, le rôle des parents n'est pas de les précipiter mais bien de les accompagner avec douceur et bienveillance.

À savoir

Pour les premiers pas, les pieds nus sont la meilleure solution pour le bébé : il découvre plus facilement la sensation du sol sous ses pieds, et sa stabilité, sa coordination ainsi que le développement de sa force musculaire s'en trouvent améliorés. Par la suite, privilégiez les chaussons en cuir souple, bien ajustés pour qu'il ne glisse pas.

En cas de doute sur le bon déroulement de cette étape chez votre enfant :

> Prenez contact avec un·e psychomotricien·ne pour un bilan de ses capacités neuromotrices.

> Faites réaliser un bilan visuel et auditif. Ces facultés sont à prendre en compte pour le bon développement moteur de l'enfant.

> Une fois la marche acquise, si vous en avez la possibilité, consultez un·e ostéopathe pour détecter des contraintes corporelles ou des phénomènes de compensation dus à une éventuelle « mauvaise » posture.

En route vers l'aventure !

Entre 18 et 24 mois, quand l'enfant est bien à l'aise avec la marche, il est capable de gérer un autre objet, comme **la draisienne**. Choisissez un modèle à sa taille, ses pieds doivent être totalement en contact avec le sol (et non sur la pointe des pieds).

À partir de 2 ans, un enfant aime passer son temps à grimper et à escalader tout ce qui se trouve à sa portée. Il s'agit d'un besoin fondamental qui apparaît comme une vraie étape de développement. Une fois la marche et l'équilibre maîtrisés, ces nouvelles activités lui permettent de découvrir son tonus musculaire, de jouer avec ses appuis et de tester la notion d'éloignement du centre de gravité par rapport au sol. C'est pour cette raison que les enfants passent leur temps à remonter les toboggans ! N'hésitez pas à favoriser ces nouvelles découvertes motrices en aménageant l'environnement.

> Créez un parcours de motricité sécurisé à l'aide de coussins et de fauteuils…
> Remplissez d'anciens bidons de lessive avec un peu de sable ou de liquide que votre enfant peut essayer de soulever ou de pousser sur le sol.

La « propreté » ou le contrôle des sphincters

L'acquisition de la propreté[2] est une étape majeure dans le développement de l'enfant. **Entre 2 ans et demi et 3 ans**, il est en mesure de contrôler ses sphincters (via les nerfs moteurs) quand il ressent l'envie d'aller aux toilettes (via les nerfs sensitifs). Il s'agit d'une étape du développement psychomoteur, qui dépend de la maturité physique et émotionnelle de l'enfant, et non d'un apprentissage.
Pour qu'il accède au contrôle de ses sphincters, l'enfant doit être prêt dans son corps et dans sa tête. Le rôle de l'adulte est de l'accompagner vers l'autonomie, en le laissant se connecter à ses différents ressentis. Quand il est prêt, il sent l'envie d'uriner ou d'aller à la selle, et en réponse, il contrôle ses sphincters.
> N'interférerez pas dans ce processus. Soyez présent·e et totalement à l'écoute de votre enfant, avec amour et confiance en lui.

Proposer le pot à des heures fixes, ou les toilettes lorsqu'il n'en a pas besoin, entraîne chez l'enfant la notion de contrôle des sphincters à la demande de l'adulte, et non afin d'assouvir son propre besoin. De son côté, l'enfant doit se sentir prêt à grandir. Il est d'ailleurs assez fréquent de voir un enfant retirer de lui-même ses couches lorsqu'il est prêt…

À savoir

Les sphincters sont des muscles qui entourent certaines ouvertures naturelles de l'organisme : ici nous nous intéressons au sphincter de l'anus et de la vessie. Les sphincters permettent l'ouverture et la fermeture des conduits.

Conseils pour accompagner votre enfant vers l'acquisition de la propreté :
> Faites-lui confiance car il aura naturellement envie et besoin de devenir autonome.
> Observez les signes de la maturation neuromotrice : un enfant mature est capable de monter l'escalier en alternant ses deux jambes, ou de descendre et remonter son pantalon seul.

Un enfant pense que son corps est une seule et même chose. Voir ses selles se séparer de son corps puis tomber au fond des toilettes peut être très effrayant pour lui :
> Respectez son rythme de maturité psychique et expliquez-lui que son corps peut être comparé à un contenant, qu'il peut le remplir avec la nourriture et le vider par ses déchets organiques (accompagnez cette compréhension par des activités manuelles de transvasement).
> Respectez l'intimité de l'enfant.
> Accompagnez-le par la parole et nommez les différentes parties de son corps. Aidez-le à apprivoiser différentes matières en proposant des activités pédagogiques avec manipulation de sable, de pâte à modeler, de fluides…
> Mettez son pot à disposition et laissez-le jouer avec.
> Lisez-lui des livres sur le sujet de l'acquisition de la propreté.
> Habillez-le avec des vêtements faciles à enlever et à remettre.

Rentrée scolaire et « propreté »

Depuis 2019, l'école est obligatoire à partir de 3 ans et certains établissements mettent la pression aux parents (et donc aux enfants !) en déclarant qu'elles n'acceptent pas les enfants avec des couches. Mais selon l'article L113-1 du code de l'éducation et le texte de loi du 11 février 2005 pour l'égalité des droits et des chances, votre enfant peut tout à fait être inscrit et aller à l'école à partir de 3 ans qu'il porte des couches ou non !

2 « L'acquisition de la propreté », Rhitta Ezzroura (éducatrice DE et sophrologue, spécialiste de l'accompagnement éducatif et familial), créatrice du podcast Parentali'clés (épisode 32).

L'hygiène naturelle infantile (HNI)

Dans la continuité des pratiques du parentage proximal, il est possible de se lancer dans l'hygiène naturelle infantile qui consiste à reconnaître chez un bébé les signes associés au transit. Une fois repérés, dès que les parents soupçonnent l'arrivée de selles ou d'urines, ils peuvent emmener leur enfant dans le coin d'aisance. L'hygiène naturelle infantile est beaucoup pratiquée dans les endroits du monde où l'on n'a pas forcément accès aux couches et où la vie se passe majoritairement à l'extérieur. À force de porter leur bébé contre elles, certaines mamans sont ainsi capables de déceler leurs mouvements intestinaux.

Il n'existe aucune contre-indication à cette pratique pour l'acquisition de la propreté. Les parents ayant mis en place l'HNI avec leur bébé doivent se rendre très disponibles (attention à la surcharge mentale !).

De la même façon que pour la propreté en journée, celle de la nuit ne s'effectue que lorsque l'enfant est prêt. Dans certains cas, elle arrive de façon concomitante avec celle du jour, mais il faut parfois plus de temps. Tout dépend du rythme de l'enfant et de son intérêt à vouloir enlever les couches pour la nuit.

Soyez patient·e, encouragez-le et faites-lui confiance… À part un problème particulier, plus aucun enfant ne porte de couche à 18 ans !

Et du point de vue du comportement…

Il est fascinant d'observer que chaque enfant traverse des phases de développement qui sont propres à chaque tranche d'âge ! Nous avons vu qu'à partir de 1 an nos bambins sont de véritables petits explorateurs en herbe et que, pour ça, ils ont besoin du soutien, de l'encouragement et de l'amour de leurs parents. Plus un enfant crée un lien d'attachement fort avec eux, plus il se sent en sécurité pour aller découvrir le monde. À cet âge, c'est aussi le moment des tempêtes émotionnelles. Comme évoqué plus haut (voir p. 213), **jusqu'à 5 ans, les caprices n'existent pas** car les enfants n'ont pas la capacité cérébrale de manipuler leur entourage. Par contre, comme toute personne vivant dans un monde non adapté en permanence à la satisfaction de ses besoins, l'enfant expérimente régulièrement **la frustration.** Son lobe temporal, siège de la gestion des émotions, n'étant pas encore mature, il n'est pas en mesure de se raisonner lorsqu'une vague émotionnelle le submerge. Face à ces « crises », le positionnement des adultes doit rester constant : accompagner l'enfant avec amour et bienveillance, comprendre ses besoins (souhaités ou non satisfaits), les entendre, mettre des mots sur les émotions qui le traversent et essayer de l'aider. Quand l'enfant est en crise, son cerveau est inondé par les hormones de stress qu'il n'est pas capable de contrôler. Il est alors nécessaire de le « contenir » dans vos bras, en le rassurant afin de déclencher une sécrétion d'ocytocine, l'hormone de l'amour. Celle-ci participe alors à calmer l'enfant et à faire passer la tempête émotionnelle.

Quelques conseils pour aider son enfant à traverser les tempêtes émotionnelles :

> Mettez-vous à son niveau : accroupissez-vous pour l'écouter !

> Aidez-le à identifier le besoin non satisfait qui a déclenché la « crise ».

> Accueillez les pleurs et les cris en ouvrant vos bras à votre enfant.

> Respirez ensemble afin de faire redescendre la tension.

Si vous n'arrivez pas à garder votre calme face à ces tempêtes (ce qui peut arriver, tous les parents n'ont pas la même disponibilité et la même patience tout le temps…) :

> Attendez que la crise se termine.

> Discutez ensuite avec votre enfant, excusez-vous de n'avoir pas pu réagir ni pu l'accompagner correctement. En vous positionnant ainsi, vous lui apprenez que tout le monde peut faire des erreurs et qu'il est possible de les corriger.

En général, entre 1 et 3 ans, l'enfant passe par les différentes **phases caractéristiques de son développement** (Filliozat, 2011) : l'opposition, le « non », le « pourquoi » (répété de façon incessante), les gros mots, le « je veux faire tout·e seul·e »… Accompagnez-le avec bienveillance et gardez à l'esprit que tous les enfants passent par ces phases. Écoutez-le et

répondez sans l'infantiliser. À cette période, il a besoin de repères, de comprendre et d'être entendu. Pour l'enfant, ses parents sont des référents.
La période du « pourquoi », qui peut être longue et stimulante à la fois, donne l'occasion de découvrir en famille de nouveaux concepts. Vous allez parfois être confronté·e·s à des questions auxquelles vous n'aurez jamais réfléchi. C'est donc le moment de partir ensemble à la recherche de ces nouvelles informations !

Améliorer la relation parent-enfant

Pour les parents, réussir à créer un équilibre entre la vie familiale et la vie professionnelle, d'une part, et retrouver une place à part entière en tant qu'individu, d'autre part, est parfois compliqué. De plus, cet équilibre est souvent perturbé par les schémas sociétaux et les parents peuvent aussi être un peu « piégés » par leurs propres constructions.
En France, au sein d'un couple hétérosexuel, la responsabilité d'élever un enfant repose encore principalement sur la mère qui fait le choix de travailler ou non et de moduler son temps de travail si nécessaire (Gueguen, 2015). Certes, de plus en plus de pères s'impliquent auprès de leurs enfants, mais ils sont loin d'être majoritaires ! Ce sont donc elles qui supportent quotidiennement la « charge mentale » par le fait de devoir penser à tout, de se préoccuper quotidiennement des tâches ménagères, domestiques et éducatives, ainsi que de la santé des membres de la famille[3].

> Prenons le temps de repenser la place de chacun au sein du couple et de mettre en place des actions pour rééquilibrer le quotidien et la répartition des relations avec les enfants.

3 Blogueuse et illustratrice, Emma met en lumière le concept de charge mentale à travers ses dessins et dans ses bandes-dessinées (Emma, 2017 et 2019).

À savoir

D'après une étude menée par l'Observatoire français des conjonctures économiques, en 2021, moins de 1 % des pères ont pris un congé parental à temps plein après la naissance de leur enfant…

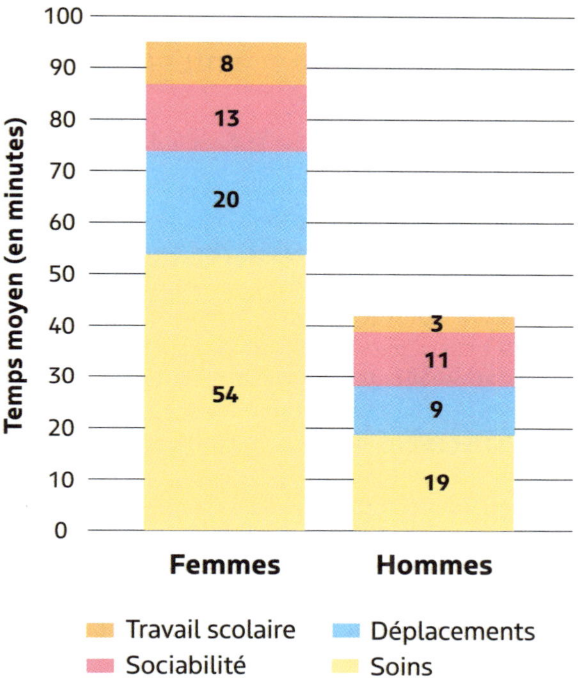

Le temps consacré par les parents à échanger avec leur enfant est très court : le temps parental moyen par jour pour une femme est de 95 minutes et de 42 minutes pour les hommes (voir le graphique). Ce temps très court consacré aux enfants est incompatible avec le développement d'une relation de qualité entre les parents et leur enfant.

Par ailleurs, il est intéressant de noter que les enfants (de 3 à 17 ans) passent en moyenne 3 heures par jour devant les écrans[4]. Ils passent donc plus de temps en contact avec des écrans qu'en relation directe avec leurs parents…

Rien d'étonnant à ce que certains se sentent « dépassés » par leur enfant qu'ils ne comprennent pas ! Et de son côté, l'enfant peut avoir du mal à développer l'empathie lorsque ses modèles sont plus « virtuels » que réels. Il paraît donc urgent de rééquilibrer ces données et de trouver des moyens d'augmenter les temps de disponibilité et d'échange.

Pour son développement, l'enfant a besoin d'être en relation avec ses parents. Les contacts physiques (câlins, bisous…) sont essentiels pour que son organisme fasse le plein de bonheur.

> Un temps partagé de qualité avec votre enfant est indispensable pour l'entretien d'une bonne relation et pour accompagner son épanouissement au fil des années.

4 « Effets de l'exposition des enfants et des jeunes aux écrans », rapport du Haut Conseil de Santé Publique, 2019 (www.hcsp.fr).

S'ADAPTER ET SÉCURISER L'ENVIRONNEMENT

L'enfant continue de grandir et de se développer. Il explore maintenant l'environnement, ce qui demande aux parents de s'adapter encore.

Pendant la première année, la relation à l'autre est une préoccupation importante pour le bébé. Même s'il ne saisit pas le sens des mots, il comprend qu'on s'adresse à lui et s'imprègne du langage. Ce « bain de langage », comme l'appelle Aurélie Desnos, puéricultrice en Ille-et-Vilaine, est à favoriser au maximum, au même titre que la motricité libre. À partir d'un an environ, la découverte de son environnement par l'enfant vient maintenant s'ajouter à ces apprentissages.

L'environnement de l'enfant

Votre enfant commence à se déplacer, vous allez devoir adapter son environnement pour qu'il évolue de manière « sécure » et qu'il puisse découvrir, expérimenter et s'y épanouir tout simplement. Organiser l'environnement permet aussi de ne pas prononcer un « non » systématique quand il veut toucher un objet.
La curiosité du bébé fait partie de son apprentissage.
> Énoncez clairement et régulièrement ce qu'il lui est possible de faire et ce qui ne l'est pas (pour des raisons de sécurité notamment).

Attention, expliquer c'est bien mais **donner trop d'explications est inutile.** Le cerveau des jeunes enfants n'est pas assez mature pour comprendre l'abstrait (par exemple : « Je ne veux pas que tu touches à ce vase, tu pourrais te faire mal et c'est le vase offert par mamie » est trop abstrait). De plus, **c'est toujours la curiosité qui l'emporte** dans les premières années. Aurélie Desnos aime comparer les enfants à des scientifiques : ils ont besoin de comprendre comment ça marche, de vivre une expérience, de la reproduire pour voir si le résultat est toujours le même...
Par ailleurs, plus l'espace sera organisé en fonction de votre enfant, moins vous lui répéterez inlassablement le mot « non » ! D'ailleurs, **il est préférable de dire « stop » plutôt que « non »**, car l'expression qui apparaît sur votre visage n'est pas du tout la même (Filliozat, 2011) : le « non » correspond à un terme de reproche, le visage est souvent fermé (sourcils froncés), et la prononciation de « stop » est associée à un regard ouvert.
Lorsque vous communiquez avec votre enfant, passez toujours par la phase d'explication qui suit l'injonction. Et lors de phase d'exploration, intervenez si les limites sont dépassées et accompagnez votre enfant, dans une autre direction par exemple.

Dans la cuisine

La cuisine est la pièce de la maison où l'on trouve la plus grande concentration de dangers : intoxication avec des produits ménagers, électrocution, brûlure, coupure, etc. Bien entendu, il convient de sensibiliser votre enfant en lui expliquant et en lui montrant ce qui est autorisé et ce qui ne l'est pas.

Sécuriser

Mais vous pouvez aussi **sécuriser cet espace de vie** pour éviter tout problème et pour que l'enfant découvre l'espace sans se mettre en danger :
> Expliquez à votre enfant qu'il ne doit pas toucher **la porte du four** si elle est chaude pendant la cuisson (pensez d'ailleurs à faire de même si vous avez un poêle, une cheminée, un insert ou un barbecue). Vous pouvez protéger cette zone avec une grille de protection.

> Si vous faites bouillir par exemple une casserole d'eau chaude sur votre plaque ou votre gazinière, ne laissez jamais **les queues de vos ustensiles** de cuisine dépasser, ne vous éloignez pas et prévenez toujours votre enfant qu'il ne doit pas s'approcher. Un rebord de protection peut aussi être installé sur les plaques de cuisson pour limiter les risques de chute de casserole.
> Éloignez **la bouilloire** du bord du plan de travail.
> Attention aux meubles d'angle.
> Installez des bloque-portes ou bloque-tiroirs.
> Installez des protections sur **les prises électriques** accessibles aux enfants pour qu'ils ne puissent pas y mettre les doigts.
> Pensez à mettre en hauteur tout ce qui représente **un danger potentiel** pour votre enfant : les produits ménagers, les ustensiles de cuisine dangereux (couteaux, hachoirs...).

Les produits ménagers

Nous vous encourageons à sélectionner des produits ménagers naturels : le vinaigre blanc, le bicarbonate de soude alimentaire et le savon de Marseille sont très efficaces ! Ainsi, vous participez à protéger votre enfant (pas de produits toxiques), mais aussi la planète tout en faisant du bien à votre porte-monnaie puisqu'ils sont très économiques...

Laisser accessible tout ce qui n'est pas dangereux est important ! Votre enfant peut ainsi vous aider à mettre une partie de la table, à aller chercher tel ou tel ustensile (un bol en inox, une spatule en bois). Autorisez également votre enfant à accéder aux poubelles (sauf celle réservée au verre), il sera heureux de vous rendre service et d'aller y jeter certains déchets (les épluchures au compost, le carton au recyclage, les ordures ménagères à la poubelle).

La bonne hauteur

N'hésitez pas à adapter la cuisine à la taille de votre enfant. Pour éveiller ses sens et notamment son goût, mais aussi sa curiosité, son envie de découverte, sa soif d'expérimentation :

> À partir de 18 mois, pensez à le mettre à votre hauteur quand vous cuisinez.

Pour cela, vous pouvez acheter ou fabriquer **une tour Montessori** (« tour d'apprentissage » ou « tour d'éveil ») qui facilite la découverte du monde depuis un point d'observation plus haut.
La tour Montessori est un marchepied amélioré, le plus souvent en bois, dont les quatre côtés sont pourvus de panneaux ou de barreaux qui préviennent les chutes éventuelles. Même en cas de perte d'équilibre, l'enfant est maintenu, il peut bouger, observer, agir en confiance et en sécurité.
L'utilisation de la tour d'apprentissage Montessori implique un certain niveau de mobilité chez l'enfant. Il est donc préférable que ce dernier sache marcher, se tenir debout tout seul et soit capable de monter une marche (avec l'aide des mains si besoin), ce qui est en général le cas vers 18 mois. Il pourra ensuite l'utiliser jusqu'à 6 ans environ, puisqu'elle est évolutive et modulable. Pensez également à familiariser votre petit avec la tour Montessori, qu'il puisse la voir, l'observer,

la découvrir tranquillement à son rythme et en apprécier tous les avantages. Vous pouvez lui expliquer et lui montrer comment utiliser les marches et les barreaux, comment monter et descendre, et le sensibiliser à tout ce qu'il va pouvoir observer à présent. **L'apprentissage** passe d'abord et avant tout par l'observation (c'est la théorie) puis par la reproduction des gestes (c'est la pratique). C'est donc en regardant les adultes faire, en comprenant que telle action réalisée est associée à tel résultat puis en les imitant qu'il acquiert le geste petit à petit. Mais acquérir un nouveau geste n'est pas chose aisée, surtout quand l'enfant ne se trouve pas à hauteur pour bien voir : d'en bas, il n'a qu'une vision partielle des gestes de ses parents. Il peut se sentir frustré et/ou exclu et être ainsi freiné dans son envie de découverte.
Vous pouvez aussi bien entendu sensibiliser votre enfant plus tôt à la cuisine (même très tôt) et sans tour Montessori (même si elle est d'une aide précieuse) :

> Installez votre enfant dans sa chaise haute ou dans son transat et asseyez-vous près de lui à table avec le nécessaire pour préparer le repas.

> Et prévoyez, par exemple, une bassine d'eau et une brosse à légumes (pour nettoyer), un torchon (pour les sécher), une planche à découper et un couteau (pour les tailler en rondelles, attention à tenir le couteau bien éloigné de l'enfant), un saladier (pour mettre les légumes coupés dedans), etc.

Mettre en place ces moments privilégiés autour de la cuisine avec votre enfant nourrit sa curiosité, son envie de découverte et l'associe à la vie de la maison. Il enregistre ainsi peu à peu les actions et les gestes quotidiens.

> Au fur et à mesure et en fonction de son âge, vous pouvez l'impliquer davantage : laver les légumes, les sécher, mettre les rondelles que vous aurez coupées dans le saladier et plus tard même goûter les légumes, les fruits préparés. Il peut vous aider à équeuter des haricots par exemple. Montrez-lui comment faire germer des graines. Demandez-lui de l'aide pour faire un gâteau... Faites marcher votre imagination !

> Si vous mettez un tablier lorsque vous cuisinez, n'hésitez pas à en mettre un à votre enfant également, il se sentira ainsi plus impliqué.

Partager tout cela avec votre petit le familiarise aussi avec les aliments et lui donnera davantage envie de les goûter par la suite. Il aura alors très certainement une plus grande ouverture culinaire. Cuisiner devant lui puis avec lui est essentiel pour son éveil.

> S'il en a envie, faites-lui découvrir la vaisselle. Quand une assiette est sale, on la plonge dans une bassine d'eau avec du savon, on frotte avec une éponge et on rince.

L'enfant à table

Même si votre enfant est tout petit et qu'il ne mange pas encore avec la famille, n'hésitez pas (sauf s'il dort) à l'installer avec vous dans son cosy posé directement sur la table, dans son transat réglable en hauteur ou encore dans sa chaise haute s'il est capable de tenir assis. Il peut ainsi **profiter du repas familial** pour vous observer, échanger avec vous, s'éveiller... C'est aussi important pour son développement.
Si votre petit a commencé la diversification alimentaire, essayez de faire coïncider vos horaires de repas avec ceux de votre enfant. C'est une très bonne habitude et **un avantage pour votre bébé de manger ses repas en famille et d'interagir avec elle.** Votre enfant vous regarde manger, observe les gestes que vous faites, les mimiques de votre visage, décrypte si vous êtes content·e ou non de manger tel ou tel aliment, observe le contenu de vos assiettes, etc. Ainsi, vous commencez à lui apprendre comment manger, quels gestes faire, quelles sont les parties du corps sollicitées, vous pouvez aussi le familiariser avec les divers aliments et ainsi favoriser très certainement plus de diversité culinaire dans son alimentation.

La chaise haute

Lorsque votre enfant peut se tenir assis seul (aux alentours de 7 ou 8 mois), il est alors capable d'être installé sur une chaise dont l'assise doit être sécuritaire et adaptée à son âge. La façon dont votre enfant est installé à table lui permet de participer à son développement et à son éveil : l'asseoir sur une chaise haute le met à votre niveau, le projette véritablement dans votre univers d'adulte, favorise le partage, les échanges et même l'autonomie.
Si vous optez pour une chaise haute, choisissez de préférence **un modèle évolutif, ergonomique et sécuritaire**, ce sont les trois points essentiels à vérifier avant l'achat !
Nous vous conseillons vivement **la chaise Tripp Trapp**, créée en 1972 par le designer norvégien Peter

Opsvik. Seule ombre au tableau, son prix qui peut en freiner certains ! Mais il s'agit d'un investissement que vous ne regretterez pas, si vous pouvez vous le permettre financièrement. Vous pouvez envisager de vous la faire offrir (par exemple, en la notant sur votre liste de naissance ou à l'occasion d'un cadeau groupé) ou l'acheter d'occasion pour un budget moins conséquent. Cette chaise a **de nombreux avantages :**

- Elle est évolutive (de la naissance à l'âge adulte). Le réglage du siège et du repose-pieds, à la fois en hauteur et en profondeur, permet d'accompagner la croissance de votre enfant tout en garantissant une assise confortable.
- Elle est pratique. Contrairement à certains modèles de chaise haute, il n'y a pas besoin de glisser une tablette. Les deux mains de l'adulte sont ainsi libres pour positionner l'enfant.
- Elle favorise l'autonomie. Dès que l'arceau est retiré, l'enfant s'assied seul dans sa chaise sans l'aide d'un adulte. De plus, l'absence de tablette permet à l'enfant de manger directement sur la table, au même niveau que les membres de la famille. Cela favorise une meilleure ambiance à table, une plus grande autonomie et plus de confort pour votre enfant et pour vous.
- Elle est facile à nettoyer.
- Et enfin elle est esthétique, elle se fond dans le mobilier et vous pouvez choisir la couleur qui vous plaît.

Vaisselle zéro plastique et saine

Bien sûr, le plastique a des avantages : léger, pratique, économique et surtout impossible à casser, ce qui est pratique quand on a de jeunes enfants ! On trouve quantité de jolis assortiments de couverts pour bébé... mais ils contiennent **des substances toxiques dangereuses** (les fameux phtalates !) qui sont susceptibles de migrer dans les aliments et de passer dans l'organisme de votre enfant. Pour information, une étude (Cox, 2019) a montré que l'être humain ingère environ 5 grammes de plastique par semaine, soit le poids d'une carte de crédit ! De plus ce transfert est largement favorisé par le contact des couverts avec des aliments chauds, acides ou gras. De plus, plus vous utilisez ces ustensiles, plus le plastique se déformera, se décolorera, s'abîmera (griffes, etc.). Bizarrement, les magasins de puériculture ou les rayons spécialisés des grandes surfaces débordent justement d'ustensiles pour bébé en plastique allant du biberon à l'assiette en passant par les couverts, les tasses, etc. ! La mention « sans BPA » (bisphénol A) est présente, mais ça ne suffit pas !

Par quoi remplacer cette vaisselle pour bébé ?
N'achetez rien, vous trouverez tout chez vous ou presque !

> De petits ramequins en verre, de petits bols **en céramique**, en verre ou **en porcelaine** font l'affaire pour les purées et les compotes.

> Vos cuillères à café, à thé ou à moka **en inox** sont aussi parfaites pour lui.

> Pour les tasses, prenez des timbales ou de petits verres en verre.

> N'hésitez pas à éliminer les biberons en plastique et tournez-vous vers les biberons **en verre.**

> Mettez de côté les bavoirs en plastique et privilégiez ceux **en coton** (en coton bio encore mieux). Des langes, des serviettes en tissu ou des torchons sont très bien.

Adaptez les couverts en fonction de l'âge de votre enfant. Si vous optez pour la DME (diversification menée par l'enfant, voir en annexe), le bébé n'a besoin de rien.

Accessoires de cuisine et ustensiles

Favorisez également **l'inox, le verre, le bois** pour tous les ustensiles de la cuisine. Pour conserver les restes ou pour apporter le repas du bébé chez l'assistante maternelle ou à la crèche, recyclez vos pots en verre. Achetez des plats de conservation (avec couvercle) en verre et fuyez le plastique ! Abandonnez le papier aluminium et le film plastique et remplacez-les par les « beewrap » (tissu de qualité bio recouvert de cire d'abeille fondue qui, en séchant, durcit et rend le tissu facilement nettoyable) ou par un torchon avec un élastique.

Participation

Demandez de l'aide à votre enfant pour mettre la table, il peut se charger d'installer les couverts en inox et les timbales par exemple. Quand il sera en âge de le faire, montrez-lui comment se servir à boire puis laissez-le expérimenter. S'il en met partout, donnez-lui une éponge avec une bassine vide et montrez-lui comment essorer l'éponge. Vous pouvez aussi acheter un petit balai et une pelle pour lui apprendre à passer le balai...

Dans la chambre

Comme nous l'avons précédemment évoqué dans ce livre, la chambre de l'enfant doit être sécurisée et aménagée de sorte à favoriser son autonomie (jeux, livres et jouets accessibles).

Le lit Montessori

En grandissant, si ce n'est pas déjà le cas, vous pouvez envisager de mettre en place le lit Montessori qui est en fait posé directement au sol.
Selon Maria Montessori, nous ne devrions pas obliger un enfant à dormir, celui-ci étant capable de s'endormir naturellement quand il se sent fatigué. S'il ne se sent pas fatigué, il devrait être libre de vivre et d'explorer son environnement direct quand il le souhaite. Bien sûr, il convient d'apporter ici quelques nuances car il semble évident que les parents (et le reste de la fratrie) ont également besoin de repos. Vous ne pouvez pas être disponibles en plein milieu de la nuit pour jouer avec votre bébé. Pour l'équilibre de toute la famille, il est important que bébé aille au lit et laisse à ses parents un temps à eux, surtout en fin de journée. C'est en cela que le lit Montessori est intéressant : l'enfant suit son rythme et n'est pas obligé de dormir, mais il doit en revanche rester dans sa chambre et respecter le sommeil ou la tranquillité des autres membres de la famille.
Le principe de ce lit est de **laisser l'enfant bouger dans sa chambre**, il peut aller au lit mais aussi en sortir seul, tout en étant dans un espace sécurisé (dans un lit au sol, l'enfant ne risque pas de tomber). Il a aussi une vue globale de sa chambre sans être entravé par des barreaux ou un tour de lit en tissu.
Cependant, le lit Montessori présente **l'inconvénient d'être totalement ouvert.** Le bébé peut alors facilement rouler en dehors du matelas. Même si cela n'est pas très haut, cela l'est déjà trop pour un tout-petit. Pensez à acheter un matelas plus grand que les traditionnels matelas pour bébé, l'enfant sera ainsi plus libre de ses mouvements dans le lit et pourra bouger, se retourner plus aisément sans tomber à chaque fois. Vous pouvez aussi disposer le lit dans un angle de la chambre et mettre des coussins plats au sol le long du matelas (pas d'oreiller car il existe un risque d'étouffement pour le bébé).
L'installation du lit Montessori dans la chambre de votre enfant peut parfois compliquer le temps du coucher. Sans limites physiques, l'enfant peut sortir de son lit et donc de sa chambre. Une période d'apprentissage est nécessaire si vous ne voulez pas le voir débarquer dans le salon ou dans votre chambre tous les soirs. Expliquez-lui les règles et laissez-lui une période d'adaptation. Cependant, si vous observez que votre enfant n'arrive vraiment pas à faire la différence entre le temps pour jouer et le temps pour dormir, remettez-le dans son lit à barreaux et attendez quelque temps avant de lui proposer à nouveau

Pour couvrir votre bébé

Optez pour une gigoteuse (turbulette) plutôt qu'un drap et/ou couverture chez les plus petits (voir p. 86). N'hésitez pas à décorer les murs de la chambre car votre bébé aime observer, installer un miroir (incassable) est aussi intéressant pour que le bébé apprenne à se découvrir (voir p. 226).

le lit Montessori. Encore une fois, l'objectif est d'apporter du bien-être aux parents comme à l'enfant, et non tout chambouler !

Ranger les jouets et les jeux

Quand on évoque le rangement des jouets, les principes primordiaux à respecter sont les suivants : **autonomie, praticité et logique.** Les espaces, les objets, les jouets et les activités doivent être « sécurisés » et adaptés à son âge. Ainsi, tout ce qui est accessible ne doit pas représenter de danger si cela est mis en bouche par l'enfant (attention aux solvants, laver ce qui est lavable, etc.) ou s'il le manipule.

Comme pour ses vêtements, pensez également à **faire du tri** régulièrement dans ses jeux et ses jouets. Séparez-vous des objets cassés, s'il manque une pièce ou si votre enfant ne les utilise plus.

Il est aussi important de **montrer l'exemple** à votre enfant :

> S'il souhaite faire du dessin, montrez-lui où se trouve la caisse ou le plateau à dessin, installez le tout sur une table le temps de l'activité. Quand l'activité est finie, rangez le matériel sur le plateau ou dans la caisse appropriée puis rangez le plateau ou la caisse sur l'étagère à sa place.

> Au fur et à mesure, votre enfant comprendra qu'une activité a un début et une fin, et que lorsqu'elle est terminée (et rangée), il peut passer à une autre.

Jusqu'à 1 an, préférez la qualité à la quantité de jeux ou de jouets. En effet, si l'enfant est trop stimulé, il ne profite pas pleinement de toutes les ressources qu'ils peuvent lui apporter. Laissez-le plutôt se familiariser avec le jeu ou le jouet proposé, le découvrir (couleurs, formes, textures, etc.) et l'explorer, avant de lui en proposer un autre.

Pour que votre enfant développe **son autonomie, ses goûts et sa liberté de choix :**

> Rangez les jeux et les jouets par catégorie (textures, encastrement, motricité, jouets sensoriels, etc.) et disposez-les dans des bacs, des panières, des caisses ou des tiroirs faciles à utiliser.

De 1 à 3 ans, votre enfant se déplace plus aisément. Vous pouvez donc créer **un espace de motricité libre** pour qu'il puisse bouger, ramper, danser, etc., et **un espace plus calme** avec des livres et des jeux. Vous pouvez classer les jouets par thème ou par couleur dans des bacs par exemple.

Au fur et à mesure que votre enfant grandit, il est intéressant de lui apprendre à gérer ses vêtements :

> Préparez avec lui sa tenue pour le lendemain. Disposez les vêtements par terre en respectant l'ordre d'habillage : les chaussettes en dessous du pantalon, le tee-shirt au-dessus du pantalon, un gilet au-dessus du tee-shirt...

> Installez des crochets (sans danger pour votre enfant) dans sa chambre par exemple pour accrocher son pyjama.

> Prévoyez aussi une petite panière pour le linge sale accessible (dans sa chambre, le couloir ou la salle de bain) et expliquez à votre enfant que les vêtements sales ne restent pas par terre mais vont dans la panière.

> De même, n'hésitez pas à solliciter votre enfant pour ranger son linge propre à la condition que le placard soit accessible.

En grandissant, il pourra même vous aider à étendre et à plier le linge (par exemple en associant les bonnes chaussettes).

La plupart des enfants apprécient et sont rassurés par la répétition. Ainsi, afficher dans la chambre la routine du soir illustrée d'images (comme celle de la salle de bain) peut être sécurisant pour eux. Par exemple, le soir :

> Je mets mon pyjama.

> Je lis une histoire.

> Je fais un câlin avec papa et maman.

> Je dors.

Pour la toilette

En grandissant, votre enfant devient de plus en plus autonome dans ses activités, ses jeux, ses repas, ses mouvements mais aussi pour la propreté et la toilette. Comme pour les autres pièces, pensez à adapter les espaces pour favoriser son autonomie et sa sécurité.

> **Dans les WC**, prévoyez un pot. Si votre enfant le refuse et préfère les toilettes, installez un réducteur et un marchepied (dans ce cas, votre présence est nécessaire, au moins au début).

> **Dans la salle de bain**, plus sécurisante qu'un marchepied, la tour Montessori (voir p. 267) peut être déplacée pour le lavage des mains, des dents...

> **Pour le bain**, à partir du moment où l'enfant est capable de tenir en position assise, vous pouvez enlever le siège de bain si vous en aviez un.

Attention

Ne laissez jamais votre jeune enfant seul dans l'eau du bain ou dans une piscine (même avec peu d'eau). Restez toujours avec lui !

Vous pouvez ainsi proposer à votre enfant quelques **jeux de bain** comme les grands classiques :

> Dans le bain, les jeux aspergeurs d'eau, les jouets qui flottent, etc. sont toujours les bienvenus.

> Mettez aussi à disposition de votre enfant des contenants de tailles différentes : seau, cuillère à soupe, louche, bol en inox, gourde, etc. Montrez-lui comment transvaser l'eau d'un contenant à l'autre, soufflez dans l'eau et dites-lui d'observer et invitez-le à faire de même...

> Il est aussi très intéressant de lui donner une éponge de bain (propre bien sûr) et de le laisser expérimenter ou de le guider s'il en éprouve le besoin.

> L'observation de la mousse est source d'émerveillement pour les enfants, il existe de la mousse spéciale pour bébé (et même de la mousse multicolore !). Expliquez à votre enfant qu'il ne doit pas la porter à sa bouche et surveillez les éventuels débordements.

> N'hésitez pas non plus à le masser dans l'eau s'il en est d'accord. Les massages aquatiques sont en général très appréciés puisque l'eau favorise déjà la détente.

Pour le fun

Il existe de la peinture-savon naturelle (vérifiez toujours la liste des ingrédients) qui permet de dessiner sur le corps de l'enfant, sur vos bras, sur un poupon en plastique, sur le corps de son frère et de sa sœur (avec leur accord bien entendu). Pas d'inquiétude, tout se nettoie à l'eau !

En grandissant, vous pourrez aussi **expliquer à votre enfant comment se laver dans le bain :**

> Commencez par lui donner un gant ou une éponge pour le corps. Montrez-lui comment faire puis laissez-le expérimenter par lui-même, tout en surveillant. Plus tard, vous pourrez lui apprendre à frotter le savon sur le gant humide et à le passer sur son corps mouillé avant de se rincer avec de l'eau propre.

Il existe quantité de livres ou d'idées sur Internet pour faire du bain un moment ludique, de bien-être, d'échanges, etc.

Apprenez-lui aussi à bien **se laver les mains avec du savon et de l'eau**, montrez-lui plusieurs fois, guidez-le. Faites de même pour lui apprendre à **se débarbouiller le visage** après les repas.

Pour **le lavage de dents :**

> Prenez l'habitude de rincer les gencives de votre bébé à l'aide d'un lange humide deux fois par jour (après son biberon) tant qu'il n'a pas de dent. Ensuite, quand sa première dent apparaîtra, prenez l'habitude de la lui laver.

> Achetez-lui une brosse à dents qui lui plaise avec un dentifrice adapté à son âge en vérifiant la composition. Privilégiez une marque biologique si possible et mettez très peu de dentifrice (l'équivalent d'un grain de riz suffit).

> Placez-vous tous les deux face au miroir et montrez-lui comment faire pour se laver les dents, cracher et se rincer la bouche. Pas d'inquiétude, il apprendra peu à peu. Au début, c'est probablement vous qui devrez laver les dents de votre enfant.

Rappelez-lui régulièrement de laver ses dents verticalement. N'hésitez pas à **utiliser une minuterie** pour lui indiquer combien de temps doit durer le bain ou le lavage de dents. Le « time timer » présente l'avantage d'être assez grand, très lisible et compréhensible par un jeune enfant.

À savoir

Pensez à prendre régulièrement rendez-vous chez un dentiste : une fois par an à partir de 3 ans (ou avant en cas de problème spécifique).

Il peut être intéressant de mettre en place une routine du matin et du soir. N'hésitez pas à la « traduire » en images pour votre enfant :

Le matin :

- Je fais pipi.
- Je me lave les mains.
- Je me lave les dents.
- Je me débarbouille.
- Je m'habille.

Le soir :

- Je fais pipi.
- Je me lave les mains.
- Je me lave les dents.
- Je me débarbouille.
- Je mets mon pyjama.

À l'extérieur

En grandissant, votre enfant sera de plus en plus attiré par l'extérieur. Profitez-en, c'est l'occasion de l'éveiller à de nouvelles choses et de stimuler ses sens. En fonction de votre lieu d'habitation et de vos possibilités, emmenez votre enfant dans votre jardin, au parc, dans une ferme pédagogique, à l'aire de jeu, en promenade, à la campagne, dans la forêt, sur la plage...

Il peut découvrir **des sons** nouveaux : le chant des oiseaux, les caquètements d'une poule ou d'un canard, le bruit d'un tracteur, le son de l'eau qui coule dans un ruisseau, etc.

> Écoutez avec lui, arrêtez son attention sur un bruit, un son en particulier, nommez-le et montrez-lui d'où il provient.

Faites-lui sentir **l'odeur** d'une fleur, d'une plante, de la terre, d'un arbre, de la mousse. N'hésitez pas à lui faire **toucher** l'écorce d'un arbre, de la terre, du sable, des cailloux, de la mousse, de l'herbe. Bien sûr, énoncez les règles avant (ne pas mettre à la bouche) et restez à proximité pour éviter un éventuel débordement. **Prévoyez un petit panier ou un sac** pour rapporter et montrer à son autre parent les trésors et les découvertes (une fleur, un caillou, une feuille, de la mousse, etc.).

À la plage, prévoyez quelques jeux de plage comme une pelle, un seau, un tamis, un arrosoir, un râteau, etc.

> Laissez faire votre enfant ou montrez-lui ce qu'il peut faire avec tel ou tel outil, s'il en exprime le besoin.

> N'hésitez pas à aller chercher de l'eau dans le seau pour ensuite la vider sur le sable afin que votre enfant puisse expérimenter la différence de texture et d'aspect entre du sable sec et du sable mouillé.

> Vous pouvez ramasser des coquillages avec lui et prendre le temps de les observer, les toucher, etc.

> Enlevez-lui ses sandales et ses chaussettes (s'il est d'accord) et marchez ensemble dans le sable, mouillez-vous les pieds dans la mer, etc.

> Vous pouvez aussi installer un bac à sable (couvert pour éviter que les animaux ne fassent leurs besoins dedans) pour lui permettre de jouer dans le sable directement dans votre jardin !

Attention

Certains enfants, notamment les enfants hypersensibles, peuvent avoir de grosses difficultés à marcher pieds nus, à toucher le sable ou à avoir les mains sales. Ne forcez jamais votre enfant. S'il refuse, vous recommencerez plus tard... ou pas !

Si vous avez la chance d'avoir un jardin (une terrasse ou un balcon), les activités de jardinage plaisent en général beaucoup au jeune enfant ! Voici une activité très simple :

> Proposez-lui de remplir des godets de terre avec les mains, de faire un trou au milieu avec son index pour y glisser une ou deux graines, puis de recouvrir de terre (aidez-le si besoin). Arrosez ensemble la terre un peu tous les jours et observez la graine pousser. Nommez ce que vous faites et ce que vous observez.

Les activités du bébé qui grandit

Vers 18 mois, le bébé commence à avoir un bon équilibre et une certaine autonomie dans ses mouvements. Il monte sur les chaises, dans les escaliers, fait du toboggan, essaye de grimper à l'échelle et tente même de vous escalader !

Mouvements et jeux

Lors de vos jeux ensemble, soyez attentif·ve à bien assurer sa sécurité et pensez toujours à protéger votre dos (lombaires et cervicales notamment). Ajustez votre posture en fonction des positions que vous adoptez avec votre enfant. Laissez-le expérimenter et être le plus libre possible dans sa motricité.

Orchestre (À PARTIR DE 1 AN)

Matériel

- Quelques casseroles et poêles.
- Des couvercles de casseroles.
- Des cuillères en bois.
- Des cuillères à soupe.

▸ Une bouteille d'eau en plastique vide dans laquelle vous mettez des pois chiches (ou autre légume sec) et dont le bouchon sera parfaitement scotché.

Sortez les ustensiles, disposez-les devant votre enfant et montrez-lui éventuellement comment les utiliser s'il en éprouve le besoin.
> Par exemple, la cuillère (en bois ou en métal) tape sur le fond de la poêle ou de la casserole, les couvercles peuvent servir de cymbales, etc.
> N'hésitez pas à chanter, à l'encourager et à le féliciter.

Le yoga (À PARTIR DE 18 MOIS)

Si vous aimez le yoga, c'est le moment idéal pour le pratiquer devant votre enfant car il entre dans l'âge de l'imitation. Il va vous observer, sûrement vous imiter. Laissez-le découvrir cette superbe pratique pour le corps et l'esprit. Votre enfant commence aussi à parler et à se faire bien comprendre, profitez-en pour lui parler du yoga. Faites quelques postures d'animaux et nommez-les tout en imitant le cri ou les bruits de l'animal en question comme le chien, le chat, le lion, le poisson, le chameau. Mais également l'arbre, le bateau, etc. Cela devrait très certainement l'intéresser et l'intriguer.
Voici quelques postures à pratiquer avec votre bébé.

Posture de la petite grenouille : mettez-vous accroupi·e, les jambes complètement pliées (comme celles d'une grenouille), le dos droit. Vous pouvez décoller les talons si vous le souhaitez. Invitez votre enfant à vous imiter ou à venir sur votre dos. Vous pouvez mettre une main au sol devant vous, les genoux contre vos bras. Votre autre main tient le bébé sur votre dos.

Posture du bébé lion : agenouillez-vous sur vos talons en face de votre enfant. Écartez légèrement les genoux et appuyez-vous sur vos cuisses et vos genoux, étirez bien votre buste vers l'avant en gardant le dos droit. Tendez vos bras et déposez vos paumes de mains sur vos genoux. Les bras doivent être actifs, étirez vos omoplates vers l'arrière. Ouvrez la bouche et étirez votre langue, découvrez vos dents et étirez les muscles de votre visage. Vous pouvez y ajouter le rugissement du lion et inviter votre enfant à vous imiter, s'il en a envie.

Posture du chien tête en bas : mettez-vous à quatre pattes, pieds écartés de la largeur du bassin. Sur une inspiration, poussez vos mains dans le sol, les fesses se lèvent en direction du ciel. Les bras sont alignés avec votre dos, les jambes peuvent être tendues ou pliées, votre dos est droit. Votre enfant peut vous imiter ou passer et repasser sous votre corps en se courbant selon sa taille… **Pour quitter la posture :** sur une expiration, repliez les jambes, posez les genoux au sol pour vous retrouver à quatre pattes. Vous pouvez allonger votre buste sur vos cuisses et mettre votre tête au sol par exemple.

Danser (À PARTIR DE 2 ANS)

Les jeunes enfants aiment beaucoup danser sur de la musique ! Cela leur permet de bouger, d'extérioriser leurs émotions, d'exprimer ce qu'ils ressentent, d'avoir du plaisir, de rire.

> Rien de plus simple que de mettre de la musique et de danser avec ou devant votre enfant, ou de le laisser faire et de l'observer.

> Donnez-lui un foulard et montrez-lui comment il peut s'en servir et jouer avec, tout en dansant : l'agiter dans toutes les directions, faire des mouvements amples et lents, etc. Laissez-le faire !

> Vous pouvez danser ensemble au rythme de la musique, avec des mouvements légers et d'autres plus lourds.

> Dansez avec des ballons. Les enfants trouvent très drôle de danser au milieu d'une multitude de ballons colorés, ou avec un seul ballon et de taper dedans.

Imiter les animaux
(À PARTIR DE 2 ANS ET DEMI)

Nos enfants sont très souvent fascinés par les animaux, leur apparence, leur mouvement et les sons qu'ils émettent. Ce jeu ne demande aucun matériel et peut compléter une visite que vous avez faite au zoo, dans une ferme ou en forêt par exemple.

Expliquez le jeu à votre enfant. Si vous avez des images d'animaux ou des figurines d'animaux ou des peluches, sélectionnez celles que vous voulez lui faire imiter. Pensez à choisir ceux qu'il connaît.

> Montrez à votre enfant l'image d'un animal et incitez-le à imiter son cri. Montrez l'exemple si nécessaire puis encouragez-le à le faire à son tour.

> Demandez-lui ensuite d'imiter l'animal qui se déplace. Vous pouvez mimer les mouvements ou des attitudes du chat, du chien, du pingouin ou de l'éléphant avec sa trompe. Puis, invitez votre enfant à faire de même. Encouragez-le et félicitez-le !

Quelques loisirs créatifs

Depuis qu'ils sont tout petits, nos enfants adorent créer ! Les encourager dans leur créativité est important pour nourrir leur satisfaction et leur confiance en eux. Avec les loisirs créatifs, ils acquièrent aussi une certaine agilité manuelle et développent notamment leurs connaissances (les différentes couleurs, formes, etc.).

Voici quelques pistes pour encourager votre enfant dans son envie de création. Vous trouverez aussi quantité d'idées sur Internet ou dans les livres.

La pâte à sel
(18 OU 24 MOIS SELON LES ENFANTS)

Matériel

- 1 verre de farine de blé (ou de riz si votre enfant est sensible au gluten).
- 1/2 verre de sel fin.
- 1 verre d'eau.
- Un saladier transparent (pour que votre enfant puisse bien voir le contenu).
- Une cuillère en bois.
- Facultatif : 1 cuillère à café de colorant alimentaire.

Avant de commencer l'activité, expliquez à votre enfant que la pâte à sel ne se mange pas (elle lui donnerait mal au ventre).

> Avec votre enfant, versez la farine et le sel dans le saladier et remuez avec une cuillère en bois. Ajoutez peu à peu l'eau puis le colorant alimentaire. Remuez jusqu'à ce que la pâte forme une belle boule. Si elle est trop friable, ajoutez un peu d'eau et si, au contraire, elle est trop collante, ajoutez un peu de farine.

> Cette pâte à sel peut être conservée deux jours au réfrigérateur dans un sac plastique bien fermé.

Cette activité renforce la motricité fine de votre enfant, mais aussi les muscles de ses doigts, et lui permet de libérer sa créativité. Vous pouvez aussi le guider en fonction de son âge.

> Si votre enfant est petit : étalez vous-même la pâte puis faites-lui appliquer sa main ou son pied dessus. Montrez-lui l'empreinte laissée en nommant ce que vous voyez (« Tu as vu, c'est ton pied ici ! »).

> S'il est plus grand : avec un petit rouleau à pâtisserie, montrez-lui comment étaler la pâte. Éventuellement, donnez-lui de gros emporte-pièces et expliquez-lui comment procéder. On peut aussi guider l'enfant à faire des boules, des boudins, des serpentins, les aplatir, les empiler, les rouler, etc. On peut aussi s'aider de son doigt pour dessiner quelque chose...

Vous pouvez aussi proposer à votre enfant de **créer sa propre pizza :**

> Préparez deux pâtes à sel : une pour la pâte à pizza (sans colorant alimentaire) et une autre pour la garniture. Divisez en quatre la seconde pâte et ajoutez-y différents colorants alimentaires.

> Aidez votre enfant à étaler la pâte (sans colorant alimentaire) en forme ronde. Puis avec les autres petites boules colorées, créez avec lui des formes différentes (ronds, serpentins, petites boules, etc.). Laissez-le disposer ces dernières sur la pâte à pizza (aidez-le si besoin).

> Laissez sécher la pâte à sel dans un endroit sec au moins 12 heures (jamais plus de deux jours). Ensuite, faites-la chauffer dans votre four entre 85 et 100 °C et surveillez régulièrement en fonction de la taille des créations (en général entre 2 et 4 heures).

Pour cette activité, l'idée est de laisser faire votre enfant ou de le guider en douceur selon ses attentes et ses demandes.

La peinture (À PARTIR DE 18 MOIS)

Peinture à l'eau, body painting, peinture avec les mains, peinture avec des billes, peinture au pulvérisateur… : toutes les formes de peinture sont, en général, très appréciées des jeunes enfants et parfois dès 12 mois. Pour les plus petits, la peinture au doigt (avec des peintures adaptées et non toxiques) rencontre souvent un franc succès !

Pour cette activité, pensez à préparer en amont certains éléments indispensables. Tout d'abord, même si cette peinture se lave très bien, **protégez la zone de peinture** (par un rouleau de nappe en papier, une nappe cirée facilement nettoyable pour protéger le sol et la table, ou de vieux cartons au sol et sur la table). **Habillez votre enfant en circonstance :** vieux tee-shirt, tablier avec des bras en plastique…

Important

Laissez faire votre enfant ! Les parents ont souvent envie d'intervenir pour que le résultat soit « beau », et ils ont souvent peur que l'enfant en mette partout. Au contraire, il est essentiel de privilégier le plaisir au résultat ! Le but est que l'enfant découvre, expérimente, invente, imagine et s'amuse, le tout sans objectif et sans pression.

Matériel

- Une bassine d'eau pour rincer les doigts de l'enfant.
- Un torchon pour s'essuyer.
- Différentes peintures dans des assiettes.
- Des feuilles.
- Une vieille brosse à dents, une vieille éponge, un gros pinceau, un rouleau pour peinture…

Restez complètement disponible pendant tout le temps de l'activité pour éviter d'éventuels débordements et pour répondre aux sollicitations ou questions de votre enfant, ainsi que pour l'encourager et le féliciter.

> Petite astuce : remplissez de vieux déodorants à bille (vides et nettoyés) de peinture diluée. Faciles à tenir, ils peuvent servir de gros crayons.

> Vous pouvez aussi faire dessiner votre enfant sur un tronc d'arbre, ainsi pas de limite d'espace, contrairement à une feuille de papier ! Il peut peindre avec ses doigts, avec un rouleau ou des pinceaux.

> Pensez à toujours énoncer les règles en début

d'activité et à les rappeler régulièrement au cours de l'activité (par exemple, peindre sur un seul tronc d'arbre).

Une activité également très appréciée des jeunes enfants est **le body painting** (peinture corporelle) ! Avec de la peinture spéciale pour la peau, dessinez sur le corps de votre bébé, celui-ci pourra faire de même sur lui, sur vous, sur son frère ou sa sœur.

> Nous vous conseillons de faire cette activité dans une bassine à l'extérieur (si le temps et la température le permettent) ou dans une petite piscine gonflable.

La peinture part directement avec l'eau et n'est absolument pas toxique (nous vous conseillons de bien lire la liste des ingrédients avant d'acheter). Il existe aussi des savons pour peindre sous forme liquide.

Vous pouvez aussi proposer à votre enfant de faire **des empreintes de ses pieds** à la peinture :

> Scotchez une nappe en papier ou de grandes feuilles de papier blanc au sol.

> Faites marcher votre enfant dans de la peinture puis sur les feuilles et montrez-lui les empreintes de peinture qu'il laisse en marchant...

> Prévoyez une bassine et une serviette pour lui nettoyer les pieds ! Bref, laissez parler votre imagination et celle de votre enfant !

Les formes qui flottent (À PARTIR DE 2 ANS)

Matériel

- Du polystyrène.
- Un cutter.
- Un feutre.
- Une pique en bois (type brochette).
- De la ficelle.

Cette activité ravit les enfants qui aiment voir flotter des objets. Ils apprennent ainsi à faire la différence entre ceux qui flottent et ceux qui coulent.

Installez le matériel au sol (en faisant particulièrement attention au cutter que vous placez à distance). Demandez à votre enfant s'il connaît des objets qui flottent sur l'eau, et s'il ne sait pas, guidez-le en douceur. Vous pouvez lui faire la démonstration de ce qui coule et ce qui flotte en mettant divers objets dans une bassine d'eau : un caillou, une éponge, un bout de bois, etc. Observez avec lui le résultat. Peut-être vous dira-t-il « bateau », un nom d'animal, etc. Dessinez au feutre ce qu'il vous dit sur le polystyrène puis découpez au cutter (éloigné de votre enfant pour plus de sécurité). Vous pouvez, par exemple, découper un bonhomme, un bateau, etc.

Attention à ne jamais laisser un jeune enfant seul dans de l'eau (bain, piscine, etc.).

Les tampons de légumes
(À PARTIR DE 2 ANS)

Matériel

- Quelques gros légumes (pomme de terre, carotte, blanc de poireau, panais...).
- De grandes feuilles de papier.
- Des nappes en papier ou des vieux journaux.
- De la peinture.
- Des assiettes en carton.
- Un couteau.

> Lavez les légumes et séchez-les bien.

> Protégez la zone de travail ainsi que les vêtements de votre enfant.

> Mettez la peinture dans les différentes assiettes.

> Coupez les légumes et montrez à votre petit comment les tremper dans la peinture avant de les appliquer comme des tampons sur une feuille blanche. Puis, laissez-le faire et choisir le légume-tampon qu'il veut, la couleur qu'il souhaite...

> Si votre enfant est plus grand, vous pouvez aussi tailler de jolies formes dans vos légumes comme une étoile, un triangle, un losange. Restez à proximité pour éviter les débordements éventuels ou pour répondre à ses questions.

La pâte à modeler

Cette dernière **développe la motricité fine et prépare les enfants au geste graphique.** Ce type de motricité s'affine en enfilant des perles ou en découpant des formes avec précision, mais permet également à l'enfant de découvrir la mobilité de sa main, de constater que ses doigts peuvent se dissocier les uns des autres, que ses mains ne font pas la même chose dans une même action et qu'il peut exercer des pressions diverses sur les objets qu'il tient dans sa main.

Le but est de **varier au maximum les expériences de manipulation** pour l'enfant : peinture avec les doigts, avec un pinceau, pâte à modeler, utiliser un crayon, etc. Plus votre enfant apprend tôt à connaître sa main et ses capacités, plus sa motricité devient qualitative et ses gestes précis. Pour cela, la pâte à modeler est une matière intéressante qui s'adapte à la forme de la main de l'enfant ainsi qu'à la force qu'il exerce sur elle. Elle lui permet donc de découvrir et d'expérimenter le merveilleux outil qu'est sa main !

Nous vous conseillons d'acheter une pâte à modeler bien souple et adaptée à l'âge de votre enfant. Faites-le manipuler en surveillant qu'il ne la porte pas à la bouche. Voici quelques petits jeux, sachant que toute manipulation est déjà très bien :

À la découverte de l'index : séparez la pâte à modeler en deux boules. Écrasez grossièrement une des deux boules qui sera le jardin puis demandez à votre enfant de faire des trous dans « le jardin » à l'aide de ses index (montrez l'exemple si besoin). Avec l'autre boule, préparez de petites billes et demandez à votre enfant de les aplatir avec son index : ce sont des graines de fleurs qu'il va planter dans son jardin. L'enfant prend ensuite « les graines » et les met dans les trous. Éventuellement, demandez-lui de reboucher les trous pour que les fleurs puissent pousser...

Le hérisson : formez une grosse boule et plantez-y des bâtonnets de glace en bois (abaisse-langue) ou des cure-dents (attention, soyez à proximité directe de votre enfant et ne le laissez pas seul pendant tout le temps du jeu). Avec cette activité, l'enfant doit contrôler son geste pour saisir des objets fins et les planter dans la boule ni trop profond ni trop en surface. Cela participe à développer sa concentration, en plus de sa motricité fine.

Le bébé dans l'œuf : aplatissez avec votre enfant une boule de pâte à modeler. Placez dessus la figurine (cheval, dinosaure ou personnage Duplo) et repliez la pâte avec votre enfant pour la couvrir complètement de façon à faire comme un gros œuf. Demandez ensuite à votre enfant de retrouver la figure en grattant l'œuf avec son index, en faisant doucement pour ne pas la réveiller... Laissez-le se débrouiller et explorer.

La coordination

La coordination des yeux avec la main se développe très tôt chez l'enfant. Par exemple, vous pouvez commencer par lui faire rassembler tous les carrés d'un jeu puis lui demander de former une image à partir d'éléments séparés (jeux à emboîter, premiers puzzles...). Variez les formes : carré, cercle, triangle, rectangle.

Les jeux à empiler (À PARTIR DE 1 AN)

Voici un jeu pour favoriser la coordination œil-main. Il s'agit d'apprendre à votre enfant à empiler des objets du plus grand au plus petit, en introduisant éventuellement les mathématiques (différentes tailles et formes). Ce jeu, qui nécessite une surface dégagée pour étaler une dizaine de cubes, consiste à construire une tour. Tout en expliquant ce que vous faites, montrez à votre enfant comment réaliser la tour du plus grand cube au plus petit.

> Empilez les cubes avec lenteur afin qu'il prenne lui aussi son temps quand son tour arrivera. Invitez-le à vous aider à prendre les cubes un par un et à les poser par terre pour défaire la construction.

> Puis laissez-le monter la tour. Il est fort possible qu'il n'y arrive pas du premier coup et qu'il ait besoin d'aide, cela est tout à fait normal ! Il va devoir prendre son temps, s'entraîner et s'organiser. Encouragez-le et félicitez-le.

Les colliers (À PARTIR DE 18 MOIS)

Pour les enfants de 18 mois, nous proposons de réaliser un collier avec du carton.

Matériel

- Une ficelle d'un bon mètre de long.
- Un ou plusieurs tubes en carton (rouleau d'essuie-tout ou de papier toilette) que vous découpez au cutter.

> Découpez les rouleaux de papier toilette en deux (les rouleaux d'essuie-tout en trois ou quatre). Faites un double nœud à l'une des extrémités de la ficelle pour que votre enfant le voie bien (ou mettez une clochette).

> Montrez-lui comment enfiler les « perles » de carton avec votre main droite s'il est droitier ou votre main gauche s'il est gaucher, et glissez-les jusqu'au nœud ou à la clochette. Puis laissez-le faire.

Une fois cette activité de coordination bien maîtrisée, vous pouvez passer à **la confection du collier de pâtes** qui demande une motricité et une coordination plus fines. Le jeu est le même, vous remplacez simplement les « perles » de carton par des pâtes macaronis (en forme de tube).

> Placez les pâtes et la ficelle au sol. Enfilez une pâte le long de la ficelle et, arrivé presque au bout de la ficelle, réalisez un nœud autour de la pâte afin qu'elle arrête celles à venir. Puis, laissez votre enfant

enfiler les pâtes suivantes jusqu'à ce que la ficelle soit complètement recouverte.
> Fermez le collier puis mettez-le autour de votre cou en le félicitant. S'il le veut, vous pouvez aussi mettre le collier autour de son cou (mais restez près de lui pour éviter qu'il ne se blesse avec).

Le jeu du lancer (À PARTIR DE 2 ANS)

Vous pouvez acheter ou confectionner des coussins sensoriels (petits coussins contenant des pois chiches, des billes, des lentilles, des graines, des plumes, etc.) qui vous serviront pour d'autres activités également. Ces coussins sont parfaits pour apprendre à votre enfant à lancer vers 2 ans (évidemment, il peut aussi lancer une balle, mais souvent celle-ci part loin, ce qui peut l'insécuriser). Montrez-lui comment faire puis laissez-le expérimenter. Il doit bien tendre son bras pour lancer le coussin.

Le jeu de l'équilibre (À PARTIR DE 2 ANS)

Dès 2 ans, vous pouvez proposer à votre enfant le jeu de l'équilibre (à adapter bien entendu en fonction de chacun).
> Si vous êtes à l'intérieur, tendez une corde que vous disposez au sol, et si vous êtes dehors, tracez une ligne droite par terre à la craie.
> Montrez-lui comment faire en mettant un pied de chaque côté de la ligne tracée et avancez tranquillement en tendant vos bras à l'horizontale pour favoriser l'équilibre. S'il a besoin d'aide, prenez-lui les deux mains.
> Lorsqu'il a pris de l'aisance, vous pouvez compliquer le jeu en lui faisant tenir un objet ou une peluche dans chaque main.

Le jeu de quilles (À PARTIR DE 2 ANS)

Vous pouvez acheter ou encore mieux fabriquer un jeu de quilles à votre enfant.

Matériel
- Une balle légère de taille moyenne
- 5 bouteilles d'eau ou de lait vides
- Un coussin
- Facultatif : des gommettes de couleur

Avec votre enfant, vous pouvez décorer les quilles en y collant des gommettes de couleur par exemple. Ce jeu participe à améliorer la coordination des yeux et de la main, et se joue seul ou en équipe.
> Disposez les quilles en rang à une certaine distance de l'enfant. Disposez un coussin à l'autre extrémité pour signifier la place occupée par l'enfant. Montrez-lui comment se déroule le jeu puis laissez-le faire (à chacun son tour s'ils sont plusieurs enfants). Demandez-lui de vous aider à remettre les quilles en place.
> Quand votre enfant maîtrise le jeu, vous pouvez augmenter la difficulté en changeant la disposition des quilles.

La manipulation selon Maria Montessori

La pédagogie Montessori est une méthode d'éducation alternative très utilisée en France et basée sur l'autonomie, la confiance en soi, les expérimentations et l'apprentissage en douceur par et pour l'enfant. Elle tient son nom de Maria Montessori qui l'a développée.
Selon Maria Montessori qui prônait le respect du rythme d'apprentissage de chaque enfant, les objectifs principaux de cette pédagogie sont de favoriser les sens et l'éveil de l'enfant, son ouverture au monde et son bon développement. L'important est donc de cultiver l'envie d'apprendre chez les enfants plutôt que de vouloir leur transmettre des choses pré-établies. Cette pédagogie ne consiste pas à « juste » laisser l'enfant jouer mais à le laisser agir par lui-même pour qu'il apprenne, car celui-ci est motivé par une curiosité naturelle et par l'amour de la connaissance. Pour respecter son approche, il convient de respecter huit points essentiels :

- **L'environnement** doit être **préparé**, c'est-à-dire structuré, rangé et propre afin de permettre à l'enfant de bouger en totale liberté et de choisir librement ses activités pour mieux développer son autonomie et son sens des responsabilités. Pour un enfant, le fait de bouger participe au processus d'apprentissage et l'aide à mieux retenir.
- **Le matériel** utilisé est toujours **adapté** à la taille de l'enfant.
- **Le matériel** utilisé doit toujours être **accessible** pour l'enfant afin qu'il puisse le prendre, le manipuler, et ce, de façon autonome. Il est ainsi libre dans ses choix et peut choisir des activités en fonction de ce qui l'attire le plus, de ses motivations profondes. Il est ainsi bien plus réceptif aux apprentissages que

si on lui avait imposé des activités. De plus, cette pratique stimule son imagination. Naturellement, ces nouvelles connaissances et compétences se font dans l'enthousiasme et avec motivation.

- L'enfant doit **respecter le matériel** qu'il utilise, en le manipulant avec soin. Et il doit faire preuve d'autodiscipline et repérer ses propres erreurs afin de se perfectionner continuellement.
- **L'adulte** doit instaurer un climat de confiance et de bien-être. Il agit de façon indirecte car il observe et laisse l'enfant faire et expérimenter par lui-même, tout en restant à son écoute s'il a des questions ou s'il a besoin d'aide. L'adulte est ici le **guide** et doit préparer l'environnement pour favoriser l'apprentissage et l'auto-activité de l'enfant.
- L'enfant découvre et agit pour lui-même, **sans pression, ni sanction ou évaluation**... L'adulte respecte le rythme de chaque enfant et ne le stigmatise pas.
- Le **matériel** utilisé doit être **simple, précis et beau** pour donner envie à l'enfant de le manipuler.
- L'enfant a besoin de **manipuler l'objet** pour évoluer dans ses mouvements et dans sa coordination, ainsi que pour apprendre à s'organiser.

Maria Montessori a identifié plusieurs étapes de développement chez l'enfant en fonction de son âge (entre 0 et 18 ans). De 0 à 3 ans, l'enfant entre dans l'étape de « l'esprit absorbant » (inconscient) qui lui permet notamment de forger sa personnalité en fonction des personnes et des éléments qui l'entourent. On peut comparer l'enfant de cet âge à une éponge puisqu'il absorbe toutes les informations relatives à son environnement. Au cours de son développement, l'enfant traverse des étapes appelées « périodes sensibles » (il en existe six entre 0 et 6 ans) durant lesquelles il acquiert des connaissances et des compétences en se mettant en contact avec les différentes parties de son environnement. Par exemple, dans le jardin, l'enfant observe, touche, sent l'herbe, les fleurs, les petits cailloux, les insectes, etc. Dans la cuisine, il découvre les assiettes, les couverts, les casseroles, les légumes, les fruits, etc.

Dans la pédagogie de Maria Montessori, la main de l'enfant est un élément clé de l'apprentissage. Ce dernier passe également par les sens et leur stimulation, leur éveil. L'enfant est véritablement reconnu comme un individu à part entière et est donc respecté dans son individualité.

La concentration selon Maria Montessori

« Le premier chemin que l'enfant doit trouver c'est la concentration »
Maria Montessori

Pour développer la concentration chez notre petit, pensons déjà à **donner le bon exemple** en tant que parents ! En effet, notre enfant est une véritable éponge, il nous observe constamment et nous sommes pour lui de véritables modèles. Il va reproduire nos comportements, nos mimiques, nos actions, etc. Si nous sommes pendus à notre téléphone et aux notifications qui arrivent, ce n'est évidemment pas le bon exemple à donner ! En revanche, s'il nous voit prendre plaisir dans une action, une activité ou avec une personne, il enregistre cette information. Pour Maria Montessori, la concentration vient de l'intérêt que porte un enfant à une activité, à un jeu, etc. S'il apprécie une action, il cherche à la reproduire et c'est justement la répétition qui va développer sa concentration et participer à sa construction intérieure.

Pour favoriser la concentration, les parents et les adultes s'occupant de jeunes enfants ont donc pour mission :
- de susciter l'intérêt de ces derniers,
- de ne pas les entraver durant leur activité,
- de répéter l'activité si l'enfant le souhaite,
- de ne pas proposer des activités stimulant plus de deux sens à la fois,
- de proposer des activités accessibles, adaptées à l'enfant,
- d'encourager l'enfant dans ses expériences, de lui montrer qu'ils ont confiance en lui.

Pour Maria Montessori, **le silence est également stimulateur de concentration** et permet aux enfants de mieux contrôler leurs mouvements, de mieux s'affranchir du regard et du contrôle des autres.

Le transvasement

Les activités de transvasement sont issues de la pédagogie Montessori et plaisent beaucoup aux jeunes enfants. Facile à mettre en place et à comprendre, le transvasement permet de développer certaines compétences :

- La motricité fine via la coordination, la précision et souvent l'utilisation d'un outil.
- La concentration.
- L'autonomie, en apprenant à se servir seul.
- La pensée logique pour résoudre un problème (et donc la relation de cause à effet).

Tous ces éléments favorisent également la confiance en soi de l'enfant.

Matériel (À PARTIR DE 1 AN)

- ▶ 2 récipients (si possible en verre pour sa transparence et pour le son caractéristique quand on y verse des matières)
- ▶ Un outil pour transvaser (la main vers 1 an, et plus tard un gobelet, une cuillère à soupe, une louche, etc.)
- ▶ La matière première à transvaser (des légumes secs assez gros du type haricots rouges, ou des grosses pâtes)
- ▶ De quoi nettoyer (un balai et une pelle)

Proposez cette activité à votre enfant dès que vous le sentez prêt :

> Installez le matériel et montrez-lui comment procéder si nécessaire. Laissez-le faire en restant près de lui et intervenez s'il ne respecte pas le matériel (s'il jette les légumes secs par terre, s'il veut mettre à la bouche, etc.).

> Avec le temps, vous pourrez faire évoluer cette activité en changeant les récipients (un plus grand et un plus petit), en modifiant l'outil pour transvaser, en proposant d'autres matières premières à transvaser (semoule, lentilles, petites pâtes, farine, sable...). Si vous proposez de transvaser de l'eau, pensez à mettre une éponge à disposition de votre enfant.

Voici une autre **activité de transvasement** :

Matériel (À PARTIR DE 18 MOIS)

- ▶ Des boîtes en carton (par exemple des boîtes à chaussures) sur lesquelles vous percez des trous avec un couteau ou une paire de ciseaux (en vous assurant que les bâtonnets évoqués ci-dessous rentrent bien dans les trous)
- ▶ Des feutres pour colorier le tour de chaque trou avec des couleurs différentes
- ▶ Des bâtonnets de glace en bois (ou abaisse-langue)
- ▶ Un bol par enfant

> Placez devant votre enfant une boîte et un bol rempli de bâtonnets préalablement colorés. Demandez-lui de récupérer les bâtonnets qui se trouvent à l'intérieur.

> Laissez-le expérimenter par lui-même et trouver une solution. Peu à peu, il va réfléchir aux différentes options qui s'offrent à lui. Afin de récupérer les bâtonnets, il pourra soulever le couvercle de la boîte.

Le tri

Il existe de multiples activités de tri pour les jeunes enfants. Laissez parler votre imagination ou inspirez-vous de ce que vous pouvez observer autour de vous. Voici quelques idées :

Tri par couleur : cette activité peut être réalisée avec des jeux ou des jouets de votre enfant. Le but est de les classer par couleur. Disposez devant lui un plateau de triage avec des pièces de couleurs différentes (vert, rouge, bleu, jaune). Dans chaque compartiment du plateau de triage, placez une pièce de couleur différente et laissez faire votre enfant. Si vous n'avez pas de plateau de triage, installez quatre petits bols de couleurs différentes (les mêmes que les pièces) ou quatre gobelets peints au préalable.

Tri par forme : l'activité est la même que la précédente, mais pour ce tri, c'est la forme qui sert de classement : les carrés avec les carrés, les ronds avec les ronds, etc.

Tri des couverts : vous pouvez également proposer à votre petit de trier les couverts. Les cuillères à café ensemble, les cuillères à soupe et les fourchettes de même, etc. Restez toujours près de lui pour intervenir en cas de problème et éviter qu'il ne se blesse.

VERS UNE ÉDUCATION BIENVEILLANTE

Encore trop d'enfants sont soumis à une éducation qui ne favorise pas leur développement maximal en termes de bien-être et de confiance en soi. Voici quelques clés pour en comprendre les causes et s'orienter vers une éducation épanouissante.

Le parent parfait n'existe pas !

Nous vivons véritablement dans une société qui prône la performance et la valorise. Rien ne doit l'entraver ! Selon cette injonction, à nous de faire en sorte d'être performant en toute circonstance...

La recherche de performance

> **« Les parents parfaits existent mais ils n'ont pas encore d'enfants ! »**
> Véronique Debord (psychothérapeute)

Avant l'arrivée du bébé, nous tâchions d'être performants au travail, avec notre conjoint·e, nos ami·e·s, dans nos loisirs... et nous voulons maintenant l'être aussi en tant que parents ! À la naissance du bébé, notre équilibre est fragilisé et cette performance devient encore plus difficile à atteindre. Notre temps semble alors nettement raccourci et la fatigue s'installe. Puis, en grandissant, nos enfants nous poussent à nous remettre en question et à nous adapter, ce qui nous complique quelque peu la vie, nous freine et nous donne l'impression d'être moins performants... En réalité, nos enfants sont là pour une bonne raison : nous permettre de nous améliorer, de nous élever, de cheminer personnellement et avec eux. **L'important n'est pas la performance mais la qualité relationnelle** que nous entretenons avec eux et tous ceux qui nous entourent.

Depuis quelques années, il existe aussi une forme de **« culte du parent parfait »**. Toujours à l'écoute, disponible, bienveillant·e, empathique, toujours prêt·e pour son enfant, etc., ce parent ferait de bons plats équilibrés dans la joie et la bonne humeur. Mais ce parent parfait n'existe pas, c'est un mythe !

Juste être là

Le rôle du parent n'est donc pas d'être parfait mais juste d'être là, de s'accepter avec ses qualités et ses défauts, d'être dans l'accueil et de faire du mieux qu'il·elle peut avec ce qu'il·elle est sur le moment. **Acceptez-vous parfaitement imparfait !** La vie de parent, c'est aller à la rencontre de son enfant et de faire un bout de route ensemble. Acceptez de ne pas tout savoir, entourez-vous de personnes compétentes et d'outils adéquats pour apprendre et trouver des réponses à vos questions. N'hésitez pas à vous pencher en particulier sur les neurosciences affectives et sociales, sur la théorie de l'attachement (voir p. 120), sur la notion de parentalité bienveillante (ou positive), sur la Communication NonViolente...

Actuellement, **la charge mentale des parents** (et notamment des femmes) explose et nous montre combien nous pouvons être dans une forme d'hypervigilance constante. Nous devons penser et anticiper en permanence, en oubliant tout ce que nous avons déjà accompli, comme si cela n'avait pas de valeur et ne méritait pas que nous nous en félicitions. Nous courons comme un hamster dans sa roue sans pouvoir nous arrêter ou ralentir… et trop souvent nous accélérons aussi le temps de nos enfants !

Nous vous invitons à lutter contre cette accélération, contre ce diktat de performance et de rentabilité. Loin de nous rendre libres, cela nous emprisonne et nous fait passer à côté de l'essentiel ! Au contraire, **autorisons-nous à respirer et à observer.** Nos enfants nous offrent l'opportunité de prendre du temps, d'être tout simplement avec eux, d'apprécier d'échanger un regard, un câlin ou d'être juste ensemble. Apprécions le temps passé avec eux (ils grandissent toujours trop vite). Nourrir notre lien, notre qualité relationnelle avec nos enfant·s, notre conjoint·e, notre famille et avec nous-même nous rend vivant·e·s. En prenant soin de ce lien, nous prenons soin également de la société tout entière. N'oublions pas que nos enfants sont les adultes de demain et donc la société à venir ! En tant que parent, il est normal de rencontrer des difficultés, d'avoir des doutes ou des peurs. Ne les laissez pas s'installer et entourez-vous des bonnes personnes pour vous aider et vous accompagner.

Les violences éducatives ordinaires

La violence éducative ordinaire (VEO) est une violence physique et/ou verbale qualifiée d'« éducative » parce qu'elle fait partie intégrante de l'éducation à la maison et dans tous les lieux de vie de l'enfant, dont l'école. Il s'agit donc de **toutes les violences physiques subies par l'enfant, mais aussi de mots**

pouvant être maltraitants (humiliation et menace : « Tu es vraiment nul », « Si tu ne ranges pas tes chaussures, tu n'auras pas de dessert »). Les violences verbales regroupent aussi les ordres (« Fais ceci, fais cela »), le rejet, l'absence d'attention, l'amour sous condition (chantage : « Si tu restes dans ta chambre sans pleurer, tu auras un câlin ce soir ») et l'affirmation par l'autorité (« Je suis l'adulte, j'ai raison, tais-toi »).
La VEO est pratiquée depuis des milliers d'années, dans le monde entier afin d'éduquer les enfants et a toujours été considérée comme « normale ». Il s'agit d'**un véritable modèle éducatif ancré dans les mentalités et dans les sociétés**, qui se reproduit inconsciemment de génération en génération. Dans nos sociétés, les adultes sont considérés comme les garants de l'autorité, notamment sur les enfants, ce qui leur donne une place de dominants. Nombreuses sont encore les personnes qui estiment qu'une bonne fessée ou une gifle « n'a jamais tué personne » et participe à l'éducation...

Étude

En juin 2021, une étude menée par Mpedia révèle que 33 % des parents ne savent pas que les VEO sont interdites en France et que 36 % des parents ignorent les types de violences que regroupent les VEO.

Aujourd'hui, les mentalités évoluent et grâce aux avancées scientifiques, notamment dans le domaine des neurosciences sociales et affectives, nous savons qu'elles ont **un impact négatif sur le développement neurologique des enfants**. Elles favorisent à postériori une montée de la violence dans la société et installent une insécurité affective pouvant persister à l'âge adulte. Bien entendu, elles représentent aussi un danger immédiat pour l'enfant en cas de violence physique. Malheureusement, elles sont encore largement banalisées.

Lutter contre les VEO

La Fondation pour l'Enfance et l'AFPA (Association française de pédiatrie ambulatoire) ont créé un outil afin de sensibiliser les parents et plus largement les adultes à ces VEO. Il s'agit d'un jeu de cartes ludique et très bien pensé. Il est disponible gratuitement sur le site de Mpedia[5]. D'après Aurélie Desnos chaque parent est très imprégné de l'éducation qu'il·elle a reçue et il est intéressant que chacun·e prenne un temps pour réfléchir à son propre modèle éducatif et à ce qu'il·elle souhaite transmettre à son enfant.
Le but n'est pas de vous culpabiliser, mais au contraire de vous amener à **prendre conscience des VEO que vous avez peut-être subies dans votre enfance.** Si c'est le cas, il est important d'analyser les comportements que vous adoptez avec votre enfant afin de pouvoir enrayer ces VEO. Cette réflexion peut aller à contre sens de votre propre éducation et être assez perturbante.
Attention, ne vous jugez pas trop durement et ne culpabilisez pas. Le plus important est déjà d'en prendre conscience et de changer votre façon de faire. Renseignez-vous, entourez-vous de personnes pouvant vous accompagner dans cette démarche.

Quelques pistes

Ne tapez jamais un enfant ! Cela est très néfaste pour son développement neurologique et crée une insécurité affective persistante (sans compter que vous risquez de le blesser ou de le mettre en danger).
> Si vous vous sentez prêt·e à craquer (voir aussi p. 113) : mettez l'enfant dans un lieu sécurisé (son lit pour les plus petits, sa chambre, etc.) et éloignez-vous de lui, isolez-vous (dehors ou dans une chambre), allez prendre l'air, respirez un bon coup, passez le relais si possible à un autre adulte. Calmez-vous avant de retourner voir votre enfant.
Ne donnez pas d'ordre mais expliquez les règles de la maison. Donnez éventuellement des options, des choix et expliquez-les toujours à votre enfant.
Évitez de ne pas donner de choix : proposez des alternatives à votre enfant (« Préfères-tu mettre ce pantalon bleu ou ce pantalon marron ? »).
Ne criez pas contre un enfant même si lui aussi crie, s'il fait une bêtise ou refuse de vous obéir. S'il hurle, essayez de vous mettre à sa place, de comprendre ce qui se passe, faites preuve de patience et de bienveillance.
> S'il crie, le contact physique peut être important. Laissez-le se calmer puis essayez de comprendre son émotion et ses besoins. Écoutez-le, parlez-lui et

5 www.mpedia.fr

rassurez-le. Soyez dans l'accueil plutôt que dans la résolution immédiate du problème.

> **Si votre enfant a fait une bêtise**, rien ne sert de crier... Calmez-vous, laissez passer votre émotion (ne réagissez jamais sous le coup de l'émotion) puis expliquez-lui les choses fermement mais sans vous énerver. Proposez-lui de réparer sa bêtise.

> **S'il crie parce qu'il ne veut pas arrêter de jouer**, changez votre façon de faire : la fois suivante, expliquez-lui en amont le déroulé des activités et prévenez-le régulièrement qu'il va bientôt devoir arrêter de jouer. Vous pouvez aussi décider ensemble de l'échéance (« On joue au parc jusqu'au goûter mais, après, nous rentrons à la maison. »).

Ne criez pas et ne vous énervez pas contre votre enfant **pendant les devoirs ou une activité** qu'il peine à faire.

> Si vous sentez l'énervement monter, allez prendre l'air, faites une pause, éventuellement donnez le relais.

> Vous pouvez aussi le laisser travailler en autonomie.

> Il est très important de tenir compte de l'état émotionnel de votre enfant : s'énerver, au moment de ses devoirs notamment, participe à le dévaloriser, à diminuer sa confiance en lui et à créer un climat tendu autour des devoirs.

Ne comparez jamais votre enfant à quelqu'un d'autre (fratrie ou autre enfant). La comparaison est très dévalorisante et fragilise sa confiance en lui.

> Au contraire, soulignez ses points forts, ne mettez pas de pression et encouragez-le à travailler ses points plus faibles pour progresser. Proposez votre aide.

Donnez toujours un cadre parfaitement compréhensible à votre enfant. Les règles à respecter sont connues et ainsi davantage respectées, plus que si l'on change sans arrêt les règles établies ou si l'on fait marche arrière, etc. Avoir un cadre clair et stable sécurise l'enfant.

Ne pressez pas un enfant en retard. S'il est en retard, c'est que les activités n'ont pas été planifiées suffisamment en avance, que vous ne lui avez pas expliqué les choses en amont ou que votre cadence quotidienne est trop intense pour lui.

> RALENTISSEZ le rythme (ce n'est pas à l'enfant de subir l'agenda surbooké de son parent).

> Prévenez votre enfant en amont et planifiez davantage.

Ayez des moments de partage avec votre enfant. Le fait de ne pas partager de vrais temps seul à seul (même courts) peut modifier le comportement et l'état émotionnel de l'enfant.

> Prévoyez, au minimum une fois par semaine, « un moment précieux » pendant environ 15 minutes (Raynaud, 2021). Organisez-vous pour être seul·e avec lui dans un lieu cocon (comme sa chambre) et profitez de ce temps pour faire un câlin, l'écouter raconter sa journée, lire une histoire avec lui, etc. Il n'est pas nécessaire que ce moment dure longtemps mais il doit être vraiment qualitatif (soyez pleinement présent·e à votre enfant, sans téléphone et sans personne d'autre que lui et vous).

En cas de crise, vous pouvez mettre en place le « **sas de tranquillité** ». Il s'agit d'un endroit où l'enfant peut s'asseoir pour se calmer.

> Ce peut être sur un coussin toujours au même endroit ou sur une chaise (« la chaise de la tranquillité » d'Anne Raynaud). Il est important que l'adulte soit toujours en contact visuel avec l'enfant pendant ce temps de retour au calme et qu'il n'y ait pas de contact physique ni verbal pendant ce temps.

> Convenez d'une durée pour ce temps de tranquillité (par exemple 5 minutes). Une minuterie peut indiquer à l'enfant le temps durant lequel il doit rester assis.

> Une fois ce temps écoulé, vous pouvez faire un câlin (le contact physique est très important pour sécuriser votre enfant) et ne reparlez plus de ce qui s'est passé (ne lui dites pas : « Tu es calmé maintenant ? C'était très mal ce que tu as fait ! »).

Rappelez-vous qu'il y a toujours une **partie cachée de l'iceberg** quand votre enfant a un comportement inadéquat (cris, pleurs, colère, violence verbale ou physique, etc.). Essayez de toujours comprendre ce qui se passe et quels sont ses besoins. Écoutez, accueillez, rassurez-le et prenez-le dans vos bras. Vous lui offrez ainsi de la sécurité.

Renseignez-vous sur d'**autres modèles éducatifs que le vôtre.** Sortir des schémas éducatifs d'autrefois est important et s'ouvrir aux nouveaux modes éducatifs est essentiel !

Le syndrome du bébé secoué

Cette violence éducative est encore sous-évaluée et taboue. Il s'agit bien d'une maltraitance qui touche plus de 200 bébés en France chaque année. **Le syndrome du bébé secoué est un traumatisme crânien grave.** Ce n'est pas un accident mais un geste intentionnel extrêmement violent provoqué par un ou plusieurs secouements, avec ou sans impact. Selon l'association Stop Bébé Secoué, « le mécanisme de secouement intervient quand le bébé est empoigné, au niveau du thorax ou sous les aisselles, par un adulte qui perd le contrôle et l'agite violemment. Lorsque le bébé est secoué, sa tête se balance rapidement d'avant en arrière et sur les côtés. Son cerveau frappe alors contre les parois de la boîte crânienne et les vaisseaux sanguins qui l'entourent se déchirent et saignent, ce qui entraîne des lésions cérébrales. Le secouement est un acte volontaire d'une extrême violence infligé par un adulte dépassé, exaspéré par les pleurs et face aux besoins d'un bébé. Il ne s'agit en rien d'un jeu effectué avec l'enfant, secouer n'est pas jouer » ! **L'association Stop Bébé Secoué** a pour but d'assurer l'information et la prévention du bébé secoué auprès des particuliers et des professionnels de la petite enfance. Sur son site (https://stopbebesecoue.fr/), une vidéo explique ce que nous venons de détailler.

Le syndrome du bébé secoué représenterait entre 22,1 et 52,4 cas sur 100 000 naissances. Dans 20 % des cas, les bébés décèdent, et dans 75 % des cas, les bébés conserveront des séquelles irréversibles. On observe que souvent cette maltraitance arrive pendant la première année de vie du nourrisson (66 % des cas ont entre 0 et 6 mois), dans un contexte de pleurs intenses rendus insoutenables pour la personne s'occupant du bébé, et qu'aucun milieu socio-économique n'est épargné. Les hommes représentent deux tiers des personnes à l'origine du secouement. L'hôpital Necker à Paris note une hausse importante des cas au premier trimestre 2021, due notamment à l'épuisement des parents pendant la crise du Covid-19.

Au niveau neurologique, les séquelles du cerveau sont souvent importantes et définitives. Elles peuvent être immédiates ou apparaître à mesure que l'enfant grandit. Dans tous les cas, les apprentissages de l'enfance sont perturbés. C'est seulement à la majorité que l'on peut établir un bilan des séquelles résultantes des secouements infligés.

Pour lutter contre ce mal terrible :

- Imposez-vous **un temps de recul** pour prendre conscience des pensées de violence qui ont pu émerger : posez aussitôt votre bébé dans un lieu sécurisé (son lit par exemple) et éloignez-vous (en allant prendre l'air). Si vous le pouvez, appelez quelqu'un pour s'occuper de votre bébé.
- Sortez du silence et **parlez-en !**
- **Demandez de l'aide** à un proche, à votre conjoint·e ou à un·e professionnel·le : médecin, PMI, association de parentalité (SOS Parentalité, association Stop Bébé Secoué...), puéricultrice, sage-femme, etc.
- Contactez **SOS Parentalité** (réseau Parentalité Créative) au **09 86 87 32 62** (numéro non surtaxé) si vous vous sentez découragé·e, épuisé·e dans votre rôle de parent au quotidien.

Important

Si vous sentez que votre enfant (ou un enfant de votre entourage) **est en danger ou risque de l'être, appelez aussitôt le 119.**

Ce numéro d'urgence gratuit et accessible 24 h/24 et 7 jours/7 depuis n'importe quel téléphone (fixe, portable, cabine téléphonique) partout en France et dans les DOM (Guadeloupe, Guyane, Martinique, Réunion et Mayotte) permet d'entrer en communication avec le SNATED (Service national d'accueil téléphonique de l'enfance en danger).

Les violences intrafamiliales

- **Violence intrafamiliale** (circulaire COL 3/2006) : toute forme de violence physique, sexuelle, psychique ou économique entre membres d'une même famille, quel que soit leur âge.
- **Violence conjugale** (circulaire COL 4/2006) : toute forme de violence physique, sexuelle, psychique ou économique entre les époux ou personnes cohabitantes ou ayant cohabité (même occasionnellement) et entretenant ou ayant entretenu une relation affective et sexuelle durable.

L'enfant victime directe

S'il y a violence (physique, verbale, sexuelle, économique, etc.) au sein du couple, **l'enfant est aujourd'hui reconnu comme victime** de cette violence puisqu'il en est témoin, on parle donc de violence intrafamiliale. Selon le juge Édouard Durand[6], être témoin de violences conjugales équivaut pour un enfant à assister à des scènes de guerre ou de terrorisme. L'enfant est donc considéré comme co-victime, c'est-à-dire victime directe (et non plus victime indirecte) de la violence faite au sein du foyer.

Les conséquences traumatiques de l'exposition aux violences intrafamiliales ne sont pas identiques dans leur manifestation et dans leur intensité pour tous les enfants. En effet, elles dépendent de la durée de ces violences, de l'environnement familial et social (restreint ou élargi), de l'âge et de la personnalité de l'enfant. **L'exposition aux scènes de violences conjugales a d'autant plus d'impact que l'enfant est petit.** Quand il ne parle pas encore, il n'a tout simplement pas la capacité d'exprimer verbalement ce qu'il ressent. La scène de violence dont il a été témoin peut être intériorisée sous forme de cris, de gestes, de sons, de regards, etc. **Le traumatisme engendré reste donc en mémoire chez l'enfant** et peut ressortir plus tard face à des circonstances rappelant l'événement passé. La croyance populaire énonçant qu'« un enfant petit ne se rend pas compte de ce qui se passe » est complètement fausse. L'enfant vit la scène, ressent le stress, la peur, etc. du parent maltraité et en souffre. Les enfants victimes de violences intrafamiliales ayant assisté à des scènes violentes présentent davantage de problèmes de santé que les autres (problèmes ORL, problèmes de peau comme l'eczéma, maux de ventre, maux de tête, troubles du sommeil, stress, allergies, etc.).

6 Édouard Durand est juge des enfants au Tribunal de Bobigny, co-président de la commission indépendante sur l'inceste et les violences sexuelles faites aux enfants, et membre du Haut Conseil à l'égalité entre femmes et hommes dont il co-préside la commission « violences de genre ».

Que faire ?

Protéger le parent maltraité pour protéger l'enfant

Il existe des mesures de protection selon la gravité des faits et la situation personnelle du couple :

- Si une séparation est décidée, les enquêteurs peuvent accompagner cet éloignement.
- S'il est indispensable que la victime soit protégée et hébergée, un recours aux dispositifs d'accueil d'urgence des victimes peut être mis en œuvre.
- Le conjoint violent peut se voir interdire le domicile ou les abords de celui-ci. Cette mesure peut être mise en place à tout moment de la procédure pénale et être effective dès que les faits de violences sont susceptibles de se renouveler.
- L'attribution d'un « téléphone grave danger » (ou TGD). Ce dispositif de téléprotection permet à la victime d'alerter les autorités publiques et peut être attribué sous certaines conditions[7].
- L'ordonnance de protection permet d'assurer dans l'urgence la protection de victimes de violences conjugales ou intrafamiliales[8].

Aider une personne victime de violence conjugale

- Écoutez-la. Vous n'avez pas besoin de beaucoup parler mais juste d'être présent·e et de l'écouter.
- Confirmez-lui votre soutien.
- Demandez-lui ce que vous pouvez faire pour l'aider.
- Sachez orienter la personne vers les structures, les associations locales ou nationales pouvant l'aider.
- Gardez la main tendue.
- Prenez soin de vous car il n'est pas toujours facile d'accueillir les confidences d'une victime et de savoir quoi faire pour l'aider, l'accompagner...

7 www.justice.gouv.fr
8 www.justice.fr : « L'ordonnance de protection »

À retenir

Le dépôt de plainte (ou en tout cas l'audition de la victime auprès des enquêteurs) est important pour ouvrir une procédure judiciaire.
L'application mobile APP'ELLES est à destination des victimes, proches ou témoins de violences conjugales.
Le **3919** est un numéro d'écoute national destiné aux femmes victimes de violences et à leur entourage.
Le numéro **01 44 32 47 70** permet d'avoir un contact gratuit avec un avocat spécialisé en violences intrafamiliales.
Et bien sûr, en cas d'urgence, appelez la police en composant le 17.

CNV, parentalité et éducation positive et bienveillante : le trio gagnant !

L'éducation bienveillante consiste à accompagner l'enfant dans son développement, en respectant ses besoins fondamentaux et en s'appuyant sur une relation bienveillante. Celle-ci s'exprime par l'emploi de termes positifs, encourageants, valorisants, rassurants, etc. Elle permet à l'enfant de cultiver sa sécurité intérieure et sa confiance en lui.

L'éducation positive (ou discipline positive) vise à développer chez l'enfant les compétences socio-émotionnelles essentielles ainsi que le sentiment d'être capable. Il ne s'agit pas d'une éducation laxiste où tout est permis, mais de conjuguer fermeté, bienveillance, encouragement et coopération afin d'aider l'enfant à devenir un adulte épanoui, responsable et autonome. Aujourd'hui, les neurosciences affectives et sociales valident les bienfaits de cette démarche pour un développement cérébral harmonieux.

La Communication NonViolente (ou communication positive ou bienveillante) permet de créer une qualité relationnelle entre soi et l'autre. Elle contribue donc largement à mener une éducation bienveillante et positive puisqu'elle prend en compte les besoins propres à chacun·e tout en écoutant ceux de son enfant. La CNV nous évite d'être critique (« Tu as fait n'importe quoi »), exigeant (« Tu pourrais faire mieux »), de faire des remarques jugeantes (« Tu as mal fait, tu aurais dû faire comme cela », « Tu me déçois »), désagréables (« C'est n'importe quoi »), dévalorisantes (« Tu es bête », « Tu n'es pas doué·e »), en bref, tout ce qui abîme ou dégrade une relation et fait du mal à notre enfant.

La CNV

Cette méthode de communication a été créée dans les années 1960 aux États-Unis par le psychologue Marshall Rosenberg. Il s'est notamment inspiré de courants non violents portés par Gandhi et Martin Luther King.
Pour mieux appréhender ce mode de communication, nous nous sommes fait accompagner par l'association Prospectives basée en Ille-et-Vilaine, dont le projet est de contribuer au « mieux vivre ensemble » et d'améliorer la qualité de vie.
La CNV[9] propose différents outils concrets nous permettant d'être nous-mêmes tout en étant avec les autres, ce qui n'est pas chose aisée dans nos vies professionnelle et familiale. Elle nous invite à comprendre que chaque être est différent face à une même situation dans ses ressentis et donc dans ses réactions. Pour ce faire, la CNV propose que chacun puisse **exprimer les émotions ressenties, identifier quels sont ses besoins propres** (satisfaits ou non satisfaits) et qu'**à travers une écoute empathique, chacun puisse entendre ce que l'autre vit dans la même situation.**
Il est important de comprendre que **nos émotions nous parlent de nos besoins.** Si nous en tenons compte, nous sommes davantage en mesure de prendre soin de nos propres besoins, plus libres de choisir ce qui nous correspond le mieux et donc d'améliorer notre qualité de vie au quotidien. La qualité des échanges avec les autres sur ce qui est important pour nous augmente, de même que la manière de les écouter en retour avec empathie.

9 https://cnvformations.fr

Le « langage girafe »

Pour mieux faire comprendre la CNV, Marshall Rosenberg a choisi **la métaphore de la girafe et du chacal**. La girafe est la personne qui maîtrise la Communication NonViolente. Elle utilise le langage du cœur (c'est l'animal qui a le plus gros cœur) tout en disant ce qu'elle pense et ce qu'elle ressent. C'est aussi une personne capable de prendre de la hauteur (comme la girafe avec son long cou). Le chacal, quant à lui, symbolise la violence « ordinaire » présente dans les situations de communication. L'apprentissage de la CNV consiste donc à passer d'une communication « chacal » à une communication « girafe ». **Le « langage girafe »** nous apprend à :

- Observer (plutôt que juger).
- Exprimer des émotions ressenties et à identifier les besoins (satisfaits ou insatisfaits) dans la situation vécue (plutôt que d'accuser ou de juger l'autre en utilisant la première personne « je » à la place du « tu » accusateur).
- Formuler des demandes non impératives mais précises et réalisables, plutôt que des exigences (il faut donc accepter que l'autre puisse ne pas être d'accord).
- Faire preuve d'empathie (en reconnaissant l'autre dans ses émotions et ses besoins).
- Chercher des solutions gagnant-gagnant plutôt qu'imposer son point de vue de manière non négociable.

Le processus OSBD

Pour parler en langage girafe, il faut s'entraîner ! Si la CNV semble à priori simple à mettre en œuvre, il est plus compliqué de l'intégrer en s'entraînant seul·e. Nous vous donnons ici les grandes lignes directrices, mais il est intéressant de s'exercer en groupe, avec un·e formateur·trice pour mieux intégrer le processus et l'apprendre ensuite à notre enfant. Si vous souhaitez aller plus loin, il existe non seulement des conférences et des ouvrages de découverte sur le sujet, mais aussi des associations locales qui proposent des ateliers ou des accompagnements.

Marshall Rosenberg a structuré sa démarche en quatre étapes, c'est le processus OSBD :

La première chose à faire est d'**Observer** la situation et d'être factuel :

> Par exemple : « Lorsque **je vois** ton visage fermé et ton agitation depuis ton retour du travail... »

Ensuite, exprimez votre **Sentiment** :

> « ... **je me sens** triste. »

Puis, énoncez vos **Besoins** :

> « **J'aurais besoin** de comprendre ce que tu vis, que l'on puisse en échanger ensemble. »

Et enfin, formulez une **Demande** :

> « **Serais-tu d'accord pour** t'asseoir avec moi et me raconter ce que tu ressens, ce qui s'est passé, pourquoi tu te sens énervé ? »

Ainsi, vous exprimez vos sentiments et vos besoins, vous offrez la possibilité à l'autre de s'exprimer, de vous dire son sentiment, ses besoins en retour. Ainsi, vous ne jugez pas mais êtes juste dans l'écoute attentive et empathique. **Le langage girafe est avant tout le langage du cœur**. Attention, la girafe peut aussi exprimer sa colère, et parfois même avec vigueur. La nuance est qu'elle prend la responsabilité de ce qu'elle vit et de la position qu'elle choisit dans sa relation à l'autre et vis-à-vis d'elle-même.

Pratiquer la CNV avec les enfants

« On a le choix dans notre vie entre être heureux et avoir raison. »
Marshall Rosenberg

Voici les cinq points essentiels pour nourrir la qualité relationnelle avec un enfant :

- Avant toute chose, prendre soin de nous en tant que parent, qu'adulte prenant soin d'un enfant.
- Nourrir le lien d'attachement (voir p. 120).
- Accepter votre enfant comme il est, avec ses qualités et ses défauts.
- Ouvrir votre cœur et aimer inconditionnellement votre enfant.
- Avoir confiance en vos ressources et en celles de votre enfant.

Avec un enfant entre 0 et 3 ans :

> Aidez-le à verbaliser ce qui le rend heureux, ce qui le met en joie (« Qu'aimes-tu faire ? », « Qu'aimes-tu manger ? », « Que souhaites-tu faire aujourd'hui ? »...).

> Soyez pleinement présent·e avec lui.

> Nourrissez le lien enfant-parent (par votre présence, votre écoute, en passant du temps qualitatif, etc.).
> Nourrissez le lien au sein du couple parental et amoureux (en s'accordant du temps à deux, en communiquant, etc.).
> Mettez en place un rituel de retour à soi (voir p. 25).
> Chantez à votre enfant des comptines (comme celle de Petit Ours Brun) pour le calmer quand il est énervé, ou lisez des histoires (comme « Tu es comme tu es... » d'Olivier Clerc qui raconte celle d'un petit lapin confronté aux jugements des autres animaux qu'il croise)...

Le langage girafe (voir plus haut) employé avec votre enfant permet :

- D'être observateur plutôt que juge.
- De raisonner en termes d'émotions et de besoins satisfaits/insatisfaits quand on s'adresse à l'enfant, plutôt que de l'accuser ou de le juger.
- D'identifier les stratégies possibles pour nourrir vos besoins propres.
- De formuler des demandes plutôt que de donner des ordres à votre enfant.
- De faire preuve d'empathie (on reconnaît ses émotions et ses besoins).
- De chercher des solutions qui conviennent aux deux plutôt que d'imposer sans discussion possible.
- Et de nourrir la relation parent-enfant en priorité.

La CNV est avant tout **basée sur le langage de nos émotions et de celles de l'interlocuteur**, ici l'enfant. Beaucoup des comportements et attitudes de votre enfant sont générés par ses émotions. Si vous l'aidez à les identifier, à mieux comprendre son ressenti, alors petit à petit, il sera en mesure de les reconnaître et de les comprendre. Peu à peu, la qualité relationnelle s'en trouvera améliorée. De plus, il passe son temps à vous observer, à vous imiter et à enregistrer ce que vous faites et ce que vous dites. Vous êtes pour lui un véritable modèle et il construit son mode de communication en fonction de ce que vous lui montrez (vous et votre entourage). Plus vous faites preuve d'écoute empathique, de bienveillance, etc., plus il sera en mesure de les mettre en place dans sa relation aux autres.

Les limites

Il existe des limites à la CNV. Quand on plonge dans ce mode de communication, le risque est de tomber dans **une nouvelle surcharge mentale** parentale voire même dans le burn-out parental. Attention à ne pas vous perdre dans cette éducation bienveillante en devenant un « hyper-parent » en vous fixant pour objectif que votre enfant soit heureux et le reste toute sa vie. En plaçant la barre trop haut, vous pouvez devenir très ou trop exigeant vis-à-vis de vous-même, du co-parent mais aussi de l'entourage de l'enfant.
Restez donc bienveillant·e avec vous-même, conscient·e que vous faites de votre mieux. Continuez d'accepter que la vie n'est pas linéaire et que vous ne pouvez pas tout contrôler. Tout comme le bonheur de votre enfant ne vous appartient pas, vous pouvez y contribuer largement mais pas totalement...

Attention

L'origine du burn-out parental est très souvent corrélé à un désir de perfectionnisme. Celui-ci génère des frustrations et une course éreintante vers un idéal familial inatteignable.

CONCLUSION

Nous arrivons maintenant au bout de notre aventure… une aventure de plus de deux ans qui a été, pour nous, extraordinairement remplie et riche en émotions, en rencontres et en découvertes.

Il s'agit avant tout d'une aventure humaine… D'abord parce que, pour écrire ce livre, nous nous sommes entourées d'une belle équipe de professionnel·le·s qui nous ont apporté les réponses les plus justes et les plus précises possible. Ensuite, car nous avons rencontré et échangé avec beaucoup de futurs parents, de parents, de grands-parents et de professionnel·le·s de la petite enfance sur les thèmes merveilleux de la périnatalité (élargie puisque le livre couvre la période qui va de la pré-conception jusqu'aux trois ans de l'enfant) ainsi que de la parentalité.

Toutes deux, nous aurions souhaité un livre comme celui-ci avant de donner naissance à nos enfants respectifs ou, en tout cas, nous aurions apprécié que les propositions et les ouvertures qu'il offre nous soient transmises à l'époque. Nous aurions aussi aimé nous entourer davantage de ces professionnel·le·s, de ces personnes-ressources présentées au fil des pages. Grâce à l'écriture, aux rencontres et aux découvertes que nous avons faites, nous nous sentons aujourd'hui grandies. Nous vous souhaitons de cheminer comme nous l'avons fait toutes les deux individuellement, mais aussi avec nos enfants, nos conjoints respectifs et notre entourage.

L'expérience de la maternité n'est pas toujours aisée. En tant qu'adultes, nous pouvons être en difficulté, dans l'incompréhension de l'enfant dont nous nous occupons, nous sentir seul·e·s et démuni·e·s. Oui, l'arrivée d'un bébé chamboule tout ! Pour autant, les enfants nous élèvent, nous font grandir, nous améliorer, nous questionner… Avec ce livre, nous espérons vous accompagner au mieux dans ce bout de chemin de vie.

Enfin, n'oubliez jamais que vous avez toutes les qualités, toutes les ressources pour cette belle aventure, à condition de rester bienveillant·e·s et empathiques envers vous-mêmes et de ne jamais hésiter à demander conseil ou de l'aide auprès d'une ou de plusieurs personnes-ressources. En tant que parents, grands-parents, professionnel·le·s de la petite enfance, aimez-vous parfaitement imparfaits. Et rappelez-vous que l'on fait du mieux que l'on peut avec ce que l'on est et ce que l'on sait au moment présent.

Belle aventure à vous toutes et tous !

Annexes

POUR ALLER PLUS LOIN

Quelques thérapies brèves

Il existe beaucoup de thérapies pouvant vous accompagner dans un cheminement personnel, de couple ou familial. Des thérapies dites brèves, comme l'EFT, l'hypnose ou encore l'EMDR, s'intéressent plus à la manière dont un problème peut être résolu qu'à ses causes, la priorité étant donnée à la diminution ou à la suppression de la souffrance.

L'EFT

L'*Emotional Freedom Techniques* (EFT) est utile pour toutes les émotions négatives telles que la tristesse, la peur, la phobie, la colère, le dégoût, la honte, l'anxiété, la culpabilité, etc. Cette technique peut également aider à résoudre des traumatismes, mais aussi des problèmes physiques (comme les douleurs, les troubles alimentaires ; etc.), des problèmes d'ordre psychologique (mauvaise image de soi, le manque de confiance en soi, etc.) ou à se défaire de certaines manies ou tocs.

L'EMDR

L'*Eye Movement Desensitization and Reprocessing* (EMDR) est une thérapie utilisant une stimulation sensorielle bi-alternée (droite-gauche) qui se pratique en général par mouvements oculaires. Le patient suit les doigts du praticien qui passent de droite à gauche devant ses yeux par exemple. C'est une approche thérapeutique recommandée par la Haute Autorité de santé depuis juin 2007 pour l'état de stress post-traumatique ainsi que pour les comorbidités souvent associées (dépression, risque de suicide, dépendance vis-à-vis de drogues ou de l'alcool, etc.) et par l'OMS depuis 2013. L'Inserm reconnaît également son efficacité, tout comme celle de l'hypnose, depuis juin 2015.

L'hypnose

L'hypnose n'est ni magique ni paranormale, mais permet simplement d'utiliser les mécanismes naturels du cerveau pour créer des changements désirés grâce à un état de conscience amplifiée. En prenant pleinement conscience de ce qui se passe en soi-même, de ses fonctionnements et de ses sensations, on reprend la maîtrise de sa vie.
La personne qui souhaite suivre une séance prend la responsabilité des changements qu'elle veut obtenir. L'hypnose aide à trouver des réponses, des compréhensions profondes et à accéder aux ressources intérieures. Elle permet de réapprendre à s'écouter, à laisser l'inconscient guider la personne vers ce qui est bon pour elle.

La psychothérapie

La psychothérapie permet une meilleure compréhension de soi-même et de son histoire personnelle. Elle est souvent à entreprendre sur le plus long terme, mais il existe aussi des psychothérapies brèves très efficaces en quelques séances seulement, comme la TCC (thérapie comportementale et cognitive).

D'autres thérapies comme **l'hypnose**, **la sophrologie**, **la somatopathie**, **la psycho-généalogie**, **les constellations familiales**, etc. permettent aussi de bénéficier d'un réel soutien afin de lever des blocages émotionnels, d'appréhender plus sereinement des conflits intérieurs ou familiaux, de faire le deuil de certaines situations ou personnes, de se reconstruire après un traumatisme physique ou psychologique, de pardonner à certaines personnes leurs paroles, leurs choix ou leurs actions (pardonner ne signifie pas oublier)…

La luminothérapie

Chaque année, à l'approche de l'hiver, certaines personnes sont sujettes la fameuse dépression saisonnière. Cette baisse de moral est essentiellement due au manque de lumière : tristesse au réveil, irritabilité, troubles du sommeil, etc. La première chose à faire est de combler ce manque de lumière, ce que propose la luminothérapie. Le principe est simple : **exposer l'organisme à une lampe spécialement conçue et reproduisant la lumière naturelle du soleil.**

Il suffit de s'asseoir en moyenne 30 minutes par jour à quelques centimètres de la lampe, de préférence le matin, et la dépression saisonnière diminue nettement en moins de quinze jours. La luminothérapie est aussi efficace contre la fatigue en général, quand on travaille de nuit et que l'on supporte difficilement le rythme, ou contre les effets du jetlag par exemple. Elle serait même recommandée pour améliorer la concentration, la mémorisation et lutter contre la démence chez les seniors.

Si vous souhaitez acheter une lampe, il est important qu'elle soit certifiée **« CE médical (93/42/CEE) »**. Les fabricants s'engagent ainsi à respecter des normes spécifiques notamment concernant la sécurité d'utilisation. Le temps d'exposition est proportionnel à la puissance de la lampe. Par exemple, si votre lampe émet 10 000 lux[1], le plein de lumière sera fait en moins d'une demi-heure ! À titre de comparaison, un éclairage standard émet 50 à 100 lux alors qu'une belle journée estivale apporte 100 000 lux.

1 Le lux est l'unité de mesure de l'intensité de la lumière.

Les crèmes solaires

Toutes les protections solaires ne se valent pas... La sécurité de la formule est bien entendu primordiale. Malheureusement, on trouve encore des crèmes avec des filtres solaires ou des conservateurs suspectés de se comporter en perturbateurs endocriniens.

D'après le magazine *60 millions de consommateurs*, en juillet 2020, des problèmes persistent pour les crèmes solaires à destination des enfants : nanoparticules cachées, perturbateurs endocriniens, composés toxiques... sans parler des conséquences pour l'environnement. Ainsi, sur 71 produits analysés, 29 ingrédients sont jugés « préoccupants » ou « extrêmement préoccupants ». Parmi ces derniers, voici 10 ingrédients « extrêmement préoccupants » suspectés d'agir comme des perturbateurs endocriniens et/ou d'être toxiques pour l'environnement aquatique :

- 6 filtres solaires : l'éthylhexyl méthoxycinnamate, l'octocrylène, le 4-méthylbenzylidène camphor (4-MBC), l'homosalate et les nanoparticules d'oxyde de zinc et de dioxyde de titane.
- 2 émollients : le cyclohexasiloxane et le cyclopentasiloxane.
- 1 antioxydant : le BHT.
- 1 conservateur : le phénoxyéthanol.

(L'association Agir pour l'environnement et l'organisation Wecf France réclament l'interdiction de ces ingrédients dans les produits pour enfants, en plus de celle des substances parfumantes reconnues comme allergènes de contact.)

Les filtres minéraux

Les filtres solaires dits **« organiques »** sont issus de la pétrochimie et sont interdits dans les produits bio. Les filtres solaires dits **« minéraux »** sont les seuls autorisés en bio : dioxyde de titane, oxyde de zinc et silice. Or, il semblerait que ces derniers, et notamment l'oxyde de zinc et le dioxyde de titane, produisent des nanoparticules... Comme le souligne dans *60 millions de consommateurs* Jérôme Labille, chercheur au CNRS, « **le dioxyde de titane** est insoluble dans l'eau.

Dans une crème solaire, il est enrobé dans d'autres substances (minéraux, acide stéarique...). Il lui est alors plus difficile de traverser la peau. **L'oxyde de zinc**, lui, peut pénétrer dans l'organisme, mais il n'a montré aucune toxicité ». Pourtant les autorités sanitaires françaises recommandent de **ne pas utiliser les produits contenant du dioxyde de titane sur une peau lésée**, de bien **agiter son flacon de crème solaire avant utilisation** et d'**éviter les protections sous forme de spray ou de poudre** (les experts mettent en garde contre la toxicité de l'oxyde de zinc par inhalation et recommandent de ne pas l'utiliser sous ces formules). L'oxyde de zinc est aujourd'hui interdit dans les sprays. En effet, la toxicité par inhalation est une des préoccupations majeures concernant les nanoparticules, puisque leur taille leur permet de pénétrer facilement et très profondément dans le système respiratoire et de passer dans le sang via les alvéoles pulmonaires. Prudence donc ! **Favorisez une protection qui ne contient pas la mention « nano »** (les fabricants sont tenus de signaler les nanoparticules dans leur étiquetage par cette mention). Mais dans les faits, cette interdiction n'est pas si facilement respectée...

Les filtres minéraux traditionnellement utilisés en cosmétique bio (l'oxyde de zinc et le dioxyde de titane) sont des barrières contre les effets du soleil mais ont une fâcheuse tendance à laisser **des traces blanches sur la peau**. Malheureusement, l'esthétique prime sur la santé : plus les particules sont petites, fines, moins elles laissent de traces sur la peau. Le défi consiste à réduire la taille des deux filtres évoqués sans atteindre la taille nanométrique. Un défi difficilement relevé. Ainsi, le cahier des charges Cosmos, concernant la majorité des cosmétiques bio vendus en France (Ecocert, Cosmebio et BDIH) admet l'utilisation de nanoparticules pour les protections solaires (et notamment les filtres solaires) mais encadre leur teneur. *60 millions de consommateurs* rappelle également que **les crèmes solaires laissant un voile blanc sur l'épiderme sont les meilleures.**

Les ultraviolets

La peau des enfants craint surtout **les ultraviolets** (UV). La mention « SPF » ou « FPS » sur les crèmes solaires correspond à un facteur de multiplication du temps qu'il est nécessaire pour avoir un coup de soleil sans protection. Ainsi, un indice 30 nous indique qu'il faut 300 minutes pour avoir un coup de soleil avec cette protection, alors qu'on l'aurait eu en 10 minutes sans protection. Mais ces indications sont malgré tout assez illusoires car, pour arriver à un tel résultat, il faudrait avoir appliqué 2 milligrammes de produit par centimètre carré de peau, soit 6 cuillères à café de crème solaire pour le corps entier d'un adulte de taille moyenne, et la moitié pour un enfant ou un nourrisson. Dans les faits, **nous n'appliquons en moyenne qu'un quart de la posologie recommandée.** Notez aussi que la mention « SPF » ou « FPS » indique que la protection est performante pour contrer les UV de type B agissant sur les couches superficielles de la peau (coups de soleil). Les protections solaires portant la mention « UVA » contrent les UV de type A permettant, quant à elles, de limiter les dangers à long terme et en profondeur des effets du soleil sur la peau (vieillissement de la peau).

Aucune crème solaire n'arrête totalement les rayons du soleil. Une protection d'indice 50 laisse passer 5 % des UVB. La prudence s'impose car ces 5 % peuvent être très nuisibles pour la peau, notamment d'un enfant.

Il est donc important de prendre le temps de se renseigner et de lire les étiquettes avant d'acheter une protection solaire.

N'oubliez pas que, au cours de notre enfance, nous recevons 40 % des UV de toute une vie, et que le bio n'est pas toujours garant de qualité optimale pour les protections solaires !

Nos recommandations

- Orientez-vous vers une marque à l'indice élevé (minimum 50).
- N'exposez jamais directement un enfant de moins de 2 ans au soleil et, à partir de cet âge, protégez-le avec une casquette ou un chapeau, des lunettes de soleil, un short ou un bermuda, un tee-shirt (voire même un tee-shirt contre les UV), une bonne protection solaire...
- Évitez les heures les plus chaudes, entre 12 et 16 h pour sortir votre enfant (notamment à la plage).

L'épigénétique

Devenir parent provoque naturellement beaucoup de questions. Il n'est en effet pas anodin pour les parents d'assumer, d'une part, la responsabilité de la survie d'un tout petit enfant, et d'autre part, la construction de sa personnalité et de son être en tant qu'individu. Connaître avant même sa conception les différents éléments qui participent à la construction de l'enfant peut être intéressant pour les parents :

- Le **bagage génétique** dont il héritera de ses parents (informations données par ses gènes).
- Son **environnement** y compris avant la naissance (environnement familial, amical, environnement extérieur comme l'exposition aux polluants, l'alimentation, l'exposition au stress, le sommeil, etc.).
- Et les **expériences** qu'il vivra tout au long de sa vie.

Nous savons aujourd'hui, grâce aux avancées scientifiques sur le sujet, que **l'environnement dans lequel le bébé évolue (avant et après la naissance) joue un rôle considérable** dans la construction de tout son être. Cela s'appelle l'épigénétique.

Pour comprendre

Un communiqué du 13 juin 2017[2] de l'Inserm révèle que le stress prénatal affecterait la longévité de l'enfant. Les chercheurs ont étudié la vie de tous les orphelins de la guerre de 1914-1918, puis ont comparé ces données au parcours « d'un enfant témoin né en même temps, dans la même commune, d'une mère d'âge comparable et leur longévité respective ». Cette étude montre que le stress vécu par la maman au moment de sa grossesse « fragilise le fœtus, à un moment de son développement caractérisé par une grande plasticité, notamment épigénétique ». Ainsi, « un stress prénatal majeur ferait perdre plus de deux ans de durée de vie à l'âge adulte »...

L'épigénétique correspond à **l'étude des changements dans l'activité des gènes, n'impliquant pas de modification de la séquence d'ADN.** Ce qui nous entoure influe directement l'expression de nos gènes et participe à nous construire en tant qu'individu. Notre environnement agit donc sur qui nous sommes ou, en tout cas, sur qui nous serons. Lourde responsabilité pour les parents car, comme le rappelle le docteur Anne Raynaud[3], les « premiers acteurs de cet environnement sont les parents » (Raynaud, 2021).

Bien que réversibles, les marques épigénétiques sont transmissibles au cours des divisions cellulaires. Ce phénomène est particulièrement important au cours du développement embryonnaire.

Au sein de l'embryon, les cellules sont au départ toutes identiques. Elles vont rapidement recevoir des signaux très orchestrés les conduisant à activer ou inhiber certains de leurs gènes pour se différencier en telle ou telle lignée cellulaire et construire l'organisme. Les marques épigénétiques alors mises en place doivent se transmettre au cours des divisions cellulaires, pour qu'une cellule de foie reste une cellule de foie et une cellule osseuse reste bien une cellule osseuse par exemple. Certaines marques épigénétiques pourraient même être transmises à la descendance.

2 https://presse.inserm.fr : « Le stress prénatal affecte la longévité »

3 Anne Raynaud est psychiatre, directrice et fondatrice de l'Institut de la parentalité à Floirac (33) et Lieusaint (77).

Les réflexes archaïques

Très tôt, à l'intérieur du ventre de sa mère, un bébé possède déjà un programme neurologique de base hérité de l'évolution et initié à partir du développement de **son cerveau « reptilien ».** Apparu il y a 500 millions d'années chez les poissons, il s'agit de la partie la plus ancienne du cerveau humain comprenant le tronc cérébral et le cervelet (Gueguen, 2015). Aussi appelé cerveau « archaïque », il va être le centre de gestion des fonctions physiologiques primaires (respiration, rythme cardiaque, pression artérielle, équilibre...) et également celui **des réflexes dits « archaïques » qui seront déclenchés instinctivement en réponse à des situations de stress et de danger** (la fuite par exemple). Chez le fœtus, le développement des structures cérébrales essentielles est mis en place à la fin de la 8ᵉ semaine de développement. Cependant, la maturation du cerveau de l'enfant se poursuit jusqu'à l'adolescence, voire beaucoup plus tard pour certaines régions cérébrales du lobe frontal[4].

Les réflexes archaïques sont des mouvements musculosquelettiques qui apparaissent très tôt au cours du développement intra-utérin et dont le rôle est primordial lors de l'accouchement. Lors de sa naissance, un bébé n'est pas passif : non seulement les contractions utérines et le travail de la mère le poussent vers la sortie, mais grâce à ses réflexes archaïques, le bébé se faufile et descend dans les voies utérines de la mère.

Ces réflexes sont présents **pendant les deux à trois premières années de vie**[5] et vont constituer la base des sphères corporelles, émotionnelles et cognitives. On peut considérer qu'ils sont au cœur de notre fonctionnement d'*Homo sapiens* car ils permettent à chaque individu d'être en mesure de contrôler chacune des parties de son corps de façon volontaire, indépendamment les unes des autres.

À la naissance, le cerveau d'un bébé n'est pas encore mature et les différentes zones qui le composent ne sont pas bien reliées les unes aux autres. C'est le positionnement de l'enfant dans un environnement sensoriel adapté qui lui permet, grâce à la découverte de ses mouvements, de **développer les connexions neuronales** et ainsi d'intégrer les réflexes archaïques. Ainsi, positionné sur un tapis d'éveil en motricité libre, un nouveau-né explore ce nouvel environnement et réalise de façon autonome des mouvements. Si on le laisse faire, il apprendra seul à attraper des objets placés à sa proximité, à se retourner sur le ventre puis à se repositionner sur le dos, et pour plus tard, à s'asseoir et à marcher à quatre pattes. Au fur et à mesure du développement, ces réflexes s'intègrent afin de **devenir des réflexes posturaux**, à l'origine des processus mentaux et intellectuels de la vie future de l'individu[6].

On dénombre environ **60 réflexes archaïques.** Certains sont bien connus et peuvent être observés dès la naissance :

- **Le réflexe de Moro :** c'est le réflexe d'hypertension chez un bébé. En réponse à un stimulus, on observe que le bébé projette brusquement sa tête et ses bras vers l'extérieur, tête en arrière, puis il se recroqueville et se met à pleurer pour demander de l'aide. Le réflexe de Moro est considéré comme un réflexe de survie.
- **Le réflexe de succion :** le bébé sait téter sans avoir appris. Si vous placez un doigt ou le bout de votre sein dans sa bouche, il se met à téter pour se nourrir.
- **Le réflexe de préhension** (ou *grasping reflex*) : lorsque l'on met un objet ou un doigt dans la paume d'un nouveau-né, il referme solidement sa main. Il s'agrippe d'ailleurs si fort que s'il tient simultanément vos doigts dans ses deux paumes, vous pouvez le soulever légèrement. Une fois intégré, l'agrippement permet de saisir des objets sans les faire tomber.

Les réflexes archaïques apparaissent de façon bien précise au cours du développement de l'individu. Chacun d'eux va se manifester puis s'activer, et disparaître (c'est-à-dire s'intégrer) pour laisser place à un mouvement volontaire et contrôlé. **Si les réflexes**

4 www.pro-parentageproximal.com
5 Méthodologie Arc-en-Flex avec Bénédicte Cazals : www.arc-en-flex.fr
6 Svetlana Masgutova, co-fondatrice de la *Neuro-sensory-motor Reflex Integration* (MNRI®).

archaïques restent actifs, ils peuvent entraver le développement des réflexes suivants et ainsi perturber le développement « normal » de l'enfant. Un réflexe non intégré entraîne une sorte de « parasitage » ayant pour conséquence de surcharger le système nerveux et de réduire les capacités d'apprentissage.

Le travail des réflexes archaïques se base donc sur des techniques d'intégration qui peuvent être manuelles, sous forme de manipulations ou par réalisation d'exercices (massage, lissage, câlins...) qui peuvent être reproduits facilement à la maison. Morgane Colas[7] précise qu'il paraît important de réaliser un bilan chez des enfants qui auraient subi une frénectomie (voir p. 131) : en effet, des tensions musculaires associées peuvent empêcher les réflexes de s'exprimer et de s'intégrer correctement.

7 Morgane Colas est accompagnante à la naissance en Ille-et-Vilaine.

Généralités sur le cycle féminin

Selon Gaëlle Baldassari, créatrice du mouvement Kiffe ton cycle et autrice du livre du même nom (Baldassari, 2020), appréhender les diverses phases de son propre cycle permet de mieux s'accepter, de faire la paix avec soi-même, de bien identifier ses besoins spécifiques et, enfin, de ne pas imposer ces derniers à l'autre mais seulement de les exprimer afin qu'il·elle puisse les entendre et les accueillir. Bref, connaître les différentes phases de son cycle donne une plus grande autonomie.

Le cycle menstruel

Le cycle menstruel peut être comparé à une vague : on se sent parfois ballotée, on boit la tasse, on se laisse porter, etc. Au cours de la vie d'une femme, le cycle menstruel s'exprime en moyenne entre 400 et 500 fois. La prise de pilule arrête la vague, la stabilise en quelque sorte, mais ne règle pas forcément le problème de fond ressenti. **Il est préférable d'apprendre à *« surfer sur la vague »* afin de cohabiter avec son cycle...** L'image de la vague est aussi une belle métaphore de la vie qui vous impose des épreuves, vous met en difficulté mais également vous apporte des joies, des bonheurs et de l'épanouissement.

Le cycle menstruel peut se diviser en quatre phases :

1/ Il commence **le premier jour des règles.** Les hormones sont au plus bas et souvent vous ressentez une certaine fatigue, vous avez besoin qu'on vous laisse tranquille mais, en même temps, vous pouvez ressentir une forme d'apaisement. C'est la phase idéale pour prendre du recul, observer et ne pas être dans l'action. *Si vous étiez une surfeuse, c'est le moment où vous êtes assise sur votre planche et attendez la vague.*

2/ **La 2e phase commence juste après les règles.** Les œstrogènes remontent et votre énergie avec eux. Positive, vous êtes davantage dans l'action, motivée et concentrée sur vos objectifs. *La vague arrive et la surfeuse que vous êtes est allongée sur la planche en ramant avec les bras de façon énergique pour prendre cette vague.*

3/ **La 3e phase est la période d'ovulation**. Un pic d'œstrogènes et un petit pic de testostérone vous boostent et vous font rayonner. Dans « l'être » plutôt que dans « le faire », vous communiquez souvent davantage et allez vers les autres. Mais certaines ont envie d'être seules avec une tendance à se replier sur elles-mêmes. Vous vous sentez un peu plus « molle ». C'est le moment parfait pour trouver un compromis entre les échanges sociaux et l'apaisement plus solitaire. *Vous êtes debout sur votre planche de surf et la vague vous porte.*

4/ **La 4e phase voit les hormones baisser** (sauf s'il y a une grossesse). C'est la période durant laquelle on se sent la plus chahutée, on est dans « le faire » mais sans forcément voir où l'on va. Les crises émotionnelles sont souvent plus présentes, le moral moins bon. Cependant, on peut être très créative, avoir des intuitions, de belles idées que l'on peut noter pour les analyser plus tard. *Vous êtes dans le tube de la vague, une sorte de tunnel.*

Mieux connaître son cycle

La durée d'un cycle menstruel est variable d'une femme à l'autre et souvent située entre 23 et 35 jours. La croyance très répandue encore aujourd'hui que le cycle dure en moyenne 28 jours est erronée car elle ne concerne que 13 % des femmes ! **Le cycle commence au premier jour des règles et prend fin au dernier jour avant les règles** (où le sang doit être franchement rouge). Rappelons également qu'un cycle met en moyenne deux ans à se réguler suite aux premières règles.

Pour mieux identifier votre cycle, plusieurs outils peuvent vous aider :

- Vous pouvez ainsi faire **une fleur de cycle** ou **un mandala de cycle**[8]. Sur une feuille A4 blanche, faites un cercle dans lequel vous représentez une section par jour de cycle passé (mais cela est un peu fastidieux). Si vous n'en connaissez pas vraiment la durée, commencez par une fleur de cycle de 28 jours, et si votre cycle s'avère plus long, utilisez-en une deuxième voire une troisième.
- **Le bullet journal** est aussi intéressant pour suivre et mieux appréhender votre cycle. Dédiez une page de celui-ci pour chacun de vos cycles et notez-y toutes les données qui vous semblent importantes et que vous souhaitez suivre à plus ou moins long terme.
- Il existe aussi des **agendas papier avec des stickers** ou des trackers pour identifier les différentes phases de votre cycle (avec des codes couleur par exemple). Le meilleur selon nous est celui de MyAgenda365[9]. Une page récapitulative se trouve à la fin de chaque mois : elle permet de faire le bilan et de noter les diverses observations, dont celles en rapport avec le cycle.
- **Certaines applications mobiles** peuvent aussi être utilisées. Elles sont à employer avec précaution notamment si vous vous servez exclusivement de ces dernières pour éviter une grossesse : elles calculent une période de fertilité grâce à un algorithme qui fait une moyenne sur les cycles précédents, ce qui n'est pas du tout fiable. **Préférez les applications « non prédictives »**, les seules à pouvoir déterminer une période d'ovulation uniquement grâce à une analyse de plusieurs facteurs (température au réveil, analyse de la glaire cervicale, position du col, etc.). Voici quelques applications que nous recommandons : l'application Clue (gratuite), Symptoterme ou Moonly.

C'est seulement après avoir observé plusieurs cycles menstruels que vous êtes capable de différencier ce qui est relatif aux variations de vos hormones de ce qui ne l'est pas.

Entre 10 et 16 jours avant le premier jour de vos règles, vous avez *a priori* ovulé. Vous pouvez donc avec certitude connaître la date de votre premier jour du cycle suivant (correspondant au premier jour de vos règles) et votre date d'ovulation. Il sera alors plus aisé de repérer les quatre phases de votre cycle.

8 www.kiffetoncycle.fr/fleur-de-cycle/

9 https://shop.my365.fr

Anatomie du cerveau humain

Comme le décrit le docteur Catherine Gueguen (Gueguen, 2015), le cerveau humain peut être décomposé en plusieurs sous-parties, reliées entre elles grâce aux connexions neuronales :

Le cerveau archaïque (ou « cerveau reptilien ») est la partie la plus ancienne du cerveau. Apparu chez nos ancêtres il y a plus de 500 millions d'années, il gère les fonctions physiologiques primaires (respiration, rythme cardiaque, sommeil…) et les comportements instinctifs liés à la survie de l'espèce (comportements d'attaque et de fuite face au danger).

Le cerveau émotionnel (ou « système limbique ») est apparu plus récemment au cours de l'évolution, puisqu'il remonte aux premiers mammifères, il y a 150 millions d'années. Formé de différentes structures reliées entre elles[10], le cerveau émotionnel re-

10 Selon le neurologue Jean Decety en 2010, le cerveau émotionnel regroupe les structures suivantes : amygdale, hippocampe, hypothalamus, cortex singulaire et préfrontal, insula, noyau accumbens, septum, ganglions de base.

couvre le cerveau archaïque et permet la réalisation de plusieurs fonctions cognitives importantes :

- C'est le centre de nos émotions. Grâce à lui, nous pouvons ressentir la large gamme des émotions allant des sentiments les plus agréables aux plus désagréables.
- Il permet une régulation de nos comportements primitifs et nous aide à contrôler nos réactions d'attaque et de fuite.
- Il est impliqué dans les processus liés à l'olfaction, à l'apprentissage et à la mémoire.

Les fonctions cognitives

Ce sont les capacités du cerveau qui nous permettent d'être en interaction avec notre environnement. Grâce aux fonctions cognitives, les humains sont capables de percevoir, de se concentrer, d'acquérir des connaissances, de raisonner, de s'adapter et d'interagir entre eux[11].

Le néocortex (ou « cerveau supérieur ») est apparu encore plus récemment au cours de l'évolution puisqu'on le retrouve chez les primates il y a 2 ou 3 millions d'années. Divisé en lobes (frontal, pariétal, temporal et occipital), il représente chez l'humain 85 % du volume cérébral total. Il englobe les deux parties précédentes (cerveaux émotionnel et primitif). Le néocortex est impliqué dans les fonctions cognitives supérieures : la conscience, les perceptions sensorielles, le langage, les capacités d'apprentissage, les perceptions sensorielles, les commandes motrices volontaires et la présence dans l'espace. Chez l'humain, c'est le lobe frontal le plus développé, centre de la réflexion, du raisonnement, de la créativité, de l'imagination, de la résolution des problèmes, de la planification de la conscience de soi et de l'empathie. C'est aussi cette partie du cerveau qui intervient dans la régulation du cerveau archaïque et du système limbique.

11 Centre ressource de réhabilitation psychosociale : https://centre-ressource-rehabilitation.org

Dans ce cerveau, on trouve aussi deux types de cellules nerveuses :

- **Les neurones** sont des cellules nerveuses en forme d'étoiles dont le rôle est de transmettre l'information sous la forme d'un influx nerveux électrique. Le corps cellulaire des neurones forme la « substance grise » et leurs axones, véritables fibres nerveuses, entrent dans la formation de la « substance blanche ». La communication entre plusieurs neurones est réalisée grâce à la formation de synapses, qui sont des espaces inter-neuronaux dans lequel l'influx nerveux provoque la libération de neurotransmetteurs, molécules dont le rôle est de relayer l'information à d'autres neurones.
- **Les cellules gliales** (astrocytes, microglie et oligodendrocytes) sont les cellules de soutien des neurones (alimentation des neurones, gestion des déchets), de protection du cerveau et de fabrication des protéines de myéline.

Les ateliers de motricité pour les tout-petits

La Fédération française d'éducation physique et de gymnastique volontaire (EPGV), avec sa spécialisation « Gym Câline », encadre des ateliers de motricité **pour les enfants de 9 mois à 3 ans** accompagnés chacun d'un adulte référent. Pendant les séances, chaque enfant est acteur et l'éducateur a à cœur de le respecter dans son autonomie, son état global et son humeur du moment. L'adulte référent qui accompagne le petit enfant (parents, grands-parents, assistantes maternelles, etc.) dans ses découvertes, l'invite à essayer, verbalise ce qui se passe et le sécurise affectivement.

Les points forts de cette pédagogie :

- Les ateliers invitent l'enfant à bouger selon ses possibilités et son envie en garantissant une sécurité optimale.
- Les moments de rituels structurent le temps.
- Les formes d'organisation permettent à l'enfant de découvrir l'environnement par le regard, en se déplaçant (en roulant, en rampant, à quatre pattes, en marchant, etc.), toujours selon son individualité.
- Les différences de chacun sont prises en compte et respectées, ce qui est primordial.
- L'amusement, l'imagination, la réussite, la confiance, la créativité et la coopération sont étonnamment fluides quand les choix de l'enfant ont du sens pour lui.
- Les essais et les progrès sont valorisés (et non la performance d'action).
- La bienveillance des adultes permet d'identifier que les enfants, très jeunes, sont déjà capables de compassion.

Inge de Ruijter et sa pratique

En France, Inge de Ruijter propose aux tout-petits des ateliers de motricité basés sur l'haptonomie, la communication bienveillante et la liberté de mouvement. Sur le plan personnel, elle a vécu la beauté de l'haptonomie alors qu'elle attendait ses enfants et a découvert tous les potentiels de cette « science de sécurité affective » de Frans Veldman, l'initiateur de l'haptonomie. L'haptonomie, le respect de la personne et la communication bienveillante sont donc la base de la pratique d'Inge.
Léa, la fille de Noëlie, coautrice de ce livre, a participé pendant trois ans aux séances hebdomadaires de baby gym d'Inge en Ille-et-Vilaine. C'est là que Noëlie a fait sa connaissance. Elle a rapidement compris que l'approche particulière de Inge était très bénéfique pour les enfants dans leur motricité, leur confiance en eux, leur libre expression, l'éveil des sens et surtout dans le respect d'eux-mêmes.

Dans la pratique de Inge, le respect de l'enfant est primordial, tout comme le fait qu'il prenne plaisir à se mouvoir dès le plus jeune âge. En tant qu'adultes, nous devons le respecter dans ce qu'il sait faire, avoir confiance en lui dans ce qu'il va trouver à faire et essayer de comprendre ce qu'il a à vivre au niveau émotionnel. Inge nous rappelle qu'un jeune enfant ne fait pas de caprice, mais cherche toujours à exprimer un besoin ou une émotion particulière. L'adulte, qui parvient donc à comprendre que l'enfant a besoin d'aide pour gérer certains états émotionnels, l'accompagne véritablement à grandir.

Mouvement, haptonomie et motricité libre

L'accompagnement haptonomique des parents et de l'enfant part du principe que la relation entre eux peut se créer et s'approfondir bien avant la naissance. Pendant la grossesse, le fœtus fait le choix de venir ou non au contact de la main d'un de ses parents. De fait, ceux-ci commencent alors à respecter leur enfant dans son choix. Après la naissance, l'haptonomie vise à accompagner chacun en fonction de ses possibilités. Cela demande donc aux adultes de **s'assurer de l'autorisation de l'enfant et de respecter son choix. C'est en cela que l'haptonomie rejoint la motricité libre :** on ne force pas, on n'impose rien mais on accompagne en s'assurant de l'autorisation et des possibilités de l'enfant. L'haptonomie (avec sa qualité de toucher, de relation affective) et la motricité libre (permettant tout mouvement spontané de l'enfant) rendent le développement de l'enfant harmonieux.

> Par exemple, lorsque le bébé est allongé sur le dos, l'adulte peut poser un objet (et pourquoi pas un objet qui fait du bruit) sur le sol à sa droite. Il peut alors l'inviter à regarder cet objet, en le stimulant verbalement et également par le bruit que fait l'objet. Le bébé pourra alors (s'il en a l'envie et la possibilité) regarder l'objet en tournant la tête.

> Si vous posez l'objet plus haut à droite de l'enfant, il va « libérer » son épaule puisqu'il tournera sa tête vers le côté et vers le haut. Ainsi, grâce à « son épaule libérée », il lui sera plus facile de trouver le moyen de pivoter et ainsi de se rapprocher de l'objet.

Inge a compris que chaque enfant a son propre rythme et c'est pour cela qu'elle crée de nombreux espaces dans ses cours de baby gym afin que chacun puisse s'y épanouir en toute sécurité. Accompagné par un adulte bienveillant, l'enfant prend plaisir à bouger, à évoluer dans un petit groupe et à trouver sa juste place. Les ateliers permettent aux enfants de se mouvoir, de se déplacer et de s'équilibrer de différentes façons.

Les tout-petits

Passer un moment privilégié avec son bébé parmi d'autres parents et d'autres enfants, dans un environnement sécurisé, accompagné par un·e professionnel·le de la petite enfance, est favorable à l'enfant et aux parents.

Il est important de proposer un temps court aux tout-petits pour ne pas les fatiguer. Selon Inge, **allonger un bébé sur le dos** est la meilleure position pour tous ses mouvements spontanés.

Un très jeune bébé ne peut suivre du regard un visage ou un objet qu'à condition d'être à la bonne distance et dans le bon angle (rappelons qu'un nouveau-né ne voit qu'à 30 cm environ). Observez-le... si votre bébé vous suit du regard, c'est que vous avez trouvé la bonne distance auprès de lui. Tenez compte de cet angle et de cette distance si vous voulez fixer un mobile ou un jeu d'éveil.

Votre tout-petit, **porté et soutenu sous son bassin**, redresse lui-même sa colonne, tient mieux sa tête et peut tourner cette dernière plus facilement !

La motricité libre, laissant à l'enfant la liberté de mouvement, lui permet de développer naturellement sa motricité. Pour aider l'enfant dans ses mouvements spontanés, veillez à ce qu'il porte une couche et des habits adaptés.

Motricité libre ne signifie pas que vous devez le laisser seul. Au contraire, l'enfant a besoin d'être en relation, d'interagir avec son entourage et son environnement, notamment grâce à ses cinq sens. Un petit enfant se développe en mettant à la bouche, en observant, en touchant, en manipulant et en bougeant. **Si l'enfant bénéficie d'une attitude bienveillante et d'une verbalisation de ce qu'il vit, notamment à travers les émotions, il est alors capable de faire preuve de compréhension et de compassion très jeune !**

Petits temps de baby gym selon Inge

Sur une planche

Matériel :

- Une planche en bois dont les angles sont arrondis.
- Deux blocs mousse Wesco.
- Des tapis ou des matelas.

> Créez un espace sécurisé. Installez les tapis ou les matelas au sol pour protéger l'enfant en cas de chute.

> Posez les deux blocs Wesco au sol et la planche par-dessus.

> Restez toujours près de l'enfant pour sécuriser une chute éventuelle et réagir rapidement en cas de problème.

Avec cette installation, selon l'âge du petit, son autonomie, sa motricité et son envie du moment, il pourra choisir de :

- passer dessous la planche en rampant ou en faisant du quatre-pattes.
- se mettre à genoux et mettre ses bras/mains sur la planche.
- se hisser debout en prenant appui sur la planche de bois.
- s'asseoir dessus, et donc être en hauteur et dans le vide (positionnez-vous de manière à accompagner une chute éventuelle de l'enfant en arrière ou en avant).
- passer par-dessus à quatre pattes, en avançant sur les fesses ou en marchant.

Au sol

Matériel :

- Des tapis ou des matelas.
- Un petit tabouret, un marchepied ou une petite chaise (attention à protéger les angles pointus).

> Posez le tabouret sur les tapis ou les matelas.
> Soyez toujours proche de l'enfant pour le sécuriser et accompagner une chute éventuelle.

Selon son âge, sa mobilité et son envie, l'enfant peut par exemple choisir de :

- se mettre à genoux ou assis par terre, et mettre les bras ou les mains en appui sur le tabouret devant lui.
- se hisser à l'aide des bras.
- s'asseoir dessus.
- monter sur le tabouret (attention à ce qu'il ne bascule pas, accompagnez la chute par l'arrière et sécurisez-le par l'avant avec votre main).
- marcher en le poussant.
- sauter au sol une fois debout dessus (dans ce cas, placez-vous en face de l'enfant et tenez-lui les deux mains, accompagnez le mouvement des bras pendant son saut sans initier vous-même ce saut en tirant).

Tiré par un tissu

Matériel :

- Une couverture, un plaid, une serviette ou un tissu solide.

> Proposez à l'enfant de se mettre dans le tissu et tirez-le sur le sol.
> On peut aussi le bercer dans le tissu.

Après avoir été actif, en mouvement, il est très agréable de sentir que son propre corps peut être mis en mouvement par quelqu'un d'autre, cela favorise la détente de l'enfant.

La diversification menée par l'enfant (DME)

Au sein ou au biberon, **l'enfant se régule naturellement en fonction de ses besoins et écoute sa satiété**, évitant ainsi la suralimentation. Cette capacité à exprimer ses besoins alimentaires se retrouve dans l'alimentation solide si on le laisse faire grâce à la DME. Cette technique ne signifie pas que l'enfant choisit entièrement ce qu'il mange car vous devez respecter le tableau d'introduction des aliments (voir p. 246) et tenir compte de ses capacités de mastication et de motricité.

En pratique

Pour commencer la DME, **aux alentours de 6 mois**, votre enfant doit **tenir en position assise.**

S'il n'est pas attiré par les aliments, il n'est pas encore prêt, attendez encore un petit peu.

> Commencez par des textures fondantes et non collantes, tout en étant suffisamment fermes mais pas friables. Évitez les aliments durs et ronds. Ainsi, la carotte et la pomme crues sont déconseillées pour un bébé débutant la DME mais sont autorisées cuites. Votre enfant apprend d'abord à mâchouiller avant de déglutir et d'avaler.
> Les aliments doivent être coupés à une taille équivalente à son poing.
> Ne forcez jamais votre bébé à finir son assiette.
> Ne donnez jamais à votre bébé des produits contenant du sucre ou du sel ajoutés (plats industriels/préparés) mais, au contraire, des aliments sains, biologiques et frais.
> Votre enfant mangera peu surtout les premières semaines (mais il boit du lait).
> Jusqu'à 9 mois, proposez-lui le sein ou le lait infantile avant de passer à table.
> Proposez des aliments similaires à ce que vous avez vous-même dans votre assiette pour ne pas créer de frustration et véritablement intégrer l'enfant à vos repas.
> Il est tout à fait possible de combiner la DME avec une diversification classique en proposant, par exemple, des purées, des bouillies, des compotes en parallèle, surtout si vous le sentez fatigué, énervé ou s'il a très faim.

Les avantages de la DME

- **Apprentissage et maîtrise par l'enfant de sa satiété** (et donc connexion à ses sensations corporelles) : la DME pourrait ainsi permettre d'adopter des habitudes alimentaires plus saines.
- **Éveil de sa curiosité :** l'enfant est un chercheur, un scientifique. Il explore, cherche à comprendre, il observe, il teste... Il va ainsi devenir acteur de son alimentation et s'affirmer dans ses goûts.
- **Stimulation des sens :** le bébé touche, identifie diverses textures et formes, regarde avec insistance et à son rythme, sent puis goûte les différents aliments présentés.
- **Développement de la motricité :** l'enfant attrape les aliments avec sa main et les porte jusqu'à sa bouche, apprend à mastiquer puis à déglutir.
- **Développement de la confiance en soi :** en grandissant, il apprend que ses choix peuvent être respectés.
- **Gain de temps et socialisation :** pas besoin de préparer les purées et les compotes en avance, proposez des légumes ou des fruits à votre bébé (en respectant le tableau d'introduction des aliments).

Les inconvénients de la DME

- **C'est salissant :** on laisse faire le bébé donc il se salit, laisse tomber des aliments au sol, etc. mais il apprend rapidement à manger seul et plus proprement.
- La DME peut être **source de stress :** certains parents sont anxieux à l'idée de ne pas maîtriser les quantités absorbées par leur enfant et craignent que son alimentation soit déséquilibrée. Effectivement, l'enfant a tendance à moins manger qu'en cas de diversification plus classique. Pas d'inquiétude, tant que le lait reste le socle de base de l'alimentation de votre enfant, il lui apporte ce qu'il faut en termes de nutriments.
- Il peut y avoir un peu de **gâchis alimentaire** car certains parents préfèrent jeter les restes. Mais il est tout à fait possible de proposer les restes à votre bébé au repas suivant.

Quelques précautions

- Votre enfant doit être assis sur une chaise haute, bien droit, ou sur vos genoux, il peut ainsi plus aisément recracher s'il en a le besoin.
- Prêtez **une attention particulière** aux aliments friables, durs, petits, ronds ou collants (petits pois, lentilles, cacahuètes, amandes, etc.), aux aliments qui peuvent coller au palais (mie du pain, herbes aromatiques, etc.).
- **Ne laissez jamais votre enfant seul avec son repas.**
- Formez-vous sur **les gestes à effectuer en cas d'étouffement.**
- **Laissez faire votre enfant** et ne mettez pas vous-même un morceau d'un aliment dans sa bouche : il doit apprendre à gérer seul sa nourriture ! S'il ne porte pas les aliments à sa bouche, c'est tout simplement qu'il n'est pas prêt à les manger.

Les troubles de l'oralité (ou troubles alimentaires pédiatriques)

L'oralité regroupe toutes les fonctions dévolues à la bouche et comprend tous les sens. **Elle passe par les cinq sens** (toucher, sentir, goûter, voir et entendre) ainsi que **par le mouvement et la position dans l'espace de l'enfant.** L'oralité alimentaire (l'alimentation) ne peut être séparée de l'oralité verbale (le langage) puisque les mêmes organes sont impliqués. Selon Élodie Blanc, orthophoniste à Rennes, les troubles de l'oralité (ou troubles alimentaires pédiatriques) ne sont en aucun cas des caprices alimentaires mais bien un trouble subi par l'enfant qui a véritablement besoin d'un suivi et d'une prise en charge médicale. On pose le diagnostic de troubles de l'oralité alimentaire lorsque l'enfant a une consommation alimentaire déséquilibrée (solide ou liquide), non appropriée à son âge et qui n'assure donc pas une croissance harmonieuse. Ces troubles sont jugés comme « aigus » s'ils durent entre deux semaines et trois mois, et « chroniques » s'ils sont supérieurs à trois mois.

Les premiers signes qui doivent vous alerter :

- Si manger n'est plus ou n'est pas un plaisir pour l'enfant.
- S'il existe des difficultés alimentaires précoces.
- Si les diverses étapes alimentaires (passage au biberon, diversification alimentaire...) sont difficiles pour lui.

D'autres signes peuvent aussi être évocateurs d'un trouble de l'oralité alimentaire, tels que :

- **Une courbe de poids** qui a du mal à augmenter ou à suivre sa courbe initiale.
- **Un facteur héréditaire :** si l'un des deux parents (ou grands-parents, fratrie) a souffert de ce type de trouble, une vigilance s'impose.
- **Des difficultés dans les transitions** comme le passage de l'allaitement maternel au biberon, lors de l'introduction de la diversification alimentaire, ou à l'introduction des morceaux ou des doubles textures (par exemple, purée de haricots mélangée à du riz). Ces difficultés deviennent inquiétantes si elles persistent plus de quinze jours.
- Avant l'âge de 6 mois, on observe notamment des difficultés à supporter le bain, les soins corporels et la toilette du visage. L'enfant est trop petit, on ne peut pas encore parler de difficultés de mastication car il ne la pratique pas encore. **Après 6 mois, l'aspect comportemental apparaît parmi les symptômes observés.** Pour autant, ce n'est pas forcément l'aspect principal car cela dépend de chaque enfant. Ainsi, on peut parfois noter que le bébé peut détourner la tête quand on lui présente à manger par exemple, repousser la cuillère ou la nourriture. Cela peut se compliquer et se manifester par un refus solide, des pleurs, une hyperextension de son corps. **Aux alentours de 1 an, le signe principal est comportemental.** L'enfant peut refuser de passer à table, la quitter rapidement ou même avoir besoin d'une distraction pour y rester (comme un écran). Il se nourrit peu, met éventuellement beaucoup de nourriture dans sa bouche puis la recrache, etc.

Les troubles de l'oralité alimentaire peuvent être associés à des pathologies d'ordre médical comme les troubles cardio-vasculaires, respiratoires, gastro-intestinaux, neurologiques, malformatifs, même si cela n'est pas systématique.

Les conséquences d'un trouble de l'oralité non pris en charge sont l'hypersélectivité alimentaire, la cassure de la courbe de poids, un équilibre familial perturbé (conflits), des difficultés psychosociales du fait de l'hypersélectivité alimentaire, des carences nutritionnelles (car il manque souvent les fruits et les légumes), une baisse de l'immunité, etc.

Élodie Blanc **déconseille vivement le forçage alimentaire** car il renforce les défenses de votre enfant. Un trouble de l'oralité alimentaire ne se résout jamais tout seul. Parlez-en au pédiatre ou au médecin qui vous enverra vers un orthophoniste. Malheureusement, ce trouble est encore **sous-diagnostiqué en France** et mal identifié. Ainsi, avant les 3 ans de l'enfant, on peut diagnostiquer une anorexie car ce dernier rejette la nourriture alors qu'il s'agit d'un trouble alimentaire pédiatrique. La meilleure façon d'être sûr est de

demander un bilan orthophonique.
Voici également quelques propositions **si votre enfant souffre de troubles de l'oralité alimentaire :**

> Privilégiez une assise confortable ainsi qu'un endroit calme et agréable pour les repas.

> Favorisez les manipulations tactiles (alimentaires ou non) et variez les textures.

> Aidez votre enfant à explorer sa bouche en lui donnant des jouets à mâcher, une brosse à dents (adaptée à son âge)...

> Soutenez-le pour qu'il investisse son corps et sa bouche, à l'aide de massages par exemple.

> Jouez avec lui à la dînette et faites manger les poupées ensemble.

> Et surtout faites-vous accompagner par un·e professionnel·le !

Il existe diverses associations de soutien aux parents comme l'association MIAM-MIAM basée à l'hôpital de Necker à Paris et dont il existe diverses antennes en province[12].

12 www.groupe-miam-miam.fr

Le trouble déficit de l'attention avec ou sans hyperactivité (TDAH)

Le trouble déficit de l'attention avec ou sans hyperactivité est un trouble du neurodéveloppement qui entraîne souvent un handicap sévère et persistant résultant de niveaux élevés d'inattention, d'activité et de comportements impulsifs. Selon l'association HyperSupers TDAH France[13], « on associe souvent le TDAH à des enfants turbulents ».

Les symptômes

Toujours selon HyperSupers TDAH France, « il s'agit pourtant d'un trouble complexe qui **associe trois symptômes différents : déficit de l'attention, impulsivité et hyperactivité.** Chacun de ces trois symptômes est plus ou moins intense selon l'enfant ou l'adolescent ».
Ce trouble débute dans la petite enfance. Vous devez observer une persistance des troubles pendant au moins six mois et les symptômes doivent se manifester au minimum dans deux contextes environnementaux différents (en famille, à l'école, pendant les loisirs...). Le TDAH se présente sous trois formes.

- **Mixte :** on observe des symptômes d'inattention et d'hyperactivité/impulsivité.
- **Inattentif :** les symptômes d'inattention prédominent.
- **Hyperactif/impulsif :** les symptômes d'hyperactivité impulsivité prédominent.

13 www.tdah-france.fr

Ces symptômes sont fréquemment associés à d'autres troubles comme des troubles des fonctions cognitives (déficit d'attention, de mémoire, de fonctions exécutives...), des difficultés d'apprentissage (lecture et écriture), des troubles des apprentissages (dyslexie, dyscalculie...), des difficultés psychomotrices, une inadaptation et/ou un rejet social (l'enfant est souvent mis à l'écart du fait de son comportement parfois inadapté), une image négative de soi. Les symptômes doivent avoir un retentissement sévère dans le quotidien de l'enfant pour parler de TDAH (en France, comme en Europe, le TDAH concerne entre 3 et 5 % des enfants d'âge scolaire et 3 % des adultes).
Le TDAH peut parfois être associé à un trouble comme ceux du spectre de l'autisme (syndrome d'Asperger par exemple).
En cas de doute, il est nécessaire de consulter un service spécialisé ou un pédopsychiatre.

Le lien entre alimentation et TDAH

Plusieurs facteurs sont probablement à l'origine de l'émergence des TDAH, notamment l'utilisation des pesticides, des herbicides, etc. que nous absorbons via l'alimentation. Le Professeur Olivier Coudron, directeur scientifique du SIIN *(Scientific Institute for Intelligent Nutrition)* souligne que les dysfonctionnements du cerveau se déterminent dès la grossesse : un déficit en iode ou en folates chez la mère pendant la grossesse est associé à des troubles de l'attention plus importants. En revanche, nous savons aujourd'hui, notamment grâce à l'épigénétique, que notre corps peut « revenir en arrière » en évitant la « malbouffe » et les toxiques, en recherchant une meilleure densité micronutritionnelle, en adoptant un bon rythme veille-sommeil, une bonne gestion du stress et de la psychologie.

Il est rassurant de constater que **nous pouvons agir sur le TDAH en modifiant notre façon de nous alimenter.** Certains **déficits en nutriments** comme le zinc, le magnésium, le fer, les oméga 3, ou en antioxydants et en polyphénols peuvent aussi impacter l'attention et favoriser l'hyperactivité. De même, les **aliments à fort IG** (index glycémique) comme les sucres raffinés (sucreries, pâtisseries, biscuits industriels, sodas, etc.) entraînent la libération de l'insuline, suivie d'une hypoglycémie (chute de la glycémie) réactionnelle qui, elle-même, entraîne à son tour une augmentation de l'adrénaline (hormone du stress). Ceci peut alors engendrer des comportements plus agressifs, des troubles de l'attention ou de l'hyperactivité. Les **additifs alimentaires** peuvent aussi être responsables de tels comportements. Une étude anglaise a démontré que l'additif E 211 (benzoate de sodium) peut augmenter l'hyperactivité et l'on retrouve notamment cet additif dans les sucreries que les enfants aiment tant. Même si la Commission européenne impose aujourd'hui aux industriels de mentionner « peuvent avoir des effets indésirables sur l'activité et l'attention des enfants » lorsque certains additifs sont utilisés (E102, E 104, E 110, E122, E 124, E129), ils sont encore présents ! Soyez donc vigilant·e et fuyez autant que possible les produits transformés industriels !
Le Professeur Coudron rappelle enfin qu'il existe un lien direct entre nos intestins et notre cerveau, prendre soin de son ventre (et de son microbiote) permet de prendre soin de son système cérébral.

BIBLIOGRAPHIE

Livres

- Augereau Flavie et Bouhier-Charles Nathanaëlle, *100 activités pour signer et communiquer avec bébé, 0-2 ans*, éditions Nathan, 2012.
- Bacus Anne, *L'éveil des tout-petits*, éditions Poche, 2012.
- Baldassari Gaëlle, *Kiffe ton cycle : Bien connaître son cycle pour vivre mieux,* éditions Larousse, 2020.
- Barraqué Philippe, *Et si c'était le gluten ? Tout savoir sur l'intolérance au gluten*, éditions Jouvence, 2011.
- Bartoli Lise, *L'art d'apaiser son enfant pour qu'il retrouve force et confiance*, éditions Payot&Rivages, 2010 et 2015.
- Baudy Mathilde et Dieumegard Tiphaine, *Le petit illustré de l'intimité de la vulve, du vagin, de l'utérus, du clitoris, des règles, etc.*, éditions Atelier Belle, 2021.
- Bazin Céline, *Vivre sereinement son 4e trimestre de grossesse*, éditions La Plage, 2021.
- Bowlby John, *Attachment and loss: Attachment*, (1re et 2e édition respectivement), Basic Books, London, 1969/1982.
- Bullinger André et l'ABSM, *Les effets de la gravité sur le développement du bébé : L'espace de la pesanteur*, éditions Eres, 2015.
- Cao Marie, *Le grand guide des signes avec bébé*, éditions Marabout, 2020.
- Collectif NCNM, *Notre corps, nous-mêmes*, éditions Hors d'atteinte, 2020.
- Cotteaux Noëlie et Farré Marie-France, *Épices, aromates et condiments à faire soi-même*, éditions Eyrolles, 2021.
- Cotteaux Noëlie et Farré Marie-France, *Thés, tisanes et boissons santé à faire soi-même*, éditions Eyrolles, 2018.
- Couturier Stéphanie, *Mon cours de relaxation pour les enfants*, éditions Marabout, 2015.
- Couturier Stéphanie, *Mon enfant hérisson : Accompagner votre enfant hypersensible et aidez-le à exploiter son potentiel,* éditions Marabout, 2021.
- Dextreit Raymond, *L'argile qui guérit*, éditions de la Revue Vivre en harmonie, 1957-1969-1973-1976.
- Dumoutet Sophie, *100 postures de yoga pour relaxer bébé : 0-2 ans*, éditions Nathan, 2016.
- El-Hage Wissam, *Le trauma, comment s'en sortir*, éditions De Boeck, 2020.
- Emma, *Des princes pas si charmants*, éditions Massot, 2019.
- Emma, *Un autre regard*, éditions Massot, 2017.
- Étienne Audrey, *Exercices et conseils post-natals*, livret de la maternité du centre hospitalier de Voiron, 2017.
- Faucon Michel, *Traité d'aromathérapie scientifique et médicale, Fondements et aide à la prescription, Les huiles essentielles*, éditions Sang de la Terre Médiale, 2017.
- Faucon Michel, *Traité d'aromathérapie scientifique et médicale, tome 2, Les hydrolats, Fondements, approches sensorielles et aide à la prescription*, éditions Sang de la Terre Médiale, 2018.
- Filliozat Isabelle, *J'ai tout essayé*, éditions Jean-Claude Lattès, 2011.
- Gambet-Drago Isabelle, *Bébé bonheur : 35 massages de bien-être pour mon bébé*, éditions Minerva, 2009.
- Gettler *et al.*, *Longitudinal evidence that fatherhood decreases testosterone in human males,* National Acad Sciences, 2011.
- Gomez Lucile, *La naissance en BD : Tome I, Découvrez vos super pouvoirs !* Mamaeditions, 2020.
- Greger Michael, *Comment ne pas mourir : Les aliments qui préviennent et renversent le cours des maladies*, éditions Belfond, 2017.
- Gueguen Catherine, *Pour une enfance heureuse*, éditions Pocket, 2015.
- Gueguen Catherine, *Vivre heureux avec son enfant*, éditions Pocket, 2017.

- Guillain France, *La méthode : Bain dérivatif, alimentation, soleil, argile*, éditions du Rocher, 2015.
- Herrmann Eve, *100 activités d'éveil Montessori : Dès 18 mois*, éditions Nathan, 2013.
- Hingray Coraline et El-Hage Wissam, *Le trauma, comment s'en sortir*, éditions De Boeck, 2020.
- Jalabert Amélie, *Devenir père et mère, et rester partenaires*, mémoire, Université de Lorraine, 2012 (https://hal.univ-lorraine.fr/hal-01873979/document).
- Juhasz Sarah, *Ma bible de la naturopathie, spéciale alimentation végétale crue,* éditions Leduc, 2019.
- Kleintjes Stephan, *La diversification menée par l'enfant (DME)*, éditions l'Instant présent, 2016.
- Leboyer Frédérique, *Shantala : Un art traditionnel le massage des enfants*, éditions du Seuil, 1976.
- Lévy Candice, *Quels laits pour mon bébé ? Bien choisir l'alimentation de son nourrisson* (2e édition), éditions Le Souffle d'Or, 2019.
- Liedloff Jean, *Le concept du continuum : La recherche du bonheur perdu*, éditions Ambre, 1975.
- Mazzuca Michel *et al.*, *Newborn Analgesia Mediated by Oxytocin during Delivery*, Front Cell Neurosci, 2011.
- Menthéour Erwann, *L'alimentation fitnext*, éditions Solar, 2017.
- Montagu Ashley, *La peau et le toucher : Un premier langage*, éditions du Seuil, 2014.
- O'Hare David, *Cohérence kid : La cohérence cardiaque pour les enfants*, éditions Thierry Souccar, 2018.
- Pikler Emmi, *Se mouvoir en liberté dès le premier âge*, éditions PUF, 1979.
- Pilliot Marc, *Le regard du « naissant »*, Éditions universitaires européennes, 2017.
- Pitamic Maja, *Jeux d'après la pédagogie Montessori : Pour favoriser l'éveil de votre enfant de 0 à 3 ans*, éditions Eyrolles, 2010.
- Place Marie-Hélène, *60 activités Montessori pour mon bébé*, éditions Nathan, 2016.
- Raphael Dana Louise, *The Tender Gift: Breastfeeding*, Schocken Books, 1976.
- Raynaud Anne, *Enfant sécurisé, enfant heureux : Éduquer au quotidien grâce au lien d'attachement*, éditions Marabout, 2021.
- Raynaud Anne, *La sécurité émotionnelle de l'enfant*, éditions Marabout, 2019.
- Seignalet Jean, *L'alimentation ou la troisième médecine*, éditions du Rocher, 2012.
- Simon Julia, *Le quatrième trimestre au naturel*, éditions First, 2019.
- Sri Swami Satchidananda, *La mère est le premier gourou du bébé : Grossesse, soins au bébé et yoga*, imprimé au Canada par l'Institut de Yoga Intégral, tiré à 1 000 exemplaires, 1979.
- Tillon Sylvain et Thiery Clarence, *Le pacte des futurs parents : Et si on se mettait d'accord (sur quelques règles) avant de se lancer dans l'aventure ?*, éditions Eyrolles, 2019.
- Venesson Julien, *Gluten : Comment le blé moderne nous intoxique,* éditions Thierry Souccar, 2013.
- Véron Ophélie, *Bébé veggie*, éditions La Plage, 2016.
- Weizman Illana, *Ceci est notre post-partum : Défaire les mythes et les tabous pour s'émanciper,* éditions Marabout, 2021.
- Wilson-Clay Barbara et Hoover Kay, *Breastfeeding Atlas*, éditions LactNews Press, 2005.
- Winnicott Donald W., *De la pédiatrie à la psychanalyse*, Petite Bibliothèque Payot, 1969.
- Winnicott Donald W., *La théorie de la relation parents-nourrissons*, éditions Payot&Rivages, 2011.

Articles

- Boel M. *et al.*, "Castor oil for induction of labour: not harmful, not helpful", *Anzjog*, vol. 49, issue 5, oct. 2009.
- *Kaizen magazine*, « Pour une enfance joyeuse », hors-série 5, 2015.
- Inserm, communiqué de presse (07/10/2020) : https://presse.inserm.fr/le-placenta-conserverait-la-memoire-de-lexposition-au-tabac-avant-la-grossesse/40942/
- Inserm, communiqué de presse (08/02/2021) : https://www.inserm.fr/actualite/transmission-sopk-mere-en-fille-epigenetique-en-cause
- Inserm, communiqué de presse (13/06/2017) : https://presse.inserm.fr/le-stress-prenatal-affecte-la-longevite/28674/
- De Marco *et al.*, "Foetal exposure to maternal stressful events increase the risk of having asthma and atopic diseases in childhood", *Pediatric Allergy Immunol.*, 2012 Dec;23(8):724-9.
- Edraki Mitra *et al.*, "Olfactory stimulation by vanillin prevents apnea in premature neyborn infants", *National Library of Medecine*, 2013.
- Field Tanner *et al.*, "Massage therapy effects on depressed pregnant women", *J Psychosom Obstet Gynaecol*, 2004 Jun;25(2):115-22.
- Gettler Lee T. *et al.*, "Longitudinal evidence that fatherhood decreases testosterone in human males", *Proc Natl Acad Sci USA*, 2011, Sep 27;108(39):16194-9.
- Kurdziel Laura *et al.*, "Sleep spindles in midday naps enhance learning in preschool children", *PNAS* first published, September 23, 2013.
- *Magazine 60 millions de consommateurs*, « Solaires : Le top des crèmes », 2021.
- *Magazine Naturelles*, « Bien se nourrir, bien se soigner, bien-être : Spécial grossesse et préparation au naturel », hors-série 2, 2020.
- Pilliot Marc, « Le regard du naissant », *Cahiers de maternologie,* 2005.
- May Linda E. et al., "Aerobic exercise during pregnancy influences fetal cardiac autonomic control of heart rate and heart rate variability", *National Library of Medecine*, 2010.
- Mazzuca Michel *et al.*, "Newborn Analgesia Mediated by Oxytocin during Delivery", *Front Cell Neurosci*, 2011; 5: 3.
- Provençal Nadine et Biender Elisabeth, "The effects of early life stress on the epigenome: From the womb toadulthood and even before", *Experimental Neurology*, 2015 Jun;268:10-20.
- Song Se Jin *et al.*, "Naturalization of the microbiota developmental trajectory of Cesarean-born neonates after vaginal seeding", *ScienceDirect,* 2021.
- Tereno Susana *et al.*, « La théorie de l'attachement : son importance dans un contexte pédiatrique », *Devenir*, 2007/2 (vol. 19), p. 151 à 188.
- Tourneux Pierre *et al.*, « Recommandations du GREEN », Société Française de Néonatalogie, 2020.
- Turck Dominique, « Plan d'action : allaitement maternel », rapport, 2010 (disponible sur https://solidarites-sante.gouv.fr)
- Wynn Karen *et al.*, "Enumeration of collective entities by 5-month-old infants", *Cognition*, avril 2002.
- Cox D. Kieran *et al.*, "Human Consumption of Microplastics", *Environ. Sci. Technol.*, 2019, 53, 12, 7068-7074.

WEBOGRAPHIE

- **Procréation médicalement assistée (PMA)**
www.servicepublic.fr/particuliers/vosdroits/F31462
www.familles-lgbt.com/procreation-medicalement-assistee-pma
- **Grossesse**
https://haptonomie.org
https://bonapace.com
www.jumeaux-et-plus.fr
- **Maternités et maisons de naissance**
https://solidarites-sante.gouv.fr
www.i-hab.fr
- **Matrescence**
Sarlat Clémentine, podcast « La Matrescence »
- **Doula**
https://doulas.info
- **Congé paternité**
www.service-public.fr
- **Enfant**
www.mpedia.fr
- **Réflexes archaïques**
Méthodologie Arc-en-flex : www.arc-en-flex.fr
- **Attachement**
Conférence de Nicole Guédeney (YouTube) : « L'attachement, un lien vital »
Conférence de Boris Cyrulnik (YouTube) : « Boris Cyrulnik et la petite enfance »
Intervention d'Alexandra Sacks (TEDx mai 2018) : « A new way to think about the transition to motherhood »
- **Peau à peau (méthode kangourou)**
www.sparadrap.org
- **Allaitement et don de lait**
La Leche Ligue : www.lllfrance.org
https://association-des-lactariums-de-france.fr
- **Allaitement et frein de langue, frénectomie...**
http://mamanlune.com
- **Hygiène et soins**
La Fabrik'à Bulles (savonnerie artisanale éco-militante) : www.lafabrikabulles.fr
- **Sommeil des enfants**
www.bebeaucalme.fr
- **Parentalité positive**
www.pro-parentageproximal.com
https://cnvformations.fr
https://emmaclit.com
- **Épigénétique**
www.inserm.fr/dossier/epigenetique/
https://fr.calameo.com/read/005154450735fdcb3e0ce
www.franceculture.fr/emissions/continent-sciences/lheritage-genetique-modifie-par-les-processus-epigenetiques
www.franceinter.fr/emissions/la-tete-au-carre/la-tete-au-carre-01-octobre-2014
- **TDAH**
www.tdah-france.fr
- **Handicap**
https://enorev.fr
- **Mort subite du nourrisson**
naitre-et-vivre.org/mort-subite-nourrisson
- **Deuil périnatal**
https://association-agapa.fr
https://naitre-et-vivre.org
www.spama.asso.fr
- **Syndrome du bébé secoué**
https://stopbebesecoue.fr
- **Violences gynécologiques et obstétricales**
www.ciane.net
https://fondationdesfemmes.org
- **Violences intra-familiales**
www.justice.gouv.fr
- **Women Engage for a Common Future**
www.wecf-france.org
- **Caisse primaire d'assurance maladie**
www.ameli.fr
- **Dictionnaire médical**
www.vidal.fr

REMERCIEMENTS

Nous tenions toutes les deux à remercier chaleureusement les éditions Terre vivante, et notamment notre éditrice Brigitte Michaud, Fabienne Vaslet (coordination éditoriale) ainsi qu'Isabelle Delatour Nicloux (suivi éditorial) pour leur confiance, leur enthousiasme, leurs relectures et leurs précieux conseils.
Ce projet n'aurait pas été complet sans Gaelle Bizeul, que nous remercions pour les magnifiques photographies pleines de douceur, d'humanité et de tendresse.
Merci également à vous, Marie Hervelin-Letort et Roxane Marcouiller, pour vos belles illustrations qui complètent nos messages et reflètent si bien l'esprit de notre livre.
Merci à toutes les librairies et à tous les lectrices et lecteurs pour l'intérêt que vous porterez à notre ouvrage.

Aurélie :
Merci à la vie, si belle et passionnante qui m'a permis de donner naissance à ma fille Lou. C'est toi, ma toute douce, qui est à l'origine de ce très beau projet et je te remercie de me donner la force de me battre chaque jour pour aller plus loin, pour découvrir et apprendre de nouvelles choses, parcourir de nouveaux sujets. Chaque jour, la vie est douce à tes côtés et je t'en serai éternellement reconnaissante.
Un énorme merci à Noëlie, arrivée dès la genèse de ce projet d'écriture sur ma route ; elle m'a ouvert son cœur et accompagnée dès les premiers instants ! Merci de m'avoir fait confiance et d'avoir partagé ton temps, tes connaissances et surtout ton amitié autour de ce projet. Je suis si fière du travail réalisé ensemble, en co-écriture. Si tu ne m'avais pas suivie, ce projet n'aurait sans doute jamais abouti, et pour ça, je ne te remercierai jamais assez.
Merci à toi, Kevin, de me suivre dans toutes mes aventures, pour ton soutien de tous les jours et pour la confiance que tu m'accordes.
Merci à ma sœur, Tiphanie, ainsi qu'à toutes mes amies.
Merci Mamie pour ton éducation bienveillante et ton amour inconditionnel.
Merci à toutes les personnes, croisées de près ou de loin pour ce beau projet, qui ont pris de leur temps si précieux afin de nous faire bénéficier de leur expertise.

Noëlie :
Merci Lily pour ta confiance, ton amitié et pour ce beau projet d'écriture partagé avec toi pendant ces trois années. Nous avons écrit un beau livre ensemble et cela a été une sacrée aventure dont nous pouvons être fières !
Merci à toutes les belles femmes qui ont participé de près ou de loin à l'écriture de ce livre, et notamment :
• Ma lumineuse amie d'enfance, Charlotte, pour tes précieux conseils, ta disponibilité et pour avoir partagé avec moi des bouts de ton quotidien de sage-femme.
• Mes amies si chères à mon cœur, Marie, Marion, Nelly, Marie-France, Gaelle et Sonia, pour vos conseils, vos prêts de livres, vos partages et vos relectures. Je vous aime de tout mon cœur !
• Ma maman et ma belle-maman pour leurs relectures assidues et leurs remarques constructives.
• Karine Millasseau, ma sage-femme adorée, pour ses conseils et sa bienveillance.
Merci à vous, Flora, Simon et joli bébé Carl de m'avoir fait confiance et d'avoir accepté de poser devant l'objectif bienveillant de Gaelle.
Merci à toi Julien pour ton soutien indéfectible, ta patience, ton amour et ta bienveillance pendant ces longs mois d'écriture qui n'ont pas toujours été simples à organiser dans notre quotidien familial bien rempli ! Je t'aime plus loin que les étoiles.
Et enfin et surtout, merci à vous mes deux amours, Léa et Eli, vous êtes ma vie, mon inspiration et l'avenir. Ce livre est pour vous. Merci pour votre amour, vos rires, vos questions, vos conversations... À toi mon Eli, mon fils, mon étoile... Tu t'es battu avec une force et un courage incroyables pour lutter contre cette petite boule dans la tête. Tu as tenu bon malgré les difficultés et les épreuves, et tu en sors encore plus fort et avec une telle maturité ! Je suis si fière de toi, mon amour. À toi ma plumette Léa, ma fille, mon amour, continue de briller comme une étoile et à assumer tes choix, tes idées, tes combats. Tu es l'avenir... Je vous aime pour toujours.

Les professionnel·le·s

Nous remercions aussi du fond du cœur tous·te·s les professionnel·le·s qui ont bien voulu partager leurs précieuses connaissances et répondre à toutes nos questions. Merci pour votre enthousiasme, votre bienveillance, votre professionnalisme et le temps accordé à ce projet !

- Association Doulas de France
- Association Nascita — Rennes (35)
- Association Prospectives — Piré-sur-Seiche (35)
- Gaëlle Baldassari, créatrice du mouvement Kiffe ton cycle et autrice — Rennes (35)
- Martin Ballet, médecin généraliste — Gosné (35)
- Ingrid Bayot, sage-femme (diplôme belge), DU lactation humaine et allaitement maternel, formatrice en périnatalité — Europe francophone et Québec
- Aurore Besnard, consultante en lactation IBCLC — Châteaugiron (35)
- Charlotte Besson, sage-femme, formée en anthropologie des soins et de l'éducation, à l'hypnose et à la psychothérapie interpersonnelle — Cabinet de sages-femmes, La Ferté-Bernard (72)
- Élodie Blanc, orthophoniste — Rennes (35)
- Floriane Catheline, sophrologue — Châteaugiron (35)
- Morgane Colas, doula et accompagnante à la naissance — Ille-et-Vilaine (35)
- Inge de Ruijter, professeure de baby gym — Pyrénées-Atlantiques (64)
- Nolwenn Decaux-Ferre, pédiatre néonatalogie et créatrice d'un institut de la parentalité — Ille-et-Vilaine (35)
- Aurélie Desnos, puéricultrice libérale, consultation en parentalité et développement de l'enfant, ateliers massage bébé, enfants, et en école, analyse de pratiques et formation de professionnels encadrant des enfants — Corps-Nuds (35)
- Maxime Douaglin, éducateur Montessori (35)
- Wissam El-Hage, psychiatre au CHRU de Tours, Professeur à l'Université de Tours (37)
- Magali Lavallière, Coaching, hypnose, PNL — Vern-sur-Seiche (35) et à distance
- Laure Formeaux, sage-femme, DIU Lactation humaine et allaitement maternel, formée en yoga prénatal — Cabinet de sages-femmes, La Ferté-Bernard (72)
- Gwen Le Coz, doula et énergéticienne — Ille-et-Vilaine (35)
- Véronique Lecoq, assistante maternelle — Ille-et-Vilaine (35)
- Violaine Péan, sage-femme, DU acupuncture, formée en sophrologie, méthode Bonapace et en santé environnementale Wecf — Cabinet de sages-femmes, La Ferté-Bernard (72)
- Romane Pinel, chiropraticienne — Rennes (35)
- Marie Poussin, réflexologue plantaire — Piré-sur-Seiche (35)
- Solen Vittet, ostéopathe — Morbihan (56)

INDEX

EXTRAIT DU CATALOGUE TERRE VIVANTE

Je cuisine bio pour mon bébé
Des petits pots aux petits plats
Marie Chioca

Enceinte et végétarienne !
Tous les conseils pour la grossesse, la naissance et les premiers mois de bébé
Hélène Defossez

Le guide Terre vivante de la naturopathie
Une approche globale et préventive de la santé
Dr Daniel Caroff et Xavier Gridelet

Le guide Terre vivante de la santé au féminin
La phytothérapie pour tous les âges de la vie
Helga Ell-Beiser

Créez vos cosmétiques bio
Visage, corps et cheveux
Sylvie Hampikian

Je fabrique mes baumes, gels, pommades…
100 recettes de soins pour toute la famille
Sylvie Hampikian, Amandine Geers et Olivier Degorce

Je cuisine bio avec les enfants
55 recettes pour apprendre
Marie Chioca

Mes bons goûters du quotidien
50 recettes saines et rapides pour petits et grands
Marie Chioca

L'instruction en famille
Apprendre autrement
Amandine Geers et Raphaëlle Houlette

Jeux et mobilier d'enfants en palettes
Françoise Manceau-Guilhermond

Je crée mes savons au naturel (nouvelle édition)
L'art de la savonnerie à froid
Leanne et Sylvain Chevallier

Idées couture pour sorties nature
21 projets DIY pour petits et grands
Laurence Loiseau et Linda Louis

EcoloMe
– de déchets + de budget !
Amandine Zajakala

Tout soigner avec 16 huiles essentielles
Manuel pratique d'aromathérapie familiale
Françoise Couic Marinier et Anthony Touboul

PEFC
PEFC/14-38-00306
Certifié PEFC
Ce produit est issu de forêts gérées durablement et de sources contrôlées
www.pefc-france.org

Achevé d'imprimer en Espagne par Estellaprint
Dépôt légal : septembre 2022